Richard Müller. Der Mann hinter der Novemberrevolution

Geschichte
des Kommunismus und Linkssozialismus
Band VII

Herausgegeben von Klaus Kinner

Ralf Hoffrogge

Richard Müller
Der Mann hinter der Novemberrevolution

Karl Dietz Verlag Berlin

Die Drucklegung wurde mit Mitteln der Rosa-Luxemburg-Stiftung. Gesellschaftsanalyse und Politische Bildung e. V. und der Rosa-Luxemburg-Stiftung Sachsen e. V. gefördert.

In der Reihe Geschichte des Kommunismus und Linkssozialismus erschienen außerdem:
Bd. I: Klaus Kinner: Der deutsche Kommunismus.
Selbstverständnis und Realität. Bd. 1: Die Weimarer Zeit
Bd. II: Die »Brüsseler Konferenz« der KPD von 1935 auf CD-ROM.
Herausgegeben von Günther Fuchs / Erwin Lewin / Elke Reuter / Stefan Weber
Bd. III: Rosa Luxemburg.
Historische und aktuelle Dimension ihres theoretischen Werkes.
Herausgegeben von Klaus Kinner und Helmut Seidel
Bd. IV: Luxemburg oder Stalin. Schaltjahr 1928.
Die KPD am Scheideweg
Herausgegeben von Elke Reuter / Wladislaw Hedeler / Horst Helas / Klaus Kinner
Bd. V: Klaus Kinner / Elke Reuter: Der deutsche Kommunismus. Selbstverständnis und Realität. Bd. 2: Gegen Faschismus und Krieg (1933 bis 1939).
Bd. VI: »Die Wache ist müde«.
Neue Sichten auf die russische Revolution 1917 und ihre Wirkungen
Herausgegeben von Wladislaw Hedeler und Klaus Kinner

ISBN 978-3-320-02148-1

© Karl Dietz Verlag Berlin GmbH 2008
Typographie und Satz: Marion Schütrumpf
Einband: Heike Schmelter, MediaService Berlin
Druck und Bindearbeit: Těsinská Tiskárna
Printed in Czechia

Inhaltsverzeichnis

Wolfgang Wippermann
Sysiphos der Revolution – ein Vorwort   5

Ein vergessener Revolutionär   7

Herkunft, Jugend und erste
Gewerkschaftsaktivitäten: 1880-1913   15

Opposition gegen den Burgfrieden im
Ersten Weltkrieg: 1914-1916   25

Revolutionäre Obleute und politische
Massenstreiks: 1916-1918   38

Die Novemberrevolution 1918 in Berlin   63

Vorsitzender des Berliner Vollzugsrates: 1918-1919   80

Richard Müller und die Rätebewegung: 1918-1920   90

Der Weg in die KPD und der Bruch mit
der Partei: 1920-1922   144

Richard Müller als Autor und Historiker
der Novemberrevolution: 1923-1925   171

Fußnoten und Verdrängungen – Ein Exkurs
zur Wirkungsgeschichte des Historikers Richard Müller   183

Bruch mit der Politik und Rückzug ins Private:
1925-1943   198

Schluß – das Dunkel der Geschichte   216

Abkürzungsverzeichnis   223

Verzeichnis der Quellen und Literatur   225

Richard Müller, Datum der Aufnahme unbekannt

»*Aber nichts ätzt sich dem Gedächtnis so tief ein wie die Gestalten der Revolutionären Obleute, so hieß dieses Gremium, das ohne schriftliches Mandat aus dem schöpferischen Geist des duldenden und schweigenden Volkes gewachsen zu sein schien. Damit kehren auch Namen wieder, die mit der Vorbereitung und Durchführung der Revolution aufs engste verknüpft sind, so wie Laukant oder Richard Müller, der dann später der »Leichen-Müller« wurde [..] Unter diesen proletarischen Verschworenen gab es echtes revolutionäres Spartanertum und eine Unterdrückung natürlicher Gefühle, die in ihrer Wortlosigkeit manchmal antike Größe annahm.*«

Carl von Ossietzky[1]

---

1   Aus einer Rezension Ossietzkys zu Theodor Pliviers Revolutionsepos »Der Kaiser ging, die Generäle blieben«. Verfaßt wurde der Artikel im Juli 1932 im Gefängnis Berlin-Tegel, wo Ossietzky eine Strafe wegen »militärischem Geheimnisverrat« absaß. Der Artikel erschien unter dem Pseudonym »Thomas Murner« in der Zeitschrift »Die Weltbühne«. Zitiert nach: Carl von Ossietzky: 227 Tage im Gefängnis, Darmstadt 1988.

Sisyphos der Revolution – ein Vorwort

Was ist das für ein Volk, das seine Revolutionäre nicht kennt! Richard Müller war ein Revolutionär. Er hat die Novemberrevolution des Jahres 1918 entscheidend mit geprägt und war als Vorsitzender des »Vollzugsrates der Arbeiter- und Soldatenräte« Staatsoberhaupt der »Deutschen Sozialistischen Republik«.

Obwohl Richard Müller ohne Zweifel zu den einflußreichsten Persönlichkeiten der deutschen Arbeiterbewegung gehörte, ist er von ihren Historiographen nur am Rande erwähnt worden. Eine Biographie lag bisher nicht vor. Diese eigentlich unerklärliche und schmerzliche Lücke wird durch die vorliegende Arbeit gefüllt.

Die von Ralf Hoffrogge vorgelegte »politische Biographie« Richard Müllers ist insbesondere wegen ihres Faktenreichtums zu loben. Dies gilt nicht zuletzt für die Darstellung der politischen Tätigkeit Müllers in den so entscheidenden Jahren 1916 bis 1921, d. h. der Vor- und Nachgeschichte der Novemberrevolution. Darüber hinaus ist es Hoffrogge gelungen, die Zeit davor und danach zu durchleuchten. Müller kommt jetzt nicht mehr »aus dem Nichts und verschwand im Dunkeln.« Wir wissen jetzt einiges über seine Kindheit sowie seine berufliche und politische Tätigkeit, bevor er ins Rampenlicht der Geschichte trat. Und nicht zuletzt wissen wir nun, was Müller danach noch als Gewerkschaftsfunktionär und – sehr erstaunlich – ziemlich erfolgreicher Unternehmer bewegte. Sicherlich sind dies Details, die aber äußerst mühselig herausgefunden werden mußten und die uns die Person Richard Müller näher bringen.

Vermittelt wurde dies durch eine intensive Interpretation der Quellen und eine einfühlsame Beschreibung der Person Müllers, den Hoffrogge abschließend als »Sisyphos der Revolution« charakterisiert. Treffend ist dies vor allem, weil der Revolutionär und überzeugte Rätesozialist Müller von den antirevolutionären Sozialdemokraten und den pseudorevolutionären Staatssozialisten so mißachtet, bzw., wie Hoffrogge formuliert, »zwischen den Mühlsteinen von Sozialdemokratie und Marxismus-Leninismus zermahlen« worden ist.

Dieser materialreichen, methodisch korrekten und gut geschriebenen Arbeit über das Leben eines so wichtigen und bemerkenswerten, aber dennoch oder deshalb bisher fast vergessenen Gewerkschafters, Revolutionärs und kurzzeitigen deutschen Staatsoberhauptes ist eine weite Verbreitung zu wünschen.

Berlin im Juni 2008
Wolfgang Wippermann

Ein vergessener Revolutionär

Richard Müller ist ein Name, der nicht sofort ein Aha-Erlebnis auslöst. Er ist in doppelter Hinsicht der »Mann hinter der Novemberrevolution«. Einerseits war er als Vorsitzender der »Revolutionären Obleute« einer der maßgeblichen Hintermänner der Revolution in Berlin – andererseits wurde seine persönliche Biographie völlig verdeckt durch die Geschichte der Revolution und ihrer Folgen. Heute wissen nur noch Fachhistoriker und Fachhistorikerinnen, daß einer der vielen Träger dieses Namens in jenen Tagen eine bedeutende Rolle spielte. Dabei war der Einfluß von Richard Louis Müller (1880-1943) im Gefolge der Revolution alles andere als gering. Gemeinsam mit den Revolutionären Obleuten organisierte er die großen Berliner Massenstreiks der Jahre 1916-1918 und schuf damit die Voraussetzungen für den Umsturz. In der Revolutionsregierung war er Vorsitzender des »Vollzugsrats der Arbeiter- und Soldatenräte«, also Kopf des ranghöchsten Räteorgans. Damit war Richard Müller formal gesehen sogar Staatsoberhaupt der »Deutschen Sozialistischen Republik« – ein Staatswesen, das allerdings nur einige Monate unter diesem Titel firmierte und heute als Weimarer Republik in den Geschichtsbüchern verzeichnet ist. Im Deutschen Metallarbeiter-Verband, seinerzeit die größte Gewerkschaft der Welt, war Müller der Anführer des linken Flügels. Er und seine Mitstreiter erreichten, daß sich der Verband 1919 als einzige der freien Gewerkschaften zum Rätesystem bekannte.

Im Rückblick erweist sich jedoch die erfolgreiche Vorbereitung der Novemberrevolution als Höhepunkt der politischen Laufbahn Richard Müllers. Sein Einfluß überstieg Ende 1918 bei weitem den von Karl Liebknecht, der scharf über Müller fluchen konnte, wenn er und die Spartakusgruppe zum wiederholten Male auf eine Nebenrolle verwiesen wurden.

Das Kräfteverhältnis sollte sich jedoch bald ändern. Obwohl Müller Liebknecht überlebte und die entscheidenden Gründerjahre der Weimarer Republik mitgestaltete, erwies sich die von Liebknecht begründete Tradition als stärker, prägte die Geschichte und auch die Geschichtsschreibung. Unabhängiger Sozialismus und Rätesystem, jene Prinzipien, die Richard Müller vertrat, wurden zwischen den Mühlsteinen von Sozialdemokratie und Marxismus-Leninismus zermahlen. Auch Müller selbst geriet in diesen Sog. Nach seinem schnellen politischen Aufstieg ab 1916 mußte er schon 1921 alle politischen Ämter niederlegen. Aus der KPD, in die er nach dem Zerfall der USPD eingetreten war, wurde er infolge eines Fraktionskampfes ausgeschlossen. Wie viele der Rätesozialisten aus dem USPD-Umfeld verließ auch Richard Müller die Partei schon nach wenigen Monaten Mitgliedschaft, weil er in Konflikt mit dem sich verfestigenden Autoritarismus der KPD geriet.

Zwar gibt es schon seit längerer Zeit einige hervorragende Untersuchungen, die sowohl die Geschichte der Unabhängigen Sozialdemokratischen Partei als auch die Rolle der Rätebewegung bei der Entstehung der Weimarer Republik würdigen, jedoch existieren bisher kaum biographische Arbeiten zu diesem Thema.[2] Insbesondere über die Akteure der Rätebewegung ist wenig bekannt. Richard Müller bildet dabei keine Ausnahme, obwohl gerade sein Einfluß nicht zu unterschätzen ist, sowohl organisatorisch als auch intellektuell. Die von ihm und Ernst Däumig entwickelten Ideen des »Reinen Rätesystems« beeinflußten nicht nur die Arbeiterbewegung im Gefolge der Novemberrevolution. Sie wurden auch zum Inspirationsquell für Karl Korsch, der 1919 und noch einmal 1929 gemeinsam mit Richard Müller an rätesozialistischen Zeitungsprojekten arbeitete. Korsch wurde später neben Antonio Gramsci und Georg Lukács einer der wichtigsten Erneuerer des Marxismus in Europa und gilt als Mitbegründer des sogenannten westlichen Marxismus.[3]

Ebenso wie seine Räteideen wirken auch Müllers historische Schriften bis in die Gegenwart. Erschienen in den Jahren 1924 und 1925 bildet sein dreibändiges Werk »Vom Kaiserreich zur Republik« die wichtigste zeitgenössische Revolutionsdarstellung aus marxistischer Sicht. In den 60er Jahren wurden die drei Bände wiederentdeckt und prägten in Form zahlreicher Raubdrucke das Geschichtsbild der westdeutschen Studierendenbewegung, bevor sie ab 1974 auch mehrere »offizielle« Neuauflagen erlebten.[4]

Seine mitreißend geschriebenen, von zahlreichen Originalquellen gestützten Darstellungen, fehlen auch heute noch in keiner Literaturli-

---

2 Zu nennen sind die Standardwerke von Peter von Oertzen: Betriebsräte in der Novemberrevolution, 2. Auflage Bonn 1976; Hartfrid Krause: USPD – Zur Geschichte der Unabhängigen Sozialdemokratischen Partei Deutschlands, Frankfurt a. M. 1975 sowie Dieter Engelmann und Horst Naumann: Zwischen Spaltung und Vereinigung. Die Unabhängige Sozialdemokratische Partei Deutschlands in den Jahren 1917 – 1922, Berlin 1993.
3 Vgl. dazu Perry Anderson: Über den westlichen Marxismus, Frankfurt a. M. 1978.
4 Auch seine Texte zur Rätetheorie fanden Neuauflagen in Sammelbänden, zu nennen sind etwa Dieter Schneider, Rudolf Kuda (Hg.): Arbeiterräte in der Novemberrevolution, Frankfurt a. M. 1968 sowie ganz aktuell Theo Panther (Hg.): Alle Macht den Räten! – Texte zur Rätebewegung in Deutschland 1918/19, Band 2, Münster 2007.

ste zur Novemberrevolution und bilden die Stütze zahlreicher aktueller Darstellungen dieser Zeit. Doch obwohl Müller vor allem wegen seines umfangreichen Faktenmaterials breit rezipiert wurde, fanden seine Interpretationen in der Geschichtswissenschaft wenig Gehör. Zwar interessierten sich die westdeutsche Studierendenbewegung und Teile des gewerkschaftlichen Spektrums sehr für Müllers Fragestellungen, jenseits dieser Kreise jedoch galt er als »linksradikal« und stand außerhalb des anerkannten wissenschaftlichen Diskurses.[5] In der DDR galt Müller umgekehrt als opportunistisch und zu wenig radikal und fand deshalb keine Rezeption. Auch diese doppelte Verdrängung seiner Werke ist ein Grund, warum man bisher kaum etwas über die Herkunft und den Werdegang von Richard Müller wußte.

Diese Lücke soll mit der vorliegenden Arbeit geschlossen werden – Aufgabenstellung ist eine politische Biographie Richard Müllers. Im Zentrum stehen dabei seine persönliche Entwicklung und das politische Handeln. Müllers Rätetheorie wird dargestellt und problematisiert, aber keiner erschöpfenden Diskussion unterzogen. Denn derartige Analysen und auch Vergleiche mit anderen Rätetheorien liegen bereits in sehr gelungener Form vor, sie müssen von mir nicht wiederholt werden.[6]

Im Vordergrund soll also nicht das Werk stehen, sondern der Autor selbst. Lücken und blinde Flecken bleiben dabei leider nicht aus, geschuldet sowohl der Quellenlage als auch dem Gegenstand selbst. Richard Müller war zwar eine bedeutende Figur der deutschen Arbeiterbewegung, aber auch eine jener in Umbruchszeiten so häufig auftretenden historischen Persönlichkeiten, die nur für wenige Jahre ihres Lebens aus der Anonymität heraustraten, um im Brennpunkt des politischen Geschehens zu wirken. Die meisten Zeugnisse über sein Leben finden sich daher auch im Zusammenhang mit der Gruppe der Revolutionären Betriebsobleute im Ersten Weltkrieg sowie zur Novemberrevolution und ihrer Nachwehen – also etwa aus den Jahren 1914 bis 1925. Hier liegt also der Schwerpunkt der Arbeit. Über Richard Mül-

---

5 Eberhard Kolb etwa nannte Müllers Werke »die maßgebliche Revolutionsdarstellung von linksradikaler Seite«, ein Beispiel für die paradoxe Gleichzeitigkeit von Anerkennung und Ausgrenzung, die Müllers Werk erfuhr. Eberhard Kolb: Der Zentralrat der deutschen sozialistischen Republik 19.12.1918 – 8.4.1919 – vom ersten zum zweiten Rätekongreß, Leiden 1968, S. 44, Fußnote 5. Zur Rezeptionsgeschichte der Müllerschen Werke vgl. auch das Kapitel »Fußnoten und Verdrängungen – Ein Exkurs zur Wirkungsgeschichte des Historikers Richard Müller« in dieser Arbeit.
6 Vgl. Günter Hottmann: Die Rätekonzeptionen der Revolutionären Obleute und der Links-(bzw. Räte-) Kommunisten in der Novemberrevolution: Ein Vergleich (unter Einschluß der Genese der Rätekonzeptionen), Staatsexamensarbeit Göttingen 1980; Volker Arnold: Rätebewegung und Rätetheorien in der Novemberrevolution, Hamburg 1985 sowie Peter von Oertzen: Betriebsräte in der Novemberrevolution.

lers Kindheit und Jugend als auch über seine Aktivitäten nach Vollendung seiner Bücher finden sich nur wenige Zeugnisse. Aus diesem Grund beendete auch Wolfgang Abendroth in seinen berühmten Vorlesungen zur Geschichte der Arbeiterbewegung einen Exkurs über Richard Müller mit den schlichten Worten »Dann verlieren sich seine Spuren in der Geschichte«.[7] Einige dieser verlorenen Spuren konnte ich wieder sichtbar machen, vieles jedoch bleibt im dunkeln. Insbesondere Müllers Privatleben ist bis auf wenige Eckpunkte, wie etwa Namen und Geburtsdaten seiner Familie, ein unbekanntes Terrain. Allein aus diesem Grunde muß die vorliegende Arbeit eine politische Biographie bleiben, beschränkt im wesentlichen auf das öffentliche Wirken Richard Müllers.

Diese zwangsläufige Ausblendung des Privaten hat leider zur Folge, daß eine durchgängige geschlechtergeschichtliche Herangehensweise an die Biographie Richard Müllers nicht möglich ist. Dazu bedürfte es entweder zusätzlichen Quellenmaterials, oder aber das Thema müßte auf eine Untersuchung der Konstruktionen von Männlichkeit und Öffentlichkeit im Milieu der Arbeiterbewegung ausgeweitet werden. Dies würde jedoch nur in einem vergleichenden Kontext, nicht aber im Rahmen einer Einzelbiographie Sinn machen.

Ich habe mich dennoch bemüht, die geschlechtergeschichtliche Dimension zumindest an verschiedenen Stellen sichtbar zu machen und die vorhandene Marginalisierung der Rolle von Frauen durch die Quellen in meiner Darstellung nicht unhinterfragt zu übernehmen.

Wenn dennoch im Text stets die Rede von »Arbeiterklasse«, »Arbeiterbewegung« etc. ist, so ist dies eine Übernahme des Sprachgebrauchs der damaligen Zeit. Für eine aktuelle Klassenanalyse der bundesrepublikanischen Gesellschaft müßten zweifellos andere Begriffe gewählt werden. In bezug auf die Sozialdemokratie und Gewerkschaften des Kaiserreichs von einer »ArbeiterInnenbewegung« oder ähnlichem zu sprechen, würde diesen Bewegungen jedoch nachträglich einen Anspruch oder Reflexionsgrad bzw. eine soziale Zusammensetzung unterstellen, die in dieser Form nicht vorhanden waren. Trotz des Eintretens für das Frauenwahlrecht und anderer emanzipatorischer Ansätze waren die Repräsentanten dieser Bewegung fast ausschließlich Männer. Zwar wurden gerade im Verlauf des Ersten Weltkriegs massiv Arbeiterinnen in die Produktion integriert, so daß die Arbeiterklasse tatsächlich eine gemischtere Zusammensetzung bekam – in der Arbeiterbewegung spie-

---

7 Wolfgang Abendroth: Einführung in die Geschichte der Arbeiterbewegung, Band I, Heilbronn 1985, S. 187.
8 Den Zeitgenossen war dies teilweise durchaus bewußt. Die Zeitschrift »Der Kommu-

gelte sich dieser Wandel jedoch nicht wider.⁸ Dieser Widerspruch kann im Rahmen einer Einzelbiographie jedoch nicht wirklich analysiert, sondern nur an einzelnen Stellen angedeutet werden.

Trotz biographischem Ansatz und männlicher Hauptfigur soll hier keine Heldengeschichte geschrieben werden. Ziel ist die Beschreibung eines politischen Lebens in seiner Zeit. Das schließt immer wieder Analysen der politischen Vorgänge und ihrer sozialen Ursachen ein, ohne jedoch jemals eine vollständige Geschichte etwa des Ersten Weltkrieges, der Novemberrevolution oder der Bolschewisierung der KPD darzustellen zu können. All diese Ereignisse und Prozesse spielen ihre Rolle, werden jedoch nur insoweit beleuchtet, als sie einen Bezug zum Leben Richard Müllers haben. Dennoch eröffnet vielleicht gerade der Blick über die Schulter eines der beteiligten Akteure neue Perspektiven auf das historische Geschehen. Obwohl der Schwerpunkt im Detail, im Wirken des einzelnen liegt, kann gerade der biographische Ansatz dabei behilflich sein, strukturelle Zusammenhänge aufzudecken und Legendenbildungen zu dekonstruieren. Nicht indem ein neuer Held aufgebaut wird, sondern indem gerade die Begrenztheit der Handlungsmöglichkeiten des einzelnen immer wieder deutlich wird, soll an diesem Beispiel eine personalisierende »Geschichte großer Männer« kritisiert werden. Ohne seine Schwächen und Fehler unterschlagen zu wollen, so wird doch an Richard Müllers Lebensweg immer wieder deutlich, wie sehr persönliches politisches Scheitern begründet liegt im historischen Scheitern einer Bewegung, einer Revolution, einer Klasse.

Daß der einzelne im Gefolge eines solchen Scheiterns zerbricht, sich aufgibt, korrumpiert wird, auch das soll nicht verschwiegen werden. Richard Müller war gegen Ende seines Lebens tätig als Unternehmer, durch zweifelhafte Geschäftspraktiken im Baugewerbe und als Vermieter schaffte er es um 1930 noch einige Male in die Tagespresse – nur deshalb wissen wir überhaupt etwas über diesen Abschnitt seines Lebens.

Diese unvermutete Wendung mag seltsam, ärgerlich oder unpassend erscheinen – gerade sie jedoch zeigt noch am ehesten jene Widersprüche zwischen Anspruch und Wirklichkeit, zwischen politischen Idealen und zermürbender Realität, denen ein biographisches Werk nachspüren

---

nistische Gewerkschafter« (Jg. 1921, Nr. 2) kritisierte 1921 unter der Überschrift »Die Gewerkschaften und die Frauen«, daß weibliche Funktionärinnen »nur in ganz verschwindender Zahl« vorhanden seien »gegenüber derjenigen, die sie auf Grund ihrer zahlenmäßigen Stärke einnehmen müßten«. Diese Passivität der weiblichen Mitglieder sei durch die Gewerkschaftspolitik selbst verschuldet und müsse beseitigt werden, da sie letztlich den Kapitalismus stütze.

sollte. Solche Spannungen und mitunter harten Brüche, Fehler und Verirrungen bieten mitunter reicheren Lehrstoff für die Nachwelt als zielklare Erfolgsgeschichten.

Danken möchte ich an dieser Stelle allen, die mich mit Hinweisen, Korrekturen und Zuspruch bei der Fertigstellung dieses ursprünglich als Magisterarbeit entstandenen Werks unterstützt haben. Ausdrücklich genannt seien Ottokar Luban, Ingo Materna, Dirk H. Müller, Ulla Plener und nicht zuletzt meine Betreuer Wolfgang Wippermann und Gerhard Baader von der FU Berlin für ausführliche Korrekturen des Manuskripts sowie fachlichen Rat und Hilfe. Zahlreichen weiteren Historikern, Historikerinnen und Mitstudierenden bin ich für die unterschiedlichsten Hinweise und Anregungen zu Dank verpflichtet. Erwähnen möchte ich an dieser Stelle auch meine Eltern, durch deren Unterstützung mein Studium und somit auch dieses Buch erst ermöglicht wurden.

Zum Abschluß möchte ich auch den Mitarbeitern und Mitarbeiterinnen des Bundesarchivs Berlin, des Landesarchivs Berlin sowie des Archivs der sozialen Demokratie in Bonn danken, ohne deren geduldige Hilfe so manche Quelle unentdeckt geblieben wäre.

Berlin-Friedrichshain, Juli 2008

Herkunft, Jugend und erste Gewerkschaftsaktivitäten: 1880-1913

Richard Louis Müller wurde am 9. Dezember 1880 um zwei Uhr nachmittags im Dorf Weira im heutigen Thüringen geboren. Weira war damals wie heute ein landwirtschaftlich geprägter Ort mit etwa 500 Einwohnern. Die Eltern Otto Friedrich Müller (*1848) und Wilhelmina Albina Müller (*1853) führten eine Gastwirtschaft, betrieben allerdings nebenher noch Landwirtschaft. Richard war das vierte von sieben Geschwistern, die zwischen 1875 und 1884 zur Welt kamen; der 1882 geborene Bruder Friedrich starb jedoch im Alter von wenigen Wochen.[9]

Kurz vor Richard Müllers achtem Geburtstag traf die Familie ein Schicksalsschlag: am 25. November 1888 starb die Mutter Wilhelmina. Zwei Wochen vorher, am 8. November, war der siebte Sohn Franklin Arno zur Welt gekommen – es ist nicht unwahrscheinlich, daß Komplikationen bei der Geburt den Tod der Mutter verursachten. Der Vater Otto Friedrich Müller blieb zunächst allein mit den sechs Kindern, heiratete dann zwei Jahre später ein neunzehnjähriges Mädchen namens Ulrike Zimmermann, Tochter eines Maurers aus dem Dorf. Wie die älteren Geschwister mit ihrer Stiefmutter zurecht kamen, die ja kaum sechs oder sieben Jahre älter war als sie selbst, läßt sich nur vermuten. Es wird auch nicht ganz einfach für die junge Ehefrau gewesen sein, plötzlich einen Haushalt mit sechs Kindern zu versorgen. Ulrike Müller bekam nach drei Jahren Ehe in den Jahren 1893 und 1896 zwei Kinder, so daß die Familie nun zehn Personen umfaßte.

Im Sommer 1896 traf die Müllers ein weiteres Unglück – am 26. Juli starb der Vater. Über den Nachlaß brach der Konkurs aus, und im Oktober desselben Jahres mußte der familieneigene Gasthof verkauft werden. Der schnelle Konkurs sofort nach dem Tod des Vaters läßt vermuten, daß die Gastwirtschaft schon vorher schlecht lief. Auch die Existenz des landwirtschaftlichen Nebenerwerbs könnte ein Hinweis darauf sein, daß der Gasthof allein die Familie nicht zu ernähren vermochte und ihre wirtschaftliche Situation insgesamt stets prekär war.[10]

---

9   Sämtliche Informationen über Eltern, Geschwister und Kindheit stammen aus dem Kirchenbuch der Gemeinde Weira, ich danke Pfarrer Dieter Wolf aus Neunhofen herzlich für seine freundliche Unterstützung.
10 Zwar ist als Taufpate Richard Müllers im Kirchenregister ein »Gutsbesitzer« angegeben, angesichts der geschilderten Lebensumstände und vor allem des Konkurses kann jedoch daraus m. E. nicht auf einen wohlhabenden Hintergrund der Familie geschlossen werden.

Für Richard Müller war daher von frühester Kindheit an klar, daß er als viertes von acht Geschwistern kein großes Erbe zu erwarten hatte. Mit ziemlicher Sicherheit mußte er seit seiner frühesten Jugend in der Kneipe und auf dem Hof mitarbeiten, um das Auskommen der Familie zu unterstützen. Als dann in seinem 16. Lebensjahr der Konkurs des Familienbetriebs eintrat, war dies für ihn und seine drei älteren Geschwister nur noch die endgültige Bestätigung, daß sie von nun an für sich selbst sorgen mußten. Wir wissen nicht genau, ob Richard Müller erst in dieser Situation oder schon vorher seine Dreherlehre begann. Es war jedoch eindeutig, daß Weira und seine ländliche Ökonomie ihm keine gesicherte Zukunft bieten konnten.[11]

Die sich seit Gründung des Kaiserreichs mächtig beschleunigende Industrialisierung in Deutschland bot dem jungen Richard Müller allerdings Möglichkeiten, wie sie in früheren Zeiten nicht bestanden hatten. Wie so viele junge Männer seiner Generation verließ er sein Dorf und wurde vom Bauernsohn zum Arbeiter, die Geschichte der Arbeiterklasse prägte sein Leben für die nächsten Jahrzehnte.

Die Arbeit als Dreher, also das Zuschleifen von Metall-Werkstücken an einer elektrischen Drehbank, beschrieb Richard Müller selbst als wenig abhängig »von Körperkraft, um so mehr aber von Intelligenz, Erfahrung, Arbeitsmaschine, Werkzeugen und nicht zuletzt von dem ganzen technischen Stand des Betriebes«.[12] Die Dreher waren Facharbeiter in einem modernen und von Technologie geprägten Umfeld, aber durch ihr erlerntes und nicht ohne weiteres ersetzbares Erfahrungswissen den Handwerkern nicht ganz unähnlich. Die Einbindung in hoch arbeitsteilige Großbetriebe mit oft mehreren tausend Beschäftigten sorgte allerdings dafür, daß die Dreher besonders in den Großstädten ihr berufsständisch-handwerkliches Bewußtsein relativ schnell ablegten und ein zumeist überdurchschnittliches Klassenbewußtsein entwickelten.

Die Aufnahme der Dreherlehre bedeutet auch, daß Richard Müller keine höhere Schulbildung, sondern wahrscheinlich nur die damals übliche achtjährige Volksschulbildung genoß. Er mußte sich, wie viele seiner späteren Gesinnungsgenossen auch, politische und historische Kenntnisse als Autodidakt mit Hilfe von Presse und Bildungsinstitutionen der Arbeiterbewegung selbst aneignen. Jedoch startete dieser Bil-

---

11 Auch die Brüder Franz Otto (*1877) und Franklin Arno (*1888) verließen Weira, beide waren bei verschiedenen Eisenbahngesellschaften beschäftigt. Franz Otto Müller konnte ein Studium absolvieren und brachte es in Graz bis zum Diplom-Ingenieur. Hugo Müller wanderte ebenfalls ab, er folgte seinem Bruder Richard nach Berlin und war dort bei der Feuerwehr tätig.

12 Richard Müller: Das moderne Akkord- und Kalkulationssystem in der Dreherei, in: Deutsche Metallarbeiter-Zeitung, Nr. 43, 28.10.1911.

dungs- und Politisierungsprozeß bei Richard Müller vergleichsweise spät. Erst im Alter von 26 Jahren trat er in die Gewerkschaft »Deutscher Metallarbeiter-Verband« (DMV) ein, wahrscheinlich um dieselbe Zeit wurde er Mitglied der Sozialdemokratischen Partei.[13] Die späte Politisierung war bei Richard Müller wohl das Ergebnis seiner Kindheit in der Provinz. Weira war seit jeher landwirtschaftlich geprägt, die Einwohnerzahl derart überschaubar, daß alle Bewohner sich persönlich bekannt gewesen sein dürften, Industrie gab es nur in den Nachbarorten.[14] Richard Müller selbst kannte bis zum Antritt seiner Lehre nur die traditionellen und auf persönliche Beziehungen begründeten Sozialstrukturen des Dorfes, das Mitanpacken in Kneipe und auf dem Hof der Familie. Entfremdete Lohnarbeit, damit verbunden Ausbeutung, Streiks und Arbeitskämpfe lernte er erst als junger Mann kennen, nachdem er Weira und seine Familie bereits verlassen hatte.[15] Über diese Zeit des Heranwachsens ist allerdings nichts Genaueres bekannt, außer der Tatsache der Dreherlehre gibt es keine Angaben über Müllers Jugend zwischen dem 16. und 22. Lebensjahr.

Erst im Jahr 1902 ist ein weiterer Wendepunkt in seinem Leben dokumentiert: Richard Müller gründete eine Familie. Die Ehe wurde am ersten September in Hannover geschlossen, seine Frau hieß Katharina Hedwig Dietrich. Katharina war ein Jahr jünger als Richard Müller und kam aus Essen.[16] Mit ihr hatte er zwei Kinder, einen Sohn namens Arno Hugo, geboren am 27.12.1904, und eine Tochter namens Helene Hildegard, geboren am 11.4.1907. Da die Ehe in Hannover geschlossen wurde und hier auch der erste Sohn geboren wurde, ist anzunehmen daß die Familie zumindest zwischen 1902 und 1904 in Hannover gelebt hat, bevor sie später nach Berlin umsiedelte.[17]

---

13 Zum folgenden vgl. Wilhelm Heinz Schröder: Sozialdemokratische Reichstagsabgeordnete und Reichstagskandidaten 1898-1918, Düsseldorf 1986, sowie Sabine Roß: Biographisches Handbuch der Reichsrätekongresse 1918/1919, Düsseldorf 2000.
14 Persönliche Mitteilung von Bernd Klimesch, ehem. Bürgermeister von Weira, auch ihm herzlichen Dank für seine Nachforschungen.
15 In den Städten hingegen radikalisierten sich viele Jugendliche durch ihre Erfahrungen mit der ausufernden Kinderarbeit. Sie fanden jedoch wenig politische Anleitung, sofern sie nicht einer sozialdemokratischen Familie entstammten. Erst um die Jahrhundertwende entstand trotz staatlicher Verbote und Vorbehalte orientierter legalistischer Sozialdemokraten eine organisierte sozialistische Jugendbewegung. Lebendige Schilderungen hierzu finden sich in den Erinnerungen Karl Grünbergs, vgl. Karl Grünberg: Episoden, 4. Auflage (Werkausgabe), Berlin 1983, S. 53-55.
16 Standesamt Hannover, Urkunde, Nr. 1205/1902. Dank an Andreas Herbst für diesen Hinweis.
17 Der Geburtsort des Sohnes ist angegeben auf seinem Eintrag in der historischen Einwohnermeldekartei Berlins (EMK) im Landesarchiv Berlin. Die Meldekarten seiner Tochter sowie von Richard Müller selbst sind leider verschollen. Vgl. LArch Berlin, EMK.

Aufschlußreich ist auch der Name des Erstgeborenen, der nach Richard Müllers jüngeren Geschwistern Hugo Franklin (*1884) und Franklin Arno (*1888) benannt ist. Es scheint, daß Richard Müller eine besondere Bindung zu seinen zwei jüngeren Brüdern hatte, vielleicht hatte er die beiden nach dem Tod des Vaters ein wenig unter seine Fittiche genommen. Hugo Müller lebte später ebenfalls in Berlin und arbeitete dort als Feuerwehrmann auf der Lindenwache. Er teilte Richard Müllers sozialistische Einstellung und unterstützte die politische Arbeit seines Bruders vor und während der Novemberrevolution, auch dies spricht für ein enges Verhältnis der beiden.[18]

Viel mehr ist zu Richard Müllers Familienleben nicht bekannt, Frau und Kinder werden noch einmal in Zeitungsberichten im Zusammenhang mit einem Verhaftungsversuch im Jahr 1919 erwähnt, allerdings ohne Nennung von Namen. Hier taucht die Familie lediglich auf, weil Müllers damals vierzehnjähriger Sohn Arno bei besagtem Verhaftungsversuch kurzzeitig entführt wurde.[19] Die weiteren über Richard Müller vorhandenen Quellen beziehen sich ausnahmslos auf sein politisches Wirken, sein Privat- und Familienleben bleibt weitgehend im dunkeln. So ist es etwa unklar, wann die Familie genau nach Berlin zog oder ob etwa seine Ehefrau auch in irgendeiner Form politisch aktiv war. Es ist jedoch wahrscheinlich, daß im Familienleben die traditionelle Rollenverteilung vorherrschte und seine Frau Katharina Müller nach der Geburt der Kinder überwiegend ein Hausfrauendasein führte. Richard Müller selbst dürfte wegen seiner Arbeit und insbesondere durch die spätere politische Tätigkeit wenig Zeit zur Kindererziehung gehabt haben. Auch ermöglichten sein Facharbeiterlohn und später die Gehälter seiner verschiedenen Posten in der Arbeiterbewegung, daß die Familie nicht auf den Hinzuverdienst von Frau und Kindern angewiesen war. Zur Frauenarbeit im allgemeinen ist von Richard Müller eine Äußerung bekannt. Er lehnte sie keineswegs grundsätzlich ab, wandte sich aber gegen die Verrichtung harter körperlicher Arbeiten »die gar nicht für den weiblichen Körper geeignet sind«. Auch in Sachen Arbeitszeit forderte er besondere Rücksichtnahme: »Eine Arbeitszeit von 12 Stunden

---

18 Gerhard Engel, Bärbel Holtz, Ingo Materna: Dokumente der Vollversammlungen und des Vollzugsrates. Vom Ausbruch der Revolution bis zum 1. Reichsrätekongreß, Berlin 1993 (Band 1), dies.: Vom 1. Reichsrätekongreß bis zum Generalstreikbeschluß am 3. März 1919, Berlin 1997 (Band 2), diess.: Vom Generalstreikbeschluß am 3. März bis zur Spaltung der Räteorgane im Juli 1919, Berlin 2002 (Band 3), zitiert als Gerhard Engel u. a. (Hg.): Groß-Berliner Arbeiterräte, Bd. 1-3. Vgl. hier zu Hugo Müller Bd. 1, S. 261 und S. 273 sowie Erinnerungsmappe Karl Feierabend, LArch Berlin, C Rep 902-02-04, Nr. 41.
19 Die Republik, Die Freiheit, Die Rote Fahne, jeweils Artikel vom 7. Februar 1919.

für Männer ist entschieden zu lang, für Frauen und Mädchen bedeutet sie ein Verbrechen«.[20]

Die hier vertretene besondere Schonung des vermeintlich »schwachen Geschlechts« erscheint aus heutiger Sicht vielleicht etwas paternalistisch. Sie bezieht sich allerdings auf die Munitionsfabriken des Ersten Weltkrieges, in denen Frauen überproportional von gesundheitsschädlichen Arbeitsbedingungen betroffen waren. Zudem forderte Müller im weiteren nicht das Verbot bzw. die Einschränkung von Frauenarbeit, sondern die Gewinnung der Arbeiterinnen für die Gewerkschaftsarbeit, um eine Besserung der Arbeitsbedingungen für beide Geschlechter durchzusetzen.

Dennoch kann man aus diesen Zeilen schließen, daß er nicht begeistert gewesen wäre, wenn seine Frau unter den damals üblichen Bedingungen Fabrikarbeit verrichtet hätte. Ganz allgemein herrschte im Familienleben der damaligen Gewerkschafter und Sozialisten eine traditionelle Rollenverteilung vor bzw. wurde als Norm unhinterfragt angenommen. Fortschrittliche Positionen in Sachen Frauenwahlrecht und die Offenheit der Organisationen für einzelne herausragende Politikerinnen wie Rosa Luxemburg oder Clara Zetkin änderten an dieser Alltagspraxis zunächst wenig.

Im Jahr 1911 trat Richard Müller erstmals überregional hervor, und zwar durch einen zweiteiligen Artikel in der »Deutschen Metallarbeiter-Zeitung«. Er beschrieb neue Produktionsmethoden in der Dreherbranche, die in den Artikeln verarbeiteten Erfahrungen weisen darauf hin, daß Müller zum Zeitpunkt der Abfassung bereits einige Zeit in Berlin gelebt hatte.[21] Inhaltlich beschäftigen sich die Beiträge mit der Einführung neuer Kalkulationsmethoden für die Akkorde in den Drehereien der Großbetriebe, welche eine bessere Kontrolle der Unternehmer über die Arbeitsabläufe ermöglichten. Nach tayloristischem Sy-

---

20 Richard Müller: Bericht der Agitationskommission der Eisen-, Metall- und Revolverdreher der Verwaltungsstelle Berlin des deutschen Metallarbeiter-Verbandes für das Geschäftsjahr 1914/1915, Berlin 1915, S. 28.
21 Deutsche Metallarbeiter-Zeitung, Nr. 43, 28.10.1911. Der Eintrag seines Sohnes Arno Hugo Müller in der historischen Einwohnermeldekartei Berlins weist ab dem 29.3.1912 die Werderstraße 19 in Tempelhof bei Berlin als Wohnort der Familie aus, vorher die Klödenstr. 2, allerdings ohne klar identifizierbares Datum. 1918 zog die Familie um in die Werderstr. 31, diese Adresse ist bis 1930 belegt. Vgl. LArch Berlin, EMK sowie Eintrag »Phöbus Bau-GmbH« im Handelsregister Berlin, 2. Abteilung, Jg. 1930 (Richard Müller war 1930 als Geschäftsführer der Phöbus-Bau GmbH tätig). Für das Jahr 1932 ist die Adresse Seestraße 1 in Senzig bei Königs Wusterhausen bekannt (Vgl. SAPMO Barch RY 23/45). Die Adresse Friedrich-Karl-Straße 114, angegeben in der Edition der Vollzugsratsprotokolle konnte ich nicht verifizieren. (Gerhard Engel u. a. [Hg.]: Groß-Berliner Arbeiter- und Soldatenräte, Bd. 2, S. 172).

stem sollte der Arbeitsvorgang in möglichst viele Teiloperationen zerlegt werden, die wiederum mit eigenen Akkordpreisen versehen wurden. Die Festsetzung der Arbeitsschritte, vor allem aber des Arbeitstempos entglitt dadurch der Kontrolle der Arbeitenden und ging über auf die Seite des Unternehmers. War dieser vorher von den handwerklichen Kenntnissen der Facharbeiter abhängig und mußte ihnen einen gewissen Grad an Arbeitsautonomie zugestehen, so wurde dieser Freiheitsgrad durch die neuen Kalkulationsmethoden weitgehend zerstört. Dadurch veränderte sich nicht nur das Lohngefüge zuungunsten der Arbeitenden, sondern es wurde auch die Ersetzung der gelernten Dreher durch ungelernte Kräfte erleichtert. Dies bedeutete wiederum eine Entwertung von erworbenen Qualifikationen und erhöhte den Lohndruck noch einmal. Außerdem führte die neue Praxis zu häufigen Arbeitsplatzwechseln, da die möglichst niedrig angesetzten neuen Akkordpreise teilweise zu nicht existenzsichernden Löhnen und unerträglich monotonen Arbeitsabläufen führten. Diese Fluktuation erschwerte die Gewerkschaftsarbeit zusätzlich und gab dadurch den Unternehmern weiteren Spielraum. Vor allem aber bedeutete das höhere Tempo verschärften Streß für die Arbeitenden. Richard Müller bezeichnete die neuen Methoden daher als »nichts anderes als eine *verfeinerte Hetzmethode*«. Er schrieb weiter: »Der Antreiber braucht nicht mehr direkt hinter dem Dreher zu stehen, er sitzt im Kalkulationsbüro wohl geborgen, setzt willkürliche Preise fest und zwingt die Arbeiter zu *wahnsinnigem Arbeiten* oder zum fortwährendem Wechsel der Arbeitsstelle«.[22] Richard Müller griff die neuen Kalkulationsgrundlagen als unwissenschaftlich und willkürlich an, er forderte nun in seinen Artikeln die paritätische Mitarbeit der Dreher bei der Akkordfestlegung. Zusätzlich schlug er die Einrichtung spezieller Unterrichtskurse durch den DMV vor, um die Vertrauensleute auf die Verhandlungen mit den Kalkulationsbüros vorzubereiten. Denn, so führte er aus, »was würde es nützen, wenn wir durch einen gewaltigen Kampf uns das Mitbestimmungsrecht eroberten und nachher nicht in der Lage wären, den richtigen Preis zu finden und vor den Kalkulationsbeamten zu vertreten?« Zudem wisse er aus seiner Praxis, »daß diese Kalkulatoren vor einer wirklichen Kalkulation ganz zusammenklappen und recht klein werden können«.[23] Diese Episode zeigt, wie sehr die ökonomische Macht der Facharbeiter von der unmittelbaren Kontrolle über die Betriebsabläufe abhing. Ge-

---

22 Hervorhebungen im Original, Deutsche Metallarbeiter-Zeitung, Nr. 43, 28.10.1911.
23 Metallarbeiter-Zeitung, Nr. 43 und 44 vom 28.10. bzw. 4.11.1911, vgl. auch Dirk H. Müller: Gewerkschaftliche Versammlungsdemokratie und Arbeiterdelegierte vor 1918, Berlin 1985, S. 288-290.

lang es dem Unternehmer, seinen Informationsstand und somit die Kontrolle über diese Abläufe zu erhöhen, wurde ihr Wissen entwertet und sie selbst tendenziell ersetzbar. Ihre Streikfähigkeit und politische Durchsetzungsmacht waren dementsprechend gefährdet. Im gegebenen Fall jedoch scheint die exakte tayloristische Zerlegung der Arbeitsabläufe eher eine Unternehmerutopie als eine reale wissenschaftliche Methode gewesen zu sein. Müller berichtet von Fällen, wo die ursprüngliche Kalkulation so ungenau war, daß am Ende fünf-, sechs- oder in einem Fall neunfach höhere Akkordpreise bezahlt werden mußten. Diese angemesseneren Preise kamen jedoch erst zustande, nachdem dem Unternehmer die ersten alteingesessenen Fachkräfte weggelaufen waren und somit die Leistungsfähigkeit der Dreherei sank. Trotz ihrer Ungenauigkeit leisteten die Kalkulationen also dennoch gute Dienste, um ein höheres Arbeitstempo zu erpressen.

Die gewerkschaftliche Intervention Müllers belegt einerseits die Wichtigkeit der betrieblichen Kleinarbeit der Vertrauensleute, andererseits auch die Tatsache, daß gewerkschaftliche Forderungen in dieser Frage über Mitbestimmung am Arbeitsplatz und fairen Lohn (bzw. »richtige« Akkordpreise) nicht hinausgingen. Die Stabilität des politisch-ökonomischen Systems und der damit verbundene Zwang zur Verbesserung der Lage *innerhalb* der gegebenen Verhältnisse bewirkten, daß gewerkschaftliche Tagespraxis und sozialistische Fernziele im Bewußtsein der Gewerkschaftsmitglieder recht unverbunden nebeneinander existierten – Richard Müller war da keine Ausnahme. Eine weitere Quelle verdeutlicht diesen Zusammenhang noch genauer.

Im Jahr 1913 veröffentlichte Richard Müller die Broschüre »Über die Agitation in der Dreherbranche«[24]. Das Heft wurde herausgegeben von der »Agitationskommission der Eisen-, Metall- und Revolverdreher der Verwaltungsstelle Berlin«, einem Organ des DMV, in dem Müller mittlerweile leitend tätig war. Es handelte sich hier hauptsächlich um einen Rechenschaftsbericht über die Aufgaben, Organisationsstrukturen und Erfahrungen der Kommission in den Berliner Betrieben.

In der Broschüre zeigt Richard Müller sich als typischer Gewerkschafter seiner Zeit. Im Vorwort beklagte er mangelnde Aktionsbereitschaft der Arbeiter und definierte es als Auftrag der Gewerkschaft, alle Mitglieder zu »Kämpfern für den Sozialismus« zu erziehen. Als adäquates Mittel zur Erreichung dieses Ziels empfahl er im folgenden ein ausgeklügeltes bürokratisches Kontrollsystem aus sechs verschiedenen

---

24 Richard Müller: Über die Agitation in der Dreherbranche, Berlin 1913.

Formularen, deren gewissenhafte Handhabung die kontinuierliche Beteiligung aller Belegschaften an der Gewerkschaftsarbeit sicherstellen sollte. Schon manch einem Zeitgenossen mag das seltsam vorgekommen sein, doch Müller verteidigte seine Methode gegen alle Kritik: »Wenn diese Einrichtungen auch etwas schwerfällig und umständlich erscheinen mögen, so sind sie doch planmäßig und haben den Vorzug der Gründlichkeit«.[25]

Der Ursprung dieses damals in den Gewerkschaften weit verbreiteten Nebeneinanders aus revolutionärer Rhetorik und beamtenhaft-bürokratischer Praxis klingt in der Broschüre bereits an: Das politische Bewußtsein der Arbeiterklasse wuchs selbst in der gutorganisierten Metallbranche keinesfalls naturwüchsig und automatisch aus dem Klassenkonflikt heraus. Müller konstatierte vielmehr eine allgemeine Interessenlosigkeit, »die auf alle Aktionen lähmend wirkt«.[26] Es erforderte in der Praxis beharrliche Kleinarbeit der Gewerkschaftsorgane, um die zunächst nur individuell oder in der Kleingruppe erlebten Übergriffe der Unternehmer überhaupt als Teil eines Klassenkonfliktes sichtbar zu machen. Kollektive Praktiken wie das Verweigern von Überstunden oder das gemeinsame »Abbummeln« bereits geleisteter Mehrarbeit mußten erst allmählich gemeinsam erarbeitet werden.[27] Zudem mußte stets aufs neue verhindert werden, daß einzelne junge und übereifrige Arbeiter und Arbeiterinnen, gelockt von Prämien der Unternehmer, durch Überstunden oder ein erhöhtes Arbeitstempo das allgemeine Leistungsniveau auf ein für die Mehrheit unerreichbares Niveau anhoben. Das Erreichen einer stabilen Solidarität, die über augenblickliche Proteste hinaus politische Handlungsfähigkeit verleiht, erscheint im Bericht der Agitationskommission als langwieriger Prozeß, eng gekoppelt an die unmittelbaren Abläufe im einzelnen Betrieb. Ein Fortschreiten, das immer wieder vereitelt wurde durch die Versuche der Unternehmer, mittels Strafen für einzelne und Prämien für andere die Arbeiterschaft zu spalten, um so schleichend das Arbeitstempo herauf- und das Lohnniveau herabzusetzen.

Kaum verwunderlich, daß die Gewerkschaften ihren Schwerpunkt auf die Herstellung dieser elementaren wirtschaftlichen Solidarität legten, auf die Erhöhung des Organisationsgrades durch Ausweitung des Netzes an Vertrauensleuten in jedem Betrieb, der eigentlichen Aufgabe Richard Müllers und der Agitationskommission. Denn gelänge es den Unternehmern, die Arbeitenden schon in ihren kleinen Tageskämpfen

---

25 Richard Müller: Bericht der Agitationskommission 1914/1915, S. 51.
26 Richard Müller: Über die Agitation in der Dreherbranche, S. 1.
27 Ebenda, S. 12.

in der Fabrik zu spalten, wäre an einen Sieg im politischen Kampf oder gar an eine Revolution kaum zu denken.

Die Agitationskommission des Berliner DMV stand nach Gründung der DMV-Dreherbranche im Jahr 1904 an vorderster Front in diesem Prozeß. Sie versuchte die Unorganisierten zu gewinnen und gewerkschaftliche Kerne in Betrieben zu schaffen, wo bisher kollektive Gegenwehr kaum stattfand. Später änderte sie ihre Stoßrichtung hin zu den bereits organisierten Mitgliedern. Ziel war nun, »daß die bereits organisierte Masse nicht nur der Organisation erhalten blieb, sondern auch mehr und mehr den Gedanken der Organisation erfaßte, nicht nur beitragzahlende Mitglieder blieben, sondern Klassenbewußte Kämpfer wurden« – so formulierte es Richard Müller in einer weiteren Broschüre aus dem Jahr 1915, als die Berliner Dreher bereits einen Organisationsgrad von fast 90 Prozent aufweisen konnten.[28]

In der Kommission entwickelte Richard Müller sein intensives Verwaltungssystem, um die Kontinuität des Kampfes zu institutionalisieren und unabhängig zu machen vom Vorhandensein einzelner selbstbewußter Arbeiter und Arbeiterinnen. Dabei pflegte er zwar einen recht formalen Arbeitsstil, jedoch muß man ihm mit dem »Vorzug der Gründlichkeit« durchaus recht geben. Müller betrieb seine Arbeit bereits damals mit einer geradezu wissenschaftlichen Präzision. Durch seine Datensammlungen war er in der Lage, exakte Statistiken über Arbeitsabläufe, Ausstattung, Lohnentwicklung und gewerkschaftlichen Organisationsgrad der Berliner Dreherbranche zu erstellen. Genau diese Daten waren notwendig, um den Kalkulationsbüros der Unternehmer die Informationshoheit zu entreißen und Lohnkürzungen unter dem Deckmantel »technischer Neuerungen« entgegenzutreten. Müller beschäftigte sich intensiv mit den Schriften von Frederick Winslow Taylor und anderen betriebswirtschaftlichen Größen seiner Zeit. Trotz seiner fehlenden formalen Bildung muß er ein ebenbürtiger, wenn nicht gar überlegener Verhandlungspartner für die Unternehmer gewesen sein.[29] Die Gründlichkeit und wissenschaftliche Methode, die Richard Müller sich in seiner Gewerkschaftsarbeit aneignete, sollte ihm auch später gute Dienste leisten, als er in der Rolle des Historikers die Novemberrevolution analysierte. Statt Taylor las er hierzu einige Schriften von Marx – aber auch in der Rolle des Historikers neigte er nicht zum Theoretisieren, sondern ließ sich vor allem von seiner Lebenserfahrung leiten. Auch hier leistete er als Autodidakt erstaunliches. Methodische

---

28 Richard Müller: Bericht der Agitationskommission 1914/1915, S. 8, S. 47.
29 Vgl. Richard Müller: Bericht der Agitationskommission 1914/1915, S. 66 ff.

Genauigkeit, vor allem aber das Verständnis für Psychologie und Lebensalltag der Arbeiter und Arbeiterinnen ermöglichten ihm Einsichten, die anderen verborgen blieben.

So notwendig und erfolgreich die von Richard Müller betriebene Professionalisierung der Gewerkschaftsarbeit auch war, so barg sie doch die Gefahr von Bürokratisierung und Organisationsfetischismus. Tendenzen, welche die Gewerkschaften des Kaiserreiches auszeichneten und gegen die Richard Müller später heftig kämpfen würde. Nach der Novemberrevolution reflektierte Müller seine bisherige Praxis und bezeichnete den Bürokratismus als eine »historische Notwendigkeit« der Gewerkschaftsarbeit im Kapitalismus, welche jedoch in der neuen Kampfphase überwunden werden müsse.[30] In der Vorkriegszeit allerdings problematisierte Richard Müller die Gewerkschaftspraxis kaum. Er identifizierte sich mit dem gängigen Vorgehen und sah keinen Widerspruch zwischen Sozialismus und Bürokratie. Es gab auch zunächst keinen Anlaß für Zweifel – seine Arbeit in der Agitationskommission bewährte sich, und im Jahr 1914 stieg er zum Branchenleiter der Berliner Dreher im DMV auf. Er war nun verantwortlich für die gesamte Gewerkschaftsarbeit dieser Berufsgruppe im Berliner Raum und vertrat etwa 8.500 gewerkschaftlich organisierte Arbeiter und Arbeiterinnen.[31]

Trotz dieser Verantwortung war Müllers Rolle weiterhin die eines mittleren Funktionärs. Er arbeitete ehrenamtlich und war außerhalb seiner Branche ein Unbekannter. Im zweiten Flügel der Arbeiterbewegung, der Sozialdemokratischen Partei, war er nur einfaches Mitglied. An den intensiven Richtungsstreits zwischen Reformisten und Revisionisten innerhalb der SPD nahm er nicht aktiv teil, Persönlichkeiten wie Eduard Bernstein und Rosa Luxemburg kannte er nur aus der Zeitung. Dies sollte sich im Sommer 1914 schlagartig ändern: Der Beginn des Ersten Weltkrieges markierte einen Wendepunkt nicht nur für die deutsche Arbeiterbewegung. Die folgenden Erschütterungen setzten sich bis in die Betriebe und Familien fort und Millionen einfacher Arbeiter und Arbeiterinnen wurden in Richtungskämpfe hineingerissen, die bis dahin fast nur die Schicht der Parlamentsabgeordneten und Parteiintellektuellen erfaßt hatten.

---

30 Vgl. Protokoll der Verhandlungen des 1. Reichskongresses der Betriebsräte Deutschlands. Abgehalten vom 5.-7.Oktober 1920 zu Berlin, Berlin 1920, S. 233.
31 Die Zahl bezieht sich auf den Stand von 1913, vgl. Richard Müller: Bericht der Agitationskommission 1914/15, S. 45.

Opposition gegen den Burgfrieden im Ersten Weltkrieg: 1914-1918

Der Weltkrieg kam für die europäische Arbeiterbewegung nicht völlig überraschend. Bereits mit dem Abgang Bismarcks im Jahre 1890 begann das sorgsam ausgeklügelte europäische Bündnissystem des Reichskanzlers zu bröckeln. Mit kunstvoller Diplomatie hatte Bismarck es seit der Reichsgründung 1871 vermocht, die außenpolitischen Widersprüche zwischen den etablierten Industrienationen England und Frankreich und dem rasant aufholenden jungen Deutschen Reich zu glätten. Stets suchte er den Ausgleich zwischen den Mächten, um eine Zerstörung seines Aufbauwerkes durch das britische, französische oder das russische Imperium zu verhindern.[32]

Der Zusammenbruch des Bismarckschen Systems wurde nicht allein verursacht durch die polternde, zuweilen recht undiplomatische Außenpolitik des jungen Kaiser Wilhelm II., der im Gegensatz zu seinem Vorgänger die Reichsgeschäfte im »persönlichen Regiment« selbst führte. Die Krise lag tiefer. Die Hauptursache war der Verfall des von England beherrschten Freihandelskapitalismus, der einer neuen Struktur von in sich abgeschlossenen, rivalisierenden Machtblöcken gewichen war.[33] Konkurrierten diese anfangs noch auf diplomatischem Wege und ohne Krieg um die Aufteilung der Welt, etwa bei der Berliner Konferenz 1884, so machten sich um die Jahrhundertwende zunehmende Spannungen breit. Die Marokkokrise 1905, der »Panthersprung nach Agadir«, die Unterstützung der österreichischen Annexionen im von Rußland beanspruchten Balkan sowie die Kontroverse um die Bagdadbahn waren Äußerungen eines konfrontationsbereiten deutschen Expansionismus, den die anderen imperialen Mächte in dieser Form kaum dulden konnten, ging er doch eindeutig zu Lasten ihrer Einflußsphären und Märkte.

Die europäische Arbeiterbewegung hatte diese Lage erkannt und stets erklärt, daß sie einen Weltkrieg nicht dulden würde. Bereits der Deutsch-Französische Krieg von 1870/71 war von den sozialdemokratischen Parteigründern Wilhelm Liebknecht und August Bebel vehe-

---

32 Zur Außenpolitik des Deutschen Kaiserreiches vgl. vor allem Volker Ullrich: Die nervöse Großmacht, Frankfurt a. M. 1997, S. 74-12, S. 223-263 sowie Arthur Rosenberg: Die Entstehung der Weimarer Republik, Hamburg 1991, Kapitel I (Original unter dem Titel »Entstehung der deutschen Republik«, Berlin 1928).
33 Vgl. Giovanni Arrighi: The long twentieth Century: Money, Power and the Origins of our Times, London – New York 1994.

ment abgelehnt worden. Bebel, der die SPD bis zu seinem Tod 1913 führte, etablierte den Antikriegskurs als eine Konstante sozialdemokratischer Außenpolitik. Auch international setzte sich diese Linie durch. Der Baseler Kongreß der sozialistischen Internationale im Jahr 1912 war ein Fanal gegen den drohenden Krieg und für die Verbrüderung der proletarischen Klassen aller Länder. Noch im Juli 1914 veröffentlichte der »Vorwärts«, das Zentralorgan der deutschen Sozialdemokratie, einen flammenden Leitartikel auf der Frontseite, endend mit dem Aufruf: »Wir wollen keinen Krieg! Nieder mit dem Kriege! Hoch die internationale Völkerverbrüderung!«[34]

Dennoch kippten im August 1914 fast sämtliche sozialistischen Parteien Europas um und unterstützten den Kriegseintritt ihres Landes – jede einzelne mit der festen Überzeugung, einen Verteidigungskrieg zu führen. In Deutschland wurde die konstitutionelle Monarchie gegen die russische Autokratie verteidigt, in Frankreich dagegen die Republik gegen die deutsche Reaktion, allerorten das Vaterland gegen die Eroberer. Von den größeren Parteien verweigerten sich nur die britische Independent Labour Party und die italienischen Sozialisten dem Kriegskurs.[35] Es zeigte sich, daß hinter der glänzenden Friedensrhetorik der Arbeiterparteien keine wirkliche Verbindlichkeit gestanden hatte. Die Konferenzen hatten große symbolische Wirkung, trafen aber keinerlei konkrete Absprachen, was denn nun im Falle eines Krieges an Gegenmaßnahmen zu erfolgen hätte. Die Integrationsmechanismen der politischen und ökonomischen Systeme waren nicht nur völlig unterschätzt, sondern im Grunde gar nicht problematisiert worden. Die Stärke des eigenen Organisationsapparates, das gewerkschaftliche Zeitungswesen, die Unfallkassen, Rentenkassen und andere Unterstützungssysteme wurden zu Recht als soziale Errungenschaften angesehen. Jedoch war es gerade die Angst vor dem Verlust dieser Errungenschaften durch staatliche Eingriffe, die schon vor 1914 immer wieder disziplinierend gewirkt hatte.[36] Im Sommer 1914 zeigte sich dann, wie sehr die meisten Arbeiterparteien trotz vermeintlicher Systemopposi-

---

34 Vorwärts vom 25.7.1914.
35 Wolfgang Abendroth: Sozialgeschichte der europäischen Arbeiterbewegung, Frankfurt a. M. 1965, S. 81 ff.
36 Vgl. Volker Ullrich: Die nervöse Großmacht, S. 446 sowie Richard Müller: Vom Kaiserreich zur Republik, 2. Neuauflage Berlin 1979, S. 94 (Wien 1924)., S. 72-77. Im folgenden zitiert als Richard Müller: Kaiserreich; Band zwei »Vom Kaiserreich zur Republik – Die Novemberrevolution«, Wien 1925, wird im folgenden zitiert als Richard Müller: Novemberrevolution. Band drei »Der Bürgerkrieg in Deutschland, Berlin 1925, wird im folgenden zitiert als Richard Müller: Bürgerkrieg. Alle drei Bände zitiert nach Neuauflage Berlin 1979, Seitenzahlen der Neuauflage sind jedoch bei Band zwei und drei unverändert zum Original.

tion bereits in das politische und ökonomische System ihrer jeweiligen Nation integriert waren. Der Krieg und das offene Umschwenken der meisten Partei- und Gewerkschaftsführer brachten dies nun auch auf ideologischer Ebene zutage – die Politik des Klassenkampfes wurde umgedeutet in eine Politik zugunsten eines imaginären allgemeinen Volkswohls. In der historischen Rückschau lassen sich solche Tendenzen bis in die neunziger Jahre des 19. Jahrhunderts zurückverfolgen, für die Zeitgenossen bedeuteten sie jedoch einen Schock, der viele völlig unvorbereitet traf.

In Deutschland billigte die Sozialdemokratie am 4. August 1914 im Reichstag die Kriegskredite. Bei der Abstimmung gab es keine Gegenstimmen, auch Karl Liebknecht beugte sich der Fraktionsdisziplin. Der zweite Vorsitzende der SPD und entschiedene Kriegsgegner Hugo Haase ließ sich von der Partei sogar in die Rolle des Sprechers der neuen Politik drängen. Er verlas im Reichstag eine patriotische Erklärung zur Rechtfertigung der Kredite. Es rächte sich nun, daß auch und gerade die Linken in innerparteilichen Auseinandersetzungen immer die bedingungslose Einheit der Organisation beschworen hatten.[37] Selbst der gestandene Mehrheitssozialdemokrat und damalige Kriegsbefürworter Philipp Scheidemann reflektierte gegen Ende seines Lebens, von den Nazis ins Exil getrieben, kritisch diese Vorgänge: »Diese absolute Disziplin der SPD als heiligstes Parteisakrament gefeiert, ist uns heute fast unverständlich. Der Organisation der Partei, die immer mehr Selbstzweck wurde, anstatt Mittel zum Zweck zu bleiben, hat diese unerhörte Disziplin viel genutzt, politisch ist sie vielleicht gerade an dieser Disziplin mit zugrunde gegangen.«[38]

Bereits am 1. und 2. August hatten die Führer der freien Gewerkschaften auf einer Vorständekonferenz die Grundlage für die Zustimmung zum Krieg gelegt, indem sie nach vorherigen Verhandlungen mit dem Reichsamt des Innern beschlossen, alle laufenden Streiks abzubrechen und für die Dauer des bevorstehenden Krieges keine neuen Arbeitskämpfe anzufangen. Damit war die Politik des »Burgfriedens« geboren, die deutsche Arbeiterbewegung hatte sich den »nationalen Interessen« des Kaiserreiches untergeordnet.[39]

---

37 Vgl. Annelies Laschitza: Die Liebknechts. Karl und Sophie – Politik und Familie, Berlin 2007, S. 237 f.
38 Philipp Scheidemann: Das historische Versagen der SPD. Schriften aus dem Exil, herausgegeben von Frank Reitzle, Lüneburg 2002, S. 92.
39 Hans Limmer: Die deutsche Gewerkschaftsbewegung, 11. Auflage München 1986, S. 41; Richard Müller: Kaiserreich, S. 75.

Allerdings gab es schon bald Opposition. Karl Liebknecht verweigerte sich bei der zweiten Abstimmung am 2. Dezember 1914 als einziger Abgeordneter, stimmte im Reichstag gegen neue Kriegskredite und wurde so schlagartig zu einer Ikone des Widerstandes.[40] Im Laufe der Zeit schlossen sich weitere Parlamentarier an und es bildeten sich zwei Oppositionsströmungen – eine gemäßigte um Hugo Haase und Georg Ledebour, eine radikalere um Liebknecht und Rosa Luxemburg.[41] Auch ein Teil der Redaktion des Vorwärts, insbesondere der Redakteur Ernst Däumig, trug die Kriegspolitik der Parteispitzen nicht mit und übte mehr oder weniger unverhohlene Kritik am Kurs der Partei.[42] Dies erregte schon bald Anstoß, es kam zu einem offenen Konflikt zwischen der Generalkommission der Gewerkschaften als Vertretung der freien Gewerkschaften und der Redaktion.[43] Dies war ein weiteres öffentliches Signal für all jene Arbeiter, die der plötzlichen Einheit mit dem Klassenfeind nicht trauten und politische Orientierung suchten.

Nicht nur in der Partei, auch in den Gewerkschaften regte sich Widerstand. Teile der Basis widersetzten sich von Anfang an dem neuen Kurs. In seiner Eigenschaft als Branchenleiter der Berliner Dreher erklärte Richard Müller bereits in der ersten Sitzung der Berliner Ortsverwaltung des DMV nach Kriegsbeginn, daß die Berliner Dreher den Burgfrieden nicht mittragen würden.[44]

Die zentrale Stellung der Dreher im Produktionsprozeß ermöglichte ihnen einen solchen Widerstand in einer Zeit, als die Mehrheit sich dem Burgfrieden noch fügte.[45] Müller selbst skizziert die Rolle der Berliner

---

40 Ebenso verweigerte sich der Reichstagsabgeordnete Fritz Kunert aus Halle den Kriegskrediten, allerdings durch einen eher passiven Widerstand. Friedel Gräf, ebenfalls in der Antikriegsopposition aktiv, berichtet in ihren Erinnerungen, der Genosse Kunert sei »gar nicht in die Sitzung gegangen, sondern hat sich im Reichstag die ganze Zeit auf dem Klosett herumgedrückt«. BArch SAPMO, SG Y 30/0297, S. 30. Zu Karl Liebknecht vgl. Annelies Laschitza: Die Liebknechts. Karl und Sophie – Politik und Familie, Berlin 2007.
41 Zur Wechselwirkung beider Strömungen vgl. Ottokar Luban: Die Rolle der Spartakusgruppe bei der Entstehung und Entwicklung der USPD Januar 1916 bis März 1919, in: Jahrbuch für Forschungen zur Geschichte der Arbeiterbewegung, Heft II 2008, S. 69-75.
42 Zur Biographie Däumigs vgl. David W. Morgan: Ernst Däumig and the German Revolution of 1918, in: Central European History, 1983 Vol. XV, No. 4, S. 303-331 sowie Horst Naumann, Ein treuer Vorkämpfer des Proletariats. Ernst Däumig, in: BzG (Berlin), Nr. 28 (1986), H.6, S. 801-813.
43 Die Generalkommission der Gewerkschaften war von 1890 bis 1919 das zentrale Leitungsgremium der sozialistischen freien Gewerkschaftsbewegung. Jeder Einzelverband delegierte Abgeordnete in die Generalkommission, die für die gemeinsame politische Linie verantwortlich war. Die Generalkommission wurde 1919 durch den Allgemeinen Deutschen Gewerkschaftsbund (ADGB) ersetzt.
44 Richard Müller: Kaiserreich, S. 94.

Dreher wie folgt: »Die Dreher waren eine organisatorisch festgefügte, für die Produktion ausschlaggebende Gruppe. Sie stellten gewissermaßen das Herz des industriellen Großbetriebes dar. Sie wurden von den Unternehmern am besten entlohnt und arbeiteten auch sonst unter günstigeren Verhältnissen als andere Branchen. Diese Gruppe lehnte sich überall gegen die Kriegsmaßnahmen der Unternehmer auf, stellte Lohnforderungen und setzte sie durch [...] Die Dreher wahrten aber nicht nur ihre Interessen, sie unterstützten auch andere schwächere Gruppen, besonders die Arbeiterinnen, bei Differenzen mit den Unternehmern.«[46]

Ein Bericht der Agitationskommission der Dreher sprach den Sachverhalt noch klarer aus: »Die Dreherei stillgelegt, hat die Stillegung der ganzen Produktion unmittelbar zur Folge.«[47] Richard Müller war jedoch selbst nicht ganz wohl mit dem völlig ungewohnten Bruch innerhalb des DMV. Auch zehn Jahre später betonte er in seinem Werk »Vom Kaiserreich zur Republik« die Gefahr von Spaltungstendenzen durch die »Lockerung der Disziplin« innerhalb der Organisation.[48] Trotz seiner scharfen Opposition gegen die Politik der Gewerkschaftsführung blieb Müller seine ganze politische Laufbahn hindurch ein Gegner jeder Spaltung der Gewerkschaftsbewegung und plädierte für den politischen Kampf innerhalb der Organisationen. Auch ein kurzes Intermezzo in der Linksgewerkschaft »Deutscher Industrie-Verband« um 1928 konnte nichts daran ändern, daß ein Kurswechsel der großen Gewerkschaften für ihn die notwendige Vorbedingung einer sozialen Revolution darstellte. Seine Identifikation mit der Gewerkschaftsbewe-

---

45 Es ist umstritten, ob und in welchem Ausmaß die Basis der SPD von der Kriegsbegeisterung erfaßt wurde. Abendroth bejaht dies und führt es auf die obrigkeitsstaatliche Erziehung zurück, Arno Klönne macht einen seit den 1890er Jahren vorhandenen »deutsch-sozialdemokratischen Patriotismus« für die vermeintliche Kriegsbegeisterung verantwortlich. Richard Müller bemerkt im Gegensatz dazu, daß keine nationalistische Euphorie herrschte, sondern die »Masse der Arbeiter und Angestellten« sich gegenüber der Kriegsbegeisterung »sehr reserviert« verhielt. Erwin Winkler stimmt in seiner Dissertation zur Gruppe der Obleute diesem Urteil zu. Vgl. Wolfgang Abendroth: Einführung, S. 145, Arno Klönne: Die Deutsche Arbeiterbewegung, aktualisierte Auflage München 1989, S. 138; Richard Müller: Kaiserreich, S. 70. Erwin Winkler: Die Bewegung der Berliner revolutionären Obleute im Ersten Weltkrieg, Dissertation bei der Akademie für Gesellschaftswissenschaften beim ZK der SED, Berlin 1964, S. 97 ff.
46 Richard Müller: Kaiserreich, S. 94. Aufgrund der massiven Einziehung von Arbeitern an die Front vermehrte sich die Anzahl der Arbeiterinnen in den Fabriken nach Kriegsausbruch enorm. Zur Rolle der Dreher im Produktionsprozeß vgl. auch Dirk H. Müller: Versammlungsdemokratie, S. 288-290.
47 Richard Müller: Bericht der Agitationskommission der Dreher 1914/15, S. 61.
48 Richard Müller: Kaiserreich, S. 94.

gung war stets stärker als die Identifikation mit den politischen Parteien, in denen er aktiv war.

Dennoch scheute er sich nicht, ab 1914 durch die Verweigerung gegenüber dem Burgfrieden und der Auslösung von »wilden« Streiks heftige Auseinandersetzungen mit der Berliner Ortsverwaltung des DMV zu provozieren. Die Streiks beschränkten sich jedoch zunächst auf Lohnforderungen und waren noch nicht auf eine generelle Sabotage der Kriegsmaschinerie ausgerichtet. Allerdings, so formulierte es später der Obmann Paul Blumenthal, »unter den Bedingungen des Belagerungszustandes und des Burgfriedens wurde jede Lohnbewegung zur politischen Aktion.«[49] Unternehmen konnte die DMV-Ortsverwaltung kaum etwas gegen die Streiks. Schließlich, so berichtet Müller, »war die Ortsverwaltung zufrieden, wenn sie wenigstens von den Vorgängen in den Betrieben Kenntnis erhielt«.[50] Im Kontext der kollektiven Weigerung der Dreher erscheint seine Oppositionspolitik weniger als die Gewissensentscheidung eines einzelnen wie etwa im Falle Liebknechts oder Däumigs. Nur direkte Unterstützung durch die Basis in den Betrieben ermöglichte Richard Müller seinen Kurs. Müller weist daher den zwei vorhandenen Oppositionsgruppen im Reichstag zwar eine wichtige symbolische Bedeutung zu – aber als Signalgeber für konkrete Aktionen oder Streiks konnten sie nicht dienen, beiden fehlte trotz ihres bedeutenden ideologisch-politischen Einflusses letztlich der direkte Kontakt zur Basis.[51]

Diese organisierte sich unterdessen selbst, und die Gewerkschaftsspitze mußte zusehen. In den Kriegsjahren wurde, ausgehend von Richard Müller und den gewerkschaftlichen Vertrauensleuten der Dreher, ein immer dichteres oppositionelles Netzwerk in den Berliner Großbetrieben geschaffen, welches 1918 den Namen »Revolutionäre Obleute« annahm und seit 1917 auch reichsweite Kontakte knüpfte.[52] Richard Müller selbst war damals in den AEG Turbinenwerken in Berlin Moabit tätig und hatte engen Kontakt zu den Nachbarbetrieben »Ludwig Loewe AG« und »Deutsche Waffen und Munitionsfabrik« (DWM) in Charlottenburg.[53]

---

49 Berlin 1917-1918 – Parteiveteranen berichten über die Auswirkungen der Großen Sozialistischen Oktoberrevolution auf die Berliner Arbeiterbewegung, Bezirksleitung der SED Groß-Berlin, Berlin 1957, S. 31.
50 Richard Müller: Kaiserreich, S. 94.
51 Richard Müller: Kaiserreich, S. 97. Über die inhaltlichen Differenzen zwischen Spartakus und der »Arbeitsgemeinschaft« Haase-Ledebour vgl. Richard Müller: Kaiserreich, S. 109-112.
52 Paul Blumenthal berichtet, daß sich die eigentliche »Körperschaft der Revolutionären Obleute« im Anschluß an den 1. Mai 1916 bildete, Vgl. Berlin 1917-1918 – Parteiveteranen berichten, S. 31. Vgl. auch Richard Müller: Kaiserreich, S. 97.

Ausgangspunkt der gezielten Vernetzung oppositioneller Arbeiter war die wachsende Unzufriedenheit der Bevölkerung über die sich stetig verschlechternde Ernährungslage, die dem nationalen Rummel von 1914 sehr schnell einen Dämpfer versetzte. Nicht nur unter den Berliner Drehern sondern auch anderswo kam es immer wieder zu Streiks, der Burgfrieden wurde in Frage gestellt, das Bedürfnis nach Protest und Artikulation stieg an.

Zwar ließen aufgrund der Einführung von »Kriegsausschüssen«, in denen Unternehmer, Gewerkschaftsführung und der Staat gemeinsam über soziale Fragen verhandelten, die Streiks zunächst nach. Die enorme Preissteigerung bei Lebensmitteln Mitte 1915 führte jedoch zu erneuten spontanen Arbeitsniederlegungen und einem Vertrauensverlust gegenüber den Ausschüssen.[54]

Angespornt durch diese Zeichen von Unzufriedenheit bauten die oppositionellen Gewerkschafter nun ihre Netzwerke aus. Dies war nur im geheimen möglich, da die offiziellen Gewerkschaftsversammlungen trotz des Burgfriedens von der Polizei bespitzelt wurden. Die Berliner Dreher nutzten daher Flurgespräche bei gewerkschaftlichen Versammlungen zur Kontaktaufnahme oder führten zu diesem Zweck eigene Branchen-Festveranstaltungen ein. Paul Blumenthal, seinerzeit Branchenleiter der Schweißer im DMV und ebenfalls Mitbegründer der Obleute, berichtete in seinen Erinnerungen: »Auf den Konferenzen wurden gewerkschaftliche Fragen behandelt. Aber bald hatten sich die oppositionellen Genossen erkannt und wir kamen dann anschließend noch beim Glase Bier zusammen. Wir bereicherten uns gegenseitig mit den gesammelten Erfahrungen und das war gewissermaßen der Uranfang der Revolutionären Obleute in Groß-Berlin!«. Unter dem Deckmantel von Stammtisch und Bierfest entstand so das Netzwerk der Revolutionären Obleute.[55]

Dadurch, daß ein Obmann[56] einen ganzen Betrieb oder ein ganzes Werk vertrat, in dessen Abteilungen und Werkstätten er wiederum eigene Vertrauensleute hatte, konnten die Obleute trotz ihrer relativ geringen Zahl von etwa 50-80 Mitgliedern Tausende von Arbeitern der

---

53 Erinnerungsbericht Paul Geisler, in: 1918 – Erinnerungen von Veteranen der deutschen Gewerkschaftsbewegung, 2. Auflage Berlin 1960, S. 582 ff. Die Gebäude eines weiteren DWM-Standortes am Eichborndamm in Berlin-Wittenau sind noch erhalten, hier befindet sich heute das Landesarchiv Berlin.
54 Erwin Winkler: Die Bewegung der Berliner revolutionären Obleute, S. 130 ff.; Richard Müller: Kaiserreich, S. 95.
55 Erinnerungsmappe Paul Eckert, BArch SAPMO, SG Y 30/0180, S. 5, Erinnerungsmappe Paul Blumenthal, BArch SAPMO, SG Y 30/0079, S. 10.
56 Es ist nur von der Position des »Obmannes« die Rede, denn Obfrauen gab es zunächst

Großbetriebe erreichen.⁵⁷ Jakob Walcher, der in dieser Zeit mit den Obleuten zusammenarbeitete, charakterisierte die Arbeitsweise der Gruppe wie folgt: »[...] beinahe jeder von denen, der in die Vereinigung der Revolutionären Obleute aufgenommen wurde, besaß seinerseits wieder das uneingeschränkte Vertrauen anderer gewerkschaftlicher Vertrauensleute seines Betriebes und sehr oft auch das von Funktionären seiner gewerkschaftlichen Branche [...]. So kam es, daß in Großbetrieben diese Spitzenfunktionäre oft auf Dutzende weiterer [...] Vertrauensleute Einfluß besaßen, und daß gegebenenfalls die Aktionsparolen der RO [...] viele hunderte betriebliche Vertrauensleute und über sie ganze Belegschaften erreichten und auch befolgt wurden.«⁵⁸

Die Obleute waren durch diese Struktur im Gegensatz zu USPD und Spartakus »keine Massenorganisation, zu der jeder Zutritt hatte, sondern ein ausgewählter Kreis von Personen, die eine gewisse Schulung und Erfahrung im politischen und gewerkschaftlichen Tageskampf genossen hatten und im Betrieb unter den Arbeitern einen Einfluß haben mußten. Es war im wahren Sinne des Wortes ein ›Vortrupp des Proletariats‹.«⁵⁹ Diese Beschreibung der Gruppe aus der Feder Richard Müllers darf jedoch keinesfalls im Sinne eines autoritären Avantgarde-Konzepts mißverstanden werden: Die Obleute und Müller selbst weigerten sich stets, Aktionen gegen die Mehrheit der Arbeiterklasse durchzusetzen, sondern handelten erst, wenn sie diese hinter sich wußten. Das Vertrauensleutesystem, nach dem sich die Obleute organisierten, entsprang keiner Avantgarde-Theorie, sondern im Gegenteil der lokalistisch-syndikalistischen Tradition innerhalb der Berliner Metallarbeiterschaft. Die Berliner Metallarbeiter hatten sich in der Zeit des Sozialistengesetzes (1878-1890) hauptsächlich über nach Berufen gegliederte Vertrauensmännersysteme organisiert und sich erst 1897 dem DMV angeschlos-

---

nicht. Auch die Revolutionären Obleute waren, wie sämtliche Organisationen der Arbeiterbewegung, ein Männerclub – obwohl sie durch ihre Streiks auch viele Arbeiterinnen vertraten. Erstmals wurde jedoch im Januar 1918 mit Cläre Casper auch eine Arbeiterin in die Berliner Streikleitung gewählt und später gleichberechtigt in den Kreis der Revolutionären Obleute aufgenommen. Vgl. Erinnerungsmappe Cläre Casper, BArch SAPMO, SGY 30/0148, S. 4, S. 15. Im Umfeld der Obleute wirkte auch Louise Zietz als Kontaktperson zur Zentralleitung der USPD, vgl. Helga Grebing: Frauen in der deutschen Revolution 1918/1919, Heidelberg 1994.

57 Kleinbetriebe waren explizit nicht zugelassen, nur Großbetriebe über 1.000 Arbeiter durften Vertrauensleute in den Kreis der Obleute entsenden, vgl. Aussage von Heinrich Malzahn im Protokoll einer Sitzung der USPD-Arbeiterräte im Januar 1919 in Berlin, SAPMO-BArch, RY 19/II/143/2, S. 30.

58 »Die Vereinigung der Revolutionären Obleute«, Nachlaß Jacob Walcher, SAPMO-BArch, NY/4087/12.

59 Richard Müller: Kaiserreich, S. 161 f.

sen. Sie genossen daher innerhalb des Verbandes noch bis 1907 das Privileg lokaler Streikautonomie.[60] Bei Kriegsausbruch waren diese Strukturen bereits in den DMV integriert, dabei ausgeweitet und zum Teil professionalisiert worden – ein Prozeß, an dem Richard Müller durch seine Arbeit als Branchenleiter und in der Agitationskommission tragend mitgewirkt hatte.[61] Dies hatte eine Bündelung der Kräfte aller Metallarbeiter und Arbeiterinnen, eine Ausweitung der Anzahl der Vertrauensleute und damit eine Stärkung der Kampfkraft zur Folge. Es bedeutete jedoch ebenso eine Verlagerung der Initiative von der Basis an die hauptberuflichen Funktionäre der Ortsverwaltung. Dieser Prozeß wurde von der Mitgliedschaft zunächst akzeptiert, mit Kriegsbeginn jedoch zunehmend wieder in Frage gestellt.

Sprecher dieser Gegentendenz war Richard Müller, der sich neben dem Aufbau der Obleute als klandestine Parallelstruktur auch um eine Reform der offiziellen DMV-Gremien bemühte.[62] Im September 1915 beantragte er eine Statutenänderung, um den Branchen ein größeres Mitbestimmungsrecht bei der Zusammensetzung des Vorstandes der Ortsverwaltung einzuräumen. Seine Reformvorschläge zielten auf eine Verlagerung der Interessenvertretung aus den territorialen Bezirken in die Berufsgruppen und somit letztlich in die Betriebe, um eine höhere Beteiligung der Basis an den Verbandsangelegenheiten zu erreichen. Hintergrund war, daß in den Leitungen der Branchenorganisationen keine hauptamtlichen Verbandsfunktionäre saßen und sich dort die Antikriegsopposition sammelte.[63] Eine dreizehnköpfige Reformkommission tagte innerhalb von neun Monaten insgesamt siebzehnmal zu Müllers Vorschlägen – heraus kamen einige Modifikationen der verbandsinternen Informationswege, eine wirkliche Strukturreform fand nicht statt.[64]

Ob bei Annahme der Vorschläge eine ernsthafte Demokratisierung des Verbandes erfolgt wäre, ist allerdings zweifelhaft. Zwar hätten die Kriegsgegner an Boden gewonnen, aber letztlich bewegten sich Mül-

---

60 Dirk H. Müller: Versammlungsdemokratie, S. 198 ff.
61 Vgl. ebenda, S. 270 ff. zu den einzelnen Aufgaben und dem Alltag der Vertrauensleute innerhalb des DMV.
62 Revolutionäre Obleute waren zwar meist, aber nicht notwendig auch offizielle Vertrauensleute innerhalb des DMV Vertrauensmännersystems, vgl. Dirk H. Müller: Versammlungsdemokratie, S. 318.
63 Ebenda, S. 288. Auch in einem späteren Erinnerungsbericht wird angegeben, daß fast alle Branchenleiter im DMV auf seiten der Linken standen. Vgl. Protokoll einer Aussprache mit rev. Obleuten, LArch Berlin, C Rep 902-02-04, Nr. 199.
64 Ebenda, S. 278-284. Dirk H. Müller bezeichnet die Reformvorschläge als »organisatorischen Reflex« der Kontroverse über die Burgfriedenspolitik, Versammlungsdemokratie, S. 286.

lers Vorschläge vom September 1915 klar innerhalb der bürokratischen Verbandslogik und waren noch recht weit entfernt von seinen späteren rätedemokratischen Vorstellungen. Trotz Opposition gegen Krieg und Burgfrieden hatten Müller und sein Kreis im Jahr 1915 noch keine von der linken Sozialdemokratie grundsätzlich verschiedene Politikform oder Gesellschaftsutopie entwickelt. Sie opponierten zwar gegen Streikverbot und Burgfrieden, äußerten aber keine weitergehende Kritik an der bisherigen Politik von Gewerkschaften und SPD. Ein wirklicher Bruch mit diesen Formen stellte erst der Liebknechtstreik im Juni 1916 dar, und die Selbstbezeichnung »Revolutionäre Obleute« tauchte nicht vor 1918 auf.

Ein Beleg für die politische Unklarheit der Gruppe bis Mitte 1916 ist auch die Tatsache, daß sich Müller noch im April 1915 auf einer Branchenkonferenz der Dreher geweigert hatte, Gewerkschaftspolitik und Allgemeinpolitik zu vermischen oder auch nur die drängenden politischen Fragen zu diskutieren: »Was dort draußen vorgeht, wollen und dürfen wir nicht erörtern, das bleibt der Politik überlassen« äußerte er kategorisch.[65] Hier reproduzierte Richard Müller unreflektiert die damals übliche Arbeitsteilung zwischen den Gewerkschaften als ökonomischem und der Sozialdemokratie als politischem Arm der Arbeiterbewegung. Sein nach eigenen Angaben von Beginn des Krieges an ausgeübter Widerstand richtete sich also zunächst nur gegen den Burgfrieden und das Streikverbot – eine Tatsache, die er in seinen späteren Schriften unter den Tisch fallen ließ. Erst mit den Massenstreiks radikalisierten sich die Obleute und griffen nicht nur die Folgen des Krieges, sondern den Krieg an sich an.[66]

Müllers Vortrag auf der Branchenkonferenz 1915 ist abgedruckt in einer zweiten Broschüre über die Arbeit der Agitationskommission der Dreher, die ihre Arbeit in den Jahren 1914/1915 dokumentiert. Auffällig ist die absolute Dominanz gewerkschaftlich-tariflicher Themen, der Krieg wird nur aufgrund seiner Auswirkungen auf Konjunktur, Arbeitsorganisation und Lohnstruktur der Dreherbranche thematisiert. Zwischen den Zeilen wird deutlich, daß Müller nach neun Monaten Welt-

---

65 Bericht der Agitationskommission 1914/1915, S. 33.
66 Bemerkungen von Müllers Mitstreiter Emil Barth aus dem Jahr 1919 deuten in eine ähnliche Richtung, wobei diese Äußerungen allerdings im Zusammenhang mit dem Ende 1918 erfolgten Zerwürfnis der beiden zu sehen sind. Barth nennt Müller unpolitisch und reklamiert für sich, Müller erst von der Notwendigkeit der Streiks überzeugt zu haben. Emil Barth: Aus der Werkstatt der deutschen Revolution, Berlin 1919, S. 13. Zur Position Müllers und der Obleute in den Jahren 1914/1915 vgl. auch Erwin Winkler: Die Bewegung der Berliner revolutionären Obleute im Ersten Weltkrieg, a. a. O., S. 104 ff.

krieg immer noch von einem vorübergehenden Zustand ausgeht. Im Hinblick auf Drohungen der Unternehmer schreibt er »Ich will diese Dinge hier nicht erörtern, sobald der gegenwärtige Ausnahmezustand beseitigt ist, sobald die Gedanken wieder volle Freiheit haben, komme ich darauf zurück«. Die strikte Beschränkung auf das Feld der Arbeitsbeziehungen ist also einerseits der Zensur geschuldet – andererseits scheint Müller immer noch zu hoffen, der Krieg werde in absehbarer Zeit wieder dem Normalzustand des Friedens weichen. Weitergehende politische Erwägungen stellt er daher zurück, oder macht sie zumindest nicht öffentlich. Gleichzeitig muß er feststellen: »Dieser Krieg hat vielen unserer Kollegen den Kopf verdreht, die klaren Gedanken umnebelt und Ansichten und Auffassungen aufkommen lassen, wie man es vorher nicht für möglich gehalten hat.« Auch habe der Krieg gezeigt, »daß die Wurzeln der modernen Arbeiterbewegung bei den Massen lose und locker lagen.«[67]

Während Richard Müller zehn Jahre später schrieb, die »Masse der Arbeiter und Angestellten« habe sich gegenüber der »aufgeputzten Kriegsstimmung« sehr reserviert, ja geradezu »angewidert« verhalten,[68] klingen in dieser Broschüre von 1915 doch einige Selbstzweifel durch. Zumindest eine Zeitlang war das Vertrauen in seine Gewerkschaftsgenossen ziemlich erschüttert.

Aber auch Müller selbst hatte sich 1915 noch nicht wirklich auf die neue Situation eingestellt. Im Mittelpunkt der Broschüre stand eben nicht der Widerstand gegen den Krieg. Statt dessen war es Müllers erstes Anliegen, das Vertrauensmännersystem intakt zu halten und den Kampf gegen die Tayloristische Umstrukturierung weiterzuführen. Ernsthafte Sorgen machte er sich vor allem um die Überbesetzung der Branche nach der Kriegskonjunktur. Im Hinblick auf einen abzusehenden Arbeitskräfteüberschuß versuchte er, die angelernten Kollegen und Kolleginnen auf einen erneuten Arbeitsplatzwechsel einzustimmen – angesichts des eskalierenden Krieges eine ziemliche Verkennung der Situation.

Wenige Monate später kam es zu einer erneuten Konfrontation zwischen Obleuten und DMV-Leitung, in der Müller ebenfalls eine im Rückblick seltsam anmutende Unentschlossenheit an den Tag legte.

---

67 Richard Müller: Bericht der Agitationskommission 1914/1915, S. 10, S. 13 f.
68 Richard Müller: Kaiserreich, S. 70.

Im März 1916 stand auf der Generalversammlung des Berliner DMV die Wiederwahl des ersten Bevollmächtigten Adolf Cohen auf der Tagesordnung. Richard Müller erzwang gegen die übliche Sitzungsroutine eine inhaltliche Aussprache über die Kriegspolitik und das Streikverbot. Aufgrund der schwelenden Konflikte waren zwei weitere Versammlungstermine notwendig, um die Diskussionen zu führen. Am Ende stand ein eindeutiger Sieg Müllers, dessen Resolution gegen den Burgfrieden von der Versammlung angenommen wurde. Die Vertrauensleute wollten nun einen Schritt weitergehen, Adolf Cohen absetzen und Richard Müller den Vorsitz übertragen. Doch Müller lehnte ab und machte damit seinen vorhergehenden strategischen Erfolg zunichte. Er empfahl selbst die Wiederwahl Cohens, der jedoch nur mit einem Drittel der Stimmen bei zwei Drittel Enthaltungen wiedergewählt wurde.

Richard Müller bezeichnete die Entscheidung später als »schweren Fehler«, gab jedoch keine eindeutigen Gründe für seine Entscheidung an, sondern verwies nur auf absehbare »Konflikte mit der Militärbehörde«.[69] Denkbar ist, daß er mit dem Aufstieg in eine solche Führungsstellung sowohl die eigene Verhaftung als auch die Repressionen gegen die Gewerkschaftsorganisation insgesamt befürchtete. Nicht unwahrscheinlich ist auch, daß er zu diesem Zeitpunkt immer noch auf eine Kursänderung der Spitzen von Sozialdemokratie und Gewerkschaften hoffte: In einem Artikel aus dem Juni 1919 berichtete Müller, er habe trotz der für ihn unbegreiflichen Politik der Arbeiterführer »immer angenommen, daß auch sie bestrebt sind, dem deutschen Volke, dem Proletariat zu helfen«. Erst nach der Revolution sei ihm dieses Vertrauen in die Gewerkschaftsführung endgültig verloren gegangen.[70] Müllers vorhergehende Äußerungen aus seinen Broschüren sprechen dafür, daß vor allem Unentschlossenheit und Unklarheit über die nächsten Schritte ihn zu seinem Rückzieher veranlaßten. Dafür spricht auch die Tatsache, daß die Berliner Opposition noch bis in den November 1916 hinein in Resolution zwar das Streikverbot, nicht aber die Rüstungsproduktion an sich kritisierte.[71]

Entgegen Müllers eigener Darstellung muß zusammenfassend gesagt werden, daß es in Berlin zwar seit 1914 Streikbewegungen und eine Opposition gegen den Burgfrieden gab – zu einer wirklichen Antikriegsbewegung wurden Obleute und Gewerkschaftsopposition je-

---

69 Richard Müller: Kaiserreich, S. 91 f.
70 Richard Müller: »Tua res agitur«, in: Die Republik vom 6. Juni 1919.
71 Dirk H. Müller: Versammlungsdemokratie, S. 305 f.

doch erst im Laufe des Jahres 1916, zu einer revolutionären Organisation erst ein weiteres Jahr später.

Das Ergebnis der Generalversammlung vom März 1916 beschäftigte die Opposition noch sehr lange. Das Militär nutzte Müllers Zurückweichen und verhinderte in Kooperation mit Cohen Neuwahlen innerhalb des Berliner DMV bis Kriegsende.[72] Die Organisation des Widerstandes mußte also weiterhin in Parallelstrukturen stattfinden. Diese legten jedoch schon wenige Monate später ihre Unentschlossenheit ab und stellten mit ihren Aktionen die offiziellen Gewerkschaftsorgane völlig ins Abseits.

---

72 Dirk H. Müller: Versammlungsdemokratie, S. 304 f., Richard Müller: Kaiserreich, S. 126 f. Im September 1917 protestierten sämtliche DMV Bezirkskonferenzen gegen das immer offensichtlichere Zusammenspiel von Militärbehörde und DMV-Ortsverwaltung und forderten letztere auf, »sofort ihre Posten zu verlassen«. Der Protest blieb unbeachtet. Vgl Erwin Winkler: Die Bewegung der Berliner Revolutionären Obleute, S. 400.

Revolutionäre Obleute und politische Massenstreiks: 1916-1918

Nach den bedeutenden politischen Streikbewegungen im Verlauf der brutal niedergeschlagenen russischen Revolution des Jahres 1905 hatte es auch in der deutschen Arbeiterbewegung eine heftige Debatte um das Mittel des politischen Massenstreiks gegeben. Auf dem Jenaer Parteitag 1905 waren sich der Vorstand, die Linken um Rosa Luxemburg und auch die Revisionisten um Eduard Bernstein einig, den Massenstreik als Abwehrmittel gegen einen Anschlag auf die Arbeiterbewegung als Ganzes einzusetzen, etwa gegen die Abschaffung des Koalitionsrechts, also des Rechtes zur Bildung von Gewerkschaften. Auch eine offensive Anwendung des Massenstreiks zur Erkämpfung des allgemeinen Wahlrechts fand allgemeine Zustimmung.

Schon Monate vorher hatten jedoch die Gewerkschaftsspitzen auf ihrem Kölner Kongreß klargestellt, daß der Massenstreik für sie kein Thema war. Für sie war der Generalstreik »indiskutabel«, »verwerflich« und eine Ablenkung von der »täglichen Kleinarbeit zur Stärkung der Arbeiterorganisationen«.[73]

Damit war der einmütige Beschluß der Partei für den Massenstreik im Grunde bereits Makulatur, bevor er überhaupt gefaßt wurde. Doch als die Massenstreiks dann zehn Jahre später Realität wurden, konnten weder Parteivorstand noch Gewerkschaftskommission großen Einfluß auf die Entwicklung nehmen – die Arbeiter und Arbeiterinnen selbst hatten sich dieses Kampfmittel gewählt.

Für den ersten politischen Massenstreik gab die im Januar 1916 von Karl Liebknecht und Rosa Luxemburg gegründete Spartakusgruppe den Anlaß, organisiert wurde er jedoch von den Revolutionären Obleuten.

Die Spartakusgruppe hatte bereits im ersten Kriegsjahr Demonstrationen gegen den Krieg organisiert, zunächst nur mit wenig Resonanz. Am 1. Mai 1916 allerdings änderte sich die Lage. Nach einem im geheimen verbreiteten Aufruf von Karl Liebknecht versammelten sich mehrere tausend Menschen am Potsdamer Platz. Der zum Heeresdienst eingezogene Liebknecht erschien in seiner Uniform als Arbeitssoldat im Volksmund auch »Schipper« genannt. Tausende hörten seinen legendären Ruf »Nieder mit dem Kriege! Nieder mit der Regierung!«.

Sofort nach diesem Ausspruch wurde die Versammlung von der Polizei mit Gewalt aufgelöst. Karl Liebknecht wurde an Ort und Stelle

---

73 Hans Limmer: Gewerkschaftsbewegung, S. 37.

verhaftet und verschwand bis zum Oktober 1918 im Zuchthaus, war aber durch diese Geste erneut zum Symbol einer revolutionären Friedensbewegung geworden.[74]

Nun wurden die Obleute aktiv. Am 27. Juni nahmen verschiedene Mitglieder der Gruppe an einer Demonstration der Spartakusgruppe gegen Liebknechts bevorstehenden Prozeß teil. Sie verabredeten am Rande der Veranstaltung ein Treffen für denselben Abend. Eile war geboten, denn der erste Prozeßtag war kurzfristig für den nächsten Morgen angesetzt worden.[75] Doch bei der spontanen Einberufung der Versammlung hatte die Verschwiegenheit versagt – der Raum in den Berliner »Musiker-Festsälen« war bei Ankunft der führenden Obleute bereits gefüllt mit »Gestalten, denen das Handwerk auf dem Gesicht geschrieben stand« – so jedenfalls beschrieb Richard Müller die Ansammlung von Polizeispitzeln, die sich dort eingefunden hatte.[76]

Die Versammlung fiel daher aus, aber ein kleinerer Kreis von 30 Leuten versammelte sich später in einem Lokal in der Sophienstraße. Dort wurde auf Antrag Müllers für den nächsten Tag der Generalstreik beschlossen. Die Obleute gingen auseinander, und trotz der völlig improvisierten Planung streiken am 28. Juni 55.000 Berliner Arbeiter für die Befreiung Liebknechts. Ausgehend von den Berliner Großbetrieben Borsig, AEG, Löwe und Schwartzkopff weitete sich der Streik aus. Die per Mundpropaganda verbreitete Nachricht »Die Dreher streiken für Liebknecht!« aktivierte andere Abteilungen der jeweiligen Firmen und führte schnell zur kompletten Arbeitsniederlegung in den Betrieben.[77] Der Prozeßauftakt am 28. Juni verwandelte sich somit von einer Kraftdemonstration der Staatsmacht in ein Fanal der Antikriegsbewegung. Die Aktion zeigte das Potential der neuen Widerstandsgruppe. Obwohl die Obleute zunächst nur die Berliner Dreher umfaßten, konnten sie dennoch durch ihre Verankerung in den Großbetrieben schnell riesige Massen aus der gesamten Metallindustrie mit sich reißen – vorausgesetzt, ihre Parolen trafen die Stimmung der Belegschaften. Es gelang sogar, in Betrieben Sympathiestreiks auszulösen, in denen gar keine Vertrauensleute vorhanden waren. Die SPD-Spitze und der DMV antworteten mit scharfer Gegenpropaganda zur Verteidigung des Burg-

---

74 Vgl. Annelies Laschitza: Die Liebknechts, S. 300 ff.
75 Vorwärts, 24. Juni 1916.
76 Richard Müller: Kaiserreich, S. 101.
77 Richard Müller: Kaiserreich, S. 102. Die Nennung der Dreher als Auslöser und die Aufzählung der einzelnen Betriebe zeigen den zunächst noch lokalen Charakter der Obleute. Für eine ausführliche Auflistung der streikenden Betriebe vgl. Erwin Winkler: Die Bewegung der Berliner Revolutionären Obleute, S. 212.

friedens. Neben einem Artikel im »Vorwärts« wurden auch Flugblätter gegen den Streik angefertigt und vom DMV-Bevollmächtigten Adolf Cohen in einer Sitzung den gewerkschaftlichen Vertrauensleuten zur Verteilung übergeben. Nach einer Protestrede des versehentlich eingeladenen Obmannes Paul Blumenthal verweigerten die Anwesenden jedoch den Auftrag. Alle 40.000 Flugblätter blieben liegen.[78]

Der »Liebknechtstreik« erreichte sein Ziel jedoch nicht. Karl Liebknecht wurde vor Gericht gestellt und verurteilt, beim Berufungsverfahren und der Verurteilung riefen die Obleute nicht erneut zum Streik auf.

Der Staat reagierte auf den unvermuteten Widerstand mit Härte. Streikende Arbeiter und vermeintliche Anführer wurden reihenweise zum Kriegsdienst eingezogen und an die Front geschickt. Auch Richard Müller wurde zeitweise eingezogen, konnte sich jedoch nach drei Monaten wieder freimachen.[79]

Die Drohung mit dem Militärdienst wirkte lähmend und einschüchternd auf die Aktionsbereitschaft der Massen. Die Gewerkschaftsführung und die SPD schlugen zusätzlich in diese Kerbe und machten den Streik für Lohnkürzungen und andere Verschlechterungen infolge der Kriegswirtschaft verantwortlich. Trotz erfolgreichen Massenstreiks war die unkritische Loyalität der Arbeiterklasse gegenüber Partei und Gewerkschaftsorganen nicht gebrochen, allerdings durchaus erschüttert. Die Obleute hatten nicht zu weiteren Aktionen aufgerufen, weil sie die Stimmung als ungünstig einschätzten. Richard Müller warf der Spartakusgruppe in diesem Zusammenhang Aktionismus und mangelndes Verständnis für die Denkweise der Arbeiterklasse vor. Er verschwieg allerdings in seinem Bericht, daß es durchaus konkrete Überlegungen gab, gemeinsam mit der Spartakusgruppe im August 1916 einen weiteren Streik durchzuführen.[80] Die Zusammenarbeit kam jedoch nicht zustande, die Spartakusgruppe veröffentlichte ihren Aufruf im Alleingang. Nicht zuletzt aufgrund der fehlenden Mitarbeit der Obleute fand dieser keine Resonanz, es kamen keine weiteren Massenaktionen während des Liebknechtprozesses zustande. Auch gegen die Verhaftung Rosa Luxemburgs, die bis zur Novemberrevolution ohne

---

78 Vgl. Bericht Paul Blumenthals in: Berlin 1917-1918 – Parteiveteranen berichten, S. 30.
79 Richard Müller: Kaiserreich, S. 104, Fußnote.
80 Vgl. Ottokar Luban: Spartakusgruppe, Revolutionäre Obleute und die politischen Massenstreiks während des Ersten Weltkrieges, Manuskript, Veröffentlichung vorgesehen im Heft 40 des Mitteilungsblattes des Instituts für soziale Bewegungen der Ruhr-Universität Bochum, S. 6 (Seitenangabe nach Manuskript); vgl. auch Richard Müller: Kaiserreich, S. 104.

Anklage oder Prozeß in »Schutzhaft« genommen wurde, regte sich kein breiterer Widerstand. Die Repression hatte die Kampfkraft in den Fabriken vorerst gelähmt.

Dennoch hatte der Streik erstmals gezeigt, welches Potential in der Arbeiterklasse schlummerte. Er markierte eine neue Phase in den Aktivitäten Müllers und der Obleute. Sie hatten das Terrain der Lohnkämpfe verlassen und mischten sich nun selbstbewußt und mit überraschender Heftigkeit in die große Politik ein. Diese machtvolle Demonstration gab allen aktiven Oppositionellen Aufwind. Sie vernetzten sich und arbeiteten auf neue Aktionen hin.

Auch im Parlament tat sich etwas. Nachdem sie aus der sozialdemokratischen Reichstagsfraktion ausgeschlossen worden waren, gründeten die oppositionellen Abgeordneten und weitere Mitglieder der SPD Anfang April 1917 die Unabhängige Sozialdemokratische Partei (USPD). Mit der USPD existierte endlich eine deutschlandweite Dachorganisation der Gegner und Gegnerinnen des Burgfriedens.[81] Sowohl die Spartakusgruppe als auch die Obleute traten der neuen Partei bei, beide behielten jedoch ihre organisatorische Unabhängigkeit und ihre eigenen taktischen Vorstellungen. Spartakus setzte, dem Beispiel Liebknechts folgend, weiterhin auf Demonstrationen und Straßenpräsenz, während die Obleute ihre stille Organisationsarbeit in den Betrieben fortsetzten.

Erst als sie die Stimmung für reif hielt, schritt die Gruppe wieder zur Aktion. Eine Woche nach dem Gründungsparteitag der USPD kam es Mitte April 1917 zu einem weiteren Massenstreik. Inzwischen hatten die Lebensmittelknappheit und der Hunger des »Kohlrübenwinters« sowie eine erneute Einschränkung der Freizügigkeit durch das »Vaterländische Hilfsdienstgesetz« die Demoralisierung nach dem ersten Ausstand in erneute Wut verwandelt. Das am 22. November im Entwurf vorgestellte Gesetz verpflichtete alle Arbeiter und Arbeiterinnen zum »vaterländischen Hilfsdienst« in der Rüstungsindustrie und hob die freie Wahl des Arbeitsplatzes auf. Die Arbeiter verloren somit ihr Kündigungsrecht und waren der Willkür der Unternehmer noch schutzloser ausgeliefert. Die Generalkommission der Gewerkschaften unterstützte das Gesetz. Im Gegenzug für ihre Loyalität wurden die Gewerkschaften nun als kriegswichtige Organisationen anerkannt und konnten ihre Funktionäre vom Heeresdienst freistellen lassen.[82]

---

81 Zu Entwicklung und Geschichte der USPD vgl. Hartfrid Krause: USPD; sowie Dieter Engelmann und Horst Naumann: Zwischen Spaltung und Vereinigung.
82 Fritz Opel: Der deutsche Metallarbeiter-Verband während des Ersten Weltkrieges und der Revolution, Frankfurt a. M. 1957, S. 57.

Die Basis war damit allerdings nicht einverstanden. Am 26. November 1916 hatte die Berliner Generalversammlung des DMV eine von Richard Müller eingebrachte Resolution verabschiedet, die das Hilfsdienstgesetz als »Ausnahmegesetz für die Arbeiter« prinzipiell ablehnte und in den gewerkschaftlichen Vorschlägen zu seiner Modifikation »keine Gewähr für die Wahrung der Arbeiterinteressen« sah. Die im Gesetz geforderten Arbeiterausschüsse entsprächen den bereits vorher eingeführten »Kriegsausschüssen« und seien als Interessenvertretung wertlos, insbesondere wenn zusätzlich das Streikrecht außer Kraft sei. Die Resolution schloß mit den Worten »Die Generalversammlung ersucht die beiden sozialdemokratischen Fraktionen, das Gesetz abzulehnen«.[83] Bereits mit dieser Resolution bezogen sich die Berliner Metallarbeiter und Arbeiterinnen ausdrücklich auch auf die oppositionellen Reichstagsabgeordneten als eigentliche Vertreter ihrer Interessen, später traten sie mehrheitlich der USPD bei. Trotz aller Schärfe gegen das Hilfsdienstgesetz kritisierte Müllers Resolution jedoch die Kriegsproduktion nicht grundsätzlich. Im Gegenteil verwies er sogar darauf, daß die Rüstungsproduktion durch bessere Arbeitsbedingungen noch »erheblich gesteigert« werden könne. Dies schmälerte den Wert der Resolution und zeigt, daß die Berliner Opposition auch nach dem Liebknechtstreik noch Mühe hatte, zu einem entschiedenen Antikriegskurs zu finden.[84] Jedoch ist die Resolution das letzte Zeugnis dieser Art, ab dem Frühjahr 1917 verschwanden derartige Unentschlossenheiten aus den Äußerungen Müllers und seiner Genossen.

Als das Hilfsdienstgesetz im Dezember 1916 trotz aller Proteste in Kraft trat und sich zusätzlich die Lebensmittelversorgung im Winter dramatisch verschlechterte, stieg die Empörung der Arbeiterklasse auf ein bisher nicht gekanntes Niveau. Ein Lagebericht an den Berliner Polizeipräsidenten vom 21. Februar 1917 berichtete, »daß in der Arbeiterschaft vielfach eine gereizte Stimmung herrscht und fortwährend Versuche zur Erzielung besserer Arbeitsbedingungen und Löhne unternommen werden.« Nach Berichten über kurze Streiks in einzelnen Betrieben fuhr der Bericht fort: »Hierbei haben die Arbeiter den Betriebsleitungen ausdrücklich erklärt, daß sich ihre Arbeitsverweigerung nicht gegen die Betriebsleitung, sondern gegen die Regierung deshalb richte,

---

83 Deutsche Metallarbeiter-Zeitung, Nr. 50 vom 9.12.1916, S. 206, vgl. auch Fritz Opel: Der deutsche Metallarbeiter-Verband, S. 57.
84 Vgl. Dirk H. Müller: Versammlungsdemokratie, S. 305; Erwin Winkler: Die Bewegung der Berliner Revolutionären Obleute, S. 248 ff.
85 Zitiert nach Heinrich Scheel: Der Aprilstreik 1917 in Berlin, in: Albert Schreiner (Hg.): Revolutionäre Ereignisse und Probleme in Deutschland während der Periode der großen Sozialistischen Oktoberrevolution, Berlin 1957, S. 4.

weil diese nicht für genügende Nahrungsmittelbeschaffung für die schwerarbeitende Bevölkerung der Großstädte sorge«.[85]

Der Unmut zielte immer direkter auch gegen die SPD und die Generalkommission der Gewerkschaften. Eine am 23. März verkündete Senkung der Lebensmittelrationen zum 15. April 1917 brachte die Stimmung zum Überkochen. Auch die Gewerkschaftsführungen erkannten nun, daß die Lage zu kippen drohte. Sie beriefen vermehrt Versammlungen und Konferenzen ein. Sogar Kaiser Wilhelm persönlich versuchte sein Volk zu beruhigen und versprach zu Ostern 1917, die jahrzehntelang verweigerte Wahlrechtsreform in Preußen umzusetzen und das Dreiklassenwahlrecht abzuschaffen – jedoch erst nach Kriegsende. All diese Aktivitäten konnten jedoch keine Entspannung der Lage bewirken. Im Gegenteil, je näher der 15. April rückte, desto unruhiger wurde die Stimmung unter den Arbeitern und Arbeiterinnen. Man war nicht gewillt, die Lebensmittelkürzung ohne weiteres hinzunehmen – etwas mußte passieren, etwas würde passieren.

Die Obleute waren angesichts dieser Lage nicht untätig. Sie wollten die ebenfalls für den 15. April angesetzte Generalversammlung des Berliner DMV nutzen und zum erneuten Schlag ausholen: ein weiterer Massenstreik sollte Regierung und Gewerkschaftsführung herausfordern. Die Generalversammlung erschien als geeignetes Forum, denn im Verband waren einerseits die Obleute stark, andererseits waren in der Versammlung alle metallverarbeitenden Großbetriebe Berlins vertreten.[86]

Die Pläne blieben den kaiserlichen Behörden nicht verborgen. Zwei Tage vor der Generalversammlung wurde Richard Müller ein zweites Mal verhaftet und in ein Militärlager nach Jüterbog transportiert, um zum Heeresdienst eingezogen zu werden.[87] Unter den Arbeitern und Ar-

---

86 Heinrich Scheel beschreibt den Streik irreführenderweise als eine durch die Agitation der Spartakusgruppe hervorgerufene Aktion, auch Erwin Winkler bemüht sich, die Rolle der Obleute zu relativieren und Müllers Handeln im Vorfeld als zögerlich darzustellen. Müller habe drei Tage vor dem Streik vor der Bewegung gewarnt – tatsächlich warnte Richard Müller nicht vor der Bewegung selbst, sondern vor einem unkoordinierten Streik ohne Leitung. Eine realistischere Einschätzung der Rolle von Spartakusgruppe und Obleuten im Aprilstreik gibt Ottokar Luban, der die Rolle der Spartakusgruppe vor allem auf Flugblattaktionen begrenzt sieht. Diese hatten zwar einen nicht zu unterschätzenden Einfluß auf die Forderungen des Streiks, organisiert und getragen wurde die Aktion jedoch von den Obleuten. Vgl. Erwin Winkler: Die Bewegung der Berliner Revolutionären Obleute, S. 297 ff.; Heinrich Scheel: Der Aprilstreik 1917 in Berlin, S. 24; Ottokar Luban: Spartakusgruppe, Revolutionäre Obleute und die Politischen Massenstreiks während des Ersten Weltkrieges in Deutschland, S. 7 ff.; sowie Richard Müller: Kaiserreich, S. 119
87 Bereits Ende Februar hatten die Behörden die Einziehung von Wortführern der Arbeiter empfohlen. Vgl. Heinrich Scheel: Der Aprilstreik 1917 in Berlin, S. 5, Richard Müller: Kaiserreich, S. 120.

beiterinnen vermuteten viele eine Denunziation seitens der DMV-Führung. Solche Denunziationen von Streikenden durch Gewerkschaftsfunktionäre sind von späteren Historikern mehrfach belegt worden – wurden aber seinerzeit durch die Gewerkschaften aufs heftigste geleugnet.[88] Trotz seines Zurückweichens bei der DMV-Wahl vom März 1916 hatte die Repression Richard Müller nun schon zum zweiten Mal getroffen, seine tragende Rolle bei der Sabotage des Burgfriedens war der Obrigkeit nicht verborgen geblieben.

Sein Widersacher Adolf Cohen leitete die DMV-Versammlung am 15. April. Er wollte nach Müllers Festnahme den Streik verhindern oder doch zumindest auf rein wirtschaftliche Forderungen abschwächen. Doch die Taktik ging nicht auf. Als die Delegierten von der Verhaftung erfuhren, wurde sofort Richard Müllers Freilassung verlangt und ein Streikbeschluß zur Durchsetzung der Forderung gefaßt. Müllers Freilassung wurde so zur ersten politischen Forderung des Aprilstreiks, eine Entwicklung, die Cohen gerade hatte verhindern wollen. Taktisch versiert in Verfahrensfragen konnte er jedoch durchsetzen, daß die Streikleitung nicht in Händen der Generalversammlung lag, sondern durch eine von ihm geleitete Vertreterkonferenz ausgeübt wurde. Durch diesen Schachzug behielt Cohen die Fäden in der Hand.

Die Versammlung hatte an einem Sonntag stattgefunden, am Montag darauf setzte der Streik mit voller Wucht ein. Mit zwei- bis dreihunderttausend streikenden Arbeitern und Arbeiterinnen in Berlin übertraf der »Brotstreik« vom April 1917 die Bewegung des Jahres 1916 bei weitem. Auch die Ausweitung war größer – hatte es 1916 nur in Berlin und Braunschweig Streiks gegeben, so wurde 1917 auch in Halle, Magdeburg und Leipzig gestreikt. Absprachen auf dem Gründungsparteitag der USPD hatten erstmals eine überregionale Koordination der gegen den Krieg gerichteten Massenstreiks ermöglicht.[89]

---

88 Vgl. Flugblatt »Wir sind verraten worden!«, April 1917, abgedruckt in Richard Müller: Kaiserreich, S. 121 f. Peter von Oertzen liefert Belege für eine Zusammenarbeit der freien Gewerkschaften mit der Polizei. Er zitiert einen Sitzungsbericht des Oberkommandos in den Marken aus dem Jahr 1916, in dem von einem Gewerkschaftsführer berichtet wird, der sich bereit erklärte, dem Militär »eine Liste von weiteren Hetzern vorzulegen«. Peter von Oertzen: Betriebsräte in der Novemberrevolution, S. 63. Hans Joachim Bieber berichtet vor allem von blockierten und nicht weitergeleiteten Reklamationen, mit denen die Gewerkschaften Oppositionelle an die Front schickten. Hans Joachim Bieber: Gewerkschaften in Krieg und Revolution, Hamburg 1981, S. 512. Gesichert ist für Berlin auch die Spitzeltätigkeit eines Vertrauensmanns der Hirsch-Dunkerschen Gewerkschaften, welcher die Polizei seit Anfang April 1917 über die Streikvorbereitungen informierte. Dirk H. Müller: Versammlungsdemokratie, S. 295 f. Ob derartige Vorfälle systematischen Charakter hatten, ist umstritten.
89 Ottokar Luban: Spartakusgruppe, Revolutionäre Obleute und die politischen Massenstreiks während des Ersten Weltkrieges, S. 9.

Über die Berliner Forderungen wurde direkt mit der obersten regionalen Militärbehörde, dem Oberkommando in den Marken, verhandelt. Die zivilen Behörden hatten in dieser Phase des Krieges auch innenpolitisch nichts mehr zu entscheiden, die politische Gewalt lag ab 1916 völlig bei General Ludendorff und den Organen des Heeres.[90] Das Oberkommando versicherte, die Einziehung Müllers nochmals zu überprüfen und die Lebensmittelversorgung zu verbessern. Diese Aussagen genügten Cohen, um in Berlin bereits nach einem Tag das Ende des Streiks zu erklären, gestützt auf eine knappe Mehrheit in der Vertreterkonferenz.[91]

Eine starke Minderheit der Berliner, Richard Müller selbst gab ihre Zahl später mit etwa 50.000 Personen an,[92] streikte jedoch weiter und übernahm neben der Freilassung die politischen Forderungen der ebenfalls streikenden Leipziger Arbeiter und Arbeiterinnen. Die im Ausstand verbliebenen Berliner wählten nun, und dies war ein absolutes Novum, einen Arbeiterrat als politische Vertretung.[93] In Leipzig war die Bewegung von Anfang an radikaler gewesen, es wurden außer besserer Lebensmittelversorgung auch eine Regierungserklärung zum Frieden ohne Annexionen, das Ende von Belagerungszustand und Zensur, die Aufhebung des Hilfsdienstgesetzes sowie das allgemeine gleiche und geheime Wahlrecht gefordert.[94] Obwohl im »Brotstreik« vom April 1917 die ersten Arbeiterräte in Form von Streikkomitees entstanden, wurden noch keine sozialistischen oder rätedemokratischen Forderungen gestellt. Die Friedensfrage und die Lebensmittelversorgung standen im Vordergrund, politische Teilhabeforderungen gingen nicht über das allgemeine Wahlrecht hinaus.

Die von oben herbeigeführte Spaltung der Streikfront in Berlin führte schließlich zum Abbröckeln des Streikes. Obwohl die USPD-Reichstagsabgeordneten Dittmann und Hoffmann in Versammlungen für eine Fortsetzung agitierten, war die Bewegung am 23. April völlig zusammengebrochen.

---

90 Vgl. Arthur Rosenberg: Die Entstehung der Weimarer Republik, S. 132 ff.
91 Vgl. Dirk H. Müller: Versammlungsdemokratie, S. 298 f.
92 Richard Müller: Kaiserreich, S. 121.
93 Fritz Opel: Der deutsche Metallarbeiter-Verband, S. 60. Die Existenz eines überbetrieblichen Arbeiterrates für Berlin ist nicht ganz unumstritten, zumindest gab es jedoch Versuche in diese Richtung, vgl. Dirk H. Müller: Versammlungsdemokratie, S. 303 f. Die ersten betrieblichen Arbeiterräte existierten in den Betrieben Knorrbremse und Deutsche Waffen- und Munitionsfabrik (DWM), vgl. Berlin 1917-1918 – Parteiveteranen berichten, S. 47. Dazu auch Dieter Schneider, Rudolf Kuda (Hg.): Arbeiterräte in der Novemberrevolution, S. 19.
94 Die Forderungen sind dokumentiert in Richard Müller: Kaiserreich, S. 122, Fußnote 1. Vgl. auch Fritz Opel: Der deutsche Metallarbeiter-Verband, S. 60 f. sowie Dirk H. Müller: Versammlungsdemokratie, S. 300 ff.

Richard Müller mußte zunächst beim Militär verbleiben und konnte erst nach drei Monaten Dienst wieder zur Arbeiterbewegung stoßen – eine Reklamierung als kriegswichtiger Facharbeiter half ihm, dem Militärdienst zu entkommen.[95]

Zunächst jedoch verallgemeinerte das Oberkommando das an Müller statuierte Exempel und machte sich erneut daran, mittels einer Masseneinziehung Vertrauensleute und Streikaktivisten aus den Berliner Betrieben zu entfernen und an die Front zu schicken. Die Unternehmer halfen durch Denunziationen gerne mit bei diesem Plan. Die Papiere der Eingezogenen bekamen das Wort »Kohle« als Geheimvermerk. Dieser Hinweis verriet allen Dienststellen und Vorgesetzten, daß es sich bei den Betreffenden um politische Aktivisten handelte, eine besonders harte und unnachgiebige Behandlung war ihnen sicher.[96]

Trotz des Abbröckelns war der Streik eine entscheidende Kraftdemonstration der Arbeiterschaft. Die enorme Steigerung der Streikbeteiligung beunruhigte das Oberkommando, und trotz der harten Repressionen stieg langfristig die Widerstandsbereitschaft in der Arbeiterschaft an.[97]

Denn in Deutschland verschärfte sich die Kriegsmüdigkeit. Sogar der bisher absolut loyale Reichstag verabschiedete am 19. Juli 1917 eine von SPD und Zentrumspartei getragene Friedensresolution, die einen Frieden ohne Annexionen und Entschädigungen forderte und damit einen Kernpunkt der Leipziger Streikforderungen aufnahm. Eine Resolution, die freilich Reichskanzler Michaelis mit dem Zusatz »Wie ich sie auffasse« annahm und damit faktisch ignorierte. Absetzen konnte das Parlament des Kaiserreichs den Kanzler nicht, dieser war nur dem Mon-

---

95 Paul Blumenthal berichtet, daß Müller vor dem Januarstreik 1918 »als Reklamierter in einem kleinen Berliner Betrieb arbeitete«. Unterstützung für seine Rückkehr nach Berlin erhielt Müller auch durch Hugo Haase, der sich für seine Freilassung einsetzte. Eine Sehschwäche schränkte zudem seine militärische Verwendbarkeit erheblich ein, Georg Ledebour berichtet im Zusammenhang mit einer späteren Einziehung sogar, Müller sei regelrecht »dienstunfähig« gewesen. Vgl. Erinnerungsbericht Paul Blumenthal in: Parteiveteranen berichten, S. 69; zum Einsatz Haases vgl. Erwin Winkler: Die Bewegung der Berliner Revolutionären Obleute, S. 311; zur Sehschwäche vgl. Porträtfoto Müllers in Günter Hortschansky (Hg.): Illustrierte Geschichte der Novemberrevolution, 2. Auflage Berlin 1978, S. 148; die Aussage Ledebours in: Minna Ledebour (Hg.): Georg Ledebour – Mensch und Kämpfer, Zürich 1954, S. 61 ff.
96 Vgl. Heinrich Scheel: Der Aprilstreik 1917 in Berlin, S. 73-74 sowie Richard Müller: Kaiserreich, S. 126 f., vgl. dort auch, S. 124 f. für ein Faksimile eines Gesuches mit dem »Kohle« Vermerk.
97 In Berlin begann laut Zeitzeugenaussagen als Konsequenz aus der Streikniederlage der Aufbau einer »überbetrieblichen Leitung« durch die Obleute, wobei unklar ist, inwieweit sich diese vom bisherigen Netzwerk unterschied. Vgl. Berlin 1917-1918 – Parteiveteranen berichten, S. 53.

archen verpflichtet. Wilhelm II. allerdings hielt sich seit 1916 völlig zurück und überließ die Politik der Obersten Heeresleitung. Der Protest von SPD und Zentrum im Parlament blieb also rein symbolisch.[98]

Die radikale Linke hingegen drängte zur Aktion. Im Sommer und Herbst 1917 folgten nach Aufrufen von USPD und Spartakus weitere Demonstrationen und Proteste. Zentren waren Leipzig und Braunschweig, wo politische Streiks mit jeweils über 10.000 Beteiligten stattfanden. Obwohl es Hinweise darauf gibt, daß Richard Müller in die Planungen dieser Aktionen eingeweiht war und angeblich sogar 6.000 fertige Streikaufrufe an eine Berliner Deckadresse zugesandt bekam, wurden in Berlin keinerlei Streikversuche unternommen.[99] Die lokalen Bewegungen erreichten damit nicht das Niveau der vorherigen Massenstreiks, ohne die aktive Mitarbeit der Revolutionären Obleute waren breitere Massenaktionen nicht zu machen. Die jedoch verhielten sich ablehnend. Laut Aussage Richard Müllers wollten die Obleute »eine Zersplitterung der revolutionären Kräfte« durch Teilaktionen vermeiden und erst dann losschlagen, wenn die Stimmung reif war für eine weitere Steigerung der Bewegung. Es ist jedoch genauso denkbar, daß die Rivalitäten zwischen Obleuten, USPD und Spartakusgruppe, aber auch die Schwächung der Obleute durch die Repressionen sowie die verbesserte Ernährungslage in Berlin bei der Zurückhaltung eine Rolle spielten.[100]

Die Obleute waren dennoch nicht untätig. Richard Müller und andere reisten als Delegierte zum Verbandstag des Deutschen Metallarbeiter-Verbandes, der vom 27. bis 30. Juni 1917 in Köln stattfand. Auf diesem zweiten Verbandstag während des Krieges wurde die Kluft zwischen DMV-Führung und Mitgliedschaft offensichtlich. Im Gegensatz zur letzten Generalversammlung von 1915 kristallisierte sich jetzt erstmals eine geschlossene Opposition heraus. Anträge forderten bereits im Vorfeld die Einstellung der Beitragszahlung an die Generalkommission, die Einleitung von Streiks, die Beendigung des Krieges durch einen Verständigungsfrieden sowie ganz allgemein die Lösung sämtlicher Aufgaben »auf dem Boden des Klassenkampfs«.[101] Doch der Vorstand wollte

---

98 Arthur Rosenberg: Die Entstehung der Weimarer Republik, S. 154-155.
99 Vgl. Ottokar Luban: Spartakusgruppe, Revolutionäre Obleute und die politischen Massenstreiks während des Ersten Weltkrieges, S. 13, Richard Müller: Kaiserreich, S. 127.
100 Richard Müller: Kaiserreich, S. 137, Ottokar Luban: Spartakusgruppe, Revolutionäre Obleute und die politischen Massenstreiks während des Ersten Weltkrieges, S. 13.
101 Fritz Opel: Der deutsche Metallarbeiter-Verband, S. 65. Zum Verbandstag 1915 vgl. Erwin Winkler: Die Bewegung der Berliner Revolutionären Obleute, S. 144 ff. Richard Müller gehörte nicht zu den Delegierten des Verbandstages 1915.

sich nicht in diese Richtung drängen lassen. Am deutlichsten formulierte Rudolf Wissell, der für den DMV in die Generalkommission der Gewerkschaften delegiert war, die grundsätzliche Ablehnung jeder Form von Systemopposition. Er erklärte lapidar: »Die Gewerkschaft stellt sich auf den Boden der bestehenden Wirtschaftsordnung und sucht innerhalb derselben eine Besserung der Lage zu erreichen.«[102]

Auf dem Verbandstag selbst konnte die Opposition ein kritisches Koreferat des Frankfurter Gewerkschafters Robert Dißmann durchsetzen und eine offene Diskussion über den Kurs des DMV erzwingen. Dißmann und Richard Müller traten hier als Hauptredner der Opposition hervor. Müller kritisierte vor allem die Beteiligung der Gewerkschaften am Hilfsdienstgesetz und ging dabei so weit, seinen Berliner Widersacher Adolf Cohen als dessen geistigen Urheber zu bezeichnen.[103] Die Kritiker scheiterten jedoch mit ihren Anträgen zur Demokratisierung des Verbandes, auch die Wiederwahl des Vorstandes konnten sie nicht verhindern.[104] Obwohl die Opposition innerhalb des DMV sich mit ihren Positionen nicht durchsetzte, muß als Erfolg vermerkt werden, daß sich die einzelnen kritischen Gruppen und Personen nun in einer gemeinsamen Strömung vereinigt hatten. Dem Vorstand war der offene Kampf angesagt und die Argumente gegen den Krieg konnten nicht mehr ohne weiteres beiseite gewischt werden. Auch die Revolutionären Obleute hatten den Verbandstag für den Ausbau ihres Netzwerkes genutzt und verfügten nun über reichsweite Verbindungen, wenn auch der Schwerpunkt der Organisation weiterhin in Berlin lag.

Als um die Jahreswende über diese neuen Verbindungen immer weitere Nachrichten über die wachsende Empörung in der Arbeiterschaft die Obleute erreichten, entschieden Richard Müller und seine Genossen, daß die Zeit reif sei für neue Aktionen.[105]

Neben der schlechten Versorgungslage schürten auch internationale Ereignisse diese Empörung und beflügelten die Hoffnungen der Oppositionellen. Hatten schon die russische Februarrevolution und der Sturz des Zaren den Aprilstreik 1917 angespornt, so steigerte die Revolution der Bolschewiki im November 1917 noch einmal die Aktionsbereitschaft der deutschen Arbeiterklasse. Die Obleute verbreiteten die Nachricht von der Oktoberrevolution durch Flugblätter, nicht selten wurden

---

102 Metallarbeiter-Zeitung 1917, Nr. 19, S. 80-81.
103 Protokoll der 13. ordentlichen Generalversammlung des Deutschen Metallarbeiter-Verbandes 1917, S. 77-80.
104 Fritz Opel: Der deutsche Metallarbeiter-Verband, S. 67-68. Zum Verbandstag vgl. auch Hans Joachim Bieber: Gewerkschaften in Krieg und Revolution, S. 505 f. sowie Erwin Winkler: Die Bewegung der Berliner Revolutionären Obleute, S. 357 ff.
105 Richard Müller: Kaiserreich, S. 137.

unter dem Eindruck dieser Ereignisse aus indifferenten Arbeitern und Arbeiterinnen Oppositionelle, aus Oppositionellen Revolutionäre.[106] Vor allem jedoch empörte man sich über die gnadenlose Verhandlungsführung der deutschen Delegation in Brest-Litowsk. Während die Sowjetregierung einen Frieden ohne Annexionen anbot, verlangte die deutsche Delegation einen Siegfrieden mit weitreichenden Gebietsabtretungen – und hatte auch Erfolg damit. Selbst für staatstreue sozialdemokratische und christliche Arbeiter und Arbeiterinnen war damit die offizielle Version vom deutschen »Verteidigungskrieg« nicht mehr glaubwürdig.[107]

Die Obleute setzten sich nun Ende 1917 mit dem Vorstand der USPD in Verbindung und verlangten eine Aussprache. Diese fand bald darauf im Rahmen einer Fraktionssitzung statt, an der sowohl die unabhängigen Reichstagsabgeordneten als auch die USPD-Vertreter des Preußischen Landtags teilnahmen. Man traf sich im Fraktionszimmer der USPD im Reichstagsgebäude. Es war nicht das einzige Mal, daß an diesem staatstragenden Ort umstürzlerische Sitzungen stattfanden – bereits vorher hatten die Obleute die vor Polizeispitzeln geschützten Reichstagsräume für Besprechungen genutzt.[108] Richard Müller gab den USPD-Vertretern einen Bericht über die allgemeine Stimmung und erklärte, ein neuer Massenstreik mit politischen Forderungen stehe bevor. Die Partei solle jetzt öffentlich zum Streik aufrufen, »damit ein Kampf entbrenne, den die Regierung nicht nochmals niederschlagen könne«.[109] Die Formulierung, wenn auch sechs Jahre nach den Ereignissen verfaßt, legt nahe, daß sich Richard Müller einen revolutionären Endkampf mit der Regierung erhoffte. Sowohl die Breite der beiden vorangegangenen Massenstreiks als auch die Revolution in Rußland hatten bei ihm und den Obleuten eine deutliche politische Radikalisierung herbeigeführt.[110]

---

106 Ein Funkspruch Lenins und Trotzkis »An die Völker der kriegführenden Länder« konnte am 1. Dezember 1917 trotz Zensur im »Vorwärts« erscheinen. Darin wurden sofortige Friedensverhandlungen gefordert. Der Aufruf enthielt keine direkte Aufforderung zum Umsturz in Deutschland, präsentierte jedoch das russische Friedensangebot klar als Ergebnis der Oktoberrevolution. Zu den Flugblättern vgl. Bericht von Otto Richter in: Berlin 1917-1918 – Parteiveteranen berichten, S. 63.
107 Vgl. Arthur Rosenberg: Die Entstehung der Weimarer Republik, S. 179.
108 Vgl. Berlin 1917-1918 – Parteiveteranen berichten, S. 53. Parallel traten die Obleute auch an Leo Jogiches als Vertreter des Spartakusbundes heran, Vgl. Ottokar Luban: Spartakusgruppe, Revolutionäre Obleute und die politischen Massenstreiks während des Ersten Weltkrieges, S. 14.
109 Richard Müller: Kaiserreich, S. 138.
110 Schneider und Kuda schreiben, daß bei den Obleuten schon seit Sommer 1917, also noch vor der Oktoberrevolution, das Ziel einer sozialistischen Revolution klar gewe-

Die USPD hingegen war bestürzt. Eine Minderheit um Heinrich Ströbel glaubte Müllers Bericht über die Stimmung der Arbeiter schlichtweg nicht, die Mehrheit um Hugo Haase teilte Müllers Einschätzung, befürchtete aber eine Vernichtung der Partei, sollte diese den Aufruf unterstützten. Eine dritte Gruppe um Georg Ledebour unterstützte die Linie der Obleute und drohte, den Kampfaufruf notfalls im Alleingang zu unterschreiben. Obwohl Richard Müller sich gegen einen »faulen Kompromiß« wandte, kam am Ende eine Zwischenlösung zustande. Auf Vorschlag von Adolf Hoffmann wurde ein Aufruf verfaßt, der gemäß der Reichstagsresolution von 1917 einen Frieden ohne Annexionen forderte und die Arbeiter zu Protesten aufrief, ohne aber explizit zu Streik oder Umsturz aufzurufen. Sämtliche Abgeordnete unterschrieben den Aufruf.[111]

Die Obleute ließen den Aufruf im geheimen vervielfältigen und verschickten ihn reichsweit an USPD-Organisationen. In einer internen Besprechung setzten sie dann den Streiktermin für den 28. Januar 1918 fest. Der Beschluß sollte geheimgehalten werden, um Gegenpropaganda vermeiden zu können und durch den Überraschungseffekt die Regierung um so härter zu treffen. Nicht einmal die Verbündeten von USPD und Spartakus wurden im Vorfeld über den Termin informiert. Dennoch brachte die Spartakusgruppe schon Tage vorher ein Streikflugblatt heraus und rief für den 28. zum unbefristeten Ausstand auf. Genau diese Art von Aktionismus hatten die Obleute befürchtet und daher stets den Vertretern der Spartakusgruppe den Zugang zu ihren internen Sitzungen verweigert. Dennoch gab es einen Spartakusanhänger im Kreise der Obleute, sein Name war Bruno Peters. Diesen wollten sie nicht außen vor lassen, da er in seinem Betrieb die Opposition vertrat und als Vertrauensmann gewählt war. Peters, der die Taktik der Obleute zögerlich fand und weitere Kreise in den Streik ziehen wollte, sorgte für die Indiskretion, und so wurde der Termin vorfristig bekannt.[112]

---

    sen sei. Dieter Schneider, Rudolf Kuda (Hg.): Arbeiterräte in der Novemberrevolution, S. 21. Dirk H. Müller spricht vorsichtiger von einer »gewerkschaftspolitischen Wende« in der zunehmend kritischen Generalversammlung des Berliner DMV, während gleichzeitig die Obleute zu einer systematischeren Organisation übergegangen seien. Dirk H. Müller Versammlungsdemokratie, S. 305 ff. Richard Müller selbst behauptete später, daß den Obleuten »bereits nach dem Streik im April 1917« klar war, daß ein militärischer Zusammenbruch für das Deutsche Reich unvermeidbar war. Auch dies mag der Hoffnung auf eine bevorstehende Revolution Vorschub geleistet haben. Richard Müller: Kaiserreich, S. 153.

111 Zur Sitzung vgl. Paul Blumenthal in: Berlin 1917-1918 – Parteiveteranen berichten, S. 69 sowie Richard Müller: Kaiserreich, S. 138. Blumenthal zufolge fand die Sitzung schon im November 1917 statt, laut Richard Müller erst im Januar 1918.

112 Vgl. dazu Richard Müller: Kaiserreich, S. 139, Erinnerungsmappe Bruno Peters,

Dennoch blieben die Vorstände der freien Gewerkschaften untätig, lediglich der Zentralrat der Hirsch-Dunckerschen Gewerkvereine kam mit einem Gegenaufruf heraus.[113] Diese liberale Gewerkschaftsströmung hatte jedoch weit weniger Mitglieder als die sozialistischen freien Gewerkschaften, der Aufruf blieb folgenlos. Der Aufruf des Spartakusbundes hingegen informierte die Berliner Arbeiter und Arbeiterinnen erstmals über den seit Mitte Januar in Wien und anderen Städten Österreich-Ungarns ausgebrochenen Massenstreik, was die Stimmung zusätzlich anheizte. Die riskante Indiskretion wirkte sich somit zugunsten der Revolutionäre aus.[114]

Nachdem der Streik im Kreis der Obleute beschlossen und der Termin bereits bekannt war, wurde am 27. Januar eine offizielle Branchenversammlung der Dreher einberufen. Hier machte Richard Müller den Streikaufruf offiziell, alle ca. 1500 anwesenden Dreher akzeptierten den Plan und bereiteten sich auf den Ausstand vor.

Am Morgen des 28. Januar 1918 trugen dann Dreher und Obleute den Streikbeschluß in die Betriebe. Schläge mit Hämmern und Schraubenschlüsseln auf die Sauerstoffflaschen der Schweißgeräte gaben das unüberhörbare Signal zum Ausstand.[115] Der Kampfaufruf fand breite Resonanz, die gesamte Berliner Rüstungsindustrie wurde innerhalb weniger Stunden lahmgelegt. Bereits am Nachmittag des ersten Streiktages versammelten sich 414 Delegierte, die etwa 400.000 Arbeiter und Arbeiterinnen vertraten, zu einer Sitzung im Berliner Gewerkschafts-

---

SAPMO-BArch, Erinnerungen, SG Y 30/ 0099, S. 19. Das Flugblatt selbst ist nachgedruckt in: Richard Müller: Kaiserreich, S. 238 f. Kontakte zum Spartakusbund hatten, zumindest später, auch Paul Blumenthal und Paul Scholze. Vgl. Ottokar Luban: Spartakusgruppe, Revolutionäre Obleute und die politischen Massenstreiks während des Ersten Weltkrieges, S. 10.
113 Ebenfalls nachgedruckt in: Richard Müller: Kaiserreich, S. 239 f.
114 Walter Bartel nahm das Flugblatt der Spartakusgruppe zum Anlaß, diese zum »Initiator und Organisator« des Streiks zu erklären, eine unrichtige Darstellung, die auch heute noch verbreitet ist. Faktisch hatte das Flugblatt des USPD-Vorstandes eine weit größere Mobilisationswirkung, und die Organisation des Streiks in den Betrieben lag in den Händen der Revolutionären Obleute. Vgl. Walter Bartel: Der Januarstreik 1918 – Berlin, in: Revolutionäre Ereignisse und Probleme in Deutschland während der Periode der großen Sozialistischen Oktoberrevolution, Berlin 1957, S. 140-183; für eine realistische Einschätzung vgl. Ottokar Luban: Spartakusgruppe, Revolutionäre Obleute und die politischen Massenstreiks während des Ersten Weltkrieges, S. 16 ff.
115 Vgl. Paul Blumenthal in: Berlin 1917-1918 – Parteiveteranen berichten, S. 72. Zum Verlauf des Januarstreiks insgesamt vgl. Fritz Opel: Der deutsche Metallarbeiter-Verband, S. 70 ff., Richard Müller: Kaiserreich, S. 139 ff., Walter Bartel: Der Januarstreik 1918 sowie den von Chaja Boebel und Lothar Wentzel herausgegebenen Sammelband »Streiken gegen den Krieg – die Bedeutung der Massenstreiks in der Metallindustrie vom Januar 1918«, Hamburg 2008.

haus. Richard Müller leitete die Versammlung und nahm die Forderungen entgegen. Einstimmig beschlossen wurden die Forderung nach Frieden ohne Annexionen und Entschädigungen sowie die Zuziehung von Arbeitervertretern aller Länder zu den Friedensverhandlungen. Für Deutschland wurden gefordert eine bessere Lebensmittelversorgung, das Ende des Belagerungszustandes, die Wiederherstellung der Pressefreiheit, das Ende der Einmischung des Militärs in Gewerkschaftsangelegenheiten sowie eine »durchgreifende Demokratisierung der gesamten Staatseinrichtungen«, beginnend mit dem allgemeinen Wahlrecht einschließlich des Frauenwahlrechts für den Preußischen Landtag, der mit seinem Dreiklassenwahlrecht die stärkste Stütze des feudalen Regimes war. Des weiteren gelobten die Anwesenden explizit, »jede Maßregelung unserer Führer, Vertreter und Beauftragten mit aller Macht abzuwehren«, und forderten zu Massenstreiks im Rest des Reiches und in den anderen kriegführenden Ländern auf.[116] Danach wurde ein Aktionsausschuß als Streikleitung gewählt.

Mit diesem Forderungskatalog hatten die Streikenden sich nicht nur zum Ziel gesetzt, den preußischen Obrigkeitsstaat zu stürzen und die 1848 verpaßte bürgerliche Revolution nachzuholen. Der Januarstreik ließ sich nicht mehr wie im April 1917 auf Ernährungsfragen abschieben. Vielmehr hatten die Streikenden ihre Lehren gezogen aus der manipulativen Streikleitung Cohens im Jahr zuvor. Sie stellten sich explizit gegen ihre eigene Führung und die traditionellen Organisationsformen der Arbeiterbewegung. »Maßregelungen« und Bevormundungen wollten sie sich von nun an nicht mehr bieten lassen. Obwohl rätedemokratische Forderungen hier noch nicht auftauchten, war die Praxis der Räte im Streik bereits präsent: Delegierte von der Basis bestimmten zeitnah über Forderungen und Aktionen, der Aktionsausschuß bezog sein Mandat direkt aus den Betrieben, seine Legitimation war nicht durch Partei- oder Gewerkschaftsorgane vermittelt. Die später in der Novemberrevolution überall im Reich spontan entstandenen Räte orientierten sich vielerorts am Beispiel der Berliner Streikleitung vom Januar.[117] Wie sehr diese Organisationsform dem Verständnis selbst unabhängiger Sozialdemokraten widersprach, bezeugen die Erinnerungen von Wilhelm Dittmann. Dieser war als USPD-Vertreter bei der Wahl des Aktionsauschusses anwesend, wußte also genau, von wem die Initiative ausging. Dennoch bezeichnete er Müller und seine Genossen als »unsere Vertrauensleute in den Betrieben, die sich die Bezeichnung ›Revolu-

---

116 Der Forderungskatalog ist nachgedruckt in: Richard Müller: Kaiserreich, S. 240 f. und bei Wilhelm Dittmann: Erinnerungen, Frankfurt a. M. 1995, S. 526.
117 Peter von Oertzen: Betriebsräte in der Novemberrevolution, S. 75 ff.

tionäre Obleute‹ zugelegt hatten« und stellte die gesamte Bewegung als eine vom USPD-Parteivorstand ausgehende Aktion dar.[118]

In den Aktionsausschuß wurden nun fast ausschließlich Mitglieder der Obleute gewählt: Paul Eckert, Paul Neuendorf, Paul Blumenthal, Heinrich Malzahn, Richard Müller, Otto Kraatz, Paul Scholze, Otto Tost, Zimmermann, Paul Tirpitz und Cläre Casper. Lediglich Cläre Casper war vorher nicht Mitglied der Gruppe gewesen, sie wurde im Anschluß an die Wahl als einzige Frau in den Kreis der Obleute aufgenommen.[119] Es war durchaus ungewöhnlich, daß eine Frau in eine solche Position gelangte. Obwohl einige Arbeiterinnen dies schon vor dem Krieg explizit gefordert hatten, war im DMV nie ein eigenständiges Vertrauensleutesystem für die weiblichen Beschäftigten eingerichtet worden. Sie mußten sich mit ihren Anliegen immer direkt an die Ortsverwaltung wenden.[120] Daß die Frauen nun eine eigene Delegierte in die Streikleitung sandten, ist durchaus als Ausbruch aus dieser Bevormundung zu sehen. Dies entsprach einem akuten Wandel der Lage: Im Krieg hatte die Zahl der Arbeiterinnen enorm zugenommen und ihre Lebenssituation war alles andere als einfach. Während die Männer, ausgenommen reklamierte Facharbeiter sowie Lehrlinge und ältere Arbeiter, an der Front standen, leisteten die Frauen neben Haushalt und Kinderversorgung zusätzlich die »Männerarbeit« in den Fabriken. Als Ungelernte hatten sie oft besonders stupide, anstrengende und nicht selten auch gesundheitsschädliche Tätigkeiten zu verrichten. Auch der Januarstreik wurde maßgeblich von Frauen getragen, sichtbar nicht so sehr in der Streikleitung, dafür um so mehr an der Basis. Laut Berichten von Zeitzeugen bildeten Frauen die Hauptkraft der Massenstreiks in den Jahren 1917 und 1918.[121]

---

118 Wilhelm Dittmann: Erinnerungen, S. 526. Peter von Oertzen schrieb über das Politikverständnis der Sozialdemokratie:»Die Arbeiter ›als solche‹ waren für sie keine handlungsfähigen Subjekte. Handlungsfähig, und das heißt damit auch handlungsberechtigt, waren in ihren Augen einzig und allein Partei- und Gewerkschaftsorganisation ...«, S. 76 f.
119 Vgl. Arbeitskreis verdienter Gewerkschaftsveteranen beim Bundesvorstand des FDGB (Hg.): 1918 – Erinnerungen von Veteranen der deutschen Gewerkschaftsbewegung an die Novemberrevolution (1914-1920), 2. Auflage Berlin 1960, S. 115, S. 354-363. Vgl. auch Erinnerungsmappe Cläre Casper, BArch SAPMO, SG Y 30/ 0148.
120 Dirk H. Müller: Gewerkschaften, Arbeiterausschüsse und Arbeiterräte in der Berliner Kriegsindustrie 1914-1918, S. 169, in: Gunther Mai: Arbeiterschaft in Deutschland 1918-1914, Düsseldorf 1985, S. 155-178.
121 Vgl. Bericht Walter Sparfeld und Ernst Fischer in: 1917-1918 – Parteiveteranen berichten, S. 74 f. Im Rahmen der Demobilisierungsmaßnahmen nach Kriegsende sank die Frauenerwerbstätigkeit wieder, es gab insgesamt wenig Proteste gegen diese Entwicklung. Vgl. Helga Grebing: Frauen in der deutschen Revolution 1918/1919, S. 24.

Nach der Wahl der Leitung des Januarstreiks wurde in der Versammlung nun der Vorstand der USPD aufgefordert, drei Vertreter in den Aktionsausschuß zu entsenden. Ein Antrag, der SPD dasselbe Recht zuzubilligen, wurde von den Delegierten zunächst mit zwei Stimmen Mehrheit abgelehnt. Hier schaltete sich jedoch Richard Müller ein und bat als Versammlungsleiter um die Annahme des Antrags. Seine Autorität unter den Anwesenden war so groß, daß daraufhin eine klare Mehrheit für die Einbeziehung der SPD zustande kam. Müller begründete seine Intervention später damit, daß die Sitzungsleitung »keinen Mißton in die Versammlung tragen« wollte.[122] Eventuell wollte er die SPD, oder zumindest ihre Basis, durch die Beteiligung am Streik kompromittieren und nach links ziehen. Im Jahr 1924 erklärte er zu seinen Motiven »Ich sagte mir, es sei ganz gut, wenn die Rechtssozialisten jetzt selbst das mitmachten, was sie vor zwei Jahren als Landesverrat betrachtet haben.«[123] Durch das Mitwirken der sozialdemokratischen Parteispitze statt etwa von kriegskritischen SPD-Basisdelegierten war die Emanzipation der Arbeiter und Arbeiterinnen von ihren angestammten Führern jedoch aufgeweicht, bevor sie überhaupt so recht wirksam werden konnte. Zudem war der SPD-Führung nun ein Hebel gegeben, um den Streik unter Kontrolle zu bringen. Allerdings führte bei einigen Arbeitern und Arbeiterinnen das Doppelspiel der SPD, die den Streik verurteilte und gleichzeitig in der Streikleitung saß, auch zum Bruch mit dieser Partei und zum Anschluß an die USPD, hatte also durchaus den von Müller angedeuteten entlarvenden Effekt.[124]

Die USPD schickte die den Obleuten bereits bekannten Hugo Haase, Wilhelm Dittmann und Georg Ledebour als Vertreter in die Streikleitung, von der SPD erschienen Friedrich Ebert, Philipp Scheidemann und Otto Braun.

Der Ausschuß begann sofort nach Ankunft der SPD-Vertreter zu tagen. Die SPD distanzierte sich zunächst teilweise von den Forderungen, forderte dann eine paritätische Besetzung des Aktionsausschusses, d. h. eigene Delegierte als Gegengewicht zu den Obleuten, was diese jedoch ablehnten. Bevor noch weitere organisatorische Fragen zur Sprache kamen, wurde auch schon das Eintreffen der Polizei gemeldet. Richard Müller beschrieb die nun folgende Szene im ersten Band sei-

---

122 Richard Müller: Kaiserreich, S. 140.
123 Zeugenaussage Müllers im Magdeburger Ebert-Prozeß, in: Karl Brammer (Bearb.): Der Prozeß des Reichspräsidenten: nebst juristischen Gutachten, Berlin 1925.
124 Etwa bei Jakob Weber (*1892), später Teilnehmer der Novemberrevolution und Autor von Erzählungen. BArch – SAPMO, Erinnerungsmappe Jakob Weber, SG Y 30/0985, S. 17.

ner Revolutionsgeschichte: »Die drei Vertreter der SPD sprangen auf. Scheidemann fuhr trotz seiner Jahre wie der Blitz in seinen Überzieher, während der etwas korpulente Fritz Ebert sich vergeblich abmühte und ihm erst durch eine mitleidige Seele hineingeholfen werden mußte. Die Arbeitervertreter konnte die Meldung nicht überraschen. Sie hatten sich schon oftmals in solcher Lage befunden. In aller Ruhe wurde die Arbeit unter Beachtung der nötigen Vorsichtsmaßregeln zu Ende geführt.«[125]

Der Aktionsausschuß konnte seine Beratungen beenden und sich der Verhaftung entziehen, auch die Arbeiter und Arbeiterinnen zerstreuten sich und wählten in den Fabriken Streikleitungen für die Einzelbetriebe. Diese Streikkomitees wurden schon am nächsten Tag vom Oberkommando in den Marken verboten, Versammlungen von der Polizei aufgelöst. Der Erfolg dieser Maßnahmen war allerdings, daß sich die Zahl der Streikenden nun auf eine halbe Million erhöhte.

Der Aktionsausschuß kündigte am selben Tag dem Staatssekretär des Innern, Wallraf, eine Delegation aus Arbeitern und Parlamentariern zur Verhandlungsführung an. Es machten sich neben Philipp Scheidemann und Hugo Haase auch Richard Müller und Paul Scholze auf den Weg zum Ministerium. Dort weigerte man sich jedoch, mit der Kommission zu sprechen. Richard Müller berichtet über die Vorgänge: »Über eine Stunde verging und die Kommission stand immer noch wie der Bettler im Torweg. Scheidemann wurde nervös, zumal die anderen Mitglieder der Kommission angesichts dieser Haltung des Ministers auf einen Empfang verzichten wollten. Scheidemann zeigte eine bewunderungswürdige Ausdauer. Er lief hin und her, hielt diesen und jenen Diener oder Geheimrat, die ihm gerade in die Hände liefen, fest, diskutierte und gestikulierte, schließlich faßte er den Zentrumsabgeordneten Giesbert und kam hochrot vor Freude mit der Meldung zurück, Giesbert habe ihm versprochen, eine Aussprache mit Wallraf herbeizuführen. Wallraff empfing die Kommission trotzdem nicht.«[126]

Staatssekretär Wallraf hatte sich zwar bereit erklärt, mit den Abgeordneten zu reden, weigerte sich jedoch stur, die Arbeiter Müller und Scholze zu empfangen.

Am selben Abend wurde dann die Streikleitung für illegal erklärt und ihre Versammlungen verboten, die Mitglieder des Aktionsausschusses mußten sogar auf dem Polizeipräsidium erscheinen und die

---

125 Richard Müller: Kaiserreich, S. 141.
126 Vgl. Richard Müller: Kaiserreich, S. 143.

Kenntnisnahme dieser Verordnung schriftlich bestätigen. Dennoch fanden die Sitzungen weiter statt. Am 30. Januar wurde der »Vorwärts« verboten, und die Berliner Buchdrucker schlossen sich dem Streik an. Für den 31. Januar wurden Demonstrationen und Versammlungen angekündigt, die Polizei löste diese auf und verhaftete Wilhelm Dittmann, Vertreter der USPD in der Streikleitung.

Philipp Scheidemann wurde nicht verhaftet, aber von der Polizei verprügelt. Auf der Nachmittagssitzung des Aktionsausschusses tobte er vor Wut – solch eine Behandlung war ihm als Reichstagsabgeordnetem bisher noch nicht widerfahren.[127] Ansonsten bemühten sich die SPD-Vertreter um Mäßigung, beschworen angesichts der Eskalation eine Niederlage des Streiks und die drohenden Repressionen gegen die Arbeiterklasse. Einige Jahre später jedoch wurde Klartext gesprochen. In einem Prozeß im Jahre 1924 sagte Friedrich Ebert, mittlerweile aufgestiegen zum Reichspräsidenten, frei heraus: Er und seine Partei hätten sich am Streik nur beteiligt, um diesen zu bremsen und möglichst früh abzubrechen.[128]

In einer öffentlichen Streikversammlung im Treptower Park hatte er schon 1918 dementsprechend gehandelt und den Anwesenden erklärt, es sei die Pflicht der Arbeiter »ihre Brüder und Väter an der Front zu stützen und ihnen das beste an Waffen zu liefern, was es gäbe«, denn »der Sieg sei selbstverständlich der Wunsch eines jeden Deutschen«. Diese offenen Distanzierungen stießen auf entschiedene Ablehnung, Ebert wurde von den Anwesenden als »Streikabwürger« und »Arbeiterverräter« beschimpft.[129] Ebert mußte zurückrudern, im folgenden distanzierten er und Scheidemann sich nicht mehr derart offen vom Streik. Sie befürworteten statt dessen Verhandlungen zwischen der Generalkommission der Gewerkschaften und dem Reichskanzler. Die USPD-Vertreter verhielten sich neutral zu diesem Vorschlag. Doch Müller und die Obleute lehnten es ab, sich als Streikleitung selbst zu entmachten, und der am Burgfrieden orientierten Generalkommission das Ruder in die Hand zu geben. Der Ausstand ging weiter, die Unruhe auf den Straßen wurde größer, es kam zu Kämpfen und Ausschreitungen – etwa als aus Protest gegen den Streikbruch der Straßenbahnfahrer deren Waggons von wütenden Streikenden umgestürzt wurden.[130]

---

127 Richard Müller: Kaiserreich, S. 144
128 Karl Brammer (Bearb.): Der Prozeß des Reichspräsidenten.
129 Walter Bartel: Der Januarstreik 1918, S. 163, Karl Brammer (Bearb.): Der Prozeß des Reichspräsidenten, S. 68/69.
130 Vgl. Berlin 1917-1918 – Parteiveteranen berichten, S. 82.

Nachdem am 1. Februar mit der militärischen Besetzung einiger Großbetriebe gedroht wurde, kippten die USPD-Vertreter um. Haase und Ledebour verhandelten separat mit dem Reichskanzler und versuchten, eine legale Delegiertenversammlung zur Klärung des weiteren Vorgehens zu erreichen. Doch der Kanzler bestand auf einem Abbruch des Streiks in dieser Versammlung – eine unannehmbare Bedingung. Der illegale Aktionsausschuß stand vor der Entscheidung: Weitertreiben der Bewegung, Abbruch des Streiks oder Abgabe der Verhandlungen an die Generalkommission. Der Spartakusbund befürwortete unter dem Schlagwort »Ausharren um jeden Preis« die Steigerung des Streiks zum Aufruhr,[131] die SPD wollte die Abgabe der Verhandlungen an die Generalkommission. Die Entscheidung lag bei den elf Obleuten im Aktionsausschuß. Sie wollten auf keinen Fall die Generalkommission der Gewerkschaften als Retter auftreten lassen. Es hatte sie schließlich jahrelange Agitation gekostet, die Arbeiterklasse gegen den Widerstand der Gewerkschaftsbürokratie in den Ausstand zu führen. Aber eine weitere Eskalation des Streiks konnten sie nicht verantworten – solange das Heer noch intakt war, befürchteten die Obleute ein Gemetzel, denn schußbereite und disziplinierte Truppen standen in Berlin bereit.

Daher erklärten sich die Obleute für den Abbruch des Streiks und gaben die entsprechenden Anweisungen an ihre Vertrauensleute. Am 3. Februar wurde der Streik in Berlin abgebrochen, und auch in anderen Städten ging der Ausstand ergebnislos zu Ende. Richard Müller rechtfertigte später die Entscheidung zum Abbruch: »Man war sich klar darüber, daß dieser Ausgang als große Niederlage der Arbeiter und als Sieg der Regierung vom »Vorwärts« bis zur »Kreuz-Zeitung« bewertet werden würde. Aber darauf kam es nicht an. Entscheidend war, wie ein solcher Ausgang von den im Kampfe Stehenden empfunden wurde. Und da täuschte sich die Leitung nicht. […] Die Arbeiter fühlten sich nicht geschlagen, sondern als Kämpfer, die den Rückzug antreten, um mit stärkerer Kraft vorzustoßen.«[132]

Ob die Mehrheit der Arbeiter diese nachträgliche Einschätzung Müllers teilte, ist fraglich. Tatsächlich begann der Streik auch in Berlin bereits vor dem Signal zum Abbruch zu bröckeln, der Streikleitung war die Initiative teilweise bereits entglitten. Nach dem Abbruch schlugen die Militärbehörden zu: Wie schon im Aprilstreik 1917 wurden massenhaft streikende Arbeiter und Rädelsführer zum Kriegsdienst befohlen und

---

131 Vgl. Flugblatt »Ausharren um jeden Preis«, in: Richard Müller: Kaiserreich, S. 243.
132 Richard Müller: Kaiserreich, S. 147.

abermals mit einem Kennwort in den Militärpapieren als politisch unzuverlässig gekennzeichnet. Auch Richard Müller wurde ein weiteres Mal eingezogen. Diesmal war kein einfaches Entkommen möglich, er verblieb bis zum September 1918 beim Militär und konnte nur durch eine glückliche Fügung und die Solidarität seiner Genossen und Genossinnen nach Berlin zurückkehren. Angesichts der komplett unerfüllten Forderungen und der brutalen Repression machte sich in der Arbeiterklasse erneut Demoralisierung breit.[133] Doch diese war nicht von Dauer. Schließlich hatten die Arbeiter und Arbeiterinnen sich im Januarstreik in einer bisher nie dagewesenen Position der Stärke erlebt. Sie hatten die Rüstungsindustrie zum Stillstand gebracht und die Parteiführung der SPD zu einer Einheitsfront von unten gezwungen.

Auch die Repression durch Kriegsdienst war ein zweischneidiges Schwert. Müller bezeichnete diese Politik später als »allergrößten Fehler« der Militärbehörde. Auf diese Weise gelangten massenhaft revolutionär gesinnte Arbeiter an die Front und setzten dort, ob organisiert oder in Privatgesprächen, ihre Agitation fort.[134] Zwar konnten sie, wie auch Müller zugibt, bis zum Sommer 1918 die eiserne Disziplin des Heeres kaum schwächen. Als sich jedoch die Niederlage abzeichnete, wurden ihre Stimmen unüberhörbar.[135]

Es ist unwahrscheinlich, daß Richard Müller im Heer Dienst an der Waffe leistete. Seine dicken Brillengläser qualifizierten ihn nicht gerade zum Meisterschützen. Laut Georg Ledebour wurde er lediglich »eingezogen und in irgendein Lager gesteckt [...] obgleich er dienstuntauglich war«.[136] Vor der Einziehung hatte er noch Emil Barth, mit dem er schon seit Jahren in der Berliner Zahlstelle des DMV zusammenarbeitete, zu seinem Nachfolger ernannt.[137] Nach dem Januarstreik war den Obleuten bewußt, daß zumindest die Existenz ihrer Organisation den Militärbe-

---

133 Laut Walter Bartel wurden 50.000 Arbeiter, also 10% der Streikenden, an die Front geschickt. Walter Bartel: Der Januarstreik 1918, S. 178. Zum Streikende vgl. auch David W. Morgan: The Socialist Left and the German Revolution – A History of the German Independent Social Democratic Party, 1917-1922, Ithaca-London 1975, S. 91 sowie Richard Müller: Kaiserreich, S. 124 f., S. 163.
134 Dieselbe Einschätzung gab Georg Ledebour im Jahr 1919. Minna Ledebour (Hg.): Georg Ledebour, S. 61.
135 Dies galt insbesondere für die Westfront, vgl. Richard Müller: Kaiserreich, S. 152 f. Im Gegensatz dazu kam es jedoch an der Ostfront bereits ab 1917 immer wieder zu Verbrüderungen. Vgl. Zeitzeugenberichte in: Berlin 1917-1918 – Parteiveteranen berichten, S. 86 ff.
136 Minna Ledebour (Hg.): Georg Ledebour, S. 61.
137 Hermann Müller-Franken: Die Novemberrevolution – Erinnerungen, Berlin 1928, S. 100.

hörden bekannt war, auch wenn diese nichts Genaueres über die Arbeitsweise oder die Mitglieder wußten. Unmittelbar nach Abschluß des Streikes versammelten sich die Obleute, jeder mußte eine Ersatzperson benennen, um die Organisation auch bei Massenverhaftungen einsatzfähig zu halten. Die Wahl fiel Müller nicht leicht, er stand vor der unmöglichen Entscheidung, eine ebenso fähige wie unbekannte Person für die Spitze der Bewegung zu nominieren. Alle bekannteren Kandidaten waren genauso von Verhaftung bedroht wie er selbst. Einen Parteipolitiker aus den Reihen der USPD lehnte Müller ab, weil er sonst die Unabhängigkeit der Obleute in Gefahr sah. Er entschied sich also für Barth, der seiner Meinung nach »den Kreis der revolutionären Obleute gut zusammenhielt und manches zu seiner Ausdehnung beigetragen hat[te].« Einschränkend fügte er hinzu »Seine phantastischen Reden wurden als unvermeidliches Übel hingenommen«.[138]

Barth leitete nach dem Januarstreik die »Unterstützungskommission der Berliner Arbeiterschaft«, die sich um die Opfer von Repressionen infolge des Januarstreiks kümmerte.[139] Später wurde er für die USPD in den Rat der Volksbeauftragten nominiert und zerstritt sich in dieser Zeit mit Richard Müller und auch den Obleuten, die beiden polemisierten nach dem Scheitern der Revolution heftig gegeneinander.[140] Dies mag der Hauptgrund für die distanzierte Haltung sein, mit der Müller im Rückblick über seine Nachfolgewahl berichtete.

Im Sommer 1918 stieß dann Ernst Däumig zu den Obleuten. Däumig war kein Arbeiter von der Basis, sondern ein Intellektueller, ehemaliger Redakteur des »Vorwärts« und Autor von Erzählungen und Theaterstücken. Seine öffentliche Opposition gegen den Krieg hatte ihn 1916 den Posten gekostet, er hatte sich jedoch der Parteidisziplin nicht gebeugt, sondern ein lokales sozialdemokratisches Mitteilungsblatt zur Oppositionszeitung ausgebaut. Ähnlich wie Müller hatten auch ihn die Ereignisse aus der Bahn geworfen und vom Parteiarbeiter in einen Revolutionär verwandelt.[141]

---

138 Richard Müller: Kaiserreich, S. 163.
139 In der Kommission arbeiteten verschiedene Mitglieder der Revolutionären Obleute, aber auch SPD-Vertreter, sie kann als institutionelles Bindeglied zwischen dem Aktionsausschuß des Januarstreiks und dem im November gebildeten Vollzugsrat gelten. Vgl. Gerhard Engel u. a. (Hg.): Groß Berliner Arbeiter- und Soldatenräte, Bd. I, S. XI ; Dirk H. Müller: Versammlungsdemokratie, S. 316
140 Barth hatte Müller in seinen Memoiren als tüchtig und radikal, aber »völlig unpolitisch« bezeichnet, Müller hingegen nannte Barths ganzes Buch eine »eitle, phantastische Renomisterei«. Emil Barth: Aus der Werkstatt der Revolution, S. 11, Richard Müller: Kaiserreich., S. 46.
141 Es handelte sich um das »Mitteilungs-Blatt des Verbandes sozialdemokratischer

Däumig wurde »der einzige Intellektuelle und Außenseiter, den die Revolutionären Obleute akzeptierten und als einen der Ihren betrachteten«.[142] Er, der Schriftsteller, bewies letztlich mehr Pragmatismus als der Klempner Emil Barth und übernahm die Aufgabe, »die phrasenreichen Reden Barths auf den Boden der Wirklichkeit zurückzuführen.«[143]

Dadurch fiel Däumig laut Aussage Müllers die »eigentliche Leitung« der Obleute zu. Seit Müllers Rückkehr im September 1918 arbeiteten die beiden eng zusammen.[144] Diese Zusammenarbeit entwickelte sich zu einer persönlichen Freundschaft, hielt für die nächsten Jahre und überlebte die Obleutebewegung. Gemeinsam gingen Müller und Däumig in die Revolution, erlebten ihre Niederlage, kämpften für das Rätesystem, bekehrten sich anschließend zum Parteikommunismus, um im Krisenjahr 1921 fast zeitgleich mit diesem zu brechen. Erst Däumigs Tod im Jahr 1922 beendete den gemeinsamen Weg der beiden.

Doch bevor Müller und Däumig sich bei den Geheimsitzungen der Obleute kennenlernen konnten, mußte ersterer zunächst dem Militärdienst entkommen. Ein Zufall kam hier zu Hilfe: Am 25. Mai 1918 starb der Reichstagspräsident Johannes Kaempf. Sein Mandat im Berliner Wahlkreis eins mußte durch eine Nachwahl neu vergeben werden, für den Urnengang wurde der 15. Oktober festgesetzt. Zufällig war der erste Berliner Reichstagswahlkreis genau derjenige, in dem auch Richard Müller seinen Wohnsitz hatte. Die USPD leistete nun Schützenhilfe und nominierte ihn auf Drängen von Georg Ledebour als Reichstagskandidaten.[145] Den Militärbehörden blieb damit keine andere Wahl, als Müller freizugeben. Im September verließ er das Militär und stürzte sich in den Wahlkampf, eine für ihn neue und ungewohnte Rolle. Der Wahlkampf fand in einer stürmischen Zeit statt. Seit Anfang Oktober war der Zusammenbruch an der Westfront kein Geheimnis mehr, sogar General Ludendorff von der Obersten Heeresleitung plädierte nun für einen Waffenstillstand und hatte damit die militärische Niederlage Deutschlands eingestanden. Auch seine diktatorische Machtstellung

---

Wahlvereine Berlins und Umgegend«. Däumig leitete es bis 1918, seit 1917 war es USPD-Organ. Vgl. David. W. Morgan: Ernst Däumig and the German Revolution of 1918, in: Central European History, 1983 Vol XV, No. 4, S. 303-331.
142 Dieter Schneider, Rudolf Kuda (Hg.): Arbeiterräte in der Novemberrevolution, S. 21.
143 Richard Müller: Kaiserreich, S. 163.
144 Ebenda.
145 Minna Ledebour (Hg.): Georg Ledebour, S. 61 f. Müller war spätestens seit 1912 in Tempelhof ansässig und daher für den betreffenden Kreis polizeilich gemeldet, siehe Anm. 21.

mußte Ludendorff nun aufgeben, Kaiser Wilhelm ernannte den Liberalen Prinz Max von Baden am 3. Oktober zum neuen Reichskanzler. Der Prinz sollte den von US-Präsident Wilson als Bedingung für einen Waffenstillstand geforderten Übergang des Reiches zur parlamentarischen Demokratie durchführen. Um diese Absicht zu bekräftigen, berief er mit Philipp Scheidemann erstmals in der Geschichte des Kaiserreichs einen Sozialdemokraten als Staatssekretär ins Kabinett. Faktisch entsprach der Staatssekretärsposten dem Rang eines Ministers, denn Staatssekretäre nannten sich im Kaiserreich die Leiter der Ressorts, welche direkt dem Kanzler verantwortlich waren. Obwohl Philipp Scheidemann sich angesichts der absehbaren Niederlage entschieden gegen eine Regierungsverantwortung der SPD ausgesprochen hatte, bestimmte die Fraktion gerade ihn zum Eintritt in die Regierung. Scheidemann fügte sich, »wenn auch mit Knurren und Schimpfen«, wie er rückblickend formulierte. Treibende Kraft hinter der Regierungsbeteiligung war Friedrich Ebert, unterstützt unter anderem von Albert Südekum und Gustav Noske.[146] Neben Scheidemann trat Gustav Bauer, Sozialdemokrat und zweiter Vorsitzender der Generalkommission der Gewerkschaften, als Leiter des neu geschaffenen Reichsarbeitsamtes in die Regierung ein. Weitere Posten wurden von Persönlichkeiten des Zentrums und der Fortschrittlichen Volkspartei übernommen.[147]

Diese Demokratisierung, während des Januarstreiks noch als unannehmbar abgelehnt, sollte nun Wilhelm II. die Krone retten und Deutschland vor der Totalkapitulation bewahren. Doch US-Präsident Woodrow Wilson lehnte ein erstes Waffenstillstandsangebot des neuen Reichskanzlers ab, die Reformen gingen ihm scheinbar nicht weit genug.

Die Stimmung im Volk war nun gespannt wie noch nie zuvor, die Schwäche der Regierung wurde langsam offensichtlich. Diese Atmosphäre war auch im Wahlkampf zu spüren – eine Augenzeugin berichtet: »Ich war in einer Versammlung, in der Richard Müller seine Wahlrede hielt. Die Versammlung war stark besucht. Was Müller so Aufrührerisches gesagt hatte, weiß ich heute nicht mehr. Jedenfalls erklärte plötzlich der überwachende Polizeibeamte, ein besonders forsches Exemplar von Offizier, die Versammlung für aufgelöst. Darauf entstand großer Lärm, Pfuirufe und Pfeifkonzert. Ich glaube, die Menschen würden jeden Augenblick auf die Bühne stürmen und den Poli-

---

146 Philipp Scheidemann: Das historische Versagen der SPD, S. 89-92.
147 Heinrich August Winkler: Der lange Weg nach Westen – Deutsche Geschichte 1806-1933, Sonderausgabe Bonn 2006, S. 364.

zeioffizier herunterholen. Der selber hat das wohl auch gedacht, denn er stand auf der Bühne, beide Hände in den Hosentaschen, in denen der Halunke bestimmt einen Revolver hatte. Da flogen plötzlich von der Tribüne Flugblätter in den Saal, auf die sich dann die Leute stürzten. Jeder versuchte, eines zu erhaschen. [...].Vier Wochen später, bei den Liebknecht-Versammlungen, hätte sich dieser schneidige Offizier das nicht mehr erlauben können, da hätte er eine Tracht Prügel bezogen.«[148]

Prügel bezog der Beamte nicht, aber die Episode zeigt, daß die Autorität der Obrigkeit offensichtlich im Herbst 1918 bereis angekratzt war – ein Prozeß der sich noch fortsetzen sollte.

Müller schaffte es mit seiner Kandidatur bis in die Stichwahl, unterlag dann jedoch dem Kaliindustriellen Kempner. Dieser konnte sein Mandat angesichts der sich überschlagenden Ereignisse jedoch nicht lange ausüben.[149]

Der Wahlkampf war nicht Richard Müllers eigentliches Geschäft in diesen Wochen. Obwohl ein Sitz in einem demokratischen Reichstag erstmals auch reale Einflußmöglichkeiten bedeutet hätte, konzentrierte er sich auf ein anderes Ziel. Nachdem die Wahlkampfreden am Abend verhallt waren, begannen des Nachts im Verborgenen die Sitzungen der Obleute. Die Umwandlung Deutschlands in eine parlamentarische Monarchie, noch im April 1917 weitgehendste Streikforderung auch der Revolutionären Obleute, reichte längst nicht mehr aus. Der sozialdemokratische Glaube an einen evolutionären Weg zum Sozialismus, an dessen Beginn die Aufwertung des Reichstages und die preußische Wahlrechtsreform stehen würden, war längst passé. Das Umstoßen aller bestehenden Verhältnisse, die sozialistische Revolution, bewegte nun die Gemüter der Oppositionellen auch außerhalb des Kreises der Revolutionären Obleute.

---

148 Erinnerungsmappe Friedel Gräf, BArch SAPMO, SG Y 30/0297, S. 42 f.
149 Vgl. Hermann Müller-Franken: Die Novemberrevolution, S. 100.

Die Novemberrevolution 1918 in Berlin

Seit dem Januarstreik hatten sich die Spannungen zwischen den Revolutionären Obleuten und der Spartakusgruppe verstärkt, insbesondere nachdem diese ab Oktober wieder von Karl Liebknecht geführt wurde. Auch Liebknecht verdankte seine Freilassung der absehbaren Niederlage und dem Kurswechsel der Militärführung. Seine Amnestie war eine Etappe auf dem Weg zur geplanten Demokratisierung. Liebknecht wurde am 23. Oktober 1918 von tausenden Arbeitern und Arbeiterinnen am Anhalter Bahnhof triumphal empfangen – dabei hatte das Militär seine Entlassung eigentlich geheim und in aller Stille abwickeln wollen.[150]

Rosa Luxemburg hingegen wurde weiter in Schutzhaft gehalten, obwohl sie im Gegensatz zu Liebknecht nie rechtskräftig verurteilt worden war. Es scheint, daß die Militärführung ihren Einfluß wesentlich mehr fürchtete, denn der theoretische Kopf des Spartakus war nicht Liebknecht, sondern Rosa Luxemburg.

Karl Liebknecht nahm nun regelmäßig an den Sitzungen der Obleute teil, dank seiner Autorität wurden nun auch wieder andere Vertreter des Spartakus zu den Treffen zugelassen. Unter dem Titel »Vollzugsausschuß des Arbeiter- und Soldatenrates« trafen sich nun regelmäßig Vertreter von Spartakus, Obleuten und der USPD-Linken zu illegalen Sitzungen. Mit dieser Zusammenarbeit hatte sich die radikale Linke von einigen herben Rückschlägen erholt, denn im Sommer 1918 hatten die Obleute zunächst alle Kontakte zur Spartakusgruppe abgebrochen. Diese war durch Spitzel und Verhaftungen sehr geschwächt, die Revolutionären Obleute sahen darin eine Gefahr für ihre eigene Organisation.[151]

Karl Liebknecht war nach der Wiederannäherung von der Taktik der Obleute wenig begeistert. Trotz der eher durchwachsenen Bilanz seiner eigenen Organisation sparte er nicht mit Kritik: »Er sah in diesem Kreis keine Vereinigung entschlossener Revolutionäre, höchstens einen Klub wild gewordener Spießbürger, die im Verborgenen tagen und die Welt nichts von ihrem Dasein wissen lassen«, erinnerte sich Richard Müller später.[152]

---

150 Vgl. Annelies Laschitza: Die Liebknechts, S. 376; Erinnerungsmappe Friedel Gräf, BArch SAPMO, SG Y 30/0297.
151 Ottokar Luban: Spartakusgruppe, Revolutionäre Obleute und die politischen Massenstreiks während des Ersten Weltkrieges, S. 23 f.
152 Richard Müller: Kaiserreich, S. 165.

In der Tat hatten die Obleute bisher niemals ihre Organisation als solche in die Öffentlichkeit gebracht, wie es die Parteien und auch die Spartakusgruppe taten. Sie betrieben ihre Propaganda unter der Hand in den Betrieben, weiteten ihr Netzwerk von Vertrauensleuten aus, und schlugen nur dann zu, wenn sie die Lage für aussichtsreich hielten. Demonstrationen oder andere Straßenpropaganda betrieben sie nicht. Überhaupt waren sie eher auf Aktionen ausgerichtet, auf aufklärende Propaganda oder Theoriearbeit, wie bei der Spartakusgruppe üblich, legten sie wenig Wert.[153] Ihr Aktionsfeld war die Fabrik, ihre politische Aktionsform der Generalstreik. Obwohl sie Hunderttausende von Arbeitern und Arbeiterinnen in den Streik führen konnten, war ihre Organisation und ihre Arbeitsweise nur den Mitgliedern selbst bekannt. Erst im Dezember 1918, Wochen nach der Revolution, trafen sich die Obleute zum ersten Mal öffentlich und gaben auch erstmals eine Presseerklärung unter ihrem Namen heraus. Selbst der Kommentator der USPD Zeitung »Freiheit« hatte damals scheinbar keine Ahnung, wer diese Obleute eigentlich waren.[154]

Liebknecht war diese klandestine Arbeitsweise fremd. Als Parteipolitiker war er an Wahlkämpfe und öffentlichkeitswirksame Aktionen gewohnt, auch vom Naturell her lag ihm die große Geste mehr als die Arbeit im verborgenen. Und natürlich drängte es ihn nach zwei Jahren Gefängnis endlich zur Tat. Er wollte Schluß machen mit der vorsichtigen Linie der Obleute, die stets starke Rücksicht auf die Stimmungen der Arbeiterklasse nahmen und drängte zur Aktion. Müller beschreibt Liebknechts Haltung wie folgt: »Nach der Meinung Liebknechts und der anderen Spartakusleute mußte die Arbeiterschaft ständig in Aktionen, ständig in Kampfhandlungen gehalten werden. Demonstrationen, Streiks, Zusammenstöße mit der Polizei, sollten den revolutionären Elan der Masse anfachen und bis zur Revolution steigern. [...] Die Erfahrungen der russischen Revolution wurden zur Begründung herangezogen.«[155]

Richard Müller und die Obleute lehnten diese Pläne einmütig ab. Sie verteidigten ihre bisherige Linie. Die russische Taktik gelte für

---

153 Fritz Opel bemerkt, daß die Obleute zunächst kein eigenes politisches Konzept hatten und trotz Autonomie in der Aktion ideologische Anlehnung an Spartakus und USPD benötigten. Fritz Opel: Der deutsche Metallarbeiter-Verband, S. 55.
154 David W. Morgan: The Socialist Left, S. 209. Auch der Name »Revolutionäre Obleute«, der hier der Einfachheit halber für die ganze Wirkungsdauer der Gruppe verwendet wird, tauchte erst während der Revolution 1918 auf.
155 Ebenda. Zu Liebknechts in der Haft gesteigerter Ungeduld kam zusätzlich ein Mangel an Information, da ihn im Gefängnis nur eingeschränkte Nachrichten erreicht hatten. Vgl. Annelies Laschitza: Die Liebknechts, S. 349.

Deutschland nicht, denn durch die Sozialisierung im gewerkschaftlichen Tageskampf und die dadurch erreichten Errungenschaften waren ihrer Meinung nach die deutschen Arbeiter und Arbeiterinnen nicht bereit, mit der Losung »Tod der Bourgeoisie« bis zum Äußersten zu gehen. Insbesondere Richard Müller verstand hier zu differenzieren zwischen den eigenen Ideen und dem tatsächlichen Bewußtseinszustand der Arbeiterklasse. Diesen kennzeichnete er nüchtern als Verteidigung von Besitzständen: »In jeder Familie hatte sich im Laufe der Zeit dieses und jenes angesammelt, einst sauer erworben, dessen Verlust schmerzlich empfunden wurde. Ein Teil der Arbeiter hatte sich nicht nur kleinbürgerlich, sondern gut bürgerlich eingerichtet.«[156] Die Arbeiterklasse in Deutschland hatte also schon 1918 ein wenig mehr zu verlieren als ihre Ketten, sie würde daher der voluntaristischen Linie des Spartakusbundes nicht folgen – so schätzte Müller die Lage recht realistisch ein.

Die Sturheit der Obleute verursachte nicht nur bei Karl Liebknecht einiges an Ärger. Generell war man im Spartakusbund erbost, daß die Obleute sich partout nicht der vermeintlich überlegenen Gruppe unterordnen wollten, wie eine Aussage des Spartakusmitgliedes Jacob Walcher illustriert: »Der Einfluß, den Richard Müller, dem jedes grundlegende theoretische Wissen mangelte, auf Entstehung und Politik der Revolutionären Obleute ausübte, war nicht nur positiver Natur. Das Negative äußerte sich in einer starken Neigung zu Schematismen und in der Weigerung, eng mit dem Spartakusbund zusammenzuarbeiten.«[157]

Neben inhaltlichen Differenzen schienen auch Profilierungsdrang und Konkurrenzdenken eine gewisse Rolle im Konflikt beider Gruppen zu spielen. Im Grunde teilten die Obleute durchaus die revolutionären Vorstellungen Karl Liebknechts und des Spartakusbundes – sie lehnten jedoch dessen Taktik der permanenten Aktion ab und verspotteten sie als »revolutionäre Gymnastik«.[158] Wie schon beim dritten Massenstreik wollten die Obleute auch mit der nächsten Aktion erst dann beginnen, wenn die Stimmung reif war, – dann aber wollte man massiv und flächendeckend in ganz Deutschland loslegen. Der Überraschungseffekt sollte dem Kaiserreich einen zusätzlichen, finalen Schlag verpassen und den Umsturz einleiten. Denn auch die Obleute bereiteten sich zu

---

156 Richard Müller: Kaiserreich, S. 167.
157 Nachlaß Jacob Walcher, SAPMO BArch, NY /4087/12.
158 Zum Konflikt vgl. Erinnerungsbericht Wilhelm Pieck, in: Erinnerungen von Veteranen der deutschen Gewerkschaftsbewegung, S. 363 ff. und Richard Müller: Kaiserreich, S. 165 ff.

dieser Zeit nicht mehr auf einen weiteren Massenstreik, sondern auf die Revolution vor.

Emil Barth organisierte bereits seit Wochen Ankauf und Sammlung von Waffen. Diese wurden unter Lebensgefahr in Privatwohnungen versteckt, etwa in den Zimmern von Cläre Casper.[159] Bei ihr als alleinstehender Frau würde niemand die Waffen suchen. Auch andere Frauen waren damals an der gefährlichen Arbeit des Waffenschmuggelns beteiligt, etwa Lucie Heimburger-Gottschar. Es ist bezeichnend, daß sowohl Cläre Casper als auch Lucie Heimburger später im Vollzugsrat der Groß-Berliner Arbeiterräte mitarbeiteten, jedoch nicht als Ratsmitglieder, sondern als Sekretärinnen.[160]

Das Geld für die Waffen erhielt Barth angeblich von der sowjetischen Botschaft, Müller bestritt jedoch später Zahlungen aus dem Ausland an die Obleute, ohne allerdings die tatsächlichen Geldquellen zu nennen.[161]

Ottokar Luban rekonstruierte aus den vorhandenen Archivquellen einiges über die tatsächlichen Abläufe der Waffenbeschaffung. Er berichtet, daß es ab September 1918 tatsächlich Kontakte der Obleute zu den Bolschewiki gegeben hatte, Mitte September nahm sogar ein Vertreter der russischen Revolutionäre an einer Sitzung der Obleute teil. Aus konspirativen Gründen, so Luban, gab es jedoch keine weiteren direkten Kontakte mit den Obleuten, eine Geldübermittlung sei erst im Oktober zustandegekommen. Parallel dazu bemühten sich die Obleute um Finanzierung durch einen in Amsterdam ansässigen Elsässer namens André Jung, der im Auftrag des französischen Geheimdienstes handelte. Dessen Hintermann, der französische Militärattaché in Den Haag General Boucabaille, riet seiner Regierung nachdrücklich zur

---

159 Vgl. dazu Bericht Cläre Casper in: Erinnerungen von Veteranen der deutschen Gewerkschaftsbewegung, S. 359 ff., ausführlicher: Erinnerungsmappe Cläre Casper, BArch SAPMO, SG Y 30/0148, S. 5, S. 24 f.
160 »An den Vorbereitungen der November-Revolution haben nach meiner Erinnerung ziemlich viele junge Mädchen teilgenommen. Wir halfen den Berliner Revolutionären Obleuten, Flugblätter verteilen [...] Man vertraute uns auch an, Waffen wegzubringen bzw. vorher zu holen.« Lucie Heimburger-Gottschar, Erinnerungen, LArch Berlin, C Rep 902-02-04, Nr. 005. Insgesamt wurden trotz ihrer aktiven Beteiligung bei Streiks nur wenige Frauen als Arbeiterräte gewählt, meist aus traditionellen Frauenberufen wie Textilindustrie bzw. Warenhäusern. Die ersten weiblichen Mitglieder des Vollzugsrates waren dementsprechend zwei Lehrerinnen, die 1919 als Angehörige der bürgerlichen Demokraten in den Rat gewählt wurden. Vgl. Helga Grebing: Frauen in der deutschen Revolution 1918/1919, S. 11 sowie Gerhard Engel u. a.: Groß-Berliner Arbeiter- und Soldatenräte, Band II, Einleitung, S. XIV.
161 Richard Müller: Kaiserreich, S. 165. Teilweise wurden die Waffen auch in Munitionsfabriken kistenweise gestohlen – nicht ungefährlicher, aber preisgünstiger. Vgl. Hans Pfeiffer: Erinnerungen, LArch Berlin, C Rep 902-02-04, Nr. 007.

Finanzierung der Obleute. Premierminister Georges Clemenceau und sein Kabinett berieten ausgiebig über dieses Angebot, konnten sich jedoch nicht zu einem derart gewagten Schritt entschließen. Nachdem die Emissäre der Obleute immer wieder hingehalten worden waren, wurde die Waffenfinanzierung Anfang November 1918 abgelehnt.[162]

Die späte und in den Augen der Obleute mangelhafte Bewaffnung war ein Grund, warum diese den Aufstandstermin trotz der Ungeduld der Spartakusgruppe und speziell Karl Liebknechts auf den Geheimsitzungen immer wieder aufschoben. Den Kampf um Berlin als Bastion der Regierungsgewalt wollten sie unter keinen Umständen unvorbereitet begehen. Ernst Däumig, der vor dem Krieg selbst jahrelang Unteroffizier gewesen war, wurde deshalb im Geheimauftrag losgesandt, um die Stimmung unter den Berliner Truppen auszukundschaften. Gleichzeitig wurden detaillierte Aufmarschpläne angefertigt, eine Choreographie der Revolution entstand. Am Vormittag des 2. November trafen sich schließlich Revolutionäre Obleute und Spartakusgruppe in einer Kneipe in Berlin-Neukölln und diskutierten den endgültigen Aufstandsplan: Mehrere bewaffnete Demonstrationszüge sollten von den Großbetrieben am Stadtrand zu den Kasernen laufen, um dann gemeinsam mit übergelaufenen Soldaten und erbeuteten Waffen die Machtzentren in der Innenstadt zu besetzen. Die Revolutionäre waren sich allerdings darüber im klaren, daß ein bewaffneter Kampf mit einer loyalen Armee nicht zu gewinnen war. Die Truppen mußten deshalb durch Einschüchterung und Überrumpelung zur Neutralität oder zum Überlaufen bewegt werden. Bewaffnete Arbeiter und Soldaten würden deshalb jeweils an der Spitze gehen, um Polizei und Truppen einzuschüchtern und vom Kampf abzuhalten. Sogar eine Mitarbeit von Teilen der Berliner Feuerwehr hatten sich die Revolutionäre gesichert, der Kontakt hierfür lief über Richard Müllers jüngeren Bruder Hugo, der an der Lindenwache als Feuerwehrmann tätig war.[163]

Am Morgen des 2. November, als die Aufstandspläne für Berlin ihren letzten Schliff bekamen, hatte die Revolution im Reich jedoch schon begonnen. Seit dem 27. Oktober 1918 gärten erste Meutereien in der Hochseeflotte, die Nachrichten darüber waren jedoch unklar. Eini-

---

162 Ottokar Luban: Spartakusgruppe, Revolutionäre Obleute und die politischen Massenstreiks während des Ersten Weltkrieges, S. 20 ff.
163 Zu den Umsturzplänen vgl. Erinnerungen Karl Feierabend, LArch Berlin, C Rep 902-02-04, Nr. 41, Richard Müller: Kaiserreich, S. 173 f., sowie Erinnerungsbericht Wilhelm Pieck, in: Erinnerungen von Veteranen der deutschen Gewerkschaftsbewegung, S. 366-368.

ge Tage später hißten aufständische Matrosen die Rote Fahne auf den kaiserlichen Schlachtschiffen und wählten Matrosenräte. Jetzt war nicht mehr zu leugnen: Die Revolution war längst im Gange, der Norden marschierte voran und Berlin lief hinterher. Paul Eckert resümierte später:»Wir dachten zu schieben, wurden aber durch die Matrosenaufstände geschoben.«[164]

Trotz der unerwarteten Flottenrevolte wollten die Obleute jedoch nicht sofort losschlagen. Bereits am Nachmittag des 2. November kamen weitere Zweifel auf. Würden die Arbeiter und Arbeiterinnen in den Betrieben mitziehen? Zudem wußte man weder über die Stimmung in der Provinz noch über die Zuverlässigkeit der Berliner Truppen wirklich Bescheid. Erst wenn die Loyalität der Truppen soweit zersetzt war, daß sie nicht mehr gegen die Aufständischen schießen würden, hielten Müller und seine Genossen den Zeitpunkt für den Umsturz gekommen. Allen war klar: Die eigene Bewaffnung reichte zwar zur Abschreckung aber für einen ernsthaften Kampf mit militärischen Formationen waren die Revolutionäre nicht gerüstet. Um ein Blutbad zu vermeiden, sollte daher ein verfrühtes Losschlagen um jeden Preis vermieden werden.

In einer weiteren Geheimsitzung des illegalen»Arbeiterrates« wurde dann am Abend des 2. November gegen das heftige Drängen Liebknechts entschieden, doch nicht am 4., sondern erst am 11. November mit dem Aufstand zu beginnen. Die Gruppe war nervös. Am Vormittag war man sich noch einig gewesen, angesichts negativer Stimmungsberichte aus den Betrieben waren die Obleute am Abend jedoch unsicher und gespalten wie selten zuvor. Richard Müller plädierte für die Beibehaltung des Termins, andere rieten ab. Die Entscheidung für eine Verschiebung fiel mit einer Mehrheit von lediglich 22 zu 19 Stimmen.[165] Lediglich die Obleute waren in dieser Frage abstimmungsberechtigt, Spartakus und die USPD nicht. Eine Tatsache, die wie kaum eine andere ihre führende Rolle in der Vorbereitung der Revolution unterstreicht.[166] Der Spartakusgruppe gefiel die Verschiebung natürlich nicht.

---

164 Paul Eckert: Erinnerungen, LArch Berlin, C Rep 902-02-04, Nr. 004.
165 Richard Müller: Kaiserreich, S. 173; Erinnerungsbericht Wilhelm Pieck, in: Erinnerungen von Veteranen der deutschen Gewerkschaftsbewegung, S. 366-368, sowie derselbe: »Vorbereitungen für die Revolution«, AdSD Bonn, NL Levi, Box 142, Mappe 285, S. 5. In letzterem Manuskript ist Richard Müller unter dem Kürzel »Genosse 2« chiffriert. Aufgrund von Übereinstimmungen mit späteren Texten kann Pieck und nicht Levi als Urheber dieses ohne Autorenangabe überlieferten Textes gelten – danke für diesen Hinweis an Ottokar Luban.
166 Auch der damalige Spartakusanhänger Jacob Walcher bestätigt dies in seinen Erinnerungen: »Der Berliner Arbeiterrat hat meines Wissens nie eine bedeutsame Rolle gespielt. Tonangebend waren die revolutionären Obleute.« Erinnerungsmappe Jacob Walcher, BArch SAPMO, SG Y 30/1301, S. 235.

Ihr Vertreter Wilhelm Pieck warf den Obleuten »Mangel an persönlichem Mut« vor, die negativen Berichte seien einigen Sitzungsteilnehmern nur allzu gelegen gekommen.[167] Fakt war jedoch, daß viele Zeitgenossen sich Anfang November 1918 mehr als unsicher über die revolutionäre Stimmung in Deutschland waren, vielfach sogar von einer revolutionsfeindlichen Stimmung ausgingen.[168]

Als die Revolte der Flotte sich ausweitete, wurde die Kritik an der Terminverschiebung trotz aller Unsicherheiten immer lauter. Am 3. November traf ein Vertreter der »roten Matrosen« in Berlin ein und berichtete dem Revolutionären Zirkel aus erster Hand von den Entwicklungen in Kiel.[169] Die Obleute hielten dennoch an dem beschlossenen Kurs fest: erst am 11. November sollte die Revolution in Berlin zum Kampf ums Ganze antreten. Barth und Müller lehnten auf den nun fast täglich stattfindenden Geheimsitzungen immer wieder eine Beschleunigung ab. Karl Liebknecht war außer sich. Wütend notierte er: »Allen Forderungen auf Beschleunigung der Aktion wird seit dem 3. November von Däumig, Barth, Müller usw. stereotyp entgegnet: Jetzt sei alles auf den 11. November vorbereitet, es sei technisch unmöglich, die Revolution früher zu machen! Alle Proteste L.[iebknecht]s gegen diese grob-mechanische Auffassung prallten ab, bis die objektiven Verhältnisse die superklugen Revolutionsfabrikanten überrannten.«[170]

Die Verärgerung von Pieck und Liebknecht war angesichts der sich überschlagenden Ereignisse durchaus nicht unberechtigt. Erst am 8. November, als nicht mehr geleugnet werden konnte, daß die Revolution überall im Reich bereits in vollem Gange war, gaben die Obleute nach. Kurzfristig wurde eine Sitzung einberufen. Diese wurde jedoch von der Polizei entdeckt und aufgelöst, was zur Verhaftung Ernst Däumigs führte. Das war eine Katastrophe, denn gerade Däumig hatte in einer Aktenmappe alle militärischen Pläne der Revolutionäre mit sich geführt. Bereits am 4. November war Oberleutnant Walz, militärischer Kontaktmann der Obleute, verhaftet worden. Man befürchtete, daß er ausgesagt hatte – ein Verdacht, der sich später bestätigen sollte.

---

167 Wilhelm Pieck: Vorbereitungen für die Revolution, AdSD Bonn, NL Levi, Box 142, Mappe 285, S. 5.
168 Ottokar Luban: Spartakusgruppe, Revolutionäre Obleute und die politischen Massenstreiks während des Ersten Weltkrieges, S. 24 ff.
169 Wilhelm Pieck: Vorbereitungen für die Revolution, AdSD Bonn, NL Levi, Box 142, Mappe 285, S. 6.
170 Illustrierte Geschichte der Novemberrevolution, Internationaler Arbeiter-Verlag, Berlin 1929, S. 203, Gerhard A. Ritter und Susanne Miller: Die deutsche Revolution 1918-1919 – Dokumente, 2. Auflage Hamburg 1983, S. 64-67.

Die Revolutionäre standen unter Zugzwang. Gleich zweifach drohten ihre Pläne aufzufliegen, eine Entdeckung war nur noch eine Frage der Zeit – Zeit, die in Stunden und nicht mehr in Tagen gezählt wurde. Unterdessen verbreitete sich die Nachricht von der Festnahme Däumigs in Windeseile von Mund zu Mund. Mochte sie auf die Verschwörer einschüchternd wirken, so löste sie in der Arbeiterklasse Empörung aus. Die Regierung begann, die Kontrolle zu verlieren.[171] In einer improvisierten Sitzung des Arbeiterrates am selben Abend wurde endlich für den nächsten Tag das Losschlagen beschlossen. Richard Müller plagten bis zuletzt schwere Zweifel. Später schrieb er über seine Gefühle am Vorabend der Revolution: »Am 8. November abends stand ich am Halleschen Tor. Schwer bewaffnete Infanteriekolonnen, Maschinengewehr-Kompagnien und leichte Feldartillerie zogen in endlosen Zügen an mir vorüber [...] Das Menschenmaterial sah recht verwegen aus. Es war im Osten zum Niederschlagen der russischen Arbeiter und Bauern und gegen Finnland mit Erfolg verwendet worden. Kein Zweifel, es sollte in Berlin die Revolution des Volkes im Blute ersäufen. [...] jetzt, wo die Stunde der Entscheidung nahte, erfaßte mich ein beklemmendes Gefühl, eine große Sorge um meine Klassengenossen, um das Proletariat. Ich selbst kam mir angesichts der Größe der Stunde beschämend klein und schwach vor. Kein unfehlbarer Führer zeigt dem Proletariat die Pfade, die es zu wandeln hat.«[172]

Bezeichnenderweise ist dies eine der wenigen Stellen in seiner dreibändigen Revolutionsgeschichte, in der Müller in der ersten Person über seine Erlebnisse berichtet. Doch seine Sorgen waren unbegründet. Als die Arbeiter und Arbeiterinnen am Morgen des 9. November die Fabriken verließen und in Massen zu den Kasernen strömten, fand sich kaum ein Soldat bereit, auf sie zu schießen. Spontane Verbrüderungen fanden statt, rote Fahnen wehten auf Kasernen und Ministerien. Sowohl Philipp Scheidemann als auch Karl Liebknecht riefen die Republik aus – der eine die »Deutsche Republik«, der andere die »Freie Sozialistische Republik Deutschland«. Wer von beiden sich durchsetzen würde, sollte sich erst in den nächsten Wochen zeigen.

---

171 Manuskript Wilhelm Pieck: Vorbereitungen für die Revolution, AdSD Bonn, NL Levi, Box 142, Mappe 285, S. 7-10. Richard Müller: Kaiserreich, S. 173-177.
172 Richard Müller: Kaisereich, S. 178 f. Der letzte Satz ist angelehnt an ein Zitat Rosa Luxemburgs aus dem Text »Die Krise der Sozialdemokratie«, erstmals 1916 unter dem Pseudonym »Junius« erschienen. Vgl. Rosa Luxemburg: Gesammelte Werke, Bd. 4, Sechste überarbeitete Auflage, Berlin 2000, S. 51-164.

Nicht nur die Monarchisten, sondern auch der Sozialdemokrat Ebert waren außer sich über dieses plötzliche Ende des Kaisertums. Der revolutionäre Akt stand in eklatantem Widerspruch zu seinen Planspielen einer konstitutionellen Monarchie mit einem sozialdemokratischen Reichskanzler Ebert.[173] Jedoch war daran nichts mehr zu ändern: die Ära des Kaiserreichs war beendet, die Revolution hatte gesiegt.

Theodor Plivier setzte diesem 9. November mit seinem Roman »Der Kaiser ging, die Generäle blieben« ein literarisches Denkmal: »Durch Moabit marschiert eine große bewaffnete Truppe – die im Zellengefängnis befreiten Matrosen, Feldgraue, Arbeiter, angeführt von Richard Müller, der bis zum Januarstreik Vorsitzender der Revolutionären Obleute war. Neben ihm geht ein Mann, der ein erschreckend mageres Gesicht hat. Müller hat ihn vor einer Stunde zum erstenmal gesehen, aber gemeinsam haben beide den Zug zusammengestellt und gemeinsam führen sie ihn an. Der Metallarbeiter Müller ist als Kandidat der USP vor wenigen Tagen von der Front reklamiert worden. Der andere hat bis heute in einem Geschäft für Droschkenuhren Adressen geschrieben. Als Kriegsfreiwilliger war er verwundet zum Offizier befördert worden; später versuchte er, fahnenflüchtig als »wilder Kämpfer« nach Frankreich überzulaufen und stellte sich schließlich dem Gericht, um seine Strafe zu erhalten und abzusitzen.

Richard Müller und Heinrich Dorrenbach marschieren mit ihrer zusammengelesenen Truppe der inneren Stadt zu, um den Reichstag zu besetzen. An der Moltkebrücke stoßen sie auf eine vergessene Abteilung Gardeschützen. Die Soldaten denken nicht daran, die Brücke zu verteidigen. Sie werfen ihre Gewehre in die Spree, einige schließen sich der Revolutionstruppe an.

So gelangen sie ungehindert bis zum Reichstag.

Unter Hochrufen marschieren sie ein.

In der Wandelhalle macht die Truppe Halt.

Müller hält eine kurze Ansprache und erklärt, daß sie auf alle Fälle beisammen bleiben und den Reichstag besetzt halten müssen. Er werde sofort zu den Unabhängigen hinaufgehen und dem Vorstand von der Existenz der Truppe Mitteilung machen. Dorrenbach meint, zuerst müssen wir mal was zu essen besorgen.

---

173 Laut Philipp Scheidemann bezeichnete Ebert Ende Oktober 1918 eine Abdankung des Kaisers als »Akademiker-Schrulle« und hielt ihm am 9. November hoch erregt vor, er habe »kein Recht« dazu, die Republik auszurufen. Scheidemann hielt es für erwiesen, daß Ebert Prinz Max von Baden den Fortbestand der Monarchie zugesichert hatte. Vgl. Philipp Scheidemann: Das historische Versagen der SPD, S. 89, S. 102.

Die Soldaten stellen ihre Gewehre zu Pyramiden zusammen und stehen verloren vor dem Marmorstandbild Wilhelms I., einige hocken auf dem Teppich. Die morgens mit Lastwagen eingetroffenen Matrosen, denen noch die nächtliche Fahrt durch den Nebel in den Knochen steckt, legen sich lang und versuchen zu schlafen. Dieses plötzliche Feldlager stört niemand. Ein nicht abreißendes Getriebe jagt vorbei, Parlamentarier, Journalisten, Soldaten, Volk – durch die Wandelhalle, durch das Restaurant, durch den großen Plenarsaal, die Treppen hoch, die Gänge der Obergeschosse entlang, in denen die Fraktionszimmer liegen. In einem Zimmer bildet sich ein Ernährungsausschuß, in einem anderen ein Wohlfahrtskomitee. Kommissionen tagen, deren Daseinszweck niemand kennt, die sich in kurzem wieder auflösen oder in andere Räume übersiedeln. In Zimmer 18 tagt der Vorstand der Unabhängigen, in Zimmer 15 der Vorstand der Sozialdemokraten, im Nebenraum findet eine Versammlung von Soldatenräten statt ...«[174]

Plivier stützte sich für seinen 1932 erschienenen Roman auf umfangreiches Quellenmaterial und zahlreiche Zeitzeugeninterviews, diese Stelle modellierte er teilweise nach den Erinnerungen Müllers, der in einer Fußnote seiner Revolutionsgeschichte vom Marsch auf den Reichstag berichtet.[175] Im Wahlkampf gescheitert, war Richard Müller nun als Revolutionär ins Zentrum der Macht vorgedrungen.

Plivier hebt am Schluß der Passage zu Recht auf den teilweise chaotischen Verlauf der Revolution ab. Obwohl Emil Barth später von sich behauptete, die Revolution im Alleingang von dem Hinterzimmer einer Kneipe aus geleitet zu haben, liefen doch faktisch die meisten Aktionen unkoordiniert und in recht improvisierter Art und Weise ab. Richard Müllers Beschreibung dürfte näher an den Tatsachen liegen: »Am Tage des Aufstandes bedurfte es keiner Leitung, sie wäre auch rein technisch nicht möglich gewesen, jeder mußte nach eigenem Ermessen, wie es die Situation erforderte, handeln«.[176]

---

174 Theodor Plivier: Der Kaiser ging, die Generäle blieben, Frankfurt a. M. 1981 (Original Berlin 1932), S. 341 f. Pliviers Roman wurde ein Jahr nach Erscheinen von den Nazis verboten.
175 Richard Müller: Novemberrevolution, S. 16. Die verbliebenen Abgeordneten mag dieser Einmarsch in den Reichstag mehr als überrascht haben, Müller berichtet, wie sie angesichts der bewaffneten Revolutionäre »schreckensbleich davonhuschten«.
176 Richard Müller: Kaiserreich, S. 16. Emil Barth bestreitet Müllers Rolle bei der Erstürmung des Reichstags und schreibt, Müller wäre erst zur Mittagszeit im »Hauptquartier« eingetroffen und mit den Worten »Jetzt gehe ich erst etwas essen und dann gehe ich mal ein bißchen Revolution ansehen!« wieder verschwunden. Emil Barth: Aus der Werkstatt der Revolution, S. 56 f.

Dennoch verlief die Revolution nicht völlig ohne Struktur. Der Historiker Ottokar Luban schreibt hierzu treffend: »Von zentraler Bedeutung war nun die planmäßige Vorbereitung des Aufstandes durch die revolutionären Obleute, insbesondere die Bewaffnung. Diese stärkte zum einen das Selbstbewußtsein der Aufständischen gegenüber der am 8. November und am Morgen des 9. in den Berliner Straßen noch deutlich sichtbaren Machtpräsenz des alten Regimes. Die vielfach mit den Betriebsvertrauensleuten besprochenen Pläne sorgten nach der Ausgabe der Parole zum Losschlagen für ein relativ planmäßiges Vorgehen der Demonstrationszüge und gaben der Aktion für einige Stunden eine gewisse Ablaufstruktur.«[177]

Die Revolution verlief zunächst erstaunlich unblutig, sie forderte am 9. November selbst nur wenige Todesopfer. Sieben davon wurden am 20. November auf dem »Friedhof der Märzgefallenen« im Volkspark Friedrichshain beerdigt. Die Revolutionäre des Jahres 1918 bestanden darauf, ihre Opfer neben denen der Revolution von 1848 zu bestatten. Die Zeremonie begann jedoch nicht im Friedrichshain, sondern auf dem Tempelhofer Feld, damals noch kein Flughafen, sondern ein Exerzierplatz. Von dort startete der Leichenzug in einer gigantischen Demonstration mit mehreren Hunderttausend Trauernden durch die Straßen Berlins. Richard Müller hielt zu Beginn der Trauerfeier eine Leichenrede, Emil Barth und Karl Liebknecht sprachen später im Friedrichshain. Eines der wenigen überlieferten Fotos von Richard Müller zeigt ihn bei der Zeremonie in Tempelhof. In Sonntagskleidung mit Hut steht er neben Friedrich Ebert in einer großen Menschenmenge, sein Gesicht hinter den starken runden Brillengläsern und dem gestutzten Oberlippenbärtchen wirkt erschöpft und abgehärmt. Vor dem 9. November war er wochenlang seiner Wohnung ferngeblieben, hatte die ganze Zeit über seine Familie nicht gesehen – aus Angst vor Verfolgung durch Polizei und Militär.[178] Bis zuletzt plagten ihn Ängste und Zweifel über das Gelingen der Aktionen, das ständige hin- und her zwischen geheimen Treffen und Besprechungen, die ständige Flucht hatten ihn zusätzlich angegriffen. Aber auch nach dem Umsturz fand er keine Erholung, denn der 9. November war nicht der Abschluß, sondern erst der Beginn der eigentlichen Revolution. All diese Anstrengungen sind ihm auf der Aufnahme vom 20.11.1918 deutlich anzusehen (nächste Seite, Bildmitte mit Brille).

---

177 Ottokar Luban: Spartakusgruppe, Revolutionäre Obleute und die politischen Massenstreiks während des Ersten Weltkrieges, S. 26 ff.
178 Ebenda.

Richard Müller am 20. November 1918 bei der Trauerzeremonie in Tempelhof

Am ersten Revolutionstag lag die alte Staatsgewalt am Boden, eine neue hatte sich noch nicht konstituiert. Teile der Obleute trafen sich am Nachmittag im Reichstag, wo nun im allgegenwärtigen Durcheinander eine recht zufällig zusammengesetzte Versammlung von Soldatenräten tagte und hitzig über den Verlauf der Revolution diskutierte. Emil Barth gelang es schließlich, die Versammlungsleitung in die Hand zu bekommen. Richard Müller verfaßte dann spontan, »ohne gründliche Prüfung, aus der Not der Stunde geboren« einen Antrag über die Wahl von Arbeiter- und Soldatenräten in ganz Berlin und eine Zusammenkunft derselben im »Cirkus Busch« am Nachmittag des nächsten Tages.[179] Hier sollte das Machtvakuum beendet und eine Revolutionsregierung gewählt werden. Der Antrag wurde angenommen und die Obleute hatten zunächst wieder das Heft in der Hand.[180]

Am selben Tag begannen in den Hinterzimmern des Reichstags Verhandlungen zwischen der USPD und der SPD über die Bildung einer Arbeiterregierung. Trotz größter Feindschaft zwischen den führenden Köpfen beider Parteien setzte sich schließlich auf Betreiben des USPD-Parteivorsitzenden Hugo Haase die Ansicht durch, daß eine gemeinsa-

---

179 Der »Cirkus Busch« war ein fest installiertes Zirkusgebäude im Zentrum Berlins, das seit 1895 den gleichnamigen Zirkus beherbergte. Es war eines der größten Versammlungsgebäude in Berlin und wurde wohl deshalb für die Versammlung ausgewählt. Das Gebäude wurde im Zuge von Albert Speers Germania-Plänen beseitigt und nach Kriegsende nicht wieder aufgebaut, der Zirkus selbst gastiert jedoch unter dem Namen »Cirkus Busch-Roland« auch heute noch in einem mobilen Zelt. Vgl. Gisela Winkler: Circus Busch. Geschichte einer Manege in Berlin, Berlin 1998.
180 Richard Müller: Novemberrevolution, S. 32 ff.

me Regierung notwendig sei. Jede Gruppe durfte ohne Intervention der jeweils anderen Fraktion ihre Delegierten für das Kabinett benennen – womit die Unabhängigen bereit waren, gegen ihre bisherige Linie mit den führenden Köpfen der »Kriegssozialisten« zusammenzuarbeiten. Im Gegenzug setzte Karl Liebknecht mit Unterstützung von Richard Müller und Emil Barth durch, daß laut Vereinbarungstext alle exekutive, legislative und richterliche Gewalt bei den Arbeiter- und Soldatenräten lag. Ein Eintreten in die Regierung lehnten sowohl Müller als auch Liebknecht jedoch ab.[181] Die SPD hatte in der Vereinbarung die Räterepublik für den Moment akzeptiert, beharrte aber darauf, daß nur eine Nationalversammlung den endgültigen Charakter der neuen Verfassung beschließen könne. Sie erkannte also die revolutionären Räte nur unter Vorbehalt an.[182] Denn die spontan entstandenen Räte verstießen eklatant gegen das Demokratieverständnis der sozialdemokratischen Führung, welches im Grunde bürgerlich-liberal geprägt war. Erst eine Nationalversammlung mit durch allgemeine Wahlen legitimierten Vertretern konnte in ihren Augen über eine neue Verfassung entscheiden. Revolutionäre Räte sah die SPD-Führung nur als Quell von Unruhe und Chaos.[183]

Und Chaos gab es reichlich in den Tagen der Novemberrevolution, in der Romanszene von Plivier wurde dies bereits angedeutet. Paul Blumenthal berichtet uns eine weitere Episode, die sich während der Koalitionsverhandlungen zwischen USPD und SPD im Reichstag abspielte: »Danach ging ich in das Fraktionszimmer zurück, wo ich den Sekretär unserer Fraktion der USPD, den Genossen Vogtherr, in großer Not vorfand. Irgendeine Gruppe von Soldaten hatte einen ganzen LKW mit Geldscheinen beschlagnahmt und hatte das Geld nun im Fraktionszimmer der USPD abgeladen. Der Genosse Vogtherr fragte mich, was machen wir nun damit? Wir wußten es auch nicht, und schließlich be-

---

181 Vgl. Eduard Bernstein: Die Deutsche Revolution, Berlin 1921, S. 32-35, sowie Erinnerungsbericht Paul Blumenthal, in: Erinnerungen von Veteranen der deutschen Gewerkschaftsbewegung, S. 121.
182 Schreiben des Vorstandes der SPD an den Vorstand der USPD vom 9.11.1918 (abends 20:30), Vorwärts vom 10.11.1918, Nachgedruckt in: Gerhard A. Ritter und Susanne Miller: Die deutsche Revolution 1918-1919, S. 89 f. Später sollte die SPD das Revolutionsrecht ganz von sich weisen, indem sie in einer Notiz des »Vorwärts« vom 15. Februar 1919 darauf beharrte, die Regierung sei in der Versammlung im Zirkus Busch nur bestätigt, nicht aber von den Arbeiter- und Soldatenräten gewählt worden. Dies war vielleicht formal korrekt, leugnet jedoch völlig die Rolle der Räte als eigentlicher Träger der Revolution
183 Zu den Ursachen dieser »Verbürgerlichung« der Sozialdemokratie vgl. Arno Klönne: Geschichte der deutschen Arbeiterbewegung, aktualisierte Ausgabe München 1989, S. 119-125, S. 160.

schlossen wir, dieses ganze Geld in einen Tresor der Reichsbank zu geben. Ich bekam den Auftrag, den Transport des Geldes zu sichern. Wir haben das Geld dann auch zur Reichsbank gebracht, und ich möchte heut sagen, daß wir große Hornochsen waren, den Kapitalisten das schöne Geld wieder zurückzugeben. Damals aber dachten wir, wir hätten die Macht, und auch die Reichsbank würde uns gehören. Das war ein riesengroßer Irrtum. Nichts gehörte uns und die Macht hatten nach wie vor die Kapitalisten.«[184]

Lastwagen voller Geld in den Händen meuternder Soldaten – solche Zustände waren natürlich alptraumhaft für sozialdemokratische Parlamentarier und Gewerkschaftsfunktionäre, die seit Jahren in den Parlamenten, Landtagen, Versicherungsanstalten und Gewerbegerichten des Kaiserreichs mitarbeiteten und sich politische Umwälzungen kaum noch anders als einen langsamen Evolutionsprozeß vorstellen konnten. Gleichzeitig zeigt diese Episode, wie fundamental die Revolutionäre des 9. November die Beharrungskräfte des Staatsapparates unterschätzten. Ein Mißverständnis, das letztlich das Schicksal der Revolution besiegeln sollte.

Der 10. November 1918, an dem nun die Revolutionsregierung gewählt und ein oberstes Räteorgan geschaffen werden sollte, war ein Sonntag. Das erschwerte die Wahl von Arbeiterräten in den Fabriken deutlich. Die revolutionären, aber politisch völlig unerfahrenen Soldaten waren in den Kasernen präsent, und die Mehrheitssozialdemokraten wußten dies. Noch am 9. November druckte die SPD tausende von Flugblättern und verteilte sie in den Militärstützpunkten rund um Berlin, um die zu wählenden Soldatenräte auf ihre Seite zu ziehen. Auch persönlich agitierte die SPD unter den Soldaten, es bildeten sich gleich mehrere von SPD-Reichstagsabgeordneten angeleitete Soldatenräte.[185] Zusätzlich hatte die Partei bereits am Vortag in ihrer Parteizentrale aus loyalen Betriebsvertrauensleuten einen »Arbeiter- und Soldatenrat« gebildet, der noch bevor die Revolution richtig in Fahrt gekommen war, zu »Ruhe und Ordnung« aufrief. Weitaus eindrucksvoller als all diese Manipulationen war jedoch ein pathetischer Einigungsaufruf im »Vorwärts« am 10. November. Der Aufruf mit der Überschrift »Kein Bruderkampf« traf die euphorische Stimmung von Arbeitern, Arbeiterinnen und Frontsoldaten gleichermaßen. Er schaffte es, mit einer gro-

---

184 Erinnerungen von Veteranen der deutschen Gewerkschaftsbewegung, S. 119 f.
185 Gerhard Engel u. a. (Hg.): Groß-Berliner Arbeiter- und Soldatenräte in der Revolution 1918/19, Bd. 1, S. XVI, S. XXII f.

ßen Geste vier Jahre voller Kriegsnot und erbitterter Differenzen zu übertünchen.[186] Im Gegensatz zur SPD unternahm der USPD-Parteivorstand keinerlei Versuche, die Rätebildung in seinem Sinne zu beeinflussen – ein schweres Versäumnis, wie sich später zeigen sollte. Der Spartakusbund bereitete lediglich ein Flugblatt vor, die Gruppe war laut Wilhelm Pieck »numerisch zu schwach, um eine ausgedehnte Agitation vornehmen zu können«.[187]

Erleichtert wurde die Einflußnahme der Mehrheits-SPD durch die Tatsache, daß der von Müller am Vortag »ohne gründliche Prüfung« verfaßte Antrag recht ungenau war und nichts über die genauen Modalitäten der Rätewahlen aussagte – außer daß auf je 1.000 Beschäftigte ein Delegierter gewählt werden sollte. Für das Militär fehlte auch diese Regel, über die Groß-Berliner Gemeinden außerhalb der alten sechs Bezirke wurde ebenfalls nichts Genaues gesagt. Aufgrund dieser unklaren Regeln, aber auch aus Zeitnot gab es bei der Versammlung im Cirkus Busch keine Mandatsprüfung. Versammlungsteilnehmer Paul Blumenthal berichtet zudem, »daß die Kontrolle der Ausweise sehr schlecht und äußerst mangelhaft war, so daß alle möglichen Leute mit irgendwelchen Zettelchen dort Zutritt hatten«.[188] Die Versammlung umfaßte schließlich etwa 3000 Personen, bei denen die Soldaten in der Mehrzahl waren.

Richard Müller, Emil Barth und Oberleutnant Walz, der militärische Berater der Obleute führten den Vorsitz. Allerdings gelang es den Obleuten nicht, die Versammlung zu dominieren und ihre Vorstellungen durchzusetzen. Die bessere Vorbereitung der SPD, vor allem aber die alles überragende Parole von der Einigkeit der Arbeiterparteien verhinderte die ursprünglich im Kreis der Obleute geplante Einsetzung eines nur durch Spartakusvertreter und Obleute besetzten »Aktionsausschusses« als oberstes Organ der Revolution. Der Plan war, diesen Ausschuß als Organ der Räte über die neue Regierung der Volksbeauftragten zu stellen und somit die formale Koalitionsvereinbarung, daß

---

186 Hermann Müller-Franken: Die Novemberrevolution, S. 62. Vgl. auch Ulrich Kluge, Soldatenräte und Revolution, Göttingen 1975, S. 87 sowie Müller: Novemberrevolution, S. 34 f.
187 Wilhelm Pieck: Vorbereitungen für die Revolution, AdSD Bonn, NL Levi, Box 142, Mappe 285, S. 16.
188 Vgl. Erinnerungen von Veteranen der deutschen Gewerkschaftsbewegung, S. 120. Zeitzeuge Gustav Milkuschütz berichtet dazu: »Als ich am Eingang bemerkte, daß auch mehrere Partei- und Gewerkschaftsangestellte, die Mitglieder der SPD waren, den Eingang passierten, fragte ich sie: ›Wer hat Euch denn das Mandat von tausend Arbeiterstimmen gegeben?‹ Sie wurden daraufhin leichenblaß, nahmen aber trotzdem an der Versammlung teil.« Erinnerungsmappe Gustav Milkuschütz, BArch SAPMO, SG Y 30/0639, S. 18.

die Staatsgewalt in Händen der Räte liege, zu einer Realität zu machen. Die Versammlung im Zirkus Busch lehnte jedoch die von den Obleuten eingebrachte Liste ab und verlangte, auch das oberste Räteorgan solle paritätisch aus Vertretern von USPD und SPD gebildet werden. Müller und Barth verwahrten sich heftig dagegen, Emil Barth wünschte gar die ganze Versammlung »zum Teufel«, falls »diejenigen im Arbeiterrat sein sollen, die wir gestern früh noch mit dem Browning aus den Buden herausholen mußten«. Laut Aussage Wilhelm Piecks drohte er sogar, »sich eher eine Kugel durch den Kopf schießen zu lassen, als mit den Regierungssozialisten zusammenzuarbeiten«. Er löste mit diesen Ausbrüchen aber nur noch größeren Widerspruch aus, insbesondere unter den Soldatenräten.[189]

Nachdem die Soldatenräte mit Boykott der Versammlung gedroht hatten und es zu tumultartigen Szenen kam, wurde kein Aktionsausschuß gewählt, sondern statt dessen ein paritätisch zusammengesetzter »Groß-Berliner Vollzugsrat der Arbeiter- und Soldatenräte« gebildet.[190] Es gab nun in der Anfangskoalition des Vollzugsrats sieben SPD-Mandate, sieben USPD Mandate, die von den Obleuten und ihrem Mitkämpfer Georg Ledebour wahrgenommen wurden, sowie 14 Sitze für die Soldatenräte. Den Vorsitz des Rates führten Richard Müller und der Sozialdemokrat Brutus Molkenbuhr. Sowohl die gewählten Personen als auch die Zahl der Mitglieder des Vollzugsrates änderten sich im Laufe der nächsten Wochen ständig. Die Mehrheitsverhältnisse blieben aber stets ungünstig für Müller und die USPD-Vertreter, denn die politisch unerfahrenen Soldatenräte schlugen sich meist auf die Seite der SPD.

Als neue Regierung wurde nun der in den Verhandlungen des Vortages gebildete »Rat der Volksbeauftragten« eingesetzt, bestehend aus Friedrich Ebert, Philipp Scheidemann und Otto Landsberg für die SPD sowie Hugo Haase und Wilhelm Dittmann für die Unabhängigen. Emil Barth stellte seine Selbstmordpläne zurück und trat als dritter USPD-Vertreter in die Regierung ein.[191] Die bürgerlichen Minister der Vorgängerregierung blieben auf Drängen der SPD als »technische Gehilfen«

---

189 Vollversammlung der Arbeiter und Soldatenräte im Cirkus Busch, S. 21, in: Gerhard Engel u. a. (Hg.): Groß-Berliner Arbeiter- und Soldatenräte, Bd. 1, S. 15-24. Wilhelm Pieck: Vorbereitungen für die Revolution, AdSD Bonn, NL Levi, Box 142, Mappe 285, S. 18.
190 Bis zum Jahr 1920 bestand die Stadt Berlin nur aus sechs Innenstadtbezirken, alle weiteren heutigen Bezirke waren eigenständige Kommunen. Erst im Jahr 1920 wurden diese Bezirke eingemeindet und die Stadt Berlin in ihren heute gültigen Abmessungen konstituiert. Das »Groß-Berlin« von 1918 entspricht also den heutigen Berliner Stadtgrenzen.
191 Die Protokolle der Regierung der Volksbeauftragen sind dokumentiert in: Susanne Miller u. a. (Hg.): Die Regierung der Volksbeauftragten 1918/1919, Düsseldorf 1969.

der Volksbeauftragen im Amt, ihre vermeintlich unpolitische Natur erwies sich jedoch schon bald als Fiktion. Richard Müller und die Revolutionären Obleute waren nun von einer klandestinen Widerstandsorganisation aufgestiegen in die höchsten Regierungsämter. Richard Müller als Vorsitzender des Vollzugsrates war nach revolutionärem Recht sogar Staatsoberhaupt, denn der Vollzugsrat war als höchstes Organ der Räte im Reich Träger der Staatsgewalt.[192] Dennoch hatten die Obleute ihr Ziel verfehlt und vermochten es nicht, die Revolutionsregierung auch faktisch zu dominieren. Statt dessen bestimmten die erfahrenen Parteigrößen von USPD und SPD weitgehend das Geschehen. Ursachen waren einerseits der improvisierte Verlauf der Revolution und die schlecht vorbereitete Versammlung im Cirkus Busch, andererseits die parteitaktische Unerfahrenheit der Obleute, die der Agitation der SPD wenig entgegensetzen konnten. Hinzu kam die Tatsache, daß trotz des großen Einflusses der Gruppe bei den Industriearbeitern und Arbeiterinnen ihr Führungskreis in der Öffentlichkeit nahezu unbekannt war. Auf der radikalen Linken waren bis dahin Karl Liebknecht und Rosa Luxemburg die einzigen bekannten Gesichter. Doch Luxemburg war während der Revolution noch in Haft, und Liebknecht hatte sich schlichtweg geweigert, gemeinsam mit der SPD in eine Regierung einzutreten.[193] Das Nachrücken des politisch unbekannten Emil Barth und die überbordende Kompromißbereitschaft seiner USPD-Genossen Haase und Dittmann gestatteten es Ebert und seinen Kollegen in den folgenden Wochen, den Rat der Volksbeauftragten zu dominieren und das Revolutionsgeschehen in gemäßigte Bahnen zu lenken. Der Vollzugsrat, insbesondere Richard Müller und die USPD-Fraktion, bemühten sich zwar, ihre Autorität gegenüber der Regierung geltend zu machen, konnten aber den einmal eingetretenen Verlust der Initiative nicht rückgängig machen.

---

192 Vgl. Organigramm der Weimarer Republik von Elmar Geus, online unter: http://www.derhistoriker.de/weimar/99+Struktogramm_Weimar_Republik_(big).pdf (Zugriff 15.06.07) sowie Liste der Staatsoberhäupter auf dem Historikerportal archontology.org : http://www.archontology.org/nations/german/germ_state1/mueller1.php (Zugriff 15.06.07); Zum Anspruch des Vollzugsrates vgl. auch Gerhard Engel u. a. (Hg.): Groß-Berliner Arbeiter- und Soldatenräte, Bd. I, S. XXVII.
193 Er hatte zunächst eine provisorische Beteiligung für drei Tage erwogen, einen Regierungseintritt dann jedoch abgelehnt. Vgl. Annelies Laschitza: Die Liebknechts, S. 391 f.

Vorsitzender des Berliner Vollzugsrates: 1918-1919

Der Vollzugsrat der Groß-Berliner Arbeiter- und Soldatenräte tagte repräsentativ im Preußischen Landtag in der Prinz-Albrecht-Straße in Berlin (heute Sitz des Berliner Abgeordnetenhauses). Er vertrat provisorisch alle revolutionären Räte in Deutschland und war damit vom Anspruch her dem Rat der Volksbeauftragten übergeordnet. Der Vollzugsrat hatte das formale Recht, diese zu kontrollieren und abzusetzen und stellte damit die höchste Gewalt der provisorischen »Deutschen Sozialistischen Republik« dar. Diese Rechte gab er ab, als auf dem ersten Reichsrätekongreß am 16. Dezember 1918 ein »Zentralrat der deutschen sozialistischen Republik« gewählt wurde und die Kompetenzen für das Reich und Preußen übernahm.[194]

Faktisch jedoch führte er schon viel eher ein Schattendasein, verrannte sich in Detailfragen und hatte schon vor der Machtübergabe an den Zentralrat weitgehend die Initiative verloren. Die Ursachen dafür waren vielfältig. Zu nennen sind lähmende politische Differenzen innerhalb des Rates, die Unfähigkeit einiger seiner Mitglieder, die Angst auch der Revolutionären Obleute vor übereilten Sozialisierungsmaßnahmen, das Fehlen einer bewaffneten Macht zum Schutze der Räte, vor allem aber die politisch unklaren Zielvorstellungen innerhalb der Arbeiterklasse selbst. Vor diesen Unklarheiten war auch Richard Müller als Vorsitzender des Vollzugsrates nicht gefeit. Er teilte die übersteigerte Furcht der Sozialdemokratie vor einem wirtschaftlichen Zusammenbruch, wandte sich energisch gegen sogenannte wilde Sozialisierungen und sprach den Arbeiterräten in der revolutionären Übergangsphase lediglich ein »Kontrollrecht« zu, ohne diesen ein Mittel in die Hand geben zu können, ein solches Recht auch tatsächlich gegen die Unternehmer durchzusetzen.[195]

Die Sorge um die Integrität der Wirtschaft ging bei Müller bis hin zum Plädoyer für die Wiedereinführung von Akkordarbeit auf einer AEG-Betriebsversammlung – ein Auftritt, der ihn einiges an Sympathie

---

194 Zum Vollzugsrat vgl. Ingo Materna: Der Vollzugsrat der Berliner Arbeiter- und Soldatenräte 1918/1919, Berlin (DDR) 1978, sowie die Einleitungen zur Quellenedition der Vollzugsratsdokumente: Gerhard Engel u. a. (Hg.): Groß-Berliner Arbeiter- und Soldatenräte, Bd. I-III. Für Protokolle und Darstellung des Zentralrates vgl. Eberhard Kolb: Der Zentralrat der deutschen sozialistischen Republik, Leiden 1968.
195 Richard Müller: Novemberrevolution, S. 107. Peter von Oertzen bemerkt dazu, daß die »wilden« Sozialisierungen in Eigeninitiative teilweise sehr verständig durchgeführt wurden, vgl. Betriebsräte in der Novemberrevolution, S. 132.

Ausweis von Emil Barth, der seine Mitgliedschaft im Vollzugsrat bescheinigte, links die Unterschrift von Richard Müller

kostete.[196] Vor allem aber erlaubte diese Vorsicht ihm nicht, der Verschleppung jeder Form von Sozialisierungsmaßnahmen durch das Bündnis aus Sozialdemokratie und Bürgertum wirksam entgegenzutreten. Auch seine Position, den Gewerkschaften die Vorbereitung der Sozialisierung und sogar die Vertretung der Arbeiterinteressen im allgemeinen zu überlassen, schwächte die Position der Räte, denn die Unternehmer

---

196 Vgl. Erinnerungsbericht Jacob Weber in: Erinnerungen von Veteranen der deutschen Gewerkschaftsbewegung, S. 459 sowie Erinnerungsmappe Erich Rochler, BArch SAPMO, SG Y 30/ 0985, S. 24.

konnten nun Gewerkschaften und Räte gegeneinander ausspielen.[197] Sogar die Neuwahl der Räte sollte unter Gewerkschaftsaufsicht stattfinden – ein Beschluß, den Müller wenige Tage später selbst kritisierte. Dennoch beschloß der Vollzugsrat am 23.11.1918 folgende Formel: »Zur Wahrnehmung der wirtschaftlichen Interessen der Arbeiter und Angestellten haben sich die Betriebsräte mit den freien Gewerkschaften zu verständigen«.[198] Sowohl die weiterhin wirtschaftsfriedliche Ausrichtung der Gewerkschaftsapparate als auch ihr Konkurrenzverhältnis zu den revolutionären Räten wurde mit diesem Beschluß ausgeblendet.

Auch in bezug auf den Staatsapparat nahmen Richard Müller und die USPD-Fraktion im Vollzugsrat eine schwankende Haltung ein. Sie verlangten zwar stets die Absetzung kompromittierter bürgerlicher Fachminister und eine wirksame Kontrolle der Ministerien durch Arbeiterräte, aber gegen die absolute Kontinuität der alten Gewalten auf der Ebene von Gerichten, Kommunalverwaltungen, untergeordneten Ministerialbürokratien etc. regte sich auch bei den Unabhängigen kein ernsthafter Widerstand, stets ging es nur um den Austausch der Spitze. Aber auch dort konnte angesichts der Unterstützung der bürgerlichen »Fachminister« durch die Volksbeauftragten keine wirksame Kontrolle durchgeführt werden.[199]

Die Angst vor Chaos und Zusammenbruch bewirkte also, daß die Räteaktivisten die Verwirklichung ihrer Ideen, welche ja die komplette Auflösung des alten Staatsapparates verlangten, auf eine spätere Phase der Revolution vertagten. Damit erleichterten sie jedoch ungewollt die von Bürgertum und SPD-Spitze betriebene Restauration.

In Punkten, wo Müller eindeutig die Machtfrage stellte, etwa in der Frage der Bewaffnung, scheiterten er und der Vollzugsrat dann an äußeren und inneren Widerständen. Sowohl die internen Mehrheitsverhältnisse standen stets zuungunsten Müllers und seiner Genossen, aber auch außerhalb des Vollzugsrates verfiel die Machtstellung der Räte zunehmend.

Der Vollzugsrat hatte kurz nach der Revolution am 12. November einstimmig die Aufstellung einer Roten Garde zum Schutz der Revolution beschlossen,[200] nahm diesen jedoch bereits am 13. November auf

---

197 Ingo Materna: Der Vollzugsrat der Berliner Arbeiter- und Soldatenräte 1918/1919, Berlin (DDR) 1978, S. 110 f.
198 Dokumente und Materialien zur Geschichte der deutschen Arbeiterbewegung, Reihe 2 Bd. 2, Berlin (DDR) 1957, S. 461 sowie, S. 400, S. 449 f.
199 Vgl. Ingo Materna: Der Vollzugsrat, S. 54, S. 128.
200 Aufruf des Vollzugsrates zur Bildung einer Roten Garde vom 12.11.1918, in: Gerhard A. Ritter und Susanne Miller: Die deutsche Revolution 1918-1919, S. 102 f.

Druck der Soldatenvertreter hin zurück. Diese waren durch eine gemeinsame Kampagne von Sozialdemokratie und Militärführung umgestimmt worden – eine Rote Garde sahen sie als Konkurrenzorganisation, der Aufruf erschien ihnen als Mißtrauensvotum.[201] Damit war dem Vollzugsrat und der Revolution insgesamt eine, wenn nicht die entscheidende Machtbasis entzogen. Denn die Soldaten und Matrosen waren die Kräfte, welche die Revolution durch ihre Befehlsverweigerung erst ermöglicht hatten. Arbeiterklasse und sozialistische Intellektuelle waren zwar die Träger der revolutionären Ideen und Schrittmacher des Geschehens, aber ohne bewaffnete Macht stand ihre Revolution auf tönernen Füßen. Andere Vorhaben des Vollzugsrates scheiterten in ähnlicher Weise am Widerstand von Soldatenvertretern und Sozialdemokraten – ein Kräfteverhältnis, das durchaus auch den Zuständen im übrigen Deutschland entsprach. Somit war das Scheitern des Vollzugsrates ein Symptom für das Scheitern der Revolution insgesamt, und trotz dessen oft schwankender Haltung weniger ein persönliches Versagen oder gar Unwille Richard Müllers, wie es in verschiedenen Darstellungen von marxistisch-leninistischer Seite immer wieder durchklang.[202]

Im Mittelpunkt der politischen Umwälzungen standen infolge der Lähmung des Vollzugsrates von Anfang an die sechs Volksbeauftragten, in deren Kreis mit Emil Barth zwar ein Vertreter der revolutionären Obleute saß, sich aber mit seinen Positionen nicht durchsetzen konnte.[203] Dieser Rat, den die Mehrheits-SPD nicht numerisch, aber doch faktisch dominierte, hatte nicht nur die Beamten des weiterbestehenden Wilhelminischen Staatsapparates hinter sich. Durch das informelle Bündnis Friedrich Eberts mit General Groener hatte er auch Zugriff auf die noch verbliebenen Kräfte der kaiserlichen Armee. Bereits am 23. November 1918 mußte ihm der Vollzugsrat auch offiziell die exekutive Gewalt einräumen. Zwar behielten Müller und seine Ratskollegen sich das »weitestgehende Kontrollrecht« über die Regierung der Volksbeauftragten vor, konnten dieses aber faktisch nicht durchsetzen.[204] Ein ernsthafter Anlauf, die zunächst sehr populäre SPD-USPD

---

201 Ingo Materna: Der Vollzugsrat, S. 67.
202 Etwa J. S. Drabkin: Die Entstehung der Weimarer Republik, Köln 1983, ders.: Die Novemberrevolution 1918 in Deutschland, Berlin 1968, teilweise auch bei Ingo Materna: Der Vollzugsrat. Eine differenziertere Einschätzung bieten die Einleitungen zu der von Gerhard Engel, Ingo Materna und Bärbel Holtz herausgegebenen Dokumentation der Vollzugsratsprotokolle Vgl. Gerhard Engel u. a. (Hg.): Groß- Berliner Arbeiter- und Soldatenräte, Bd. I-III.
203 Vgl. Emil Barths Darstellung in: Aus der Werkstatt der Revolution.
204 Dokumente und Materialien zur Geschichte der deutschen Arbeiterbewegung, Reihe 2, Bd. 2, Berlin (DDR) 1957, S. 465.

Einheitsregierung abzusetzen, hätte in dieser blockierten Situation eine neue Revolution erfordert. Ein solcher Versuch wurde Anfang 1919 in Form des Januaraufstandes zwar unternommen, endete aber in einem Fiasko für die revolutionäre Linke.

Statt dessen verzettelte sich der Vollzugsrat in Kämpfen zwischen SPD, USPD und Soldatenvertretern, wobei die Mehrheiten durch ständige Personenfluktuation wechselten und stabile Arbeit daher kaum möglich war.[205] Die Sitzungen wurden oft von endlosen, in der Regel unfruchtbaren Diskussionen dominiert, hinter denen die eigentlichen politischen Grundsatzfragen verschwanden. Paul Blumenthal, als Sekretär Müllers beim Vollzugsrat tätig, bezeichnete das Gremium daher spöttisch als eine in Permanenz tagende »Schwatzbude«.[206] Der Sozialdemokrat Heinrich Schäfer, der im Dezember 1918 an einer Sitzung des Vollzugsrats teilnahm, schildert uns eine typische Szene: »Richard Müller hielt die Zügel der Leitung fest in seiner Hand [...] Er beklagte zum soundsovielten Male, daß die Volksbeauftragten in der Reichsregierung den Vollzugsrat nicht gebührend respektierten. Die Reaktion erhebe wieder ihr freches Haupt, und Ebert sei hinreichend verdächtig, einen Staatsstreich zu planen. Das gibt Ledebour Veranlassung, seine neunundneunzigste Rede gegen die ›Konterrevolution‹ zu halten [...] Er spart nicht mit Verbalinjurien [...] Ebert und Scheidemann sind für ihn ausgemachte Verräter. Das ruft Hermann Müller auf den Plan, der, durch Zwischenrufe gereizt, Ledebour allerhand Liebenswürdigkeiten ins Gesicht schreit. Rot vor Ärger lehnt er sich in seinen Sessel zurück. Ledebour, der jetzt mehr steht wie sitzt, will Müller ans Fell, was aber von dem streng auf Ordnung haltenden Vorsitzenden verhindert wird. Und nun folgt Cohen, der mit einer öligen Rede die Wogen zu glätten versucht ...«[207]

---

205 Die verschiedenen Erweiterungen vor dem Reichsrätekongreß stärkten durchweg die Position der SPD, vgl. Gerhard Engel u.a (Hg.): Groß-Berliner Arbeiter- und Soldatenräte, Band I, S. XXX ff., S. XXXVII. Zu den weiteren Personenveränderungen vgl. auch Band II, S. XII ff. und Bd. III, S. X ff.
206 Erinnerungsbericht Paul Blumenthal, in: Erinnerungen von Veteranen der deutschen Gewerkschaftsbewegung, S. 121.
207 Heinrich Schäfer: Tagebuchblätter eines rheinischen Sozialisten, Bonn 1919, zit. nach Richard Müller: Novemberrevolution, S. 162. Hermann Müller-Franken bemerkte dazu, Schäfer habe »mit seinen Kölner Fastnachtsaugen nur Hahnenkämpfe« gesehen, ihm fehle der Blick für das Politische. Hermann Müller-Franken: Die Novemberrevolution, S. 107. Schäfer war als Vertreter des Kölner Arbeiterrates in den Vollzugsrat delegiert worden, vgl. Gerhard Engel u. a., Groß-Berliner Arbeiter-und Soldatenräte, Bd. I, S. XXXVI.

Die Rede vom Staatsstreich war nicht allzu weit hergeholt. Bereits am 6. Dezember hatte eine Gruppe von Offizieren versucht, den Vollzugsrat zu verhaften und Friedrich Ebert zum Präsidenten der Republik auszurufen. In einem Flugblatt der Putschisten hieß es, man habe den »verräterischen, unfähigen und betrügerischen« Vollzugsrat festnehmen müssen, da dieser die »Zukunft des Volkes« auf das Schwerste gefährde. Selbstverständlich wurde auch ein hinreichend konkretes Bedrohungsszenario für das gefährdete Volk genannt: »In 14 Tagen hätten wir Hunger, Not, Seuchen und Neger in Berlin« heißt es im Aufruf weiter. Nur die sofortige Einberufung der Nationalversammlung »als Weihnachtsgeschenk für die junge Republik« könne Abhilfe schaffen.[208]

Obwohl die reaktionäre Stoßrichtung und der Dilettantismus des Putsches offensichtlich waren, wies Ebert das Ansinnen der Soldaten nicht zurück, sondern verhielt sich abwartend, bis schließlich der Zusammenbruch des Plans offensichtlich geworden war.[209]

Ereignisse wie diese trugen natürlich in keiner Weise dazu bei, die Atmosphäre im Vollzugsrat zu verbessern. Sie zeigten vielmehr, daß der Vollzugsrat den sozialdemokratischen Verfechtern der Nationalversammlung nur als Hindernis oder bestenfalls Provisorium galt. Auch eine Aussprache zwischen Vollzugsrat und Regierung am 7. Dezember brachte keinerlei Klärung in dieser Hinsicht.[210]

Richard Müller bemühte sich tapfer, trotz dieser unüberbrückbaren Gegensätze im Vollzugsrat noch sinnvolle Beschlüsse im Geiste der Revolution herbeizuführen. Bemühungen, die allerdings auch in seiner eigenen Darstellung bisweilen tragikomisch anmuteten: »Wenn die Debatte über politische Gegensätze oder über das Verhalten der Volksbeauftragten stundenlang in heftigster Weise geführt worden war, wenn die Nerven erschlafft waren und der Geist nichts mehr zu fassen vermochte, legte Richard Müller seine Anträge vor. Wie die Dinge im Vollzugsrat lagen, war das der einzige Weg, der beschritten werden konnte, wenn überhaupt etwas für die Revolution herausgeholt werden sollte.«[211]

---

208 Flugblatt nachgedruckt in Richard Müller: Novemberrevolution, S. 171. Das Gerede von »Negern« ist eine Anspielung auf schwarze Soldaten aus den Kolonialgebieten, die im Ersten Weltkrieg in der französischen und britischen Armee kämpften. Rassistische und antisemitische Ausfälle waren auf seiten der Rechten keine Seltenheit, vgl. auch das Flugblatt des »Bundes der Kaisertreuen« in Richard Müller: Novemberrevolution, S. 294 f.
209 Vgl. Richard Müller: Novemberrevolution, S. 165-175 sowie Heinrich August Winkler: Von der Revolution zur Stabilisierung, Berlin 1984, S. 97 f.
210 Gerhard Engel u. a. (Hg.): Groß-Berliner Arbeiter- und Soldatenräte, Bd. 1, S. 616 ff.
211 Richard Müller: Novemberrevolution, S. 109 f.

Der Wert von unter solchen Umständen zustande gekommenen Beschlüssen war entsprechend fragwürdig. Hermann Müller-Franken, sozialdemokratisches Mitglied im Vollzugsrat und späterer Reichskanzler, kritisierte sie als »Schiebungen ganz kleiner Geister« und sprach Richard Müller »jede Fähigkeit« zur Leitung einer solch wichtigen Körperschaft ab.[212] Dies erscheint nachtragend, hatte doch Richard Müller den sozialdemokratischen Ratsmitgliedern Müller-Franken, Cohen und Heller bei deren Ausscheiden aus dem Rat im Dezember 1918 noch ausdrücklich erklärt, wie sehr er ihnen für die Zusammenarbeit zu Dank verpflichtet sei. Diese Höflichkeit war eins von vielen Anzeichen für Müllers Bestreben, »stets eine nicht vorhandene Einheit des Vollzugsrates zu demonstrieren«.[213] Motiv dafür war vermutlich die Idee, die Autorität des Rates nach außen zu stärken. Auch Müllers Angewohnheit, Streitfragen in Ausschüsse und Kommissionen wegzudelegieren weist darauf hin, daß er harte Polarisierungen bzw. eine Spaltung des Gremiums vermeiden wollte. Beides mochte die Zusammenarbeit der unterschiedlichen Fraktionen mittelfristig erleichtern, trug aber langfristig zur Entscheidungsunfähigkeit des Gremiums bei. Unter diesen Umständen konnte der Vollzugsrat weder eine reale Kontrolle der Regierung noch eine organisatorische Zusammenfassung und Stärkung der heterogenen Rätestrukturen leisten.[214]

Der Vollzugsrat gab schließlich seine Kompetenzen für das Reich auf dem 1. Rätekongreß am 16. Dezember an den neugewählten Zentralrat ab. Hier machte die USPD den taktischen Fehler, die Wahl des Zentralrats zu boykottieren. Dieser wurde nun rein mehrheitssozialdemokratisch besetzt und führte ein Schattendasein zur Legitimation der Politik der Volksbeauftragten. Seine Rolle als Träger der Staatsgewalt der Sozialistischen Republik Deutschland nahm das neue Gremium faktisch nicht wahr.[215]

Die Rolle des Vollzugsrats nach dem Kongreß war zunächst unklar. Noch am 12. Dezember verkündete Richard Müller in einer Sitzung: »Für mich ist die Sache sehr einfach. Meine Tätigkeit ist am 16. Dezember hier beendet und dann gehe ich wieder an die Drehbank.«[216] Im Laufe der Geschäftsübergabe an den Zentralrat setzte sich jedoch die Auffassung durch, daß der Rat als oberstes Räteorgan für den Großraum Berlin weiterhin notwendig sei. Richard Müller zog also den

---

212 Hermann Müller-Franken: Die Novemberrevolution, S. 111, S. 108.
213 Gerhard Engel u. a. (Hg.): Groß-Berliner Arbeiter- und Soldatenräte, Bd. 1, S. XLI.
214 Vgl. ebenda. Zu Müllers eigener Einschätzung vgl. Richard Müller: Novemberrevolution, S. 145-147, S. 151 f.
215 Zur Einschätzung dieses Gremiums vgl. Kolb, Zentralrat.

Vollzugsrat der Drehbank vor und blieb auf seinem Posten. Das Gremium wurde zunächst intern umorganisiert und nach Ablauf eines Monats im Januar 1919 von der Berliner Vollversammlung der Arbeiter- und Soldatenräte neu gewählt. Von nun an galt nicht mehr die Parität, sondern das Verhältniswahlrecht. Zudem war der Vollzugsrat der Berliner Vollversammlung der Arbeiterräte rechenschaftspflichtig. Großartige Machtverschiebungen ergaben sich zunächst nicht. Erst bei erneuten Wahlen im Februar kam eine zweiköpfige Fraktion der neugegründeten KPD hinzu, die SPD war nun erstmals gegenüber den Linken in der Minderheit. Dieser Trend verstärkte sich im Frühjahr 1919, und es ergab sich schließlich eine linke Mehrheit im Vollzugsrat. Diese konnte jedoch nicht viel ausrichten, da das Gremium in dieser Zeit keine reale Machtposition mehr darstellte. Lediglich durch seinen Einfluß an der Basis und durch Massenstreiks hätte der Rat sich und dem Räteprinzip insgesamt mehr Autorität verschaffen können. Tatsächlich stieg dann seine Bedeutung mit der Übernahme der Berliner Streikleitung während des Generalstreiks im März 1919 noch einmal an, jedoch konnte der Rat keinen dauerhaften Einfluß gewinnen, denn die Bewegung endete mit einer Niederlage und wurde letztlich ergebnislos abgebrochen. Trotz der Aufhebung der bis dahin bestehenden Selbstblockade konnte der Vollzugsrat deshalb auch nach dem Frühjahr 1919 nicht in die Offensive gehen. Er mußte sich im Gegenteil mit Durchsuchungen, Verhaftungen seiner Mitglieder, Beschlagnahme von Dokumenten und anderen durch die Regierung veranlaßten Repressalien auseinandersetzen.[217]

Am 16. Juli 1919 verließ die SPD den Vollzugsrat und spaltete das Gremium, es existierten nun ein sozialdemokratischer Vollzugsrat, dem sich auch die bürgerlichen Demokraten anschlossen, und ein »roter Vollzugsrat« aus USPD- und KPD-Vertretern. Der SPD-Vollzugsrat entfaltete nur spärliche Aktivitäten und schlief nach einigen Sitzungen ganz ein. Der rote Vollzugsrat jedoch entwickelte trotz zunehmender Behinderungen durch Militär und Staatsmacht rege Tätigkeiten. Am 23. August wurde er daher durch Truppen des SPD-Reichswehrministers Gustav Noske gewaltsam aufgelöst und aus seinem Hauptquartier, einer Villa am Rande des Tiergartens, vertrieben.[218] Den preußischen Landtag hatte das Gremium bereits vorher räumen müs-

---

216 Gerhard Engel u. a. (Hg.): Groß-Berliner Arbeiter- und Soldatenräte, Bd. 1, S. 803.
217 Vgl. Ingo Materna: Der Vollzugsrat, S. 42-48.
218 Zur Spaltung und Auflösungsgeschichte des Vollzugsrates vgl. Gerhard Engel u.a (Hg.): Groß-Berliner Arbeiter- und Soldatenräte, Bd. III, S. XX ff. sowie Ingo Materna: Der Vollzugsrat, S. 226.

sen, als eine preußische Konstituante gewählt worden war. Die im neuen Quartier lagernden Protokolle und Unterlagen wurden bei der Gewaltaktion völlig vernichtet, lediglich Richard Müller konnte seine privaten Durchschläge vor der Zerstörung bewahren. Im Anschluß an die Zwangsauflösung legte der »Vorwärts« noch einmal nach. Er verspottete Richard Müller als »modernen Volksbeglücker« und beschrieb ihn wegen Konflikten mit der Personalvertretung des Vollzugsrates als eine Art Haustyrann. Eine Affäre, die von der bürgerlichen Presse nur allzu gern aufgenommen wurde, lieferte sie doch wunderbaren Stoff für die Agitation gegen jede Form von Mitbestimmung durch Arbeiterräte.[219] Es ist symptomatisch für den Bedeutungsverlust des Vollzugsrates, daß seine Auflösung nicht von handfesten politischen Auseinandersetzungen, sondern von einer derart kleinlichen Skandalgeschichte begleitet wurde.

Dennoch arbeitete der »rote Vollzugsrat« in einem neuen Quartier in der Münzstraße 24 weiter. Der Schwerpunkt der Arbeit war die Organisation der Vollversammlungen, der Vollzugsrat widmete sich dieser Aufgabe, bis er schließlich am 6. November 1919 verboten wurde. Zwischenzeitlich tagte das Gremium illegal, die Vollversammlungen fanden getarnt unter dem Deckmantel von »allgemeinen Funktionärsversammlungen« statt.[220] Eine öffentliche Reaktivierung gefolgt von erneutem sofortigem Verbot erfolgte am 7. Dezember, ein allerletztes Mal tauchte der rote Vollzugsrat schließlich in einem Aufruf zur Demonstration gegen das Betriebsrätegesetz vom 13. Februar 1920 auf. Faktisch war das Gremium zu diesem Zeitpunkt jedoch nicht mehr existent.

Schon lange vor dem Ende des Vollzugsrates waren die politischen Arbeiter- und Soldatenräte in allgemeiner Auflösung begriffen. Die Soldaten des Weltkriegsheeres waren längst demobilisiert, die neue Reichswehr besaß keine Räte, die Arbeiter und Arbeiterinnen waren angesichts neuer Offensiven der Unternehmer vollends mit der Wahrung ihrer Interessen in den Betrieben beschäftigt.[221] Weil trotz Abwicklung und teils gewaltsamer Auflösung der revolutionären Gremien die wirtschaftlichen Räte besonders in den Großbetrieben jedoch weiterhin sehr aktiv waren, rückte für Richard Müller und seine Ge-

---

219 Vgl. Vorwärts, Nr. 429 vom 23.8.1919, Berliner Tageblatt vom 28.8.1919, Müllers Erwiderung in: Die Freiheit vom 30.8.1919.
220 Erinnerungsmappe Jakob Weber, BArch SAPMO, SG Y 30 / 0985, S. 47. Ob sich die Aussage auf den August oder Dezember oder beide Verbotsphasen bezieht, ist unklar.
221 David W. Morgan: The Socialist Left, S. 268.

nossen der Kampf um diese Betriebsräte in den Vordergrund. Eine sich aus dem Vollzugsrat entwickelnde »Betriebsrätezentrale« wurde zum neuen Forum der Rätebewegung. Sie nahm ihr Quartier in der Münzstraße, dem letzten Büro des roten Vollzugsrates, und wurde von Richard Müller geleitet. Der Übergang von einem Gremium zum anderen verlief ab Mitte 1919 fließend, das Ende des Vollzugsrates vollzog sich entsprechend klanglos. Ein sehr treffendes abschließendes Urteil über den Groß-Berliner Vollzugsrat der Arbeiter- und Soldatenräte stammt von Richard Müller selbst: »Der Vollzugsrat – das gestehe ich ein – war unglücklich zusammengesetzt. Ich freue mich, daß diese Tage, die für einen politischen Charakter Leidenstage gewesen sind, endlich vorüber sind. Meine Freunde und ich haben versucht, die Revolution zu sichern. An unserem Willen hat es nicht gefehlt. Aber die Verhältnisse waren stärker als wir. Auch heute noch […] sind alle politischen Fragen letzten Endes Machtfragen.«[222]

Es ist bezeichnend, daß diese bereits auf dem ersten Rätekongreß im Dezember 1918 formulierten Sätze genauso gut auf die langsame Auflösung des Rates im Jahre 1919 zutrafen.

---

222 Allgemeiner Kongreß der Arbeiter- und Soldatenräte Deutschlands abgehalten vom 16. bis 21. Dezember 1918, Stenographische Berichte, Zentralrat der deutschen sozialistischen Republik (Hg.), Berlin 1919, S. 18.

Richard Müller und die Rätebewegung: 1918-1920

Bereits seit dem Frühjahr 1917 hatten sich in Deutschland Streikkomitees gebildet, die unter dem Titel »Arbeiterrat« firmierten, die Berliner Streikleitung vom Januar 1918 trug ebenfalls diesen Titel und verhalf dem Prinzip der Rätevertretung zu reichsweiter Bekanntheit.[223] Richard Müller hatte bereits für das Jahr 1917 berichtet, daß die Obleute in Berlin sich darauf vorbereiteten, »mit dem demokratischen Staatsplunder Schluß zu machen und eine Räterepublik nach russischem Muster aufzurichten«.[224] Es war jedoch unklar, wie ein solches Rätesystem genau aussehen sollte. Letztlich entstanden die Räte eben nicht nach russischen Vorbildern, sondern als spontane Widerstandsorganisationen. Diese waren nötig, weil die traditionellen Organe der Arbeiterbewegung in einer entscheidenden Krise versagt hatten. Die Arbeiter und Arbeiterinnen, deren Interesse an Beendigung von Krieg und Burgfrieden in Partei und Gewerkschaften nicht mehr vertreten war, schufen sich im Prozeß der Revolution mit den Räten neue Interessenvertretungen, wobei sie teilweise an bestehende versammlungsdemokratische Traditionen aus der Arbeiterbewegung anknüpften.[225] Als jedoch der Friede erfolgreich erkämpft war, war die Zukunft der Räte ungewiß. Es erhob sich nun im Vorfeld des ersten Rätekongresses eine heftige Debatte um die Zukunft Deutschlands, die Kernfrage lautete: Nationalversammlung oder Rätesystem? Die USPD einschließlich des Spartakusbundes und der Obleute verfochten das Rätesystem, die SPD drängte auf eine baldige Nationalversammlung und sprach allein dieser die Legitimation für eine Entscheidung über die zukünftige Verfassung zu. Die aktuelle Machtposition der Räte galt in SPD-Kreisen nicht als revolutionäre Errungenschaft, sondern wurde in Agitationsschriften als »Zustand der Rechtlosigkeit, in dem nur die Gewalt gilt« bezeichnet.[226]

Die entschiedensten und bekanntesten Verfechter des Rätesystems in dieser Zeit waren Ernst Däumig und Richard Müller. Müller wurde durch einen markanten Ausspruch geradezu zum Symbol der Räterepublikaner. Die Forderung nach einer Nationalversammlung lehnte er auf

---

223 Dieter Schneider, Rudolf Kuda (Hg.): Arbeiterräte in der Novemberrevolution, S. 25.
224 Richard Müller: Kaiserreich, S. 175.
225 Dirk H. Müller: Versammlungsdemokratie, S. 327 f.
226 SPD-Broschüre »Nur über meine Leiche«, ohne Autorenangabe, Vorwärts Verlag, Berlin 1918.

einer Berliner Vollversammlung der Räte am 19. November 1918 kategorisch ab und erklärte: »Ich habe für die Revolution mein Leben auf das Spiel gesetzt, ich werde es wieder tun. Die Nationalversammlung ist der Weg zur Herrschaft der Bourgeoisie, ist der Weg zum Kampf; der Weg zur Nationalversammlung geht über meine Leiche –«[227]

Dies war eine recht außergewöhnliche Geste für ihn, dem im Gegensatz zu Liebknecht derartige Pathetik sonst ziemlich fremd war. Die Zeitgenossen charakterisierten Müllers Politikstil als eher nüchtern – Hermann Müller-Franken etwa schrieb: »Bei aller Gegensätzlichkeit der Meinungen kämpfte Richard Müller nicht gehässig. Das lag seinem Naturell fern. Selbst wenn er einmal starke Kraftworte einem Gegner in sächsischer Aussprache entgegenschleuderte, so milderte der Dialekt den Angriff.«[228] Müllers außergewöhnlich starker Auftritt zeigt die Leidenschaft, mit der er das Rätesystem als Errungenschaft der Revolution verteidigte. Er fing sich durch seinen Ausspruch den wenig schmeichelhaften Namen »Leichenmüller« ein, der in der SPD-Propaganda weidlich ausgewalzt wurde und ihm noch Jahre später nachhing.[229]

Die Geste Müllers trug sicherlich auch einen verzweifelten Unterton, denn zu dieser Zeit war abzusehen, das sein leidenschaftliches Plädoyer für die Räterepublik von den Räten selbst nicht geteilt wurde. Unter den Massen überwog nach der Revolution der Wunsch nach Einigkeit der Arbeiterparteien, die ihre traditionelle Aufgabe der politischen Gestaltung wieder aufnehmen sollten – denn die Kriegsfrage als Spaltungsgrund war mit dem Waffenstillstand entfallen. Die Rätefrage hingegen wurde von der Mehrheit noch nicht in ihrer ganzen Brisanz wahrgenommen, man vertraute darauf, daß die Regierung der Volksbeauftragten die Räte respektieren und in ihrem Sinne handeln würde. Obwohl die Räte im November 1918 alle Macht in der Hand hatten, dachten sie deshalb nicht daran, sich dauerhaft als Staatsgewalt zu konstituieren.

So ist es zu erklären, daß es trotz faktisch bestehender Rätemacht in den ersten Revolutionstagen weder Richard Müller und den Obleuten noch der USPD gelang, die Räte langfristig von ihrer eigenen Mission zu überzeugen. Dabei trug es auch nicht gerade zur Stärkung der Räte-

---

227 Gerhard Engel u. a. (Hg.): Groß-Berliner Arbeiter- und Soldatenräte, Bd. 1, S. 154 und, S. 184. Vgl. auch Richard Müller: Novemberrevolution, S. 85.
228 Hermann Müller-Franken: Die Novemberrevolution, S. 92.
229 Der »Vorwärts« titulierte Müller regelmäßig und dauerhaft mit dem neuen Spottnamen, etwa am 24.9.1919. Unter der Überschrift »Der lebende Leichnam« hieß es, »…denn eigentlich hatte Richard Leichen-Müller seit dem Zusammentritt der Nationalversammlung gar keine Daseinsberechtigung. Er müßte längst Harakiri verübt haben.« Vgl. auch die erwähnte Broschüre »Nur über meine Leiche«.

macht bei, daß Müller und der Vollzugsrat den Räten aus Angst vor einem Zusammenbruch sowohl in ökonomischer als auch in politischer Hinsicht nur ein Kontrollrecht zusprachen, nicht aber für die sofortige Machtübernahme agierten. Letztere Position vertrat einzig der Spartakusbund, konnte damit jedoch nicht durchdringen.

Vor allem aber verdeckte die Spaltung der Arbeiterbewegung an der Friedensfrage die tieferliegenden Konfliktlinien zwischen revolutionären und reformistischen Strömungen, die weder vor noch während der Revolution geklärt worden waren. Dieser Klärungsprozeß vollzog sich nun in schmerzhafter Weise nach dem 9. November, seine Verspätung führte letztlich zum Scheitern der Revolution.

Auf dem ersten Rätekongreß am 16. Dezember versammelten sich erstmals alle Arbeiter- und Soldatenräte des Reiches im Gebäude des Preußischen Landtags, um über die Zukunft der Revolution zu beraten. Richard Müller hielt die Eröffnungsrede und gab einen Rechenschaftsbericht über die Arbeit des Vollzugsrates, Ernst Däumig hielt das Grundsatzreferat für die Beibehaltung des Rätesystems als Staatsform.[230]

In seiner Eröffnungsrede erklärte Müller, er befürchte, »der Kampf der Geister, der heute und die nächsten Tage in diesem Saale toben wird, wird hart und scharf sein.«[231] Er sollte sich nicht täuschen. Die Stimmung auf dem Kongreß war aufgeheizt, mehrfach mußte die Tagung wegen Demonstrationen vor dem Landtag unterbrochen werden, immer wieder verlangten Delegationen die Anhörung ihrer Forderungen. Aber auch ohne Interventionen von außen war die Spannung im Saale mit Händen zu greifen, der Gegensatz Rätesystem oder Nationalversammlung überschattete alle anderen Debatten. Obwohl beide Gremien paritätisch besetzt waren, verliefen die Frontlinien vor allem zwischen dem Vollzugsrat und dem Rat der Volksbeauftragten, lediglich der unabhängige Volksbeauftragte Barth durchbrach dieses Schema und kritisierte die Arbeit der Regierung.

Richard Müller verteidigte in seinem Rechenschaftsbericht den Vollzugsrat vor allem gegen die verschiedensten Vorwürfe aus der bürgerlichen Presse, die von Amtsanmaßung und Unfähigkeit bis hin zu Veruntreuung reichten. Auch gegen ihn persönlich waren derartige Vorwürfe laut geworden, behauptet wurde etwa, er habe für sich und seine Familie mehrere 10.000 Mark Spesen auszahlen lassen.[232] Mül-

---

230 Allgemeiner Kongreß der Arbeiter- und Soldatenräte Deutschlands abgehalten vom 16.-21. Dezember 1918 – Stenographische Berichte, Zentralrat der deutschen sozialistischen Republik (Hg.), Berlin 1919.
231 Ebenda, S. 1.

Richard Müller eröffnet den ersten Reichsrätekongreß am 16.12.1918, Quelle: Ullstein

ler gingen die aus politischen Gründen lancierten Anschuldigungen sehr nahe, er hielt lange Ausführungen und benötigte die ganze Vormittagssitzung zur Zurückweisung dieser und ähnlicher Vorwürfe. Erst nach der Mittagspause kam er auf die eigentlichen Fragen zu sprechen und kritisierte die Politik der Volksbeauftragten, insbesondere ihre Rolle beim Putschversuch am 6. Dezember. Müllers scharfe Anklagen in diesem Punkte waren zweifellos berechtigt, mit dem unversöhnlichen Duktus seiner Rede schaffte er es jedoch nicht, schwankende sozialdemokratische Delegierte auf seine Seite zu ziehen. Die Fronten blieben verhärtet, vielleicht noch verhärteter als vorher.

Die Verteidigung des Rätesystems war schließlich die Aufgabe von Ernst Däumig. Auch dessen Redetalent vermochte jedoch die Fronten zwischen USPD und SPD nicht zu überwinden. Trotz seines energischen Plädoyers erklärte sich schließlich eine übergroße Mehrheit der Delegierten für die Wahl zur Nationalversammlung, eine folgenschwere Niederlage für die Räteaktivisten und Aktivistinnen. Als Sieg verblieben ihnen lediglich die »Hamburger Punkte«, welche die Stellung der Soldatenräte im Heer und die Entmachtung der Offiziere bestätigten. Ri-

---

232 Ebenda, S. 18.

chard Müller machte auf der nächsten Vollversammlung der Arbeiterräte aus seiner Enttäuschung keinen Hehl: »Dieser Zentralkongreß war das erste revolutionäre Tribunal Deutschlands, aber von revolutionärer Luft war da nichts zu merken. Ich habe vorher meine Erwartungen nicht allzu hoch gestellt, aber daß dieser Kongreß zu einem politischen Selbstmörderklub werden würde, das habe ich nicht geglaubt.«[233]

Die Rätebewegung war in einer politischen Sackgasse angelangt, und auch für Richard Müller persönlich war der Kongreß eine schwere, wenn nicht gar die schwerste Niederlage seiner politischen Laufbahn. Nun wäre eigentlich eine Reflexion und Reorganisation der Linken angebracht gewesen, aber der Verlauf der Ereignisse ließ dafür keine Zeit.

War schon der Rätekongreß stürmisch verlaufen und hatte mit dem Boykott des Zentralrats durch die USPD eine Verhärtung der Fronten gebracht, so eskalierte der Kampf in den folgenden Wochen noch mehr. Am Heiligabend ließen regierungstreue Truppen den ehemals kaiserlichen Marstall als Sitz der »Volksmarinedivision« durch schwere Artillerie beschießen. Ein provozierter Lohnkonflikt war die Ursache, Hintergrund allerdings der Wunsch der Regierung, die als radikal-revolutionär bekannte Volksmarinedivision loszuwerden.[234] Doch die heftige Gegenwehr der Matrosen sowie das Einschreiten der aufgebrachten Berliner Bevölkerung vereitelte den geplanten Überraschungsschlag. Die »Blutweihnacht« des Jahres 1918 war ein böses Vorzeichen. Erstmals setzte hier die vermeintlich sozialistische Regierung Waffengewalt gegen jene Revolutionäre ein, denen sie ihre Macht verdankte. Es sollte nicht das letzte Mal sein. Die Volksmarinedivision konnte sich zwar behaupten und blieb erhalten, allerdings führte die nachfolgende schwere Regierungskrise am 27. Dezember zum Austritt der USPD-Volksbeauftragten aus der Regierung.[235]

Bereits vorher war innerhalb der USPD die Unzufriedenheit mit den eigenen Volksbeauftragen immer größer geworden. Der Spartakusbund dachte offen über eine Abspaltung nach, und auch die Konflikte zwischen den USPD-Obleuten im Vollzugsrat und der Regierung hatten sich in der zweiten Dezemberwoche enorm zugespitzt. Auf einer Versammlung der revolutionären Obleute stellten diese daraufhin ihren Volksbeauftragen Emil Barth vor die Alternative, entweder aus der Regierung auszutreten oder den Kreis der Obleute zu verlassen. Man warf

---

233 Vollversammlung der Groß-Berliner Arbeiterräte vom 23.12.1918, in: Gerhard Engel u. a. (Hg.): Groß-Berliner Arbeiter- und Soldatenräte, Bd. 2, S. 16.
234 Emil Barth: Aus der Werkstatt der deutschen Revolution, S. 108-123.
235 Richard Müller: Bürgerkrieg, S. 6-15; Heinrich August Winkler: Von der Revolution zur Stabilisierung, S. 109 ff.

ihm vor, er sei der revolutionären Sache untreu geworden und unterstütze die Politik Eberts. Barth blieb trotz der Proteste im Amt und wurde daher am 21. Dezember aus dem Kreis ausgeschlossen. Auch nachdem sechs Tage später alle USPD-Volksbeauftragten einschließlich Barths aus der Regierung ausgetreten waren, blieben die Obleute hart. Als Emil Barth am Silvesterabend eine Versammlung der Obleute aufsuchen wollte, wurde er ohne Diskussion hinausgeworfen.[236]

Die Obleute suchten entschlossen den Machtkampf innerhalb der Partei. In einer Presseerklärung vom 21. Dezember hatten sie nicht nur den Regierungsaustritt verlangt, sondern forderten zusätzlich einen neuen Parteitag, die entschiedene Bekämpfung der SPD und die Führung des bevorstehenden Wahlkampfes für die Nationalversammlung »im antiparlamentarischen Sinne«.[237]

Bei der Generalversammlung der Groß-Berliner Wahlvereine der USPD am 28. Dezember weigerten sich schließlich Ernst Däumig und Richard Müller, für die bevorstehende Wahl zur Nationalversammlung mit Hugo Haase auf einer gemeinsamen Liste zu kandidieren. Ihre Grundsatzkritik an der Regierung der Volksbeauftragten, die sich keineswegs auf das weihnachtliche Blutbad beschränkte, fand durchaus Resonanz auf der Versammlung. Georg Ledebour lehnte ebenfalls Haases Aufstellung ab und schloß sich im Laufe der Debatte der Weigerung an. Er und Emil Eichhorn verlangten statt dessen eine gemeinsame Liste der Berliner USPD-Linken und der Spartakusgruppe. Ernst Däumig stellte noch einmal klar, daß Haase durch seine Regierungsbeteiligung kompromittiert sei und verlangte, daß sich die Partei auf »grundsätzlich revolutionären Boden« stelle. »Starke Bewegung« kam jedoch in den Saal, als ein Delegierter eine Wahlliste öffentlich machte, die von den Revolutionären Obleuten in einer Versammlung der Berliner Arbeiterräte verbreitet worden sei. Auf dieser Liste fanden sich vorneweg die Namen Ledebour und Däumig, danach Karl Liebknecht und weitere »Vertreter der radikalen Linken«. Obwohl schon vorher ein Zusammengehen mit dem Spartakusbund vorgeschlagen worden war, stieß das Manöver auf die Ablehnung der Versammlung. Ein Redner sprach den Obleuten grundsätzlich das Recht ab, derartige

---

236 Dirk H. Müller: Versammlungsdemokratie, S. 323; Emil Barth: Aus der Werkstatt der deutschen Revolution, S. 128; Erinnerungsbericht Wilhelm Pieck, in: Erinnerungen von Veteranen der deutschen Gewerkschaftsbewegung, S. 396, sowie ders. in »Vorbereitungen für die Revolution«, AdSD Bonn, NL Levi, Box 142, Mappe 285, S. 26, S. 31.
237 Dokumente und Materialien zur Geschichte der deutschen Arbeiterbewegung, Reihe II, Bd. 2, November 1917-1918, hrsg. vom Institut für Marxismus-Leninismus beim ZK der SED, Berlin (DDR) 1958, S. 645.

Vorschläge einzureichen. Auch Emil Eichhorn distanzierte sich ausdrücklich von dem Vorschlag. Scheinbar wurde das Vorgehen von der Versammlung als Überrumpelung und Bevormundung empfunden, nahm die Liste doch die umstrittene Anlehung an den Spartakusbund vorweg. Ledebour, Däumig und Richard Müller hatten sich damit ins Aus manövriert. Gewählt wurde letztlich Emil Eichhorn mit 326 Stimmen, direkt danach folgte Hugo Haase mit 271 Stimmen. Die Obleute hatten sich durch ihr frontales Vorgehen selbst isoliert, weder Müller, Däumig noch Ledebour wurden als Kandidaten aufgestellt.[238]

Als dann einen Tag später, am 29. Dezember 1918, der Spartakusbund im Festsaal des Preußischen Landtages seine Reichskonferenz abhielt und über die Konstituierung als eigene Partei diskutierte, interessierten sich die Obleute sehr für die Sache. Zunächst hatten sich Richard Müller und seine Genossen durch die kurzfristige Einberufung der Konferenz überrumpelt gefühlt.[239] Jedoch wurde vor dem Hintergrund des Fiaskos auf der Wahlversammlung der Berliner USPD ernsthaft ein Anschluß an die entstehende Kommunistische Partei erwogen – alternativ wurde aber auch über die Gründung einer eigenen Partei nachgedacht.[240]

Liebknecht, der die Verhandlungen mit den Obleuten führte, lag sehr an einer Einbindung der Gruppe in das neue Parteiprojekt. Als sich die Gespräche am Neujahrsmorgen 1919 hinzogen, wurde der Gründungsparteitag eigens unterbrochen und die Sitzung auf den Nachmittag vertagt. Doch die Verhandlungsgruppe, zu der auf seiten der Obleute unter anderem Richard Müller, Ernst Däumig und Georg Ledebour gehörten, war unzufrieden mit dem bisherigen Verlauf. Mit den Positionen von Liebknecht und Luxemburg konnte man sich durchaus noch einigen. Jedoch bekundete auf dem Parteitag die Mehrheit der Anwesenden eine, wie Richard Müller es nannte, »anarchistisch-syndikalistisch-putschistische Gesinnung«, die zumindest auf ihn eher abschreckend wirkte.[241] In der Tat waren auf dem Kongreß

---

238 Die Freiheit, 29.12.1918; Vorwärts, 30.12.1919; David W. Morgan: The Socialist Left, S. 209 f.
239 Richard Müller: Bürgerkrieg, S. 88.
240 Hermann Weber (Hg.): Der Gründungsparteitag der KPD – Protokolle und Materialien, Frankfurt am Main 1969, S. 279, Erinnerungsbericht Wilhelm Pieck, in: Erinnerungen von Veteranen der deutschen Gewerkschaftsbewegung, S. 409. Wilhelm Pieck: Vorbereitungen für die Revolution, AdSD Bonn, NL Levi, Box 142, Mappe 285, S. 31, S. 36.
241 Richard Müller: Bürgerkrieg, S. 88. Zur Zusammensetzung und Ablauf des Parteitags vgl. auch Heinrich August Winkler: Von der Revolution zur Stabilisierung, S. 116 ff.

nicht nur die Mitglieder des Spartakusbundes, sondern auch die »Internationalen Kommunisten Deutschlands«, auch bekannt als die »Bremer Linksradikalen« vertreten und setzten ihre Positionen teilweise durch. Insbesondere der beschlossene Boykott der Nationalversammlung und eine sich abzeichnende Tendenz gegen die freien Gewerkschaften und für die Unterstützung der syndikalistischen Unionen widersprachen den Positionen der Obleute. Zwar waren auch sie für das Rätesystem und somit gegen den bürgerlichen Parlamentarismus, wollten aber um jeden Preis die Wahlen für die Nationalversammlung im Sinne eines »antiparlamentarischen Wahlkampfes« für die Propagierung des Rätesystems nutzen. Sie mochten sich nicht durch einen Boykott isolieren, und noch weniger waren sie bereit, die großen Gewerkschaften als Klassenorganisationen aufzugeben.

Besonders Müller hatte eine reservierte Haltung gegenüber dem Spartakusbund. Trotz aller vorherigen Annäherungen geriet er sofort am Silvesterabend mit Liebknecht in die Haare. Müller warf dem Spartakusbund dessen angebliche »Putschistentaktik« vor, die auf jeden Fall aufgegeben werden müsse, Liebknecht nannte daraufhin Müller ein »Sprachrohr des ›Vorwärts‹«[242] An den alten Animositäten aus der Zeit vor der Novemberrevolution schien sich wenig geändert zu haben.

Aber nicht persönliche Abneigungen, sondern vor allem politische Differenzen waren ausschlaggebend für das gegenseitige Mißtrauen. Am ersten Weihnachtstag war es im Anschluß an die Proteste gegen den Angriff auf die Volksmarinedivision zu einer Besetzung des Vorwärts-Gebäudes gekommen. Die Obleute hatten eine erneute Eskalation mit Waffengewalt vermeiden wollen und schließlich in Verhandlungen die Besetzung aufgelöst.[243] Indessen hatte die »Rote Fahne« die Minderheitenaktion als revolutionäre Initiative der Massen dargestellt und die Obleute als Bedenkenträger kritisiert. Unter dem Eindruck dieser Ereignisse wurden nun den KPD-Delegierten am 1. Januar fünf Bedingungen seitens der Obleute präsentiert: Die Abkehr vom grundsätzlichen Antiparlamentarismus, vollkommene Parität zwischen Obleuten und Spartakus im Vorstand, eine Revision der »Straßentaktik« des Spartakus, Einfluß der Obleute auf die Veröffentlichungen der Partei sowie der Wegfall des Namens »Spartakus« im zukünftigen Parteinamen.[244]

---

242 Hermann Weber (Hg.): Der Gründungsparteitag der KPD, S. 271.
243 Wilhelm Pieck: Vorbereitungen für die Revolution, AdSD Bonn, NL Levi, Box 142, Mappe 285, S. 34 f.
244 Hermann Weber (Hg.): Der Gründungsparteitag der KPD, S. 273; Richard Müller: Bürgerkrieg, S. 89. Wilhelm Pieck machte Georg Ledebour für die aus Sicht der Delegierten unannehmbaren Bedingungen verantwortlich. Vgl. »Vorbereitungen für die Revolution«, AdSD Bonn, NL Levi, Box 142, Mappe 285, S. 39 f.

Aus diesen Bedingungen sprach deutliches Mißtrauen, die Obleute hielten nach wie vor die Mitglieder des Spartakus nicht für zuverlässige Bundesgenossen. Die Zusammensetzung sowie die Beschlüsse des Parteitages hatte gegenseitige Vorbehalte eher verstärkt als entkräftet. Gerade Karl Liebknecht, mit dem sich die Obleute bisher stets gerieben hatten, bemühte sich jedoch gemeinsam mit Rosa Luxemburg, den Parteitag auf einen etwas pragmatischeren Kurs zu bringen. Unter ihrem Einfluß war etwa die Gewerkschaftsfrage vertagt und der Beschluß zum generellen Wahlboykott in einen Boykott lediglich der Nationalversammlung umgewandelt worden. Es kam dennoch keine Einigung zustande. Die fünf Bedingungen waren in dieser Form nicht annehmbar und wurden auf dem Parteitag mit Gelächter und »Hört, Hört!«-Rufen abgelehnt.

Liebknecht bemühte sich nun in seiner Darstellung der Verhandlungen, den Einfluß der Obleute kleinzureden. Sie seien nur in Berlin von Bedeutung, seien auch keine eigentliche Organisation, sondern nur »eine Verbindung, eine Zusammenkunft« von »irgendwie mit den Arbeitern in Verbindung stehenden Genossen«, zudem entsprächen vor allem die Positionen von Ledebour und Richard Müller »in keiner Weise der wirklichen Auffassung der revolutionären Obleute«. Gleichzeitig lobte er jedoch die bisherige Zusammenarbeit und äußerte die Hoffnung, daß es sich beim gegenwärtigen Mißtrauen nur um »zufällige Tageserscheinungen« handelte.[245]

Auch wenn einiges davon versöhnlich gemeint sein sollte, enthielten Liebknechts Worte doch eine Spaltungstendenz, die die Obleute rundheraus ablehnen mußten. Im Anschluß wurde dann Richard Müller auf dem Parteitag als »Schaukelmann« und Däumig als »Prediger« verunglimpft,[246] am Ende verabschiedeten die Delegierten noch eine Resolution gegen »einige scheinradikale Mitglieder der bankerotten USPD«, welche die Kampfgemeinschaft der Obleute mit dem Spartakusbund stören wollten und erklärten, »daß die KPD sich durch diese Quertreibereien nicht beeinflussen lassen wird«.[247] Durch solchen Verbalradikalismus und den ungeschickten Versuch, die Obleute und ihre Sprecher zu spalten, war das Zusammengehen beider Gruppen auch für die nähere Zukunft verhindert. Beide Seiten hatten sich mit ihrem kompromißlosen Auftreten keinen Gefallen getan. Die junge KPD blieb bis

---

245 Hermann Weber (Hg.): Der Gründungsparteitag der KPD, S. 275, S. 278.
246 Däumig hielt in der Tat ab und an Predigten in der Berliner atheistischen Freidenkergemeinschaft, vgl. David W. Morgan: Ernst Däumig and the German Revolution of 1918.
247 Hermann Weber (Hg.): Der Gründungsparteitag der KPD, S. 281, S. 290.

Ende 1920 eine Kleinpartei ohne reale Verankerung in den Betrieben, sie bemühte sich erfolglos, diesen Mangel durch gesteigerten Radikalismus zu kompensieren. Die Obleute hingegen saßen zwischen allen Stühlen: mit der KPD konnten sie nicht zusammengehen, in der USPD waren sie isoliert, vor einer neuen Spaltung der Arbeiterbewegung durch eine dritte Parteigründung schreckten sie zurück.

Während die Linke untereinander Richtungsstreits führte, erreichte die Erbitterung weiter Teile der Arbeiterschaft gegenüber der Regierung einen vorläufigen Höhepunkt. Die »Blutweihnacht«, vor allem aber die ausbleibende Sozialisierung hatten starke Zweifel am revolutionären Willen der Mehrheitssozialdemokratie aufkommen lassen. Der im Januar 1919 gestartete Versuch der Volksbeauftragten, das USPD-Mitglied Emil Eichhorn von seinem Amt als Berliner Polizeipräsident zu entfernen, fachte diese Stimmung zusätzlich an. Die Affäre gipfelte in den Berliner Januarkämpfen, oft auch irreführend als »Spartakusaufstand« betitelt.[248]

Zunächst hatten Obleute, USPD und die junge KPD gemeinsam zu einer Massendemonstration gegen die Entlassung Eichhorns aufgerufen. Das Ergebnis der Demonstration am 5. Januar überstieg alle Erwartungen. Obwohl die Demonstration völlig spontan angekündigt worden war, beteiligten sich Hunderttausende an den Kundgebungen vor dem Polizeipräsidium auf dem Alexanderplatz. Stadtkommandant Anton Fischer konnte unter diesen Umständen die geplante Absetzung nicht durchführen. Im Polizeipräsidium versammelten sich schließlich die Organisatoren der Demonstration und berieten über das weitere Vorgehen, wurden sich jedoch nicht einig und vereinbarten ein neues Treffen für den Abend. Unterdessen wurde von einigen Hundert aktionslustigen Demonstranten und Demonstrantinnen das Vorwärts-Gebäude ein zweites Mal besetzt.

Auch beim großen Treffen von Obleuten, KPD und USPD am Abend herrschte zunächst Unentschlossenheit. Als dann jedoch die Besetzung bekanntgegeben wurde und der Anführer der Volksmarinedivision Dorrenbach behauptete, seine Matrosen und auch alle anderen Berliner Re-

---

248 Die KPD/Spartakusbund stellte nur zwei der 33 Mitglieder der Aufstandsleitung und war Anfang 1919 organisatorisch nicht in der Lage, im Alleingang einen solchen Aufstand zu organisieren. Tragende Kraft auch dieser Aktion war eine Mehrheitsfraktion der Revolutionären Obleute. Vgl. dazu die detaillierte Analyse von Ottokar Luban: Demokratische Sozialistin oder »blutige Rosa«? Rosa Luxemburg und die KPD-Führung im Berliner Januaraufstand 1919, in: IWK, Jg. 35 (1999), H. 2, S. 176-207.

gimenter ständen hinter den revolutionären Obleuten und seien bereit, die Regierung Ebert-Scheidemann mit Waffengewalt zu stürzen, überschlugen sich die Wortbeiträge.[249] Auch Liebknecht, dessen Partei sich Anfang Januar noch gegen einen voreiligen »Handstreich« in Berlin gestellt hatte, verlangte nun den sofortigen Sturz der Regierung.[250] Daraufhin geriet die ganze Versammlung in Wallung. Müller berichtet, daß die seit Monaten schwelende Rivalität zwischen Spartakusanhängern und Unabhängigen »groteske Formen« angenommen hatte und sich nun zum »politischen Fieberwahnsinn« steigerte. »Jede Richtung hielt nur sich allein für patentiert revolutionär. Die eine wollte die andere an revolutionärem Elan überbieten. Wenn Liebknecht und Pieck den Sturz der Regierung forderten, wie konnte dann Ledebour ein kürzeres Ziel stecken.«[251]

Auch durch die Berichte zweier Soldatenräte, die Dorrenbach kritisierten und warnten, daß man mit einer Unterstützung der Berliner Truppen nicht rechnen könne, waren die Versammlungsteilnehmer nicht umzustimmen. Militärexperte Ernst Däumig war angesichts dieser Ignoranz schlichtweg sprachlos, und auch Richard Müller konnte »nur mit Mühe« seine Ablehnung der Umsturzpläne gegen den »allseitigen Widerspruch« vortragen. Dennoch kritisierte er, daß »weder politisch noch militärisch« die Voraussetzungen für einen Umsturz gegeben seien. Ein solches »verfrühtes isoliertes Vorgehen in Berlin könne die weitere Entwicklung der Revolution gefährden.«

Jedoch konnte er sich mit seiner Ansicht nicht durchsetzen. Bei der nachfolgenden Abstimmung sprachen sich von insgesamt siebzig Anwesenden nur Müller, Däumig und vier weitere Obleute gegen den Umsturz aus und verlangten eine Beschränkung der Aktionen auf den Generalstreik.[252]

Die Befürworter der Aktion schritten nun zur Tat und konstituierten einen hauptsächlich aus den Reihen der Obleute besetzten Revolutionsausschuß. Der Ausschuß nahm Quartier im Marstall, dem Lager der Volksmarinedivision.

Dort wurden die revolutionären Gäste jedoch nicht besonders herzlich aufgenommen und bereits am Nachmittag des 6. Januar wieder hinauskomplimentiert. Der Revolutionsausschuß mußte ins Polizeiprä-

---

249 Richard Müller: Bürgerkrieg, S. 31-33.
250 Vgl. Flugblatt »Alle Macht den Arbeiter- und Soldatenräten«, nachgedruckt bei Richard Müller: Bürgerkrieg, S. 219-121.
251 Richard Müller: Bürgerkrieg, S. 35.
252 Richard Müller: Bürgerkrieg, S. 33-34. Die sechs Gegenstimmen stammten von Richard Müller, Ernst Däumig, Heinrich Malzahn, Oskar Rusch, Paul Eckert und Paul Neuendorf.

sidium am Alexanderplatz umziehen. Die Volksmarinedivision war nicht bereit, wegen der Affäre Eichhorn einen Umsturz zu wagen, erklärte sich in diesem Konflikt für politisch neutral und setzte ihren Anführer Dorrenbach wegen Eigenmächtigkeit ab.[253] So hatte sich bereits nach weniger als 24 Stunden gezeigt, wieweit es um die militärische Seite der Revolution stand: Zwar waren die Arbeiter und Arbeiterinnen in Massen aus den Betrieben hinausgegangen, aber aus den Reihen des Militärs waren nicht einmal die roten Matrosen im Marstall für die Revolutionspläne zu gewinnen, andere Einheiten erst recht nicht. Der Generalstreik jedoch setzte am 6. Januar mit voller Wucht ein.

Müller und Däumig erschienen an diesem Tag als einsame USPD-Vertreter im Vollzugsrat.[254] Müller entschuldigte seine Genossen, die »infolge der revolutionären Ereignisse« verhindert seien und beantragte eine Vertagung der Sitzung, was jedoch von der SPD abgelehnt wurde. Auch eine Resolution gegen die Vorwärts-Besetzung und eine Bestätigung der Absetzung Eichhorns konnte nicht verhindert werden, obwohl Müller einerseits die bisherige vertrauliche Zusammenarbeit beschwor, andererseits davor warnte, daß »Öl ins Feuer gegossen wird«. Eventuell, so Müller, müsse der Vollzugsrat in den nächsten Tagen als Vermittler tätig werden und solle daher neutral bleiben. Das jedoch sahen die SPD-Delegierten nicht so.[255]

Die nächste Sitzung fand am 8. Januar statt, als im Zeitungsviertel bereits bewaffnete Kämpfe zwischen Arbeitern und Regierungstruppen tobten. Die Kämpfe waren aus den Zeitungsbesetzungen heraus entstanden, nach dem Vorwärts waren später auch andere Presseorgane und Druckereien okkupiert worden. Jedoch blieb der Einfluß der Revolutionäre auf ein paar Straßenzüge beschränkt. Trotz des erfolgreichen Generalstreikes und einer anfänglich durchaus vorhandenen Zustimmung der Berliner Arbeiterklasse für den Machtwechsel hatte der Revolutionsausschuß nicht die Macht ergreifen können. Im Gegensatz zum 9. November gab es keinen Aufstandsplan und keine Absprachen mit den Betrieben, die Leitung der Aktion war unklar und gespalten, das Militär zog nicht mit und die zunächst durchaus vorhandenen revo-

---

253 Richard Müller: Bürgerkrieg, S. 39.
254 Auch die Obleute Paul Neuendorf und Heinrich Malzahn waren trotz ihrer Opposition gegen die Aufstandspläne nicht erschienen. Malzahn hatte sich am Revolutionsausschuß beteiligt, weil er nicht »abseits stehen« wollte. Von Paul Neuendorf ist nichts bekannt. Vgl. Protokolle von Sitzungen der auf dem Boden der USPD stehenden Arbeiterräte Berlins über Vorgänge während der Januarkämpfe 1919 in Berlin, 9. Januar 1919, SAPMO-BArch, RY 19/II/143/2.
255 Vollzugsratssitzung vom 6. Januar 1919, in: Gerhard Engel u. a. (Hg.): Groß-Berliner Arbeiter- und Soldatenräte, Bd. 2, S. 140-143.

lutionären Massen warteten vergeblich auf Anweisungen. Desorganisation und mangelnde Planung verhinderten, daß aus dem Streik eine reale Gegenmacht entstand.[256]

Eine erfolgreiche zweite Revolution erschien in dieser verfahrenen Situation kaum noch machbar, Verhandlungen mit der Regierung fanden bereits statt. Jedoch vermittelte nicht der Vollzugsrat. Statt dessen verhandelten die USPD-Ratsmitglieder Paul Eckert, Georg Ledebour, Heinrich Malzahn und Oskar Rusch im Auftrag ihrer Partei, während die SPD-Vollzugsräte sich weigerten, ihnen ein offizielles Verhandlungsmandat auszustellen. Sie beschwerten sich sogar noch, daß durch die Abwesenheit der Vermittler die Sitzungen verschleppt würden. Es bestand also seitens der SPD keinerlei Interesse, den Konflikt auf dem Verhandlungswege zu beenden.

Richard Müller bezeichnete im Vollzugsrat die Beilegung des Blutvergießens als »das Wichtigste, was wir jetzt zu erledigen haben«, fügte sich aber angesichts der Mehrheitsverhältnisse recht schnell in eine neutrale Moderatorenrolle. Man diskutierte nun im Vollzugsrat nur noch organisatorisches, etwa die prekäre Finanzierung des Gremiums oder den Druck von Broschüren.[257] Hier zeigte sich wieder einmal exemplarisch die Selbstblockade des Rates. Zwar konnten Müller und die anwesenden USPD-Ratsmitglieder durch die Beschränkung auf »Geschäftliches« weitere Beschlüsse gegen die Aufständischen verhindern – jedoch wurde gerade durch die demonstrative Neutralität des Vollzugsrates dessen Machtlosigkeit bloßgestellt. Ein Zusammenhang, den Richard Müller nicht sah oder nicht sehen wollte. Während Malzahn, Rusch und andere es in dieser Situation vorzogen, den Vollzugsrat Vollzugsrat sein zu lassen und sich an anderer Stelle einzubringen, hielt es Müller als Vorsitzender weiterhin für seine Pflicht, die Arbeit des Gremiums aufrechtzuerhalten.

Auch am nächsten Vormittag tagte der Vollzugsrat daher wieder über »Geschäftliches«, stritt über die Finanzierung der Arbeiterrätewahlen, die Benutzung der Dienstwagen des Rates und über die richtige Eingruppierung von Dienstmädchen, Schornsteinfegern und Wäschefahrern im Wahlreglement der Räte.[258]

Die drängenden politischen Fragen wurden später am Tage behandelt, als sich die USPD-Arbeiterräte Berlins zu einer Sondersitzung tra-

---

256 Vgl. Ottokar Luban: Demokratische Sozialistin oder »blutige Rosa«? S. 176-207.
257 Vollzugsratssitzung vom 8. Januar 1919, in: Gerhard Engel u. a. (Hg.): Groß-Berliner Arbeiter- und Soldatenräte, Bd. 2, S. 146-159.
258 Vollzugsratssitzung vom 9. Januar 1919, in: Gerhard Engel u. a. (Hg.): Groß-Berliner Arbeiter- und Soldatenräte, Bd. 2, S. 162 ff.

fen. Hier wurden die Debatten hitziger. Diverse Arbeiterratsmitglieder machten ihren Unmut deutlich, weil die Umsturzpläne über ihre Köpfe hinweg entschieden worden seien. Ein Anwesender beschwerte sich, die Arbeiter seien vor die Alternative »Friß Vogel oder stirb« gestellt worden. Zudem sei gesagt worden, »daß Waffen in Hülle und Fülle da sind«, man habe jedoch tagelang vergeblich auf Waffen gewartet.

Auch die mangelnde Planung des Aufstandes wurde kritisiert. Ein Arbeiter namens Stahlberg bemerkte »Führer waren nicht vorhanden, und jeder, der schreien konnte, kommandierte.« Ein anderer Arbeiter, dessen Name nicht überliefert ist, erwiderte ihm treffend: »Es wird immer nach Führern geschrien, ein Beweis dafür, daß die Masse noch unmündig ist.«

Däumig und Müller erklärten in dieser Runde noch einmal ihre grundsätzliche Opposition gegen das Unternehmen. Richard Müller äußerte, die Zeit sei fast reif gewesen für eine zweite Revolution, aber die jetzige Entwicklung sei »künstlich gefördert worden« und daher fehlgeschlagen. Nun ginge es lediglich darum, »mit einem blauen Auge« aus der Sache herauszukommen.[259]

Im Gegensatz zur Nacht des 5. Januar ernteten die beiden hier nur wenig Widerspruch. Lediglich Malzahn sprach sich für einen Abbruch der Verhandlungen mit der Regierung aus. Erst nach längerem Generalstreik und aus einer Position der Stärke heraus solle erneut verhandelt werden. Doch hatte diese Position schon keine Mehrheit mehr, die Mehrheit war bereits von einem Fehlschlag des Aufstandes überzeugt.

Malzahn war es auch, der nun über die Verhandlungen berichtete. Viel hatte er allerdings nicht zu sagen. Die Regierung weigerte sich schlicht, auf irgendeines der Angebote des Revolutionsausschusses einzugehen und setzte statt dessen auf Repression. Sie rief sogar zur Bildung einer Bürger(!)wehr gegen die Aufständischen auf. Malzahn bezeichnete diesen Aufruf als »wahres Kulturdokument eines angeblich sozialistischen Staates.« Er fuhr fort: »Gestern wurde sogar der Belagerungszustand angedroht, wir hatten immer angenommen, daß solche Maßnahmen nur in einem kapitalistischen Staate möglich sind.«[260]

Mit dem Appell der SPD an die Bürger zeigte sich, wie tief der Graben zwischen den beiden Arbeiterparteien war. Während die Mitglieder der einen Partei die Revolution zur Räterepublik vorantreiben wollte, warb die andere offen um die Unterstützung der bürgerlichen Klasse zur gewaltsamen Bekämpfung der rebellierenden Arbeiter und Arbeiterinnen.

---
259 Sitzung der USPD Arbeiterräte am 9. Januar 1919, SAPMO BArch, RY 19/II/143/2.
260 Ebenda. Vgl. auch Richard Müller: Bürgerkrieg, S. 55.

Richard Müller äußerte nun die Hoffnung, die USPD werde durch das offene Bekenntnis der SPD zum Bürgertum einen »so ungeheuren agitatorischen Erfolg haben, daß wir in nächster Zeit die Schläge, die wir jetzt erleiden, ganz überwinden«.

Er hielt aber grundsätzlich an seiner Kritik fest: Der Linkstrend an der Basis sei zwar mit »7 Meilenstiefeln« vorangeschritten, Ebert und Scheidemann wären schon in vier Wochen erledigt gewesen, aber aktuell sei eben die Situation alles andere als revolutionär: »Die Leute, die künstlich diese Aktion hervorgerufen haben, sie verschließen sich den Tatsachen, daß die Masse der Berliner Arbeiterschaft hinter den Scheidemännern herläuft, darüber kommen wir nicht hinweg.« Ernst Däumig pflichtete ihm bei: »Wir stehen isoliert da im Reiche, wenn wir auch kleine Gruppen hinter uns haben. Vorläufig sind wir eine kleine Minorität in dem grauen Sumpf, der stumpf geblieben ist, der kleinbürgerlichen und bäuerlichen Massen«. Prägnant faßte er zusammen, was er vom Aufstand hielt: »Eine Revolution macht man nicht dadurch, daß man eine Regierung auf einen Zettel schreibt«.[261]

Am 10. Januar fand eine erneute Versammlung statt, die Verhandlungen liefen weiterhin ungünstig, die Kämpfe gingen weiter, und auch der sozialdemokratische Zentralrat zeigte sich nicht gewillt, vermittelnd einzugreifen.

Bereits am 8. Januar hatte die Regierung in einem öffentlichen Aufruf an die »Mitbürger« ihre Position erklärt. »Gewalt kann nur mit Gewalt bekämpft werden« war dort zu lesen. Angekündigt wurde ferner, man werde mit »gründlicher Arbeit« die »Schreckensherrschaft« des Spartakus zertrümmern. Der Aufruf endete mit den drohenden Worten »Die Stunde der Abrechnung naht«. Neben der Gewaltrhetorik ist vor allen Dingen beachtenswert, daß auch dieser Aufruf an die »Mitbürger« und nicht an die Arbeiterklasse adressiert war, zudem trug er die Unterschrift »Die Reichsregierung«.[262] Gleich nach dem Austritt der Unabhängigen war der Titel »Rat der Volksbeauftragten« abgelegt worden, um diese Zeit herum fiel auch die Bezeichnung »Sozialistische Republik Deutschland« weg. Die Distanzierung von der Revolution war damit symbolisch vollzogen.

Um dieser Distanzierung in Worten auch Taten folgen zu lassen, bemühte sich Reichswehrminister Gustav Noske indessen um die Beschaffung schwerer Artillerie. Gleichzeitig rief in Reaktion auf die Drohungen des Regierungsflugblattes auch der Revolutionsausschuß zum

---
261 Ebenda.
262 Das Flugblatt ist nachgedruckt in Richard Müller: Bürgerkrieg, S. 57.

bewaffneten Kampf auf. Die Fronten standen fest – jedoch war die Mehrheit der Arbeiter und Arbeiterinnen nicht gewillt, in die bewaffneten Kämpfe einzugreifen. Weder die Revolutionäre noch die Sozialdemokraten hatten sie für ihre Sache gewinnen können. Die Basis verlangte statt dessen auf einer Demonstration am 9. Januar den Rücktritt aller für den »Brudermord« verantwortlichen Führer einschließlich Ledebours und Liebknechts. Auch in der USPD-Arbeiterräteversammlung am 10. Januar wurde gefordert, man müsse »über die Führer hinweg dem Bruderkrieg ein Ende machen«, auf verschiedenen anderen Versammlungen wurden Resolutionen in diesem Sinne angenommen.[263] Die anfängliche Begeisterung und der Drang zur Aktion vom 6. Januar war mittlerweile einer dumpfen Wut auf die eigene Führung gewichen. Wie sich schon am 10. November im Cirkus Busch gezeigt hatte, wollte die breite Mehrheit der Arbeiterklasse endlich die Einigkeit der sozialistischen Parteien verwirklicht sehen.[264] Nicht durch den Aufstand kompromittierte Persönlichkeiten wie Müller und Däumig hätten aus dieser neuen Einigungsbewegung vielleicht politischen Gewinn schlagen und die erhoffte Entmachtung von Ebert und Noske auf politischem Wege versuchen können. Sie verpaßten jedoch diese Gelegenheit. Das nach wie vor andauernde Blutvergießen verstellte den Blick auf einen solchen Ausbruchsversuch, machte ihn vielleicht auch von vornherein utopisch.

Die Regierung war nicht zu Verhandlungen bereit und ließ somit auch dem Revolutionsausschuß keinerlei Möglichkeit, den Konflikt durch irgendeinen Kompromiß friedlich beizulegen. Im Gegenteil, es wurde seitens der Regierungstruppen bewußt eskaliert. Als am 11. Januar das Gebäude des Vorwärts gestürmt werden sollte, schickten die Besetzer noch einmal eine Gruppe von sieben Parlamentären zu Verhandlungen heraus. Die unbewaffneten Männer wurden von den Regierungstruppen verhaftet, in eine Kaserne verschleppt und erschossen.[265] Danach wurde der Vorwärts unter Einsatz schwerer Artillerie gestürmt und das Zeitungsviertel von den Regierungskräften übernommen. In derselben Nacht wurde auch das Polizeipräsidium am Alexanderplatz gestürmt, am Morgen des 12. Januar war der Aufstand endgültig niedergeschlagen.

Am 15. Januar erfolgte die Festnahme von Rosa Luxemburg und Karl Liebknecht. Während Emil Eichhorn nach Braunschweig geflüch-

---

263 Sitzung der USPD-Arbeiterräte am 9. Januar 1919, SAPMO BArch, RY 19/II/143/2, Richard Müller: Bürgerkrieg, S. 58 f.
264 Zur Beschreibung der Stimmung in der Arbeiterschaft vgl. auch die Darstellung von Sebastian Haffner: Die Deutsche Revolution 1918/1919, Hamburg 2004, S. 164 ff.
265 Richard Müller: Bürgerkrieg, S. 66

tet war, hatten es Luxemburg und Liebknecht abgelehnt, die Stadt zu verlassen und waren in Berlin untergetaucht. Dies bedeutete ihren Untergang. Der Vorwärts hatte bereits am 13. Januar in einem Spottgedicht praktisch zur Ermordung der beiden aufgerufen, und die regierungstreue Garde-Kavallerie-Schützendivision kam diesem Auftrag bereitwillig nach.[266] Luxemburg und Liebknecht wurden aus ihrem Versteck heraus entführt und in das Quartier der Garde-Kavallerie-Schützendivision im »Hotel Eden« gegenüber dem Berliner Zoo gebracht. Dort wurden sie mißhandelt und schließlich »auf der Flucht« erschossen. Liebknechts Leiche wurde als »unbekannter Toter« ins Leichenschauhaus eingeliefert, der Körper Rosa Luxemburgs in den Landwehrkanal geworfen und erst Monate später aufgefunden.

Die Nachricht über die Auffindung von Liebknechts Leiche platzte mitten in eine Sitzung des Vollzugsrates. Cläre Casper, Sekretärin des Rates, erinnert sich: »Richard Müller unterbrach sofort die Sitzung und gab meine Meldung bekannt. Es wurde sofort eine Kommission gewählt, bestehend aus drei Genossen. (Richard Müller, Paul Eckert und Paul Wegmann). Diese fuhren sogleich nach dem Leichenschauhaus. Da es sich in den frühen Morgenstunden schnell herumgesprochen hatte, daß Karl Liebknecht im Schauhaus liege, hatte eine wahre Demonstration nach dorthin eingesetzt ...«[267]

Richard Müller als Vorsitzender hatte nun die traurige Plicht, Karl Liebknecht im Berliner Leichenschauhaus zu identifizieren.

Nach der Rückkehr der Kommission fragte der SPD-Vollzugsrat Fritz Brolat nach, ob es sich bei dem Toten wirklich um Liebknecht handele. Als er sich nach der Bestätigung zu der Bemerkung verstieg »Ja, Ja, das kommt von dieser Hetze« verlor Cläre Casper die Fassung: »... ich war über diese Unverschämtheit ganz empört, sprang auf ihn zu und schlug ihm ins Gesicht und schrie voller Wut: Ihr seid die Mörder, Ihr tragt die Schuld an allem.«[268]

---

266 Das Gedicht von Arthur Zickler (Vorwärts, 13.1.1919) hinterließ nachhaltigen Eindruck, sowohl in zeitgenössischen Quellen als auch in den 40 Jahre später in der DDR gesammelten Erinnerungsberichten von Zeitzeugen wurde es immer wieder mit Erbitterung zitiert. Vgl. u. a. Berichte von Gustav Milkuschütz, Bruno Peters und Jacob Weber. SAPMO BArch SG Y 30/0639, SG Y 30/0099 und SG Y 30/0985.
267 Erinnerungsmappe Cläre Derfert-Casper, SAPMO-BArch, Erinnerungen, SG Y30/0148, S. 31. In den Protokollen des Vollzugsrates ist der Vorgang nicht vermerkt. Da die Angaben Caspers ansonsten sehr verläßlich sind, handelte es sich evtl. nicht um eine offizielle Sitzung, sondern nur um eine informelle Besprechung.
268 Erinnerungsmappe Cläre Derfert-Casper, SAPMO-BArch, Erinnerungen, SG Y30/0148, S. 31.

Die Bilanz des Januaraufstandes war ernüchternd. Die Revolutionäre waren auf ganzer Linie besiegt worden. In Berlin herrschte das Militär mit Standrecht, die KPD war verboten und führerlos, auch Georg Ledebour war verhaftet und auf unbestimmte Zeit interniert, an der Basis herrschte Wut, Desillusionierung und Ratlosigkeit. Auf einer erneuten Versammlung der USPD-Arbeiterräte am 18. Januar machte nun die Basis ihrem Ärger Luft. Es wurde beschlossen, daß vor »Aktionen, die größeren Umfang annehmen« immer die Arbeiterräte anzuhören seien.[269] Die Stimmung unten an der Basis war auf einem Tiefpunkt angelangt, mehrere Delegierte berichteten von einem totalen Zusammenbruch der Kampfbereitschaft in ihren Betrieben. Aber auch die Räteaktivisten selbst waren demoralisiert, die Versammlung war schlecht besucht. Ernst Däumig beklagte: »Ich weiß in den Revolutionsgeschichten ziemlich genau Bescheid, glaube aber nicht, daß es jemals eine so lendenlahme Revolution gegeben hat, wie die, die wir bei uns haben [...] Die russischen Genossen haben Tag und Nacht gearbeitet und sind nicht müde geworden, hier sieht man auch wieder das traurige Bild, daß einer nach dem anderen verschwindet«. Mit den Worten »Ich möchte manchmal heulen vor Wut« verzichtete er daher auf ein geplantes Referat und die Versammlung wurde vorzeitig geschlossen.[270]

Auch für die Revolutionären Obleute war der Vorgang ein Schock. Sie hatten mehrheitlich den Revolutionsausschuß gestellt, das Scheitern des Aufstandes war eine fatale Niederlage für die Gruppe. Ein Schock, von dem sie sich nicht wieder erholten. Richard Müller berichtet, daß das Ansehen der Obleute schweren Schaden genommen hatte und die Initiative sich nun in den Kreis der USPD-Arbeiterräte verlagerte.[271] Die Revolutionären Obleute lösten sich als Gruppe mehr oder weniger auf, wenn auch die beteiligten Personen im Vollzugsrat, der Vollversammlung der Arbeiterräte und später der Betriebsrätezentrale weiterhin eng zusammenarbeiteten.[272]

---

269 Obwohl Richard Müller gegen den Januaraufstand gewesen war, äußerte er Kritik an diesem Beschluß, mußte ihn aber akzeptieren. Sitzung der USPD Arbeiterräte am 18. Januar 1919, SAPMO BArch, RY 19/II/143/2.
270 Sitzung der USPD Arbeiterräte am 18. Januar 1919, SAPMO BArch, RY 19/II/143/2.
271 Richard Müller: Bürgerkrieg, S. 90, S. 208. Die deutliche Kritik der Basis in den drei überlieferten Protokollen der USPD-Arbeiterratssitzungen vom 9.-18. Januar deutet eine solche Tendenz bereits an, wenn auch dort niemand die Obleute im speziellen, sondern nur die »Führer« im allgemeinen angriff, vgl. SAPMO BArch, RY 19/II/ 143/2
272 Richard Müller: Bürgerkrieg, S. 90, S. 208. Dirk H. Müller spricht von einer formellen Spaltung der Obleute in eine KPD- und eine USPD-Fraktion, stützt sich dabei auf Müllers kurze Anmerkungen und Aussagen Barths, der jedoch während der Ja-

Trotz dieser nahezu totalen Niederlage der Linken gaben Müller und Däumig nicht auf. Auch die bürgerliche Mehrheit bei der Wahl zur Nationalversammlung am 19. Januar konnte sie nicht erschüttern – im Grunde hatten sie ein solches Ergebnis vorhergesagt. SPD und USPD gemeinsam hatten es nicht geschafft, die Mehrzahl der Mandate zu erringen. Die Nationalversammlung tagte nun in Weimar, weil die Situation in Berlin zu gefährlich erschien. Dort waren die sozialdemokratischen Parteien nun auf die Zustimmung der bürgerlichen Kräfte angewiesen, um eine neue Verfassung auszuarbeiten.

Müller und Däumig versuchten unterdessen, die Rätebewegung zu reorganisieren. Eine Resolution der Berliner Räte-Vollversammlung warnte vor der rätefeindlichen Mehrheit der Nationalversammlung und verlangte einen zweiten Reichsrätekongreß. Richard Müller sandte diese Forderung zur Information und Stellungnahme an alle Arbeiter- und Soldatenräte im deutschen Reich.[273] Der Anstoß fand ein breites Echo, und der sozialdemokratische Zentralrat mußte schließlich für den April 1919 einen zweiten Kongreß einberufen.

Vor allem jedoch bemühten sich Müller und Däumig, das Rätekonzept auch theoretisch weiter auszuarbeiten. Als Minimalprogramm der Bewegung dienten bisher Kontrollrecht im Betrieb und die Sozialisierung der Schlüsselindustrien, alles andere war unklar.[274] Das Forum für die notwendigen Debatten um die Zukunft der Räte wurde schließlich die von Däumig im Februar 1919 gegründete Zeitschrift »Der Arbeiter-Rat«, in der erstmals Entwürfe für eine dauerhafte Institutionalisierung des Rätesystem vorgelegt wurden.[275] Denn weder die Massenstreikdebatte des Jahres 1905 noch die Rezeption von Marx Schriften über die Pariser Kommune hatten in der Vergangenheit zur Herausbildung einer wirklichen Rätetheorie geführt, selbst im basisdemokratisch orientierten Anarchosyndikalismus gab es seinerzeit nur vage Vorstellungen über die konkrete Organisation einer nichtkapitalistischen Produktionsweise.

---

nuartage nicht in Berlin war (Vgl. Emil Barth: Aus der Werkstatt der deutschen Revolution, S. 129) und auch den Obleuten nicht mehr angehörte. Dirk H. Müller: Versammlungsdemokratie, S. 327. Insgesamt fehlen ausführliche Quellen über die Umstände der Auflösung der Obleute.

273 Dokumente und Materialien zur Geschichte der deutschen Arbeiterbewegung, Reihe II Bd. 3, Berlin (DDR) 1958, S. 122.
274 Vgl. Peter von Oertzen: Betriebsräte in der Novemberrevolution, S. 85.
275 Ebenda, S. 79. Richard Müller war als Autor für den »Arbeiter-Rat« tätig, mit der Nr. 45/46 vom Herbst 1920 löste er Max Sievers als verantwortlichen Redakteur ab. Die Schriftleitung lag stets bei Ernst Däumig.

Däumig und Müller prägten im Laufe des folgenden Jahres die Theorie des »reinen Rätesystems«, deren wesentliche Grundlagen sich direkt aus der Praxis der Arbeiterräte entwickelten.[276] Wegweisend waren etwa die »Richtlinien für die Aufgaben und das Tätigkeitsgebiet der Arbeiterräte«, welche die Vollversammlung der Groß-Berliner Arbeiterräte am 17. Januar 1919 angenommen hatte.[277] Diese Richtlinien waren Ergebnis des von Müller und den Revolutionären Obleuten angestoßenen Klärungsprozesses.[278] Sie bemühten sich um eine Vereinheitlichung und Systematisierung der bestehenden Rätestrukturen und stellten sozusagen ein sozialistisches Übergangsprogramm dar. Weitere Entwürfe folgten und wurden von Müller und Däumig nicht nur im »Arbeiter-Rat« sondern auch in Broschüren und Publikationen veröffentlicht.[279] Sie sollten den Rätegedanken popularisieren und die Pauschalvorwürfe, Räteherrschaft bedeute »bolschewistisches Chaos«, entkräften.

Der Begriff »reines Rätesystem« meinte, daß die angestrebte Rätestruktur nicht als Ergänzung der parlamentarischen Demokratie gedacht war, sondern diese ersetzen sollte.[280] Ferner wollten ihre Verfechter keine Unternehmerbeteiligung in den Räten dulden, sondern

---

276 Eine zusammenfassende Synthese von Müllers Vorstellungen zum Rätesystem einschließlich ihrer historischen Grundlagen findet sich in seinem Aufsatz »Das Rätesystem in Deutschland«, in: Die Befreiung der Menschheit, Leipzig 1921. Für weitere Entwürfe von Müller und Däumig zum Rätesystem vgl.: Richard Müller, Ernst Däumig: »Hie Gewerkschaft – Hie Betriebs-Organisation – zwei Reden zum heutigen Streit um die Gewerkschaften«, Berlin 1919; Richard Müller: Das Rätesystem im künftigen Wirtschaftsleben, in: Der Arbeiter-Rat, Nr. 6, Jg 1919, nachgedruckt in Udo Bermbach (Hg.): Theorie und Praxis der direkten Demokratie. Texte und Materialien zur Räte-Diskussion, Opladen 1973, S. 88 f.; Richard Müller: Die staatsrechtliche Stellung der Arbeiter- und Soldatenräte, in: Der Arbeiter-Rat, Nr. 6, Jg. 1919; Ernst Däumig: Der Rätegedanke und seine Verwirklichung, in: Revolution – Unabhängiges sozialdemokratisches Jahrbuch, Berlin 1920, S. 84 ff., nachgedruckt in: Dieter Schneider, Rudolf Kuda (Hg.): Arbeiterräte in der Novemberrevolution, S. 69 ff.; Ernst Däumig, Irrungen und Wirrungen, in: Der Arbeiter-Rat, Nr. 2 Jg. 1919, auszugsweise nachgedruckt in Dieter Schneider, Rudolf Kuda (Hg.): Arbeiterräte in der Novemberrevolution, S. 78 ff.
277 Der Arbeiter-Rat, Nr. 20, Januar 1919. Nachgedruckt in: Dieter Schneider, Rudolf Kuda (Hg.): Arbeiterräte in der Novemberrevolution, S. 80.
278 Peter von Oertzen: Betriebsräte in der Novemberrevolution, S. 83.
279 Vgl. etwa Richard Müller: Ernst Däumig »Hie Gewerkschaft – Hie Betriebs-Organisation – zwei Reden zum heutigen Streit um die Gewerkschaften«, Berlin 1919.
280 Die folgende Darstellung des reinen Rätesystems stützt sich auf: Volker Arnold: Rätebewegung und Rätetheorien in der Novemberrevolution, 2. überarbeitete Auflage Hamburg 1985, S. 148-211; Peter von Oertzen: Betriebsräte in der Novemberrevolution, S. 69-109; Dieter Schneider, Rudolf Kuda (Hg.): Arbeiterräte in der Novemberrevolution, S. 34-64 und 65 ff., 109 ff.; sowie Günter Hottmann: Die Rätekonzeptionen der Revolutionären Obleute und der Links- (bzw. Räte-) Kommunisten in der Novemberrevolution: Ein Vergleich (unter Einschluß der Genese der Rätekonzeptionen), Staatsexamensarbeit Göttingen 1980, passim.

entwarfen eine reine Arbeiterrätestruktur. Das reine Rätesystem wurde im Verlauf der Kämpfe des Jahres 1919 zum einflußreichsten Rätemodell, unter anderem weil die SPD Rätestrukturen mehrheitlich ablehnte, zumindest aber auf Unternehmerbeteiligung bestand. Die KPD hingegen betonte die Notwendigkeit einer Übernahme der Staatsmacht und verwarf detaillierte Räteentwürfe als »Schematismus«.

Das von Müller und Däumig propagierte Rätesystem hatte eine dreifache Funktion als Kampforganisation der Arbeiter und Arbeiterinnen im Kapitalismus, als Übergangsform zur Vorbereitung von Sozialisierung und Sozialismus sowie als Idealvorstellung einer sozialistischen Planwirtschaft. Sozialistische Utopie und konkrete Kampforganisation waren hier nicht getrennt, die revolutionären Organisationen sollten emanzipatorische Zielvorstellungen bereits in sich aufnehmen. Die Erkämpfung der Rätestrukturen von unten nach oben würde den Unternehmern ihr Herrschaftswissen entreißen und die Arbeiter und Arbeiterinnen Zug um Zug darauf vorbereiten, in Zukunft die Gesamtwirtschaft planmäßig zu leiten.

Trotz seiner radikaldemokratischen Ausrichtung verstanden Müller und Däumig ihr Modell allerdings als Umsetzung einer »Diktatur des Proletariats«. Diktatur wurde hier als Klassenherrschaft der Arbeiter und Arbeiterinnen verstanden: Nur wer ohne Ausbeutung fremder Arbeitskraft gesellschaftlich nützliche Tätigkeit verrichtete, war wahlberechtigt. Der Begriff Proletariat war somit rein ökonomisch gefaßt: bürgerliche Intelligenz, Angestellte, Ingenieure, Beamte etc. wurden als »Kopfarbeiter« ausdrücklich umworben. Tatsächlich arbeiteten Angehörige verschiedener bürgerlicher Berufe nach der Novemberrevolution als Fraktion der »Demokraten« in den Rätestrukturen mit, konnten aber mehrheitlich nicht für sozialistische Zielvorstellungen gewonnen werden.[281]

Trotz des Anspruches einer proletarischen Klassendiktatur grenzte sich das Modell von leninistischen oder sozialdemokratischen Verstaatlichungsvorstellungen durch die zentrale Idee der Arbeiterselbstverwaltung ab.

Es wies eine Parallelstruktur aus wirtschaftlichen und politischen Arbeiterräten auf, erstere nach Betrieben, letztere territorial gewählt. Bei den politischen Arbeiterräten war eine Pyramide aus kommunalen

---

281 Vgl. zur Fraktion der Demokraten im Vollzugsrat die Bemerkungen der Herausgeber in Gerhard Engel u. a. (Hg.): Groß-Berliner Arbeiter- und Soldatenräte, Band 3, S. XXVI ff. Die Demokraten waren es allerdings, die erste weibliche Delegierte in die Rätebewegung einbrachten. Oft stammten diese aus Angestelltenberufen oder waren Lehrerinnen.

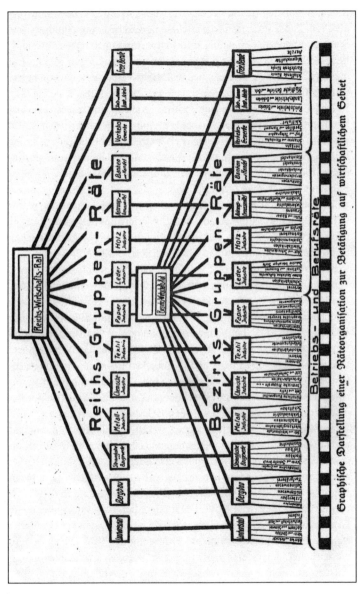

Schema Reines Rätesystem. Quelle: Richard Müller, »Das Rätesystem in Deutschland«, in: Die Befreiung der Menschheit, Leipzig 1921.

Räten, regionalen Räten, nationalem Rätekongreß und Zentralrat vorgesehen. Sie sollten die klassischen politischen Verwaltungen wie Stadtrat, Landesregierung bis zur Reichsregierung ersetzen und sämtliche nicht direkt produktionsrelevanten Entscheidungen treffen. Für die wirtschaftlichen Räte ergaben sich Betriebsräte, branchenbezogene Bezirks-Gruppen-Räte und allgemeine Bezirks-Wirtschaftsräte, darüber Reichs-Gruppen-Räte für jede Industriebranche und ein Reichswirtschaftsrat an der Spitze. Die aus mehr als hundert Personen bestehenden größeren Rätekörper wie Reichswirtschaftsrat und Reichsgruppenräte sollten jeweils geschäftsführende Ausschüsse bilden, um handlungsfähig zu bleiben. Oberste Instanz des ganzen Systems sollte ein beiden Flügeln gemeinsamer Zentralrat sein.

Das Modell in Reinform setzte somit die Übernahme der politischen Macht durch die Räte, die Neugliederung des deutschen Reiches nach Wirtschaftsbezirken und die Abschaffung von parlamentarischen Strukturen voraus. Exekutive und Legislative wären nicht mehr getrennt, es gäbe lediglich eine politische und eine ökonomische Selbstverwaltung. Nur die beiden unteren Ebenen, also kommunale Räte, Betriebsräte und Bezirksgruppenräte sollten direkt gewählt, die oberen Ebenen dagegen indirekt von den unteren Räten gewählt werden. Die Leitungen der Einzelbetriebe würden gemeinsam von Betriebsrat und Bezirksgruppenrat eingesetzt werden. Diese indirekten Wahlelemente sind als Konzession Müllers und Däumigs an Effizienzkriterien zu sehen: die oberen Räte-Ebenen sollten Sachverstand sammeln, Koordinationsaufgaben leisten und die Interessen der Gesamtwirtschaft gegenüber den Interessen der einzelnen Belegschaften vertreten.

Sämtliche Räte auf allen Ebenen wären jedoch jederzeit wählbar und abwählbar, um Bürokratisierung und Hierarchiebildung zu verhindern. Das Modell war durch seinen umfassenden, alle Produktionsbereiche erfassenden Anspruch überparteilich gedacht und machte im Idealtyp auch Gewerkschaften überflüssig. Bis zu seiner Verwirklichung verfochten Müller und Däumig aber sehr entschieden die Organisation in den freien Gewerkschaften und sorgten zudem für die Verankerung des Rätesystems im Programm der USPD. Hier lag ein wesentlicher Unterschied zu den Syndikalisten, welche den sofortigen Austritt aus den Großgewerkschaften propagierten, sich in eigenen Basisgewerkschaften organisierten und Parteien meist generell ablehnten.[282]

---

282 Eine wesentliche Ausnahme war die als Linksabspaltung aus der KPD hervorgegangene KAPD, die stark syndikalistisch geprägt war. Vgl. dazu Hans Manfred Bock: Syndikalismus und Linkskommunismus von 1918-1923. Zur Geschichte und Sozio-

Müller und Däumig legten mit dem reinen Rätesystem einen Entwurf vor, der durch seinen basisdemokratischen Aufbau sowohl eine Überzentralisierung vermied, andererseits durch umfangreiche Koordinations- und Vermittlungsinstanzen auch eine Zersplitterung der Wirtschaft durch regionale Partikularinteressen und »Betriebsegoismus« auszuschließen suchte. Sie suchten damit einen Mittelweg zwischen dem unbedingten Föderalismus anarchosyndikalistischer Entwürfe und der zentralistischen Staatsgläubigkeit von sozialdemokratischen und bolschewistischen Planungskonzepten.[283]

Die Schwächen des von Müller und Däumig vorgelegten Entwurfs lagen im ungeklärten Verhältnis von territorialen Räten, wie z.B. den Berliner Kommunalen Arbeiterräten, und den auf betrieblicher Basis agierenden wirtschaftlichen Räten.[284] Auch die eigentliche Wirtschaftsplanung, also die Vermittlung von Bedarf und Produktion, blieb unklar. Man kann nur vermuten, daß Müller und Däumig eine demokratisierte Variante von Planungsverfahren, wie sie im Rahmen der Kriegswirtschaft oder innerhalb der großen Trusts üblich waren, im Sinn hatten.[285] Die dominierenden Monopolstrukturen, vor allem aber die Realität einer nahezu umfassenden Bedarfs-, Ressourcen- und Produktionsplanung im Rahmen der Kriegsökonomie, ließ damals grundsätzlichen Zweifeln an der Realisierbarkeit von Planwirtschaft wenig Raum.[286] Das befürchtete Chaos und Durcheinander führten die Gegner des Rätesystems daher nicht auf eine behauptete Überlegenheit des Marktes

---

logie der Freien Arbeiter-Union Deutschlands (Syndikalisten), der Allgemeinen Arbeiter-Union Deutschlands und der Kommunistischen Arbeiter-Partei Deutschlands, Meisenheim/Glan 1969.

283 Zum Vergleich mit dem Syndikalismus siehe Günter Hottmann: Die Rätekonzeptionen der Revolutionären Obleute und der Links-(bzw. Räte-) Kommunisten in der Novemberrevolution: Ein Vergleich (unter Einschluß der Genese der Rätekonzeptionen), Staatsexamensarbeit Göttingen 1980 sowie Volker Arnold: Rätebewegung und Rätetheorien in der Novemberrevolution, 2. Auflage Hamburg 1985, S. 184 ff.

284 Zum unvermittelten Nebeneinander der Räte in Berlin und zur Kritik des reinen Rätesystems im allgemeinen vgl. auch Gerhard Engel u. a. (Hg.): Groß-Berliner Arbeiter- und Soldatenräte, Bd. 3, S. XIII.

285 Eine solche Vorstellung vertrat etwa Lenin in seiner 1916 erschienenen Schrift »Der Imperialismus als höchstes Stadium des Kapitalismus«. Rätestrukturen waren hier allerdings nicht vorgesehen. Vgl. Wladimir Iljitsch Lenin: Werke, Band 22, Berlin/DDR 1960, S. 189-309.

286 Sogar bürgerliche Unternehmer und Politiker wie der Thyssen-Direktor Alphons Horten und der AEG-Direktor Walther Rathenau legten angesichts der offensichtlichen Wirtschaftskrise gegen Ende des Ersten Weltkrieges Pläne zu Sozialisierung und Staatswirtschaft vor. Vgl. dazu Walter Euchner, Ideengeschichte des Sozialismus in Deutschland, S. 286, in: Helga Grebing (Hg.): Geschichte der sozialen Ideen in Deutschland: Sozialismus – Katholische Soziallehre – protestantische Sozialethik, Essen 2000, S. 15-867.

bei der Vermittlung von Produktion und Konsum, sondern vor allem auf die radikalen Demokratieforderungen der Räteentwürfe zurück. Obwohl Däumig und Müller den letzten Einwand durch ihr umfassendes Organisationsschema zu entkräften suchten, bleibt im Rückblick die konkrete Bedarfsplanung genau wie die Abgrenzung von politischen und wirtschaftlichen Räten eine wesentliche Schwachstelle des reinen Rätesystems. Diese Unklarheiten wurden weder theoretisch noch praktisch ausgeräumt. Sie verweisen auf die kaum lösbare Problematik, die hoch arbeitsteiligen und komplex gegliederten wirtschaftlichen und politischen Strukturen einer kapitalistischen Industriegesellschaft in einem einzigen Entwurf nicht nur abzubilden, sondern auch komplett umzustrukturieren. Ein gewisser Schematismus in den Modellen von Müller und Däumig ist die Folge. Ein weiterer Aspekt dieser Unterkomplexität ist neben den genannten Problemen auch ein deutliches Demokratiedefizit. Dieses macht sich weniger durch den Ausschluß der Unternehmer vom Wahlrecht geltend, sondern vor allem durch die fehlende Repräsentation von Hausfrauen und Arbeitslosen im Rätesystem. Nicht nur die vormals herrschende Klasse, sondern auch wesentliche Teile der arbeitenden Bevölkerung wären damit von der Partizipation ausgeschlossen gewesen. Hinzu kommt die Tatsache, daß aufgrund des indirekten Wahlsystems für die oberen Rätegremien die Herausbildung einer hierarchischen Räte-Bürokratie nicht wirklich auszuschließen wäre.

Aus dieser Unterkomplexität, die auch anderen Rätetheorien eigen ist, wird vielfach geschlossen, das Rätesystem an sich sei eine unrealisierbare Utopie. Unbeachtet bleibt dabei, daß auch die bürgerliche Demokratie Jahrhunderte benötigte, um sich von einfachen Vorläufern zu ausdifferenzierten Systemen zu entwickeln. Auch die ebenso oft behauptete Ineffizienz radikaldemokratischer Strukturen ist keine grundsätzliche Widerlegung rätetheoretischer Modelle. Denn der durch die Räte verkörperte Selbstverwaltungsansatz bietet enormes Potential nicht nur für die Emanzipation der Arbeitenden, sondern auch für die effizientere Gestaltung von Arbeitsabläufen und Entscheidungen, die in hierarchischen Systemen oft einer Bürokratisierung und Verselbständigung unterliegen. Gerade der moderne, neoliberale Kapitalismus hat sich deshalb verstärkt bemüht, durch »flache Hierarchien«, Gruppenarbeit etc. dieses Problem anzugehen und die Kreativität der Arbeitenden möglichst direkt in den Arbeitsprozeß einfließen zu lassen. Durch die Notwendigkeit einer Effizienz im Sinne der Kapitalverwertung, die keineswegs identisch ist mit einer effizienten Befriedigung menschlicher Bedürfnisse, sind diesem Prozeß jedoch enge Grenzen gesetzt – eine reale Selbstverwaltung kommt nicht zustande. Die von Müller und Däumig entwickelten Rätekonzeptionen sind daher trotz ihrer Schwächen auch für spätere Generationen noch interessant. Großer Vorzug ihres Modells war und ist, daß Planwirtschaft und Selbstverwaltung nicht als Gegensatz gedacht werden, sondern die reale Selbstbestimmung der Arbeitenden Ausgangsüberlegung ist. Weder sozialdemokratische noch parteikommunistische Planungsutopien haben den Emanzipationsgedanken derart in den Mittelpunkt gerückt. Einzig die anarchosyndikalistische Bewegung als dritte große Strömung der Arbeiterbewegung hat die Selbstbefreiung der Produzenten ebenso energisch vertreten. Der Anarchismus war zwar in Deutschland stets eine marginale Randströmung gewesen, gewann aber in Form des revolutionären Syndikalismus vor allem im Ruhrgebiet um 1918/1919 erheblichen Einfluß. Von syndikalistischen Entwürfen hebt sich das Müllersche Modell allerdings durch seine hohe Vermittlungsebene ab. Bezirksräte und Reichswirtschaftsrat sollten für Interessenausgleich sorgen und überregionale Planung ermöglichen. In den zeitgenössischen syndikalistisch-föderalistischen Debatten fehlten solche Überlegungen zur gesamtgesellschaftlichen Vermittlung meist vollständig.

Weniger als Kritik des Anarchismus, sondern vor allem als Gegenmodell zum Partei- und Staatssozialismus war das reine Rätesystem immer wieder Ausgangspunkt für kritische Neukonzeptionen. Karl Korsch etwa, einer der Begründer des »westlichen Marxismus« und Inspirationsquelle für die Studierendenbewegung der sechziger Jahre, war 1919 Mitautor im »Arbeiter-Rat« und übernahm in seinen Schriften das Müllersche Rätemodell.[287] Korschs in späteren Jahren geäußerte und viel rezipierte Kritik am autoritären Marxismus ist nicht denkbar ohne seine Erfahrungen aus der Rätebewegung. Aber auch von einigen späteren Historikern und Politologen wurden Müllers Räteideen bewußt mit Blick auf eine Reform und Ausweitung der bundesrepublikanischen Mitbestimmungsmodelle analysiert, etwa durch Dieter Schneider, Rudolf Kuda und Peter von Oertzen.[288]

---

287 Zum Einfluß Müllers auf Karl Korsch vgl. Volker Arnold: Rätebewegung und Rätetheorien, S. 214-217. Korschs Texte aus dem »Arbeiter-Rat« sind nachgedruckt in: Michael Buckmiller (Hg.): Karl Korsch Gesamtausgabe Band 2 – Rätebewegung und Klassenkampf, Frankfurt a.M. 1980. Für Nachweise zur Ersterscheinung vgl. S. 622, 637, 638, 641.
288 Vgl. Dieter Schneider, Rudolf Kuda (Hg.): Arbeiterräte in der Novemberrevolution, S. 42-62 sowie das von Peter von Oertzen für die IG Metall verfaßte Gutachten »Die Probleme der wirtschaftlichen Neuordnung und der Mitbestimmung in der Revolution von 1918«, nachgedruckt in Peter von Oertzen: Betriebsräte in der Novemberrevolution.

Freilich fehlte diesen Aktualisierungsversuchen der politische Druck, um eine breitere Öffentlichkeit zu gewinnen, sie blieben eine akademische Debatte. Die weiteste und wirksamste Verbreitung fanden die Gedanken Müllers und Däumigs letztlich in ihrer Zeit, denn das reine Rätesystem war eines der einflußreichsten Leitbilder der damaligen Rätebewegung. Es mischte sich allerdings in der Praxis oft mit anarchosyndikalistischen Vorstellungen – zu beobachten etwa in der großen Streikwelle vom Frühjahr 1919.

Die Beteiligung der SPD am Angriff auf die Volksmarinedivision am Weihnachtsabend 1918, die Morde an Luxemburg und Liebknecht im Januar und auch die andauernde Verschleppung der Sozialisierung hatten Anfang 1919 das Vertrauen unterminiert, das die SPD beim ersten Rätekongreß noch genossen hatte. Generalstreiks im Ruhrgebiet, Mitteldeutschland und Berlin forderten nun die Anerkennung der Arbeiterräte und die unmittelbare Sozialisierung der Schlüsselindustrien. Doch die Streiks waren zeitlich und räumlich nicht koordiniert. Sie zwangen zwar die Regierung zu verbalen Konzessionen, konnten jedoch später einzeln niedergeschlagen werden. Die Initiative von Wilhelm Koenen zu einer deutschlandweiten Streikleitung, an der in Berlin auch Richard Müller mitwirkte, schlug fehl. Faktisch fingen daher die Streiks in Berlin erst an, als sie andernorts schon beendet waren, eine landesweite Dynamik konnte sich so nicht entfalten. Die in Reaktion auf die Streiks versprochene Sozialisierung fand niemals statt.[289]

In Berlin wurde nach dem Streikbeschluß am 3. März die Leitung durch die Vollversammlung der Arbeiterräte dem Vollzugsrat übertragen, womit Richard Müller eine entscheidende Rolle zukam. Er stellte nun den Vorsitz der Streikleitung. Zugleich moderierte er die Berliner Vollversammlungen der Räte, in denen täglich das weitere Vorgehen besprochen wurde. Besonders hier bemühte sich Richard Müller, die sozialdemokratischen Arbeiter in den Streik einzubeziehen und eine Einheitsfront von unten gegen die Regierung aufzubauen. Müller rechnete wie im Januar weiterhin auf einen sich abzeichnenden Linksschwenk der SPD-Basis, die sich im Widerspruch zu ihren Ministern befand. Er versuchte deshalb in der Vollversammlung, die Wogen zwi-

---

289 Zu den Märzstreiks vgl. David W. Morgan: The Socialist Left, S. 230; Richard Müller: Der Bürgerkrieg in Deutschland, Berlin 1925, S. 148-162, Heinrich August Winkler: Von der Revolution zur Stabilisierung, S. 159-184. sowie Regina Knoll, Der Generalstreik und die Märzkämpfe in Berlin im Jahre 1919, in: Wissenschaftliche Zeitschrift der Karl-Marx-Universität Leipzig, 1957/58, Gesellschafts- und sprachwissenschaftliche Reihe, H. 4, S. 477-489.

schen aufgebrachten SPD- und KPD-Delegierten zu glätten und ein gemeinsames Vorgehen sicherzustellen.[290] Seine Bemühungen waren zunächst erfolgreich: Zwar beteiligte sich die KPD nicht an der Streikleitung, aber am Streik selbst nahmen alle Arbeiterparteien von der SPD über die Unabhängigen und Kommunisten bis hin zu den Syndikalisten teil.[291] Es kostete sichtliche Anstrengung, diese Aktionseinheit herzustellen, immer wieder ergaben sich Streitfragen, etwa zum Weitererscheinen der linken Presse.

Es gelang zunächst, diese Klippen zu umschiffen. In der Vollversammlung vom 6. März brachen jedoch sämtliche Gegensätze wieder auf, als die Kommunisten und Unabhängigen auf der Stillegung der Gas-, Wasser- und Elektrizitätswerke bestanden. Müller ließ den von ihm nicht gern gesehenen Antrag zweimal abstimmen, die Mehrheit erklärte sich jedoch beide Male dafür. Als dann – angesichts der realen Machtverhältnisse völlig unrealistische – Forderungen nach Übernahme der Kommandogewalt durch den Vollzugsrat gestellt wurden, lagen auch bei Richard Müller die Nerven blank. Er erklärte den Delegierten: »Es hat jeder das Recht, sich so oft zu blamieren, wie er will. Ich mache mir gewiß große Mühe, die Versammlung hier zusammenzuhalten. Aber einmal wird es mir doch zu viel. Da soll der Teufel die Geduld behalten«.[292] Dann machte er bissig darauf aufmerksam, daß die Delegierten am nächsten Morgen nicht zu lange auf das Mitteilungsblatt der Streikleitung warten sollten: Es werde wegen Stromausfall nicht erscheinen können. Abschließend beantragte er die Vertagung der Versammlung.[293]

---

290 Vgl. Vollversammlung der Groß-Berliner Arbeiterräte vom 4. März 1919, in: Gerhard Engel u. a. (Hg.): Groß-Berliner Arbeiter- und Soldatenräte, Bd. 3, S. 10 f.; sowie Vollversammlung vom 5. März, S. 45. Der sowjetische Historiker J. S. Drabkin warf Müller wegen seiner Vermittlungsversuche vor, die »Gegensätze zu verwischen und zur ›Toleranz‹ aufzurufen«, auch er mußte aber zugeben, daß die separate Streikleitung der KPD keinen Einfluß hatte und »breite Kreise des Berliner Proletariats« die Position der Partei nicht verstanden. J. S. Drabkin: Die Entstehung der Weimarer Republik, Köln 1983, S. 153, S. 157.
291 Die KPD veröffentlichte während des Streiks mehrere Flugblätter, in denen heftigst gegen Richard Müllers Einheitsfront-Politik polemisiert wurde. Insbesondere sein angeblicher Versuch, auch die bürgerlichen Demokraten in die Streikleitung aufzunehmen, wurde kritisiert. Vgl. Dokumente und Materialien zur Geschichte der deutschen Arbeiterbewegung, Reihe II, Bd. 3, Berlin (DDR) 1958, S. 299, S. 303 f., S. 310. Falls das Angebot Müllers an die Demokraten der Realität entsprach, so wären das Umwerben der »Kopfarbeiter« für den Rätegedanken sowie die von Müller und Däumig angestrebte Überparteilichkeit des Rätesystems mögliche Gründe für sein Handeln. Der KPD jedenfalls bot dieser Streitpunkt einen willkommenen Anlaß, der eigentlichen Frage nach einer Einheitsfront mit der SPD auszuweichen.
292 Vollversammlung vom 6. März 1919, in: Gerhard Engel u. a. (Hg.): Groß-Berliner Arbeiter- und Soldatenräte, Bd. 3, S. 82.
293 J. S. Drabkin warf Müller vor, er hätte in dieser Situation versucht, »auf jede erdenk-

Vorher jedoch meldeten sich die SPD-Delegierten zu Wort. Sie protestierten heftig gegen den Beschluß zur Bestreikung der Gas-, Wasser- und Stromversorgung und erklärten ihren Austritt aus dem Streik, weil diese Maßnahme nicht zu verantworten sei. Nach dieser Erklärung verließen sie den Saal. Daraufhin legte Richard Müller die Streikleitung nieder, denn ohne die SPD-Delegierten sei der Vollzugsrat nicht handlungsfähig, die Versammlung müsse sich einen neuen Vorsitz wählen.

Die sozialdemokratisch dominierte Berliner Gewerkschaftskommission, die sich zu Anfang der Vollversammlung untergeordnet hatte, agitierte nun an den folgenden Tagen mit massenhaft verbreiteten Flugblättern heftig gegen den Streik, während die Kommunisten sich weigerten, gemeinsam mit den Unabhängigen eine neue Streikleitung zu bilden.[294] Die einheitliche Streikfront war zerbrochen, der Streik lag da ohne Führung, Organisation und gemeinsames Ziel.

Der Beschluß über die Unterbrechung der Versorgung wurde indessen umgesetzt – wobei es den Regierungstruppen allerdings gelang, im Westteil der Stadt die Wasserwerke zu besetzen und die Versorgung wieder in Gang zu bringen. Somit waren die bürgerlichen Viertel Berlins mit Wasser versorgt, die Arbeiterbezirke dagegen nicht. Ernst Däumig kritisierte diesen Zustand in der nächsten Vollversammlung aufs heftigste: »Derartige Dinge macht man, wenn man kopflos alles auf eine Karte setzt, wenn man vor dem Zusammenbruch steht.« Die Unterbrechung der Wasserversorgung sei nicht angängig »in einer Stadt, in der zur Zeit noch 50.000 Schwerverwundete in den Lazaretten liegen, in einer Stadt, in der die hygienischen Zustände für die Proletarier schlecht genug sind.«[295]

Zusätzlich zum schon vorhandenen Chaos war es nach Provokationen von Regierungstruppen bereits am 5. März zu bewaffneten Kämpfen zwischen regierungsnahen Freikorps und republikanischen Einheiten gekommen, die sich während der folgenden Tage ausweiteten. Mit

---

liche Weise eine Ausdehnung des Streiks zu verhindern«, wäre damit seiner Fraktion in den Rücken gefallen und hätte »mit routinierter Demagogie« die Resolution hintertrieben (J. S. Drabkin: Entstehung der Weimarer Republik, S. 160-161). Fakt ist, daß Müller sich mit allen Mitteln gegen die Wassersperrung wehrte, um der SPD keinen Vorwand zum Bruch der Streikfront zu geben,. Er hielt also auch gegen Ende des Streiks an seiner Einheitsfronttaktik fest, obwohl die eigene Fraktion ihn dabei nicht mehr unterstützte. Mag auch die Hoffnung auf einen Linksschwenk der SPD-Fraktion unrealistisch gewesen sein – die verlangte Machtübernahme durch den Vollzugsrat war angesichts der militärischen Verhältnisse zu diesem Zeitpunkt ebenso illusorisch.

294 Richard Müller: Bürgerkrieg, S. 159.
295 Vollversammlung vom 7. März 1919, in: Gerhard Engel u. a. (Hg.): Groß-Berliner Arbeiter- und Soldatenräte, Bd. 3, S. 111.

dem Vorwand, Plünderungen zu verhindern und Ordnung zu schaffen, eskalierten die zahlenmäßig und an Ausrüstung weit überlegenen Freikorps bewußt die Situation. Die Bevölkerung war eingeschüchtert und verwirrt, auch die Delegierten des Vollzugsrates wußten zunächst überhaupt nicht, was vorgeht und hielten die bewaffneten Kämpfe zunächst für unpolitische Rivalitäten der Truppen untereinander.[296]

Richard Müller entschloß sich am Abend des 6. März, trotz alledem als Vertreter des Vollzugsrats die nächste Vollversammlung zu leiten. »Eine dankbare Aufgabe ist es jedenfalls nicht, aber wir müssen es versuchen« teilte er seinen Ratskollegen lapidar mit, »denn wir können die Dinge nicht laufen lassen, wie sie wollen«. Um wieder Entscheidungsfähigkeit herzustellen, bemühte er sich zusätzlich um eine Aussprache zwischen den verschiedenen Parteien vor der nächsten Versammlung.[297]

Auf der Vollversammlung am 7. März wurde dann der Bericht einer Verhandlungskommission aus Weimar entgegengenommen. Heinrich Malzahn berichtete für die Delegation, die mit Nationalversammlung und der Regierung verhandelt hatte. Die Regierung hatte sich zwar bereit erklärt, die Arbeiterräte in der Verfassung zu berücksichtigen, verweigerte jedoch jede konkrete Zusage und wollte auch keine Amnestie für die politischen Gefangenen des Streiks zusagen, solange in Berlin noch Kämpfe und Plünderungen an der Tagesordnung seien. Aus diesem Grund wurde auch die Aufhebung des Belagerungszustandes verweigert.[298] Dieses Ergebnis war ernüchternd. Weder die eigentlichen politischen Forderungen wurden anerkannt, noch war ein Ende der Repression abzusehen. Die Regierung vertraute auf ihre militärische Überlegenheit und die Schwäche des Streiks, der andernorts schon abgebröckelt war.

Nach einiger Diskussion hielt Ernst Däumig einen längeren Redebeitrag. Er beschrieb die Verfahrenheit der Situation und plädierte für den Abbruch des Streiks unter der Bedingung, daß keine Maßregelungen erfolgten, alle Gefangenen freikämen, die vom Militär besetzten

---

296 Selbst Militärexperte Ernst Däumig meinte, das Militär führe »augenblicklich nur einen Konkurrenzkampf und keinen politischen Kampf«, Richard Müller hielt die Gefechte für »Kämpfe der Truppen unter sich«. Es ist auch möglich, daß beide die Kämpfe für von der Regierung provoziert hielten und bewußt die Version von »unpolitischen Rivalitäten« vertraten, um die Arbeiter vom Eingriff abzuhalten und eine Wiederholung der blutigen Januartage zu vermeiden. Vgl. Gerhard Engel u. a. (Hg.): Groß-Berliner Arbeiter- und Soldatenräte, Bd. 3, S. 87, S. 124.
297 Sitzung des Vollzugsrates mit Mitgliedern des Zentralrates vom 6. März 1919, in: Gerhard Engel u. a. (Hg.): Groß-Berliner Arbeiter- und Soldatenräte, Bd. 3, S. 87, S. 91 f.
298 Vollversammlung vom 7. März 1919, in: Gerhard Engel u. a. (Hg.): Groß-Berliner Arbeiter- und Soldatenräte, Bd. 3, S. 92-97.

Betriebe freigegeben würden und die Freikorps Berlin verließen. Nach Däumigs Rede mußte die Versammlung im Dunkeln tagen, »da die Annahme bestand, daß infolge Streiks der Elektrizitätswerke eine Beleuchtung nicht möglich sei«. Aus diesem Grund bricht auch das Protokoll ab, es wird lediglich vermerkt, daß Däumigs Resolution »unter großer Erregung« angenommen worden sei.[299]

Von einer organisierten Streikbewegung konnte mittlerweile nicht mehr die Rede sein, die Situation glitt auf eine weitere katastrophale Niederlage zu. Richard Müller beurteilte den Streik bei der Eröffnung der nächsten Vollversammlung mehr als pessimistisch: »Er ist unterhöhlt, er bröckelt ab, er wird in wenigen Tagen vollständig abbrechen.« Die offene Distanzierung der SPD und der Berliner Gewerkschaftskommission durch massive Flugblattpropaganda mache ein Weiterstreiken unmöglich. Obwohl am gestrigen Abend gegen ihn »die unflätigsten Schimpfworte geschleudert worden« waren, sei es seine Pflicht, diese Tatsachen offen auszusprechen. Daher gelte es nun, »geschlossen die Arbeit aufzunehmen, die Arbeiter zusammenzuhalten, um bei gegebener Zeit wieder geschlossen in die Aktion zu treten«. Danach präsentierte er die Bilanz von telefonischen Verhandlungen mit Scheidemann über die Beilegung des Konflikts. Viel war es nicht, was Richard Müller an Ergebnissen bieten konnte. Die Rücknahme der Truppen wurde abgelehnt, die Nicht-Maßregelung von Streikenden in Staatsbetrieben garantiert, alles andere an andere Instanzen verwiesen.[300]

Es war nicht einfach, der erregten Menge ein solches Ergebnis zu präsentieren. Doch Müller hielt es angesichts der Lage für seine Pflicht, den seiner Meinung nach aussichtslosen Streik wenigstens geordnet abzubrechen um eine weitere Zersplitterung und Kräfteverschwendung zu vermeiden.

Die folgende Diskussion verlief entsprechend hitzig. USPD-Sprecher Hugo Albrecht brandmarkte besonders die bürgerliche und sozialdemokratische Presse, welche das Gemetzel auf den Straßen als Bekämpfung eines »Spartakistenputsches« durch Regierungstruppen darstellte. Albrecht holte aus: »Die Genossen wissen, daß wir Deutschen an dem Unfug leiden, daß wir lesen können; wenn wir zur Hälfte Analphabeten wären, würde es nicht möglich sein, uns so belügen zu können, [...]. Ohne Lesen und Schreiben zu können ist man zehnmal vernünftiger, als wenn man jetzt die bürgerliche Lügenpresse liest.«[301]

---

299 Ebenda, S. 112 f.
300 Vollversammlung vom 8. März 1919, in: Gerhard Engel u. a. (Hg.): Groß-Berliner Arbeiter- und Soldatenräte, Bd. 3, S. 123 f.
301 Ebenda.

Der Kommunist Herrfurth geißelte ebenfalls das Wüten der Freikorps, er berichtete von 30 Soldaten, die seine Wohnung bei einer Durchsuchung verwüstet hätten. Herrfurth hob heraus, daß die Kommunisten jede putschistische Taktik ablehnten und nicht für die Ausschreitungen verantwortlich seien. Dann verlas er eine Resolution der KPD, in der die »wüste Pogromhetze« der SPD verurteilt wurde, die in Weimar versprochene Sozialisierung als »Staatskapitalismus« bezeichnet wurde, welche das »gesamte werktätige Volk zu Schuldsklaven des Kapitals« mache. Für das Bröckeln des Streiks wurden die »Feigheit und Kompromißsucht der Führer der USPD« einschließlich Richard Müllers verantwortlich gemacht. Insbesondere verurteilte man die Beteiligung der »Scheidemänner« an der Streikleitung, ohne hier weiter zwischen SPD-Basis und Regierung zu unterscheiden. Denn anders als im Januarstreik 1918 war im März 1919 ernsthaft eine Einheitsfront von unten ohne die sozialdemokratische Führung versucht worden.

Richard Müller reagierte gelassen auf diesen Angriff. Er bemerkte trocken: »Es geht nicht an, daß man zuerst zur Diskussion spricht und dann den neuesten Leitartikel für die ›Rote Fahne‹ vorliest«.[302]

Die Diskussion verlief erregt, immer wieder ging es um den Belagerungszustand, die Schießereien und die Übergriffe des Militärs. Herrfurth stellte schließlich fest, daß auch die Sozialdemokratie die Kontrolle über die Exzesse der Freikorps längst verloren hätte: »Das ganze Reich liegt heute in den Händen der Soldateska. Major Gisla macht was er will, und Noske hat zu allem Ja und Amen zu sagen. Der Mann gehört in die Kaltwasseranstalt.«[303]

Jedoch kam weiter nicht viel heraus bei den Debatten. Trotz ergebnisloser Verhandlungen mit der Regierung in Weimar und Oberbefehlshaber Noske in Berlin sah sich die Vollversammlung am 8. März letztlich gezwungen, den Streik abzubrechen. Auch diese Abstimmung mußte Richard Müller zweimal durchführen lassen, am Ende war das Ergebnis jedoch eindeutig.[304]

Die Regierung nutzte die Schwäche der Linken aus und führte die Kämpfe auch nach Streikabbruch fort. Wie schon im Januar wollte man von Verhandlungen nichts wissen und war auf die physische Vernichtung des Gegners aus. Mehrere Tage lang wurden die von bewaffneten Arbeitern verteidigten Bezirke Friedrichshain und Kreuzberg belagert und beschossen, Noske und seine Truppen scheuten sich auch nicht, da-

---

302 Ebenda, S. 125-126.
303 Ebenda, S. 133. Mit Kaltwasseranstalt ist eine Nervenheilanstalt gemeint, benannt nach den damals üblichen Behandlungen mit Kaltwassergüssen.
304 Ebenda, S. 136.

bei schwere Artillerie in Wohngebieten einzusetzen. Die revolutionäre Volksmarinedivision, aber auch der linke Flügel der »Republikanischen Soldatenwehr« wurden in diesen Kämpfen vollständig aufgerieben. Damit waren die letzten republikanischen Truppen in der Hauptstadt vernichtet.[305] Es ist kein Zufall, daß am 6. März 1919, während in Berlin die Kämpfe tobten, die Weimarer Nationalversammlung ein Gesetz zur Bildung einer vorläufigen Reichswehr verabschiedete. Es sah ein Heer mit klassischer Disziplin ohne Soldatenräte vor und legalisierte faktisch die Freikorps.[306] Zeitgleich mit der Vernichtung der republikanischen Truppen wurden damit die kaisertreuen und reaktionären Verbände als Armee des neuen Staates institutionalisiert – ein schwerer Geburtsfehler, der entscheidend zum Untergang der Weimarer Republik beitrug.

Richard Müller verfaßte im Anschluß an die Märzkämpfe einen offenen Brief an Philipp Scheidemann, der durch die Nationalversammlung zum provisorischen Ministerpräsidenten des Reiches gewählt worden war. Müller konfrontierte Scheidemann mit seinen Äußerungen aus dem Januarstreik 1918, in dem dieser den Belagerungszustand als »Saat des Hasses« gegeißelt hatte. Auch hatte er damals das Verlangen der Reaktionäre nach einem starken, mit Gewalt regierenden Reichskanzler entschieden zurückgewiesen. Nur der »Auswurf des deutschen Volkes«, so Scheidemann 1918, könne derartige Forderungen erheben. Im März 1919 jedoch habe Philipp Scheidemann selbst als Regierungschef genau jene Forderungen der Reaktion aus dem Jahre 1918 erfüllt.[307]

Der Beschuldigte wies in seiner Antwort alles von sich. Er rechtfertigte das Standrecht mit einer angeblichen »Kriegserklärung« der Volksmarinedivision an die Republik. Mit geschickter Spaltungsrhetorik bezeichnete Scheidemann den Streik an sich als legitim, distanzierte sich aber von Diebstählen und verbrecherischen »Elementen«, welche die Revolution zu einer »Plünderungs- und Raubgelegenheit« degradiert hätten.[308]

---

305 Karl Grünberg: Episoden, S. 149-169, Richard Müller: Bürgerkrieg, S. 163-191.
306 In: Lothar Berthold, Helmut Neef (Hg.): Militarismus und Opportunismus gegen die Novemberrevolution, Berlin 1978, Dok. 186, Dok. 187.
307 Der Arbeiter-Rat, Nr. 6/1919, auch in: Die Republik, 21. März 1919. Für einen Augenzeugenbericht der Kämpfe vgl. auch Franz Beiersdorf: Materialien über die Niederschlagung des »Spartakusaufstandes« im März 1919, SAPMO-BArch, DY 30 IV 2/2.01.
308 Briefe zum Generalstreik, Vorwärts, 22. März 1919.

Trotz der Niederlage, des chaotischen Verlaufs und der andauernden persönlichen Angriffe gegen ihn bezeichnete Richard Müller die Märzstreiks später als »gewaltigste Erhebung des deutschen Proletariats, der Arbeiter, Angestellten und Beamten und selbst eines Teils der kleinbürgerlichen Mittelschichten. Eine Erhebung die an Größe und Tiefe bisher noch nicht zu verzeichnen war. [...] Sie erreichten das gesteckte Ziel nicht, aber ohne diese gewaltige Volksbewegung, ohne diese Kämpfe wären die winzigen Fortschritte auf sozialem Gebiet nicht zu erreichen gewesen«.[309] Seine Einschätzung der Streiks als die »entscheidenden Kämpfe um die Weiterführung der Revolution«[310] ist im historischen Rückblick zweifellos korrekt. Müllers Würdigung der »winzigen Fortschritte auf sozialem Gebiet« mutet jedoch eher zweckoptimistisch an. Sie erinnert fatal an das Fazit der Revolutionserinnerungen des Sozialdemokraten Hermann Müller-Franken. Dort liest man am Schluß den denkwürdigen Satz: »Die Revolution hat den Kreis der Sozialversicherten bedeutend erweitert.«[311]

Auf dem zweiten Reichsrätekongreß, der vom 8.-14. April 1919 tagte, wurde heftig über die Märzstreiks und die Gewaltpolitik der Regierung diskutiert. Jedoch herrschte auf diesem Kongreß durch das territoriale Wahlrecht eine starke sozialdemokratische Mehrheit, die wie schon im Dezember die Räte als solche ablehnte. Bereits im Vorfeld hatte Müller daher »stärkstes Mißtrauen« in bezug auf den Kongreß geäußert, sich allerdings gegen einen Boykott ausgesprochen – wie sollte er auch, schließlich gehörte er zu denjenigen, die diesen Kongreß am entschiedensten gefordert hatten.[312] Im Laufe der Diskussionen gelang es der USPD-Fraktion auf dem Kongreß zwar, die Gewißheiten mancher Abgeordneten zu erschüttern, wirklich neue Impulse für die Rätebewegung gingen jedoch von dieser Versammlung nicht aus.[313] Die Aufmerksamkeit wurde gebunden durch den Schock der Märzereignisse, aber auch die Kämpfe um die Bayrische Räterepublik und erneut aufflammende Streiks im Ruhrgebiet lenkten von einer Bestandsaufnahme der Rätebewegung ab.

---

309 Richard Müller: Bürgerkrieg, S. 161.
310 So die entsprechende Kapitelüberschrift in seinem Buch »Der Bürgerkrieg in Deutschland«.
311 Hermann Müller-Franken: Die Novemberrevolution, S. 285.
312 Richard Müller: »Unsere Mindestanforderungen an den zweiten Rätekongreß«, der Arbeiter-Rat, Nr. 9 Jg. 1919.
313 Richard Müller: Bürgerkrieg, S. 208-211. Zum Verlauf des Kongresses vgl. auch Freiheit, Nr. 165 vom 8.4.1919, Vorwärts, Nr. 182 vom 9.4.1919 sowie Nr. 190 vom 13.4.1919.

Die traumatischen Erfahrungen der Januaraufstandes und der Märzkämpfe wiederholten sich in den lokalen Räterepubliken in Bayern, Braunschweig und Bremen. Sie alle erlitten ein ähnliches Schicksal: es blieben lokale, voneinander isolierte Bewegungen und konnten daher durch die Regierung einzeln mit Gewalt niedergeschlagen werden. Ein Bürgerkrieg tobte in Deutschland, das Bündnis aus rechten Freikorps und sozialdemokratischer Reichsregierung bemühte sich um die physische Vernichtung seiner politischen Gegner aus dem linken Lager.

Die Vereinzelung der linken Initiativen zur Weiterführung der Revolution war sicher der Hauptgrund für deren Scheitern. Ein weiterer ist die Tatsache, daß in Deutschland, anders als in Rußland, die provisorische Regierung nach dem Sturz der Monarchie nicht bürgerlich sondern sozialdemokratisch war. Auch deswegen konnte sie schwerlich durch die enttäuschten Massen von links gestürzt werden, denn es gab trotz aller Vorfälle stets eine große Anzahl von Arbeitern und Arbeiterinnen, die sich mit den sozialdemokratischen Volksbeauftragten identifizierten. In der russischen Oktoberrevolution hingegen rührte die Mehrheit keinen Finger für die Verteidigung der provisorischen Regierung, weil sich aus den Reihen der Arbeiterklasse und der Soldaten niemand mehr mit dieser identifizieren konnte.

Nach dem Scheitern der Märzstreiks 1919 änderte die Rätebewegung ihre Stoßrichtung. Da es endgültig gescheitert war, die Nationalversammlung durch ein Räteorgan zu ersetzen, sollten nun die Räte mit möglichst weitgehenden Befugnissen in die Weimarer Verfassung integriert werden – eine Wende, die von Müller und Däumig nur zähneknirschend und, wie David Morgan schreibt, »mit sichtlichem Abscheu« vollzogen wurde.[314] Unter dem Druck der Märzstreiks konnte diese Bewegung zunächst einen Teilerfolg verbuchen: Die Weimarer Reichsverfassung sah im § 165 die Bildung nicht nur von Betriebsräten, sondern auch von Bezirksarbeiterräten, Bezirkswirtschaftsräten und einem Reichswirtschaftsrat vor. Obwohl die beiden Wirtschaftsräte im Gegensatz zu den Betriebsräten und Bezirksarbeiterräten eine Beteiligung der Unternehmer vorsahen, war damit zumindest auf Bezirksebene eine reine Arbeiterrätestruktur vorgesehen.

Der Kampf um die Räte war jedoch nicht mit diesem Zugeständnis und dem Inkrafttreten der Verfassung im August 1919 beendet, sondern zog sich weit in das Jahr 1920 hin. Einerseits mußte der recht offene § 165 durch ein Betriebsrätegesetz konkretisiert werden, andererseits

---

314 David W. Morgan: The Socialist Left, S. 252.

stand noch die Klärung des Verhältnisses zwischen Betriebsräten und Gewerkschaften an. Nicht nur diese Aufgaben waren es, die im Sommer 1919 eine nahezu vollständige Konzentration auf die wirtschaftlichen Räte in den Betrieben einleiteten. Hinzu kam die schlichte Tatsache, daß die politischen Arbeiterräte allerorten eingegangen oder zugunsten der alten Verwaltungsstrukturen entmachtet worden waren.[315] Aus der Rätebewegung wurde somit zwangsläufig eine Betriebsrätebewegung.

Richard Müller beteiligte sich an dieser zunächst als Vorsitzender des Vollzugsrates, später vor allem als leitendes Mitglied der Berliner Betriebsrätezentrale – dem Zusammenschluß aller Berliner Betriebsräte, der sich im Umfeld des Vollzugsrates gebildet hatte und nach dessen Auflösung zum Zentrum der Rätebewegung in Berlin wurde.

Neben der direkten Koordination in Berlin beeinflußten Müller und Däumig auch den Kurs der Betriebsrätebewegung insgesamt, einerseits durch die Zeitschrift »Arbeiter-Rat«, andererseits durch überregionale Betriebsratsarbeit auf Konferenzen und durch Müllers Aktivität als Oppositionsführer im DMV.

Auf dem »revolutionären Betriebsrätekongreß« in Halle am 27. Juli 1919 etwa setzten er und Däumig ihre Vorstellungen gegen die des Kommunisten Wilhelm Koenen durch. Koenen vertrat eine Haltung, die der Richard Müllers vom November 1918 nicht unähnlich war: die Räte sollten ein strenges Kontroll- und Mitbestimmungsrecht ausüben, ohne dabei jedoch die eigentliche Betriebsleitung zu übernehmen. Dennoch wurde Koenen nun von Müller heftig angegriffen, weil er sich »auf das Verhandeln verlegt habe« und seine Positionen zu gemäßigt seien. In einer Kommission über Richtlinien zum Rätesystem setzte sich schließlich ein Entwurf durch, der dem »reinen Rätesystem« folgte, das Müller und Däumig im »Arbeiter-Rat« propagierten. Freilich setzte dieser Entwurf mit seinen Industriegruppen, Bezirksgruppen etc. nicht nur eine Neuordnung Deutschlands nach Wirtschaftsgebieten, sondern auch eine bereits vollzogene Sozialisierung und die Entmachtung der herrschenden Klasse voraus. Als politisches Ziel oder einigende Vision war er daher wohl geeignet, als Richtlinie für praktische politische Arbeit hingegen kaum sinnvoll – insbesondere in einer Periode, in der sich die Rätebewegung in der Defensive befand.[316]

Sein energisches und kaum realistisches Beharren auf der direkten Umsetzung seiner Räte-Utopie bis weit in das Jahr 1920 hinein wurde sowohl von zeitgenössischen Kritikern als auch von späteren Histori-

---

315 David W. Morgan: The Socialist Left, S. 268.
316 Peter von Oertzen: Betriebsräte in der Novemberrevolution, S. 153 f., S. 162-164.

kern kritisiert. Fritz Opel etwa nennt Müllers Vorgehen ein »Festhalten an alten, illusionär gewordenen Vorstellungen«. Zu erklären ist Müllers Hartnäckigkeit, die in Perioden der Defensive wirklich dogmatisch erscheinen mochte, vor allem durch seinen ungebrochenen Glauben an das Voranschreiten der Revolution. Eine neue revolutionäre Welle stand für ihn stets kurz bevor, ein neuer 9. November, der das endgültige Ende des Kapitalismus bringen würde, war in seinem Hinterkopf immer präsent. So formulierte er auch noch nach der endgültigen Niederlage der Betriebsrätebewegung im Oktober 1920 den Satz »Die Weltrevolution ist da«, und verwies in einem Artikel zur Tagespolitik der Gewerkschaften auf Entwicklungen in England, Asien und der Sowjetunion, die auch für Deutschland neue revolutionäre Erhebungen ankündigen würden.[317] Obwohl er die Kräfteverhältnisse in der Regel einzuschätzen wußte und sich stets gegen jede Form des vorschnellen Aktionismus gewehrt hatte, war Müller seit seiner Wende zum Revolutionär stets von einem unverwüstlichen Glauben an den kurz bevorstehenden Zusammenbruch des Kapitalismus erfüllt. Eine solche Naherwartung war durchaus typisch für die radikale Linke dieser Jahre. Ereignisse wie der Januaraufstand, die Räterepubliken und die Märzstreiks bestätigten immer wieder, daß die Situation in der Tat noch offen war – bezeugten allerdings stets aufs neue die Machtlosigkeit linker Einzelaktionen gegenüber der geschlossen handelnden Staatsgewalt. In der Tat ließ sich die KPD bis zum gescheiterten »Hamburger Aufstand« des Jahres 1923 von einer revolutionären Naherwartung für Deutschland leiten, erst mit der Stabilisierung der Weimarer Republik 1924 verabschiedete sie sich von dieser Vorstellung.

Bis Ende 1920 wirkte Richard Müller nicht nur als Leitfigur der Betriebsrätebewegung, sondern auch als Anführer der linken Opposition im DMV. Die auf dem Verbandstag 1917 noch unterlegene Opposition war mittlerweile durch die Revolution gestärkt worden und wurde im Verband allmählich zu einer Mehrheit. Allerdings differenzierte sie sich gleichzeitig aus in eine linke Strömung, vertreten durch die Räteanhänger um Richard Müller, sowie eine rechte Strömung um Robert Dißmann aus Frankfurt. Damit folgte die Entwicklung innerhalb der DMV-Opposition ungefähr dem Trend innerhalb der USPD, ohne daß es im DMV jedoch zur Spaltung der Organisation kam. Besonders in Berlin waren die Linken und die Räteanhänger in der Mehrheit, es gelang der

---

317 Die Tagesfragen der Gewerkschaftsbewegung, in: Arbeiter-Rat, Nr. 45/46 Jg. 1920, S. 2.

Generalversammlung nun endlich, Adolf Cohen als Bevollmächtigten für Berlin abzuwählen und Otto Tost aus dem Kreis der Revolutionären Obleute an seine Stelle zu setzen. Zudem nahm die Generalversammlung am 6. April eine Resolution Richard Müllers an, die die Politik der Generalkommission der Gewerkschaften aufs schärfste verurteilte und von einem in Kürze einzuberufenden Gewerkschaftskongreß verlangte, sich auf den Boden des Rätesystems zu stellen.[318] Auch in anderen Städten wie Braunschweig, Halle, Bremen und Stuttgart übernahmen die Linken die Ortsverwaltungen und wählten die Geschäftsführer des Vorstandes ab. Dieser wollte sich jedoch nicht von seinen langjährigen Funktionären trennen, warf der Opposition undemokratisches Verhalten, Terror und Spaltungsabsichten vor. Um die Fronten zu klären, wurde schließlich für den 16.-18. Juni 1919 in Stuttgart eine außerordentliche Konferenz mit dem Vorstand und den Bevollmächtigten des DMV einberufen. Die Opposition hatte eigentlich die Einberufung eines beschlußfähigen Verbandstages gefordert, mußte sich aber zunächst mit der informellen Konferenz zufriedengeben. Der Vorstand versuchte nun auf der Konferenz, »Richtlinien« durchzusetzen, die die Absetzung der langgedienten Funktionäre für reaktionär und unvereinbar mit dem durch die Revolution geschaffenen Arbeitsrecht hinstellten. Fritz Opel kommentiert diesen Versuch: »Dem Vorstand kam es in erster Linie auf die Behauptung seiner organisatorischen Machtposition an. Sie war durch die revolutionsbedingte politische Auflockerung und Erweiterung der Mitgliedschaft gefährdet, denn diese gab den Mitgliedern jetzt die Möglichkeit, zwischen Vertretern verschiedener Auffassungen ein wirkliches Wahlrecht auszuüben, anstatt dieselben Funktionäre einmal mehr durch Akklamation wiederzuwählen.«[319]

Allerdings ging diese Politik nicht auf. Die Opposition weigerte sich, über die Richtlinien abzustimmen und der Vorstand mußte die Neuwahlen akzeptieren. Gestritten wurde zudem über die Kriegspolitik – ein Thema, das ein halbes Jahr nach der Revolution längst noch nicht aufgearbeitet war. Im Gegenteil – mit der Politik der »Arbeitsgemeinschaft« hatte die Generalkommission der Gewerkschaften die Burgfriedenspolitik nahtlos fortgesetzt. Am 15. November 1918, sechs Tage nach dem Umsturz, war eine paritätische Zusammenarbeit von Unternehmern und Beschäftigten in gemeinsamen Dachorganisationen vereinbart worden. Als ob es nie eine Revolution gegeben hätte,

---

318 Fritz Opel: Der deutsche Metallarbeiter-Verband, S. 86.
319 Ebenda, S. 87.

sollten in diesen Arbeitsgemeinschaften Tarife und Arbeitsbedingungen im Konsens zwischen Kapital und Arbeit geklärt werden. Zwar erreichten die Gewerkschaften mit diesem Abkommen eine Zustimmung der Unternehmer zum Achtstundentag, gaben jedoch alle weiteren Ansprüche faktisch auf. Von Sozialisierung oder Arbeiterräten war in der Vereinbarung nicht die Rede. Insbesondere letztere erschienen den Gewerkschaftsspitzen nicht als Errungenschaft, sondern als Bedrohung ihres Alleinvertretungsanspruches.[320]

Angesichts dieses unveränderten Kurses ist es kaum verwunderlich, daß der Vorstand des DMV nun auch jedes Fehlverhalten während des Krieges leugnete. Georg Reichel vertrat in einem Referat die Gewerkschaftsspitze und brachte es fertig, der Arbeiterklasse als Ganzes die Schuld an der Kriegspolitik zu geben. Denn sie habe sich nicht genügend organisiert, zu billig gearbeitet und somit den Kapitalismus in seiner Entwicklung künstlich gestärkt. Eine organisiertere Arbeiterschaft hätte den Führern hingegen ermöglicht, erfolgreicher gegen den Krieg zu kämpfen. Die Arbeitswilligkeit der Massen während des Krieges habe dessen vorzeitigen Abbruch unmöglich gemacht, wohingegen die Burgfriedenspolitik niemals offiziell beschlossen worden sei.[321]

Durch die Opposition war auf der Konferenz nach heftiger Debatte Richard Müller als Referent mit unbeschränkter Redezeit durchgesetzt worden. Er wies Reichels Mitgliederschelte entschieden zurück und rückte die Tatsachen zurecht. Müller verwies auf die Durchhaltepolitik der Verbandsführung, verkörpert etwa durch Antistreik-Flugblätter des Vorstandes im Massenstreik 1916, die sogar als Vorlage für eine Anklage wegen Landesverrates gedient hatten. Auch gegen die Annexionspolitik und den Siegfrieden von Brest Litowsk habe die Verbandsführung niemals ernsthaft protestiert, sondern im Gegenteil die Kriegspolitik der Regierung stets aktiv unterstützt. Im weiteren verteidigte Müller das Rätesystem gegen seine pauschale Denunzierung als »Bolschewismus« und bezeichnete es als Ausdruck einer proletarischen Demokratie im Gegensatz zur bürgerlich-liberalen Demokratie. Die Organisationsform der Räte habe sich direkt aus den revolutionären Verhältnissen entwickelt und sei eben keine »theoretische Spintisiererei«. Er erkannte zwar selbstkritisch an, daß von der ehemaligen Räteherrschaft des November 1918 nur noch »ein Trümmerhaufen« übrig sei, sah jedoch

---

320 Vgl. Peter von Oertzen: Betriebsräte in der Novemberrevolution, S. 187 ff. Zu den Motiven der Gewerkschaftsvertreter vgl. auch Ulla Plener: Gewerkschaftliche Positionen 1918/1919 zu Aktionen und Gewalt, Sozialisierung und Räten: Verrat oder reformorientiertes sozialistisches Denken?, in: Klaus Kinner (Hg.): Revolution – Reform – Parlamentarismus, Leipzig 1999.
321 Ebenda.

die revolutionäre Situation nicht als abgeschlossen an und prophezeite neue politische Umwälzungen, da der Kapitalismus als Wirtschaftssystem am Ende sei.[322] Sein revolutionärer Optimismus war ungebrochen. Die gemäßigte Opposition war auf der Konferenz nur schwach vertreten. Es ergriff lediglich der Leipziger Delegierte Arthur Lieberasch, ehemals Mitglied im ersten Leipziger Arbeiterrat vom April 1917, das Wort.[323] Er hob statt des Rätesystems den Sozialismus als Wirtschaftsordnung hervor und verlangte eine Einigung der Organisation unter diesem Prinzip. Damit waren im DMV die Fronten geklärt, die Entscheidungen würden später fallen. Vorher jedoch stand ein Kongreß der gesamten Gewerkschaftsbewegung an.

Auf dem 10. allgemeinen Gewerkschaftskongreß in Nürnberg, der am 30. Juni 1919 begann, konnten die Räteanhänger das Geschehen nicht dominieren. Hier waren alle Verbände vertreten, und die Mehrheitsverhältnisse sahen anders aus. Für die Opposition sprach nicht Richard Müller, sondern Robert Dißmann als Korreferent neben dem Vorsitzenden der Generalkommission Carl Legien. Dißmann faßte seine Position zusammen mit der Aussage »Wir bleiben in den Gewerkschaften, wir werden es in den Gewerkschaften dahin bringen, daß anstelle des bürokratischen verknöcherten Geistes der alte revolutionäre Geist kommt«.[324] Er plädierte also für eine Rückkehr zur sozialdemokratisch-gewerkschaftlichen Tradition der Vorkriegszeit, in Abgrenzung zur aktuellen wirtschaftsfriedlichen Politik der Mehrheitssozialdemokratie. Die Abstimmungen auf dem Kongreß zeigten jedoch, daß die Oppositionellen, ob nun linkssozialdemokratisch oder räterepublikanisch, hauptsächlich im DMV verwurzelt waren und in den anderen Verbänden kaum Boden gewonnen hatten. Nur so war es möglich, daß die Mitglieder der Generalkommission unter Führung von Carl Legien sich zum Vorstand der neuen Dachorganisation »Allgemeiner Deutscher Gewerkschaftsbund« (ADGB) wählen lassen konnten. Der ADGB sollte die Generalkommission ersetzen, bedeutete jedoch eine Fortsetzung der bekannten Politik unter neuem Namen. Dementsprechend wurde das Verhalten der Generalkommission während des Krieges in einer Resolution ausdrücklich gebilligt. Damit stellte der Kongreß eine entschiedene Niederlage für die Gewerkschaftslinke dar, die sich jedoch nicht entmutigen ließ.

---

322 Zitiert nach Fritz Opel: Der deutsche Metallarbeiter-Verband, S. 88 f.
323 Zu Arthur Lieberaschs Wirken 1917 vgl. Dirk H. Müller: Versammlungsdemokratie, S. 300-303.
324 Metallarbeiter-Zeitung, 1919, Nr. 30, S. 116 ff.

Auf dem 14. Stuttgarter Verbandstag des DMV im Oktober 1919 gelang der Opposition zumindest innerhalb des Metallarbeiterverbandes, was sie auf dem allgemeinen Gewerkschaftskongreß in Nürnberg vergeblich versucht hatte. Trotz eines vom Vorstand entworfenen ausgeklügelten Wahlreglements, trotz der Anfechtung diverser Mandate durch die Mehrheitssozialdemokratie, trotz einer den Traditionen der Arbeiterbewegung widersprechenden Ablehnung von imperativen Mandaten gelang es dem Vorstand nicht, eine oppositionelle Mehrheit auf der Generalversammlung zu verhindern.[325]

Es wurden zwei Resolutionen verabschiedet, eine von Richard Müller und eine weitere aus der Feder von Robert Dißmann. Beide Resolutionen lehnten die Politik der Arbeitsgemeinschaft ab und erklärten sich für das Rätesystem und die Diktatur des Proletariats. Diese Ziele waren integraler Teil des Programms der USPD, sie wurden trotz ihres bolschewistisch anmutenden Klangs auch von den gemäßigten Sozialisten in der Partei vertreten.

Robert Dißmann beschwor in seiner Resolution ein Voranschreiten zum »Sicheren Siege des Sozialismus [...] mündend in der siegreichen Weltrevolution des Proletariats.« Organisatorisch empfahl er vor allem eine Demokratisierung des Verbandes durch verschiedene Maßnahmen, etwa steigende Kompetenzen der Ortsverwaltungen bei den Finanzen, regelmäßigere örtliche Generalversammlungen sowie die jährliche Neuwahl der Funktionäre.[326]

Richard Müllers Resolution ging über eine derartige Demokratisierung des Verbandes hinaus. Er konkretisierte den von Dißmann beschworenen Klassenkampf als »Kampf um die Produktionsmittel« und stellte fest, daß die klassischen Gewerkschaftsorganisationen unter den Bedingungen dieses »immer näher rückenden Endkampfes« nicht mehr ausreichten. Er empfahl keine bloße Demokratisierung, sondern den Zusammenschluß der Gewerkschaften zu »gewaltigen Industrieverbänden« als »Fundament eines sich organisch entwickelnden Rätesystems«. Die Forderung nach Industrieverbänden bedeutete den Bruch mit dem immer noch dominierenden Berufsprinzip. Müller verlangte statt dessen die Organisation aller Arbeiterinnen und Arbeiter einer Branche innerhalb einer gemeinsamen Gewerkschaft. Das Rätesystem kennzeichnete er in dreifacher Weise als Kampforganisation im Kapitalismus, als Überleitung zum Sozialismus und gleichzeitig als Organisationsprinzip eines zukünftigen nichtkapitalistischen Wirtschaftsorganismus.[327]

---

325 Fritz Opel: Der deutsche Metallarbeiter-Verband, S. 97.
326 Resolution zitiert nach Fritz Opel: Der deutsche Metallarbeiter-Verband, S. 104 f.
327 Resolution zitiert nach Fritz Opel: Der deutsche Metallarbeiter-Verband, S. 105 f.

Augenscheinlich schienen also beide Flügel der Opposition vereint, dennoch gab es Unterschiede: »Was aber bei Dißmann und dem rechten Flügel der USPD im Grunde nichts anderes als eine Form des Bekenntnisses zum Klassenkampf und der Politik der Vorkriegssozialdemokratie war, war bei Richard Müller und dem linken Flügel ein Bekenntnis zur Aktualität der sozialistischen Revolution, deren Symbol ihnen eben das Rätesystem war« – so lautet Fritz Opels Zusammenfassung der verschiedenen Vorstellungen.[328]

Es gab also einen grundsätzlichen Widerspruch zwischen Dißmanns Vorstellung, die Ortsverwaltungen gegenüber dem Vorstand zu stärken und Müllers Forderung, den ganzen Verband nach rätedemokratischen Prinzipien umzustrukturieren. Zudem täuschen die wortgewaltigen Forderungen beider Anträge darüber hinweg, daß auch die vereinte Opposition auf dem Verbandstag keine Zweidrittelmehrheit besaß. Es war also an einen radikalen Umbau der Verbandsstruktur durch einschneidende Satzungsänderungen nicht zu denken. Konkret wurden daher nur drei kleinere Änderungen vorgenommen, welche die Kompetenzen der unbesoldeten Vorstandsmitglieder und der Kommissionen auf Bezirksebene regelten sowie eine Demokratisierung der Ortsverwaltungen durch jährliche Neuwahl verfügten. Allerdings mußten die Ortsverwaltungen auch nach der neuen Regelung vom Vorstand bestätigt werden – die konkreten Satzungsänderungen blieben also durchaus hinter den Dißmannschen Vorstellungen zurück, von Müllers Forderungen ganz zu schweigen.[329]

Das Ergebnis war daher nicht nur ein Kompromiß zwischen den Oppositionsströmungen, sondern auch ein Zugeständnis an den alten Vorstand, dessen Unterstützung man für die Satzungsänderungen, aber auch für die finanzielle Absicherung eines zeitgleich in Berlin ablaufenden Arbeitskampfes brauchte.

Auch bei der Besetzung des Vorstandes wurde dieser Kompromiß deutlich. Zwar wurde der seit drei Jahrzehnten amtierende Vorsitzende Alexander Schlicke entmachtet, ein bis dato unerhörter Vorgang im von Tradition und Kontinuität geprägten deutschen Gewerkschaftswesen.[330] Den neuen Vorsitz stellten Dißmann und der gemäßigte oppositionelle Alwin Brandes. Vertreten war aber auch jener Georg Reichel, der noch im Juni in dreister Art den einfachen Mitgliedern des DMV die Schuld an der Kriegspolitik gegeben hatte. Richard Müller wurde gemeinsam mit Paul Haase als Chefredakteur der Verbandszeitung »Deutsche Me-

---

328 Ebenda, S. 101.
329 Fritz Opel: Der deutsche Metallarbeiter-Verband, S. 108.
330 Hans Joachim Bieber: Gewerkschaften in Krieg und Revolution, S. 784 ff.

tallarbeiter-Zeitung« eingesetzt – die einzige Machtposition, welche die radikale Linke auf dem Verbandstag erobern konnte.

Der Sieg der Opposition hatte also einen faden Beigeschmack, die Gelegenheit zur kompletten Entmachtung des alten Vorstandes wurde aus taktischen Erwägungen nicht genutzt, und ohne weitreichende Satzungsänderung blieb auch die radikale Resolution Müllers ein, wie Opel es ausdrückt, »wortrevolutionärer Kompromiß«.[331] Es muß Richard Müller sehr wohl bewußt gewesen sein, daß die reale Situation mehr als ungünstig für die Durchsetzung seiner rätedemokratischen Vorstellungen war. Ein Jahr nach der Revolution saß die mehrheitssozialdemokratische Regierung mit Unterstützung des Militärs fest im Sattel, während die USPD über keinerlei staatliche Machtpositionen mehr verfügte. Die Betriebsräte wiederum waren zwar revolutionär gesinnt, faktisch aber mit Lohnkämpfen beschäftigt. Dieser Situation ist es geschuldet, daß Müller sich mit einem Rätesystem auf dem Papier begnügte, dessen reale Verwirklichung aber auf kommende revolutionäre Situationen vertagen mußte.

Durch seine Position als verantwortlicher Redakteur der Metallarbeiter-Zeitung hoffte er nun, das Rätesystem unter den damals 1,6 Millionen DMV-Mitgliedern zu propagieren und für die nächste revolutionäre Krise eine bessere Ausgangsbasis zu schaffen.[332]

Allerdings war die Einheit der Opposition innerhalb des DMV nicht von Dauer, und auch kein anderer größerer Verband entwickelte sich derart weit nach links. Weil zusätzlich die Basis nach den mißglückten Frühjahrsstreiks im Frühjahr 1919 erst einmal nicht für Massenaktionen und wilde Streiks ohne Zustimmung der Gewerkschaftsführungen zu haben war, konnte die SPD-Regierung sich in der Betriebsrätefrage mit ihren wirtschaftsfriedlichen Vorstellungen durchsetzen. War der §165 der Weimarer Verfassung unter dem Eindruck der Streikwelle noch recht offen gehalten worden, so gestand der am 9. Februar 1920 verkündete Entwurf für ein Betriebsrätegesetz den Arbeitern und Arbeiterinnen keinerlei reale Mitwirkung bei der Leitung der Betriebe oder der Kontrolle der Geschäftsführung zu. Faktisch blieb es bei Kompetenzen analog zu denen der Arbeiterausschüsse aus der Zeit des Hilfsdienstgesetzes. Fritz Opel bezeichnet den Entwurf zu Recht als »das vorläufige Ende aller Hoffnungen auf eine wirkliche Mitbestim-

---

331 Ebenda, S. 107.
332 Mitgliederzahl entnommen aus »Der DMV in Zahlen«, erschienen 1932 in der Verlagsgesellschaft des Deutschen Metallarbeiter-Verbandes Berlin, unveränderter Nachdruck 1980 durch die Ortsverwaltung Berlin der IG Metall.

mung der Arbeitnehmer«.[333] Diese jedoch waren nicht gewillt, ihre Hoffnungen so einfach fahren zu lassen. Es kam zwar nicht zu Streiks, jedoch rief am 13. Februar 1920 die von Richard Müller mit aufgebaute Berliner Betriebsrätezentrale gemeinsam mit USPD und KPD zu einer großen Protestkundgebung am Reichstag auf.[334] Tausende Arbeiter und Arbeiterinnen folgten dem Aufruf. Die Regierung war allerdings nicht gewillt, irgendwelche Zugeständnisse zu machen und hatte Truppen zum Schutze des Parlaments zusammenziehen lassen. Es kam zum Zusammenstoß. Während im Reichstag noch die Lesung des Gesetzes im Gange war, feuerten die Soldaten in die unbewaffnete Menge, 42 Demonstranten kamen ums Leben. Zwar wurde die Verabschiedung des Gesetzes aufgrund des Blutbades zunächst unterbrochen, jedoch wenige Tage später ohne Änderungen durchgeführt. Wieder einmal war eine Grundsatzentscheidung über die Verfassung der jungen deutschen Republik mit nackter Gewalt getroffen worden.[335]

Für Richard Müller und die Räteanhänger, die zur Demonstration aufgerufen hatten, muß dieser Ausgang ein Schock gewesen sein. Sicher hatten er und seine Genossen mit Auseinandersetzungen gerechnet, aber ein derartiges Blutbad hatten sie kaum vorhersehen können. Wir wissen nicht, ob Richard Müller angesichts dieser Katastrophe Zweifel oder Fatalismus verspürte. Wahrscheinlich bestärkte ihn dieses Ereignis in seiner Ansicht, daß nur eine neue Revolution das am 9. November begonnene Werk vollenden konnte. Denn Demonstrationen und Streiks, das hatte sich in den vergangenen Monaten gezeigt, konnten die Regierung nicht einmal zu minimalen Zugeständnissen bewegen.

Die Soldaten und Truppenteile, die sich nun schon ein Jahr lang der SPD gegen die revolutionäre Linke und ihre breite Basis innerhalb der Arbeiterklasse zur Verfügung gestellt hatten, waren allerdings keine willenlosen Werkzeuge der Regierung. Sie hatten durchaus ihre eigenen Antriebe. Völlig unerwartet für die Mehrheitssozialdemokraten zeigten sich diese im Kapp-Putsch vom Frühjahr 1920. Bei diesem Unternehmen machten Generallandschaftsdirektor Wolfgang Kapp und

---

333 Fritz Opel: Der deutsche Metallarbeiter-Verband, S. 112.
334 Es erschienen zwei unterschiedliche Aufrufe in der »Roten Fahne« und der »Freiheit« vom 13.1.1920, die »Freiheit« erwähnt statt der Betriebsrätezentrale den »Vollzugsrat Groß-Berlin« als Aufrufer. Wahrscheinlich ist hier dieselbe Instanz gemeint, da der aus USPD/KPD Vertretern zusammengesetzte »rote Vollzugsrat« schon Ende 1919 verboten wurde, seine USPD-Mitglieder einschließlich Richard Müller aber in der Betriebsrätezentrale weiterarbeiteten und dafür die Büros des Vollzugsrates in der Münzstraße 24 nutzten.
335 Fritz Opel: Der deutsche Metallarbeiter-Verband, S. 112.

General Walther von Lüttwitz mit ihren Freikorps gegen die Regierung mobil und errichteten in Berlin eine Militärdiktatur.[336] Der Schlag von rechts brachte die verfeindeten Flügel der Arbeiterbewegung noch einmal zusammen, selbst Carl Legien und der ADGB riefen nun zum Generalstreik auf. Dieser Aufruf vom 13. März hatte Signalwirkung, auch SPD, USPD und später die KPD erließen Streikaufrufe. Trotz des erfolgreichen Generalstreiks und der Einigung gegen die Reaktion konnten sich jedoch die Arbeiterparteien nicht auf ein gemeinsames Vorgehen verständigen. Es entstanden zwei parallele Streikleitungen in Berlin, eine von ADGB und Sozialdemokratie getragene, sowie zusätzlich die »Zentralstreikleitung von Groß-Berlin«, in der die Vorstände der USPD und KPD, die Berliner Gewerkschafts-Kommission und die Betriebsrätezentrale vertreten waren.[337] Grund für die gesonderte Organisierung der Linken war die große Distanz zur Regierung. Zwar wollten diese durchaus gegen den rechten Putsch vorgehen, auf keinen Fall aber als Verteidiger einer Regierung Ebert dastehen. Denn das Blutbad vor dem Reichstag war nicht vergessen, genausowenig wie der Januaraufstand und die Märzstreiks.

Trotz der gespaltenen Streikleitung gelang es, das öffentliche Leben reichsweit lahmzulegen und die Putschisten zur Aufgabe zu bewegen. Richard Müller beteiligte sich in Berlin und versuchte, dem ganzen eine revolutionäre Wendung zu geben.

Er wurde jedoch bitter enttäuscht durch die Haltung des USPD-Vorstandes, der schon nach wenigen Tagen mit Legien und der SPD einen Kompromiß einging und zum Abbruch des Streiks aufrief. Müller und die Berliner Betriebsräte verweigerten sich diesem Beschluß, konnten den Streik aber nicht allein aufrecht erhalten. Sie sahen sich am 23. März ebenfalls zum Abbruch genötigt. Auf dem USPD-Parteitag in Halle ein halbes Jahr später machte Müller der Parteileitung heftigste Vorwürfe und beschuldigte die USPD-Führung, durch ihren Streikabbruch die kämpfenden Arbeiter und Arbeiterinnen im Ruhrgebiet in Stich gelassen und der Willkür der Regierungstruppen preisgegeben zu haben.[338] Tatsächlich hatte sich infolge des Kapp-Putsches eine »Rote-Ruhr-Armee« gebildet, die mehrere zehntausend bewaffnete Arbeiter umfaßte. Diese Rote Armee hielt das Ruhrgebiet auch nach dem Rücktritt der Kapp-Regierung mit der Forderung nach Sozialisierung der Bergwerke besetzt. Die Bewegung wurde jedoch blutig nie-

---

336 Zum Putsch vgl. Johannes Erger: Der Kapp-Lüttwitz-Putsch, Düsseldorf 1967.
337 Fritz Opel: Der Deutsche Metallarbeiter-Verband, S. 116.
338 Protokolle über die Verhandlungen des außerordentlichen Parteitages in Halle, in: Protokolle der USPD, Glashütten im Taunus 1976, S. 33 f.

dergeschlagen, sobald in Berlin die Sozialdemokratie wieder im Sattel saß. Als Vollstrecker dieser Aufgabe traten eben jene rechten Reichswehrtruppen auf, die kurz zuvor noch den Putsch getragen hatten. Sie stellten sich nun ohne Zögern wieder der Regierung zur Verfügung – solange es nur gegen die »Spartakisten« ging, kämpften sie auch unter sozialdemokratischem Kommando. Es ist daher keine reine Polemik, wenn Müller die der USPD von Ebert zugesicherten acht Punkte des Kompromisses als »eine Täuschung der revolutionären Arbeiterschaft« bezeichnete. Letztendlich mußten er und Däumig jedoch einsehen: »Nach dem Abkommen der USP-Leitung mit Legien ist es aussichtslos, im Streik zu verharren« und auch in Berlin die Bewegung abbrechen.[339]

Auf dem Parteitag in Halle rechtfertigte die USPD-Politikerin Luise Zietz den Kurs der Parteiführung damit, daß die Mitglieder von USPD und KPD die verfrühte Ausrufung einer Räterepublik hatten vermeiden wollen, um die Fehler des Jahres 1919 nicht zu wiederholen. Der Parteivorstand habe sogar mehrere Telegramme aus dem Ruhrgebiet erhalten mit der Aufforderung »Stopft doch dem Richard Müller den Mund, wir wollen keine Räterepublik«.[340] Müller hörte auf dem Parteitag erstmals von solchen Vorwürfen. Er bestritt energisch, jemals eine derartige Parole in Berlin oder in Richtung Ruhrgebiet ausgegeben zu haben. Sein Angriff auf den USPD-Vorstand fiel angesichts dieser Vorwürfe um so heftiger aus.[341]

Was war nun im März 1920 in Berlin geschehen? Es fanden zwar Arbeiterrätewahlen statt, »nach einem Leichen-Müller ähnlichem System« – so die KPD in einem ihrer Rundschreiben. Allerdings wurden diese vor allem auf Drängen der Kommunisten in die Wege geleitet, konnten jedoch die Massen nicht mitreißen und keine revolutionäre Stimmung wie im Ruhrgebiet erzeugen. Viele Betriebe delegierten einfach ihre Betriebsräte, anstatt von neuem politische Arbeiterräte zu wählen.[342] Es gab zwar auch in Berlin nach dem Putsch Hoffnungen auf eine Wiederbelebung der Rätebewegung und die Betriebsrätezentrale rief im »Arbeiter-Rat« optimistisch zur Vorbereitung eines dritten Rätekongresses auf – dieser kam jedoch nie zustande. Lediglich ein Betriebsrätekongreß wurde für den Oktober in Berlin organisiert.[343]

---

339 Ebenda, S. 34.
340 Ebenda, S. 21.
341 Ebenda, S. 33 ff.
342 Rundschreiben Nr. 42 der Zentrale der KPD an die Bezirksleitungen nach Abbruch des Generalstreiks, Berlin 22. März 1920, in: Erwin Könnemann und Gerhard Schulze (Hg.): Der Kapp-Lüttwitz-Ludendorff-Putsch, München 2002, S. 342-344.
343 Der Arbeiter-Rat Nr. 12/13 von 1920. Während des Kapp-Putsches selbst erschien

Insgesamt paßte die Richard Müller vorgeworfene Ausrufung oder Propagierung einer Räterepublik überhaupt nicht zu seinem Politikstil. Im Gegenteil, er hatte sich beim Januaraufstand und bei anderen Gelegenheiten stets gegen vorschnelle Alleingänge von links gewehrt. Es ist nicht unwahrscheinlich, daß der USPD-Vorstand auf dem Parteitag in Halle ihn bewußt mit unbegründeten Vorwürfen konfrontierte, um seiner zu erwartenden Kritik an der Politik der Vorstandes zuvorzukommen. Denn im Oktober 1919 war das Verhältnis zwischen den verschiedenen Strömungen in der Partei völlig zerrüttet, noch auf demselbem Parteitag spaltete sich die USPD.

Aus der tiefen Enttäuschung über den allzu schnellen Kompromiß und Streikabbruch im März 1920 ist es verständlich, daß Müller, Däumig und die USPD-Linke sich nach dem Generalstreik vehement dem das Angebot Carl Legiens und der SPD zu einer Arbeiter-Einheitsregierung verwehrten und diese nicht zustande kam. Es formierte sich statt dessen unter Hermann Müller eine Koalition aus SPD und bürgerlichen Parteien, lediglich der verhaßte Reichswehrminister Gustav Noske sowie der preußische Innenminister Heine mußten abdanken.[344] Damit war die letzte Gelegenheit vertan, die entstehende Weimarer Republik auf einen – wenn auch gemäßigten – sozialistischen Kurs zu bringen.

Dies war jedoch zum gegebenen Zeitpunkt so nicht erkennbar. Müller und Däumig hofften angesichts der Ereignisse im Ruhrgebiet weiter auf ein Wiederaufflammen der Revolution in ganz Deutschland. Doch dies blieb aus. Statt dessen festigten sich die Verhältnisse und im Verlauf des Jahres 1920 wurde sogar die mühsam eroberte Position der Linken innerhalb des DMV schwächer.

Ein Symptom dafür war die Eskalation des Streits zwischen Richard Müller und dem Vorstand des DMV. Müllers Doppelrolle in der Betriebsrätezentrale Berlin und als Redakteur der in Stuttgart ansässigen Metallarbeiter-Zeitung sowie seine Weigerung, nach Stuttgart umzuziehen, waren der formale Anlaß des Streits. Man warf ihm vor, seine Arbeitskraft nicht in vollem Umfang der Zeitung zur Verfügung zu stellen und seinen Arbeitsschwerpunkt als Vorsitzender der Berliner Be-

---

die Zeitschrift aufgrund des Generalstreiks nicht, zudem wurden in den Putschtagen Druckerei und Setzerei durch Kapp-Truppen verwüstet, was die Herausgabe auch der nächsten Nummern verzögerte. Somit konnte die Redaktion nicht direkt ins Geschehen eingreifen. Vgl. Nr. 11, Jg. 1920.
344 Fritz Opel: Der Deutsche Metallarbeiter-Verband, S. 117. Arthur Rosenberg: Geschichte der Weimarer Republik, Hamburg 1991, S. 97-98 (Original unter dem Titel »Geschichte der deutschen Republik«, Karlsbad 1935).

triebsrätezentrale zu haben – was nicht stimmte, denn offizieller Vorsitzender war zu diesem Zeitpunkt Heinrich Malzahn.[345] Den wirklichen Hintergrund bildeten zunehmende Differenzen über die Stuttgarter Beschlüsse und eine sich abzeichnende Rechtswende des DMV. Diese war möglich geworden durch Spannungen innerhalb der USPD-Opposition innerhalb des Verbandes. Bereits auf dem USPD-Parteitag in Leipzig Ende November 1919 hatte es Streitigkeiten zwischen Dißmann und Müller als Vertreter von rechtem und linkem USPD-Flügel gegeben. Müller befürchtete anscheinend, Dißmann würde eine gegen das Rätesystem gerichtete Resolution einreichen und somit den Beschluß des 3. Parteitages vom März 1919 revidieren wollen. Nach einigem Hin und Her lösten sich die Diskrepanzen auf, das gestörte Verhältnis zwischen den beiden war allerdings offensichtlich. An der Basis wurden diese Spannungen teilweise noch für eine rein persönliche Abneigung gehalten: der Delegierte Blütner beklagte angesichts der Szene verärgert, daß auf diesem Parteitag wie auf allen anderen Kongressen auch, nur »ein Duell zwischen den Bonzen« stattfände.[346]

Dem war jedoch nicht so. Ein ernsthaft politischer Konflikt zwischen räterepublikanischem und linkssozialdemokratischem Flügel spielte sich ab, sowohl in der USPD als auch im DMV. In den Resolutionen des Stuttgarter DMV-Verbandstages hatte sich der Konflikt schon angedeutet, nun brach er offen aus. Die gemäßigten Oppositionellen im Gewerkschaftsvorstand distanzierten sich langsam vom Rätegedanken, ein Rätesozialist wie Müller als Chefredakteur der Verbandszeitung war in dieser Situation eher lästig. Der Vorstand warf ihm daher vor, seinen Posten als Redakteur zu vernachlässigen und die Gewerkschaften und die Metallarbeiterzeitung nur als Vehikel seiner Räteideen zu verwenden. Am Ende des Streits stand schließlich der Rücktritt Müllers aus der Redaktion im Juni 1920.[347] Die »Rote Fahne« kommentierte treffend: »Die Entfernung Richard Müllers aus der Redaktion der Metallarbeiterzeitung ist nicht um seiner Person willen erfolgt, nicht weil dem Dißmann und Brandes Richard Müllers Nase, sondern weil ihnen die ganze Richtung nicht paßt.«[348]

Auch auf internationalem Parkett gelang es nicht, den Linkstrend der Metallarbeiterschaft zu konsolidieren. Auf dem im August 1920 in Ko-

---
345 Reichstagshandbuch 1920, Berlin 1920, S. 282.
346 Protokoll über die Verhandlungen des außerordentlichen Parteitages in Leipzig, S. 436-440, in: Protokolle der USPD, Glashütten im Taunus 1976.
347 Vgl. Metallarbeiter-Zeitung Nr. 26 vom 26.6.1920.
348 Rote Fahne Nr. 112 vom 24.6.1920.

penhagen tagenden VIII. internationalen Metallarbeiterkongreß kamen erstmals nach dem Krieg die Metallgewerkschaften der verschiedenen Nationen wieder zu einer Aussprache zusammen. Richard Müller war als Vertreter des DMV anwesend. Er schlug den Vertretern dieser »eisernen Internationale« eine Resolution gegen den polnisch-sowjetischen Krieg vor und verlangte neben der politischen Unterstützung Sowjetrußlands auch den Übergang zu »direkten Aktionen« sowie den Kampf um die Produktionsmittel im jeweils eigenen Land.

Statt dessen wurde jedoch eine abgeschwächte Resolution aus der Feder seines Rivalen Robert Dißmann angenommen. Diese enthielt zwar eine gute Portion Kapitalismuskritik und den Aufruf zum Boykott von Waffenlieferungen für die Feinde der Sowjetunion, sagte aber wenig Konkretes über den Kampf im eigenen Lande aus. Richard Müller bewertete im Anschluß an die Konferenz den Beschluß zwar als Fortschritt gegenüber den Ergebnissen früherer Konferenzen, kritisierte jedoch dessen Unverbindlichkeit. Denn die Ausführung derartiger Resolutionen bleibe den Landesorganisationen vorbehalten, deren Vorstände »alles andere, nur keine zur Tat entschlossene Sozialisten« seien. Auch die Berufung auf die Amsterdamer Internationale sah er als Fehler. Er bemängelte einerseits deren nationalistisch-reformistische Leitungsriege, zusammengesetzt aus Männern wie dem deutschen Burgfriedenspolitiker Carl Legien. Andererseits kritisierte er den unverbindlichen Föderalismus des Amsterdamer Zusammenschlusses – beides Eigenschaften, die zum Versagen der Gewerkschaften während des Krieges geführt hatten. Müller plädierte statt dessen für eine Gewerkschaftsinternationale mit »straffer Zentralisation« sowie eine stärkere Beteiligung der Mitglieder auch auf internationalem Gebiet. Er forderte vor allem mehr Entschlossenheit: »Die Beratungen und Beschlüsse dieser Kongresse dürfen nicht ausklingen in leere Deklamationen, sondern müssen den Willen zur Tat bekunden.«[349]

Müller verlangte daher auch, die Metallarbeiter müßten »ernsthaft prüfen, ob die eiserne Internationale ein Bestandteil der Amsterdamer oder der Moskauer Gewerkschaftszentrale werden soll.« Später, im Sommer 1921, sprach er sich noch weit energischer für den Anschluß an eine neu zu gründende »Moskauer« Internationale aus.

Im Herbst 1920 widmete sich Richard Müller jedoch in erster Linie der Arbeit in der Betriebsrätezentrale in der Berliner Münzstraße. Die

---

349 Richard Müller: Die eiserne Internationale, in: Der Arbeiter-Rat Nr. 36 Jg. 1920, Hervorhebung im Original. Zum Kongreß vgl. auch Rainer Tosstorf: Profintern – Die Rote Gewerkschaftsinternationale 1921-1937, Paderborn 2004, S. 300.

Betriebsrätezentrale hatte im Februar 1920 die Herausgabe des »Arbeiter-Rat« übernommen, ihr Hauptanliegen war ein Ausgleich zwischen Betriebsrätebewegung und Gewerkschaften.[350] Auf lokaler Ebene konnte dies zumindest zeitweise verwirklicht werden, in Berlin wurde die unabhängige Zentrale von den regionalen Gewerkschaftsgliederungen unterstützt. Auch an diesem Thema entzündeten sich allerdings die Flügelkämpfe innerhalb der USPD. Es kam so weit, daß Müller die Redaktion des Parteiorgans »Freiheit« im Juli 1920 in einem offenen Brief anklagte, seine Artikel zur Debatte um die Betriebsräte würden verzögert oder gar nicht abgedruckt und seine Position somit bewußt sabotiert.[351]

Die Entscheidung zur Streitfrage fiel schließlich auf der ersten Reichskonferenz der deutschen Betriebsräte, die vom 5.-7. Oktober 1920 in der Veranstaltungshalle »Neue Welt« am Hermannplatz in Berlin-Neukölln tagte. Richard Müller pries hier das Berliner Modell einer selbständigen Organisation der Betriebsräte als wegweisend für die gesamte Republik an. Der »Reichskommissar für die Überwachung der öffentlichen Ordnung«, eine Art Verfassungsschutz der Weimarer Republik, hielt die Vorbereitungen der Betriebsrätezentrale für bedeutsam genug, um sie in seinen wöchentlichen Lagebericht aufzunehmen. Dort hieß es, die Berliner Zentrale arbeite ein »Kampfprogramm aus, dessen Annahme als eine bündige Erklärung gelten soll, daß der endgültige Kampf um die Diktatur des Proletariats sofort aufgenommen werden müsse.«[352] Diese Einschätzung mag von den tatsächlichen Hoffnungen Müllers gar nicht so weit entfernt gewesen sein. Sie sollte sich jedoch nicht verwirklichen.

Richard Müller trat auf dem Betriebsrätekongreß gemeinsam mit dem Kommunisten Heinrich Brandler als Wortführer der linken Gewerkschaftsopposition auf – eine Annäherung, die sich später intensivieren sollte. Der Kongreß verlief stürmisch, war geprägt von einer starken revolutionären Stimmung, die durch längere Grußworte von sowjetischen Delegationen noch gesteigert wurde. Dennoch gelang es Müllers Rivalen Robert Dißmann wieder einmal, sich durchzusetzen. Die Delegierten nahmen seinen Antrag an, mit der die Betriebsräte den Ge-

---

350 Seit Erscheinen des Doppelheftes Nr. 5/6 1920 war der Verlag in die Büros der Betriebsrätezentrale in der Münzstraße 24 eingezogen, mit Heft Nr. 11 vom März 1920 übernahm die Betriebsrätezentrale dann auch offiziell den Verlag »Arbeiter-Rat«.
351 Freiheit Nr. 292 vom 23.7.1920.
352 Reichskommissar für die Überwachung der öffentlichen Ordnung: Lagebericht vom Oktober 1920, BArch R1507/2003, S. 6.

werkschaften unterstellt wurden.³⁵³ Dißmann hatte es geschickt verstanden, durch revolutionäre Rhetorik und offensive Kapitalismuskritik die Betriebsräte auf seine Seite zu ziehen. Die organisatorische Konsequenz des Beschlusses war allerdings kaum revolutionär zu nennen: sie bedeutete die Unterordnung der Rätebewegung unter die Führung des wirtschaftsfriedlich orientierten ADGB-Vorstandes. Ein Ergebnis, das die Delegierten wohl in seiner Tragweite kaum erfaßten, bedeutete es doch faktisch das Ende der eigenständigen Rätebewegung in Deutschland.

Richard Müller sparte daher im nachhinein nicht mit Kritik. Er hatte bereits vorher wenig Hoffnungen in den Kongreß gesetzt und sah seine Erwartungen bestätigt. Im »Arbeiter-Rat« bezeichnete er den Kongreß als eine »Komödie der Gewerkschaftsbürokraten« und kritisierte die Vermischung von reformistischen Forderungen und »revolutionären Schlagworten«. Dies sei eine von vornherein inszenierte Veranstaltung gewesen, der alleinige Zweck des Kongresses sei es gewesen, »jede freie, selbständige Regung und Betätigung der Betriebsräte [...] zu ersticken«. Angesichts der gefaßten Beschlüsse, die eine Unterordnung unter den wirtschaftsfriedlichen ADGB bedeuteten und sich ansonsten in Appellen an das bürgerliche Parlament erschöpften, sei es »blutiger Hohn«, wenn derselbe Kongreß in Dißmanns Resolution den Staatsapparat als Werkzeug der »organisierten Macht des Unternehmertums« bezeichne und sogar zum revolutionären Kampf auffordere. Statt dessen werde den Betriebsräten nur eine Scheinselbständigkeit gewährt. Anhand der auf dem Kongreß vorgelegten Organisationsentwürfe wies Müller nach, daß die endgültige Entscheidung in allen grundsätzlichen Fragen nun bei den Hauptvorständen des ADGB lag. Müller verglich das Ergebnis deshalb mit dem des ersten Reichsrätekongresses vom Dezember 1918: auch hier seien sich die Delegierten ihrer Verantwortung nicht bewußt gewesen und hätten politischen Selbstmord begangen, indem sie ihre Verantwortung aus der Hand gaben.

Trotz dieser überaus negativen Einschätzung bestand Müller darauf, daß sich der Lauf der Revolution nicht durch Dekrete oder Beschlüsse stoppen ließe. Trotzig prophezeite er: »Der freigewerkschaftliche Betriebsrätekongreß und seine Beschlüsse werden sehr bald als eine Episode im weltgeschichtlichen Ringen des Proletariats der Vergessenheit anheim fallen.«³⁵⁴

---

353 Protokoll der Verhandlungen des Ersten Reichskongresses der Betriebsräte Deutschlands. Abgehalten vom 5.-7. Oktober 1920 zu Berlin, Berlin 1920.
354 Der Arbeiter-Rat, Nr. 43/44 Jg. 1920, vgl. auch Nr. 40 Jg. 1920.

Wieder einmal mußte Richard Müller eine politische Niederlage mit der Hoffnung auf den revolutionären Gang der Weltgeschichte kompensieren. Die deutsche Revolution zwischen 1918 und 1921 war reich an Halbheiten, und Richard Müller fand sich stets auf der Seite derjenigen, deren revolutionäre Initiativen in den entscheidenden Momenten entweder in der Unentschlossenheit der Bewegung versackten oder aber durch Gewalt niedergehalten wurden.

Die Niederlage im Oktober traf Richard Müller aber auch persönlich. Dißmann hatte mit seiner Resolution nicht nur einen politischen Sieg errungen, sondern auch Richard Müllers Aufbauwerk der letzten Monate zerstört. Die mühsam errichtete Betriebsrätezentrale hatte schlagartig ihren Modellcharakter verloren und war zum lokalen Kuriosum degradiert worden.

Denn Müllers Aufruf, sich über den Beschluß des Kongresses hinwegzusetzen, verhallte ungehört. Nicht einmal die Berliner Metallarbeiter und Arbeiterinnen, die Müller sonst stets unterstützt hatten, waren bereit, sich durch eine eigene Linie von der Entwicklung der Betriebsräte abzukoppeln. Auf einer Betriebsräteversammlung lehnten sie Müllers Boykottaufrufe ab.[355] Die Auflösungserscheinungen ließen nicht lange auf sich warten. Im Dezember 1920 trat der rechte Flügel der USPD aus der Betriebsrätezentrale aus und plante mit den Mehrheitssozialdemokraten die Errichtung einer eigenen, gewerkschaftlichen Betriebsrätezentrale.[356] Damit verblieben nur noch Kommunisten und linke USPD in der Zentrale, die sich später folgerichtig zu einem internen Organ der KPD entwickelte. Bereits am 14. Dezember 1920 bezeichnete sie der »Reichskommissar für die Überwachung der Öffentlichen Ordnung« mit dem Doppeltitel »Kommunistische Gewerkschaftszentrale (Betriebsrätezentrale in der Münzstraße)«.[357]

Auch innerhalb des DMV verloren Müller und die Linken an Einfluß, es konsolidierte sich die Vorherrschaft Dißmanns. Diesem gelang es im November 1920 sogar, den Eintritt des Verbandes in den »Eisenwirtschaftsbund« zu erreichen. Obwohl der Vorstand eine solche Interpretation heftig dementierte, war damit der Eintritt in eine jener »Arbeitsgemeinschaften« zwischen Unternehmern und Gewerkschaften vollzogen – ein Schritt, den der DMV bisher als einzige große Gewerk-

---

355 Vgl. Der vereinsamte Leichenmüller, in: Vorwärts Nr. 52 vom 26. Oktober 1920.
356 Reichskommissar für die Überwachung der öffentlichen Ordnung, Lagebericht vom 7.12.1920. BArch, R 1507/2003.
357 Reichskommissar für die Überwachung der öffentlichen Ordnung, Lagebericht vom 14.12.1920. BArch, R 1507/2003.

schaft vehement abgelehnt hatte. Statt auf dem Boden des Rätesystems zu stehen, unterstützte der DMV nun praktisch die Klassenkollaboration. Richard Müller mußte in der nächsten Nummer des »Arbeiter-Rat« zugeben: »Alle bisher zur Revolutionierung der Gewerkschaften angewandten Mittel, alle Versuche, die Macht der Legiene zu brechen, sind erfolglos geblieben. Einmal, weil die Dißmann und Genossen keine Revolutionäre sind, sondern nur radikale Phrasenhelden, dann aber auch, weil jedes Kompromiß, das mit Legien geschlossen wird, dessen Stellung festigt«.[358]

Sowohl durch Verbalradikalismus als auch durch gezielte taktische Kompromisse war es den großen Gewerkschaften gelungen, die Mehrzahl ihrer Mitglieder von offener Opposition abzuhalten.

Die oben zitierten Zeilen stammen aus einem Grundsatzartikel Müllers, in dem er unter dem Titel »Die Tagesfragen der Gewerkschaftsbewegung« den bisherigen Stand der Revolution bilanzierte. Aus der Beobachtung heraus, daß die Bewegung politisch im Rückzug war und ein gewerkschaftlich flankierter Kapitalismus sich zu festigen begann, richtete Müller sein Augenmerk hier vor allem auf die verbliebenen Krisensymptome der Zeit. Wirtschaftlich sah er Deutschland infolge der rasant angestiegenen Staatsverschuldung, der Schwäche der Währung im internationalen Verkehr und der zusätzlichen Belastungen des Versailler Vertrages kurz vor dem Staatsbankrott, auch auf dem Gebiete der Produktion sei die Lage infolge von Rohstoff- und Auftragsmangel desaströs. Die politische Situation bezeichnete Müller als offenen Bürgerkrieg, in dem Rechtssozialisten, Gewerkschaften und mit ihnen ein großer Teil der Arbeiter und Arbeiterinnen tragischerweise auf der Seite des Kapitals standen. Aufgrund dieser Parteinahme bezeichnete er die Gewerkschaftsbürokratie als »letztes Bollwerk der Bourgeoisie«.

Die Analysen zur Müllers Wirtschaftslage zählten mit verblüffender Klarsicht schon Ende 1920 ziemlich genau jene Ursachen auf, die im Laufe der Hyperinflation des Jahres 1923 tatsächlich einen bisher nie gesehenen Zusammenbruch der deutschen Wirtschaft und den faktischen Staatsbankrott brachten. Daß jedoch gerade die totale Geldentwertung das Werkzeug war, mit dem Regierung und Großindustrie sich auf Kosten der Arbeiterschaft, des Kleinbürgertums und des Mittelstandes sanieren konnten, war für ihn noch nicht absehbar. Genausowenig konnte er die Intervention der US-Großbanken voraussehen, die mit neuen Krediten schließlich 1924 die Zahlungsfähigkeit des Deutschen Reiches wiederherstellten.

---

358 Der Arbeiter-Rat, Nr. 45/46, Jg. 1920, S. 9.

Müller und die revolutionäre Linke sahen sich Ende 1920 damit konfrontiert, daß eine Wirtschaftskrise ungeahnten Ausmaßes im Entstehen war, der Kapitalismus in politischer Hinsicht aber auf eine Stabilisierung zusteuerte. Entscheidend hierfür waren die Arbeitsgemeinschaften zwischen Gewerkschaften und Großindustrie. Auch und gerade auf ideologischem Terrain gewannen die Sozialdemokratie und ihr wirtschaftsfriedlicher Kurs wieder an Boden – unter anderem, indem an allen Fronten verbale Zugeständnisse an Sozialisierung und Sozialismus gemacht wurden, ohne jedoch reale Maßnahmen zu ergreifen. Diese »Ideologie der Phrase« sah Müller als Hauptproblem und versuchte durch Betonung der Krisenmomente sowie einer Aufzählung »alter Sünden« der Gewerkschaften während des Krieges einen Stimmungsumschwung zu erzeugen. Insbesondere der wirtschaftliche Zusammenbruch, den er Ende 1918 noch als große Gefahr für die Revolution betrachtet hatte, erschien ihm nun geradezu als Garant für die Weiterentwicklung der Revolution im Weltmaßstab. Die Betonung der Krise, besonders jedoch die Stabilisierung der Revolution in der Sowjetunion waren dabei Kompensation für ausbleibende eigene Erfolge. »Das leuchtende Rot im Osten Europas«, formulierte er, »läßt rein instinktiv, rein gefühlsmäßig die Herzen aller Arbeiter für Sowjetrußland schlagen«.[359] Auch aus diesem Grunde setzte er seine Hoffnungen auch auf eine neu zu schaffende Moskauer Gewerkschaftsinternationale als Motor der Weltrevolution.

Für Deutschland jedoch mußte Müller die Ergebnisse des Betriebsrätekongresses im Oktober als Niederlage anerkennen. Indem sie die Räte in Staats- und Gewerkschaftsapparate integrierten, markierten die Beschlüsse des Kongresses auch den Abschwung der revolutionären Rätebewegung insgesamt. Die politische Initiative in der Arbeiterbewegung lag wieder vollkommen in den Händen der politischen Parteien. Mit der Übernahme der Leitung der Reichsgewerkschaftszentrale der KPD im Dezember 1920 wurde daher auch Richard Müller vom Räteaktivisten zum Parteipolitiker.

---

359 Ebenda, S. 2. Die Wahrnehmung der Nachkriegskrise als Sackgasse und Endkrise des Kapitalismus bezeichnet Klaus Kinner als eine von drei grundsätzlichen Prämissen in der Entstehungsphase des Weltkommunismus. Die beiden weiteren sind die Überzeugung von der Überlegenheit sozialistischer Wirtschaftsorganisation und dem Anspruch der Oktoberrevolution als Auftakt eines weltrevolutionären Prozesses. Vgl. Klaus Kinner: Die KPD im Widerstreit zwischen weltrevolutionärem Anspruch und Ankommen in der Weimarer Republik, in: Klaus Kinner (Hg.): Revolution – Reform – Parlamentarismus.

Der Weg in die KPD und der Bruch mit der Partei: 1920-1922

Richard Müller war zwar seit 1917 Mitglied der USPD, hatte sogar im Oktober 1918 als Kandidat der Unabhängigen für den Reichstag kandidiert, seine politische Heimat waren jedoch stets eher der DMV und die Rätebewegung gewesen. Auch auf den Parteitagen der USPD spielte er keine große Rolle. Er äußerte sich dort gelegentlich kurz zu Gewerkschaftsfragen, an der eigentlichen Parteiführung war er jedoch im Gegensatz zu seinem Freund Ernst Däumig nicht beteiligt.[360]

Denn obwohl Müller und die Revolutionären Obleute die einflußreichste linke Strömung innerhalb der USPD waren, konnten sie diese Stellung nicht wirklich in innerparteilichen Einfluß umsetzen. Bereits die Parteikrise im Dezember 1918, bei der die Obleute eine Kraftprobe mit dem Parteivorstand verloren, hatte dies deutlich gezeigt. Wohl zu Recht macht David Morgan sowohl das Fehlen eines ausformulierten Programms als auch eine gewisse parteipolitische Unerfahrenheit der Obleute für die Niederlage verantwortlich. Denn diese hatten mit Georg Ledebour und Ernst Däumig nur zwei altgediente Parteipolitiker in ihren Reihen.[361]

Aber auch das relative Desinteresse der Gruppe an Parteipolitik muß in diesem Zusammenhang erwähnt werden. Für Müller und die Obleute fand die Politik an der Basis statt. Räte und Gewerkschaften waren die eigentlichen Akteure des Klassenkampfs, die USPD sahen sie zunächst nur als organisatorische »Plattform«. Der Rollenwechsel zum Parteipolitiker kam für Richard Müller deshalb wohl eher unfreiwillig mit dem Ende der revolutionären Welle des 9. November. Diese Niederlage erforderte einen Strategiewechsel. Das Fehlen einer handlungsfähigen revolutionären Organisation hatte sich sowohl bei der Niederschlagung der lokalen Räterepubliken als auch bei den Märzstreiks des Jahres 1919 als fatal für die revolutionäre Linke erwiesen.

---

360 Protokolle der USPD, 3. Parteitag Berlin 1919, S. 45; 6. Parteitag Halle 1919, S. 439. Der dritte Parteitag vom 2.-6. März 1919 in Berlin fand mitten während des von Müller geleiteten Märzstreiks statt, auch deshalb blieb ihm keine Zeit, entscheidend mitzuwirken.

361 Morgan hält diesen Mangel an Einfluß der Obleute entscheidend für die weitere Geschichte der USPD: »With a credible program and shrewd political leadership, they [die Obleute, RH] could have mounted a formidable threat to the established direction, or even the existence, of the USPD. Their lack of these assets, then and later, was important for the history of the party«, David W. Morgan: The Socialist Left, S. 211.

Aus diesen Erfahrungen heraus ist es zu erklären, daß Richard Müller und sein Kreis sich nun zum Leninismus bekehrten. Der Widerspruch zwischen dem Primat der Partei im Leninschen Verständnis und dem rätedemokratischen Basisansatz der Obleute wurde zunächst nicht gesehen. Müller selbst ordnete in einem Artikel vom September 1920 im Dreiklang Gewerkschaft-Partei-Räte der Partei einen klaren Führungsanspruch als »zusammenfassendes und leitendes Zentrum« zu. Als Vorbild lobte er die Kommunistische Partei Rußlands. Die Partei solle die Gewerkschaften nicht organisatorisch, aber geistig beherrschen, ebenso wie die Räte: »Eine politische Partei, die die Führung der Arbeitermassen übernehmen will, muß auch versuchen, die Räteorganisation geistig zu leiten und zu beherrschen, wie es bisher von uns, gestützt auf unser Parteiprogramm, mit Erfolg versucht wurde und jetzt von der 3. Internationale gefordert wird.«[362]

Die Herrschaft der Bolschewiki in der Sowjetunion und die bisherige Dominanz der USPD innerhalb der deutschen Arbeiterräte schätzte er also gleichermaßen als politische Hegemonie ohne Zwangselement ein. Das bolschewistische Parteikonzept stand daher für ihn keineswegs im Widerspruch zu seiner bisherigen Arbeit. Neben der Gleichsetzung der politischen Praxis von USPD und russischer KP fällt vor allem die Entwicklung in seinem persönlichen Verhältnis zur USPD auf. Hatte er diese Partei während des Weltkrieges noch recht instrumentell als Bündnispartner für die Pläne der Obleute wahrgenommen, so identifizierte er sich jetzt eindeutiger mit den Zielen und mit dem politischem Führungsanspruch der Partei und versuchte, diese mit den Leitsätzen der III. Internationale in Einklang zu bringen.[363] Eine Umformung der Diktatur des Proletariats in die Diktatur einer Partei forderte er jedoch nie. »Geistige Beherrschung« bedeutete für ihn eine ideelle Hegemonie, keine weisungsgebundene Unterordnung. Die Formel »Diktatur des Proletariats« schloß für Müller organisatorisch unabhängige Räte und Gewerkschaften stets mit ein.[364] Daß die Entwicklung in Sowjetrußland faktisch in eine andere Richtung ging, wurde ihm und vielen anderen erst wesentlich später klar.

---

362 Richard Müller: Partei, Gewerkschaften und Räte in der 3. Internationale, in: Die Freiheit Nr. 384, 15.9.1920.
363 Vgl. auch Müllers Artikel »Der Popanz der Gewerkschaftsspaltung« in der Freiheit Nr. 378 vom 11.9.1920, wo er ebenfalls die Kontinuität zwischen den Leitsätzen der III. Internationale und dem Programm der USPD betonte. Auch die USPD habe schließlich den Anspruch, »der Arbeiterbewegung Inhalt, Richtung und Ziel zu geben.«
364 Vgl. auch Peter von Oertzen: Betriebsräte in der Novemberrevolution, S. 106.

Auf dem Parteitag in Halle im Oktober 1920 unterstützte Richard Müller daher den Anschluß der Partei an die von den Bolschewiki geführte III. Internationale. Der Beschluß zum Eintritt, von der USPD bereits auf dem Leipziger Parteitag von 1919 gefaßt, war in Halle wegen der von Lenin formulierten »21 Bedingungen« wieder heftig umstritten und wurde schließlich zum Spaltungsgrund. Entscheidend war jedoch längst nicht nur diese eine Frage. Vorangegangen waren die monatelangen Differenzen zwischen rechtem und linkem Flügel der USPD, welche sich bereits im Sommer 1920 zu harten Konfrontationen entwickelt hatten. Durch ihre Austragung auf anderen Schauplätzen wie dem DMV oder der Betriebsrätebewegung hatten die Spannungen jedoch bisher noch nicht zur Spaltung geführt.[365] Entscheidend für Richard Müllers persönliche Position in diesem Konflikt waren vor allem die Erfahrung mit Politik des USPD-Parteivorstands im Kapp-Putsch sowie der Dauerkonflikt mit Robert Dißmann.[366]

Die 21 Bedingungen, an denen die Spannungen innerhalb der USPD nun eskalierten, verlangten eine strikte Abkehr vom Reformismus und verpflichteten alle Mitgliedsparteien der neuen Internationale zur Übernahme des zentralisierten Parteimodells sowie zur überwiegenden Aufgabe ihrer Souveränität. Der Antrag der USPD-Linken in Halle erkannte diese Forderungen explizit an und stellte fest, »daß von einer Autonomie der Parteien im bisherigen Sinne in der neuen Internationale nicht mehr die Rede sein kann. Jede angeschlossene Partei muß einen Teil ihrer Autonomie aufgeben und sich völlig in den Rahmen der internationalen Kampforganisation einfügen.« Erstunterzeichner der Resolution war Ernst Däumig, neben Richard Müller fanden sich aus dem Kreis der Obleute auch Paul Scholze, Heinrich Malzahn, Paul Weyer, Paul Wegmann und Paul Eckert auf der Liste der unterstützenden Delegierten.[367]

Unter den Gegnern des Anschlusses fanden sich aus dem Umfeld der Obleute lediglich Emil Barth, seit seiner Zeit als Volksbeauftragter aufs heftigste mit seinen ehemaligen Genossen zerstritten, sowie Georg Ledebour. Die Mehrzahl von Müllers alten Genossen unterstützte also die Übernahme der von Lenin entworfenen Prinzipien, eine Mehrheit der Delegierten sah die Frage genauso.[368] Der Antrag wurde mit 236 zu 156 Stimmen beschlossen. Doch war diese Entscheidung nicht einfach gewesen. Viereinhalb Stunden hatte der Bolschewik Grigori Sinowjew

---

365 Zur Spaltung der USPD vgl. Hartfrid Krause: USPD, S. 132-216.
366 Protokolle der USPD, 8. Parteitag Halle, S. 34 f.
367 Protokolle der USPD, 8. Parteitag Halle, S. 78-79.
368 Ebenda, S. 259 f.

als Vertreter der neuen Internationale geredet, gekontert von einer dreistündigen Gegenrede Rudolf Hilferdings. Als dann auch noch der eigens angereiste Führer der russischen Menschewiki, Julius Martow, die Verfolgung seiner gemäßigt sozialistischen Partei, den Terror der Bolschewiki und die Ermordung seiner Genossen beklagte, war die Spannung kaum auszuhalten. Auch unter dem Eindruck dieser Szene war die Annahme der 21 Bedingungen für den rechten Flügel der USPD unannehmbar. Die Gegner erklärten die linke Mehrheit für ausgeschlossen, verließen den Saal und die Partei war gespalten.[369]

Im Spaltungsprozeß wurde Müller nun für einige Monate Mitglied des Zentralkomitees der USPD-Linken, bevor diese im Dezember 1920 mit der KPD zur »Vereinigten Kommunistischen Partei Deutschlands« (VKPD) verschmolz. Die Sitzungen des USPD-Zentralkomitees zwischen Oktober und Dezember 1920 beschäftigten sich hauptsächlich mit organisatorischen Fragen, wie etwa dem Fraktionsstatus, der Raumsuche und dem Kampf um die Kontrolle der Parteiorgane. Über der gesamten Arbeit schwebte die bereits in der Resolution von Halle vorgeschlagene Parteifusion – wenn auch die USPD die von der KPD vorgeschlagene sofortige Verschmelzung ablehnte und an einer Übergangszeit festhielt. Zunächst mußten eigene Positionen geklärt werden. Beim Entwurf von Richtlinien über die zukünftige Arbeit der Partei zeichnete sich in diesem Prozeß eine antiparlamentarische Wende ab, die in der alten USPD undenkbar gewesen wäre. Der Reichstag wurde in den Richtlinien nur noch als »Unterdrückungsinstrument der Bourgeoisie« gesehen, im Entwurf hieß es lapidar »Wir wollen das Parlament nicht erobern, sondern überwinden und beseitigen«. Zudem sollten alle Abgeordneten der Parteizentrale eine Vollmacht erteilen, mit der sie sich verpflichteten, ihr Mandat im Streitfall niederzulegen. Lediglich Emil Eichhorn und Joseph Herzfeld wehrten sich gegen diesen Vorschlag.[370] Richard Müller griff in diese entscheidenden Strukturdebatten nicht ein und fehlte oft bei den Sitzungen.

Er war nach wie vor mit der Betriebsrätefrage beschäftigt. Erst als diese auf die Tagesordnung kam, schaltete er sich etwas mehr ein. Er erreichte, daß sich die Partei trotz der Niederlage der Linken auf dem Gewerkschaftskongreß für den Erhalt der unabhängigen Betriebsrätezentrale einsetzte. Die Mitglieder der Betriebsräte wurden allerdings

---

369 Vgl. auch Wolfgang Leonhard: Völker hört die Signale, München 1981, S. 171-181.
370 Protokolle von Sitzungen der Zentralleitung bzw. des Zentralkomitees, z.T. gemeinsam mit Vertretern der KPD. Okt-Dez 1920, SAPMO-BArch, RY 19/II/143/5, Sitzung vom 27. Oktober.

angemahnt, sich auch innerhalb der Gewerkschaften weiter zu engagieren. Im Protokoll wurde festgehalten, die Betriebsrätezentrale solle sich »zu einer kommunistischen Zelle der Betriebsräte ausbilden und die Fraktionsleitung übernehmen«. Sie sollte also innerhalb der Gewerkschaften die kommunistische Opposition führen und tat dies auch bald unter dem neuen Titel »Reichsgewerkschaftszentrale«.[371] Zudem bewilligte das Zentralkomitee auf Antrag Müllers Gelder für den Aufbau einer Räteschule, die nach Däumigs Vorstellung eventuell einmal zu einer Parteischule ausgebaut werden sollte.[372] Müller verpflichtete sich außerdem, die Redaktion eines Mitteilungsblattes für die Gewerkschaftsopposition zu übernehmen und an der Erstellung eines im zwei-Wochen Rhythmus erscheinenden Flugblattes zur Agitation unter den Arbeitslosen mitzuwirken.[373]

Ob das Arbeitslosenflugblatt zustande kam, ist unklar. In der Betriebsrätearbeit war Richard Müller jedoch sehr aktiv. Wenige Wochen später mußte der Staatsschutz bereits die rege Tätigkeit der reorganisierten Betriebsrätezentrale anerkennen. Im Lagebericht des Reichskommissars für die Überwachung der öffentlichen Ordnung vom 14.12.1920 hieß es: »Der Kampf um die Gewerkschaften ist in vollem Gange. [...] Vor allem richtet sich die Kampftätigkeit der Gewerkschaften jetzt gegen die sogenannten kommunistischen Zellen. Die kommunistische Gewerkschaftszentrale (Betriebsrätezentrale in der Münzstraße), in der jetzt Geschke, Neumann, Malzahn, Felix Hirsch, Schumann, Richard Müller und der unter den Linksradikalen sehr populär gewordene Sylt die maßgebende Rolle spielen, hat die Arbeiterschaft, vor allem die Metallarbeiter, neuerdings offen aufgefordert, in allen Betrieben und Gewerkschaften solche Zellen in Gestalt besonderer Kommunistischer Fraktionen zu bilden und hat eine ausgedehnte Propaganda zur Durchsetzung der Gewerkschaften mit kommunistischem Geiste nach den Vorschriften ins Werk gesetzt. Geschulte Agitatoren, in erster Linie die kommunistischen Obleute der Berliner Großbetriebe, werden jetzt durch das ganze Reich gesandt um in den Gewerkschaften in moskowitischem Sinne tätig zu sein.«[374]

---

371 Ebenda, Sitzung vom 18.11.1920.
372 Die Räteschule war eine bereits bestehende, der Betriebsrätezentrale nahestehende Einrichtung. Vgl. den Lehrplan für Mai-Juli 1920 und eine Kommentierung der Aufgaben der Räteschule im »Arbeiter-Rat« Nr. 14 Jg. 1920.
373 Ebenda, Sitzungen vom 18.11., 22.11., 29.11.1920.
374 Lagebericht des Reichskommissars für die Überwachung der öffentlichen Ordnung vom 14.12.1920, SAPMO BArch R 1507/2003.

Auf dem Parteitag im Dezember wurde Richard Müller dann zum Vorsitzenden der Reichsgewerkschaftszentrale (RGZ) gewählt und koordinierte den Aufbau bzw. Umbau dieser Institution. Für das Zentralkomitee der vereinigten Partei kandidierte er nicht.

Das Mitteilungsblatt für die Gewerkschaftsopposition, zu dessen Herausgabe Müller sich verpflichtet hatte, kam erstmals im Januar 1921 heraus. Ähnlich wie die Gewerkschaftszentrale kam auch dieses Projekt nicht völlig aus dem Nichts. Es wurde einfach der »Arbeiter-Rat« mit der »Kommunistischen Rätekorrespondenz« fusioniert, das Gemeinschaftsprojekt erschien nun unter dem Titel »Der Kommunistische Gewerkschafter«.[375] Die Redaktion des Blattes übernahm allerdings Fritz Heckert, Richard Müller publizierte nur gelegentlich als Gastautor.

Die Übernahme von Betriebsrätezentrale und »Arbeiter-Rat« sind nur zwei Beispiele dafür, wie stark die KPD von den Strukturen der Rätebewegung profitierte. Die Namensänderung vom »Arbeiter-Rat« zum »Kommunistischen Gewerkschafter« zeigt geradezu symbolisch den Zusammenhang zwischen dem Abschwung der Rätebewegung und dem Aufstieg der KPD zur Massenpartei.[376] Ein Zusammenhang, der sich nicht nur in der Person Müllers oder der Obleute niederschlug, sondern das Überwechseln einer ganzen Strömung linkssozialistischer Arbeiter hin zum Kommunismus bedeutete.[377]

Ein Gegensatz zwischen den in der Novemberrevolution entstandenen Räteideen und der durch die 21 Bedingungen markierten bolschewistischen Parteitradition wurde zunächst nicht gesehen, denn auch in Rußland herrschten dem Anspruch nach die Arbeiterräte. Statt dessen überwog eine euphorische Aufbruchs- und Einigungsstimmung, in der man, auch angesichts der Festigung der politischen Macht des Bürgertums, über vergangene Differenzen hinwegsah und das Gemeinsame betonte.[378] Böse Vorzeichen wie Martows Ansprache auf dem Haller Parteitag waren schnell vergessen.

---

375 Der Kommunistische Gewerkschafter, Nr. 1 Jg. 1921, S. 1; Der Arbeiter-Rat, Nr. 51/52 Jg. 1920, vgl. auch Fritz Opel: Der deutsche Metallarbeiter-Verband, S. 113.
376 In seinem Geleitwort hatte Däumig die Strömung des »Arbeiter-Rat« als »mehr oder weniger isolierte Schar« bezeichnet und damit das Ende der Rätebewegung anerkannt. Die KPD sah er als neue Massenbewegung, in der die alten Ideen aufgehoben seien. Vgl. Arbeiter-Rat, Nr. 51/52 von 1920.
377 Vgl. dazu auch den Artikel »Dem Arbeiter-Rat zum Abschied« von Max Sievers und das »Abschieds- und Geleitwort« von Ernst Däumig in der letzten Ausgabe des »Arbeiter-Rat«, Nr. 51/52 von 1920.
378 Vgl. etwa den Einigungsaufruf »An die revolutionären Arbeiter Deutschlands«, in der nicht nur USPD und KPD, sondern auch die Mitglieder der KAPD zur Mitarbeit in einer vereinigten Kommunistischen Partei aufgerufen wurden, in: Der Arbeiter-Rat, Nr. 43/44 Jg. 1920.

Bis zum März 1921 beschäftigte sich die Reichsgewerkschaftszentrale hauptsächlich mit der Vorbereitung der Gründung einer »Roten Gewerkschafts-Internationale«, welche die sozialdemokratische Amsterdamer Internationale ablösen sollte. Bereits im Vorjahr hatte sich in Moskau ein »Internationaler Rat der Fach- und Industrieverbände« konstituiert und warb als »Moskauer Internationale« um Mitglieder. Im Sommer 1921 sollte dann offiziell die neue Gewerkschaftsinternationale aus der Taufe gehoben werden.

Bereits in der ersten Nummer des »Kommunistischen Gewerkschafters« agitierte Richard Müller in einem Artikel für die neue Internationale. Er ging aus von Berichten der bürgerlichen Presse über die Londoner Konferenz der alten Gewerkschaftsinternationale. Hier wurden halb wohlwollend, halb ironisch die »gut bürgerlich gekleideten und gepflegten Vertreter der Arbeiterschaft« als »milde Sozialisten« bezeichnet, der Reporter hielt sie für »alles andere als eine Schar revolutionärer Verschwörer«. Mit Bezug auf solche Schilderungen selbst aus bürgerlicher Feder fiel es Müller nicht schwer, die fehlende Kampfkraft des Amsterdamer Zusammenschlusses aufzuzeigen. Müller kritisierte die Folgenlosigkeit der Beschlüsse, welche gleichzeitig wegen ihres behäbigen Reformismus einer bewußten Sabotage des Klassenkampfs gleichkämen: »Betrachtet man die Beschlüsse der Londoner Konferenz, dann wird man finden, daß sie nicht gefaßt wurden von ›milden Sozialisten‹, sondern von Leuten, die gar keine Sozialisten sind, von Leuten, denen der revolutionäre Klassenkampf verhaßt ist«. Als Beispiel nannte er die Absicht, die Vorbereitung von Sozialisierungen dem Internationalen Arbeitsamt des Völkerbundes, also einem Organ ausschließlich bürgerlicher Regierungen, zu überlassen. Angesichts solcher Vorhaben appellierte Müller an das revolutionäre Proletariat, »daß es diesen Agenten der Bourgeoisie keine Gefolgschaft leisten darf, sondern sich anschließen muß an den Moskauer Rat der Fach- und Industrieverbände.«[379]

In der fünften Ausgabe der Zeitschrift erschien dann ein Aufruf der RGZ zu den Betriebsrätewahlen, der die Kommunisten zum Engagement in den Betriebsräten und zur »Mobilisation der gesamten Arbeiterklasse für ihre unmittelbaren Lebensinteressen« aufrief. Der Kommunistische Betriebsrat solle seinen Kollegen und Kolleginnen ein Vorbild sein, ohne sich durch die Einschränkungen des Betriebsrätegesetzes binden zu lassen. »Für ihn existieren die Zwirnsfäden der 106§§ des Betriebsrätegesetzes nicht. Über alles muß ihm gehen die Pflicht, den In-

---

[379] Richard Müller: Der Amsterdamer Gewerkschaftsbund und seine Konferenzen, in: Der Kommunistische Gewerkschafter, Nr. 1 Jg. 1921, S. 8 f.

teressen seiner Klasse zu dienen« hieß es schlicht.[380] Hier schimmerte ein wenig von Müllers vergangenen Aufrufen zum Boykott der restriktiven Betriebsrätegesetze durch. Die generelle Konzentration auf den Kampf in den Betrieben und die Stärkung der unmittelbaren Basisarbeit entsprach der damaligen Linie des »Offenen Briefes«, in dem der Parteivorstand der KPD die anderen Arbeiterparteien und die Gewerkschaften zu einer Einheitsfront aufforderte.[381] Dies bedeutete eine Abkehr von ultralinken und putschistischen Vorstellungen aus der Anfangszeit der KPD, um mittels einer eher langfristig angelegten Strategie die Führung in der Arbeiterklasse zu übernehmen. Mit einem solchen Kurs des von seinem alten Genossen Ernst Däumig und dem ehemaligen Spartakus-Aktivisten Paul Levi gemeinsam geleiteten Zentralkomitees konnte sich Richard Müller voll identifizieren. Der »Offene Brief« entsprach ganz der Mischung aus revolutionärem Elan und realpolitischer Taktik, mit der die Obleute während des Krieges agiert hatten und die auch Richard Müllers politische Ausrichtung bestimmte.

Die Mehrheit der Arbeiter und Arbeiterinnen konnte jedoch trotz des Einheitsfrontkurses nicht im Vorfeld von der neuen »Moskauer« Internationale überzeugt werden. Zwar gab es in nahezu jeder Gewerkschaft eine starke kommunistische Fraktion, aber kein Verband erklärte sich als Ganzes für das neue Projekt. Zudem leistete der ADGB-Vorstand entschiedenen Widerstand, denunzierte die kommunistischen Mitglieder als Spalter und machte es den Mitgliedern zur Pflicht, die »zersetzenden Bestrebungen mit allen zu Gebote stehenden Mitteln zu bekämpfen«.[382] Ausschlüsse und andere administrative Maßnahmen verhinderten zusätzlich die offene Diskussion der kommunistischen Positionen. Teilweise wurden, wie im Fall des DMV Halle, ganze Ortsverwaltungen vom Vorstand boykottiert.[383]

---

380 Der Kommunistische Gewerkschafter, Nr. 5 Jg. 1921, S. 1.
381 Die Rote Fahne, 8. Januar 1921. Vgl. zur Einheitsfrontpolitik von 1921 auch Hermann Weber: Die Wandlung des deutschen Kommunismus – Die Stalinisierung der KPD in der Weimarer Republik, Frankfurt am Main 1969, S. 41 sowie Klaus Kinner: Der Deutsche Kommunismus – Selbstverständnis und Realität, Bd. 1: Die Weimarer Zeit, Berlin 1999, S. 42-51.
382 Entschließung der 10. Tagung des ADGB, zitiert nach: Der Kommunistische Gewerkschafter, Nr. 7 Jg. 1921, S. 65.
383 Hierzu kommentierte der Kommunistische Gewerkschafter ironisch: »Wir wissen, daß die Ortsverwaltung des DMV Halle, weil sie aus Kommunisten zusammengesetzt ist, und weil sie Angestellte hat, welche bei Ausstellung von Mitgliedsbüchern den Vornamen Karl nicht mit K sondern mit C geschrieben haben und weil ein anderer Angestellter ein Mädchen auf dem Büro geküßt haben soll (Wer kennt nicht Robert, den alten Unschuldsengel?) nicht anerkannt wird.« Der Kommunistische Gewerkschafter, Nr. 14, Jg. 1921.

Der stets gut informierte Reichskommissar für die Überwachung der öffentlichen Ordnung kommentierte auch diesen Konflikt in seinen Lageberichten: »Der Kampf zwischen der Reichszentrale der roten Gewerkschaften Deutschlands und dem Allgemeinen Deutschen Gewerkschaftsbund nimmt immer heftigere Formen an. Die Reichszentrale macht alle Anstrengungen, um die etwaigen Kommunistischen Gewerkschaftsgruppen Deutschlands möglichst schnell zusammenzufassen. Sie möchte mit ihnen auf dem Internationalen Roten Gewerkschaftskongreß in Moskau (Mai d. Js.) paradieren und dort ihren offiziellen Anschluß an die Internationale vollziehen«[384]

So einfach war dieses Unternehmen jedoch nicht. Schon die Novemberrevolution hatte es nicht vermocht, die deutschen Gewerkschaften dauerhaft nach links zu ziehen, und auch die RGZ scheiterte an der harten Gegenwehr der Apparate. Keine Einzelgewerkschaft schloß sich als Ganzes oder auch nur mehrheitlich der kommunistischen Strömung an.

Also mußten die Delegierten für die im Juli geplante Gründungskonferenz auf Sonderkonferenzen der kommunistisch gesinnten Mitglieder jeder Einzelgewerkschaft gewählt werden. Eine solche »Reichskonferenz der kommunistischen und der mit der Moskauer Gewerkschafts-Internationale sympathisierenden Metallarbeiter« tagte am 28. Februar 1921 in Berlin. Richard Müller hielt dort das einleitende Referat über »Die Aufgaben der Gewerkschaften in der sozialen Revolution«. Er geißelte die Gewerkschaftsbürokratie wegen ihrer wirtschaftsfriedlichen Haltung und der antikommunistischen Hetze, die sie unter dem Deckmantel einer angeblichen »politischen Neutralität« betrieb. Müller schoß sich dabei besonders auf seinen Intimfeind Robert Dißmann ein, den er als »Scharfmacher im ADGB« beschimpfte. Allerdings warnte Müller eindringlich vor der Parole »Heraus aus den Gewerkschaften« und der Gründung von syndikalistischen Unionen bzw. Gegengewerkschaften. Die freien Gewerkschaften seien zu »Brennpunkten der Klassenbestrebungen des Proletariats geworden«, sie sollten nicht aufgegeben werden, die Kommunisten dürften nicht erlahmen »im Ringen um die Herzen und Hirne des Proletariats«. Dies entsprach der damaligen Parteilinie der VKPD, die unter der Parole »Hinein in die Gewerkschaften« gegen Austritte und Spaltungen mobil machte.[385]

---

384 Reichskommissar für die Überwachung der öffentlichen Ordnung, Lagebericht März 1921. BArch, R 1507/200, S. 18.
385 Vgl. den Aufruf »Arbeiter! Genossen!« der VKPD-Zentrale, veröffentlicht am 29. Januar 1921 im Kommunistischen Gewerkschafter Nr. 4/1921.

Richard Müller hatte sich bei seinem Auftritt so in Rage geredet, daß sein Kollege Oskar Rusch »wegen der erschöpfenden Ausführungen Müllers« auf sein Referat verzichtete und lediglich eine vorbereitete Resolution vorlas. Diese richtete sich gegen die Ausschlüsse von Kommunisten aus dem DMV und die Nichtanerkennung von Wahlen durch den Vorstand. Die Resolution sowie eine weitere von Rusch und Richard Müller gemeinsam verfaßte Erklärung wurden einstimmig angenommen. Deren Text besagte, daß die Delegierten zum Verbandstag sich bei der Wahl für die Politik des »Offenen Briefes« zu erklären hätten. Anscheinend war dieser Kurs nicht ganz unumstritten und Müller und Rusch wollten ein Signal gegen die Ultralinken und Syndikalisten in der KPD setzen. Vertreter dieser Richtung waren jedoch im Plenum nicht anwesend oder meldeten sich zumindest nicht zu Wort. Immer wieder wurde statt dessen auf dem Kongreß der Vorwurf der Gewerkschaftsspaltung zurückgewiesen und die Einheit des DMV beschworen. Einige Delegierte präsentierten ihrerseits Schreiben der Ortsverwaltungen, in denen ihnen von DMV-Funktionären mehr oder weniger offen mit Ausschluß gedroht wurde, sollten sie an der Konferenz teilnehmen. Die kommunistischen Gewerkschafter ließen sich jedoch von solchen Gesten nicht einschüchtern, eher sahen sie sich in ihrem Urteil über die »Amsterdamer« und ihre deutschen Vertreter bestätigt. Sie wählten zum Abschluß der Konferenz die Delegierten Richard Müller, Max Hausding aus Chemnitz und Jakob Greis aus Wiesbaden als Delegierte des DMV für die Moskauer Konferenz.[386]

Wie ernsthaft die Drohungen der DMV-Hierarchie waren, zeigte sich kurze Zeit später, als der DMV gegen Richard Müller als Organisator der Konferenz ein Ausschlußverfahren einleitete.[387] Trotz aller Rhetorik gegen angebliche Gewerkschaftsspalter wurde die Führung des DMV selbst zum Spalter, wenn es darum ging, den Einfluß der Kommunistischen Fraktion zurückzudrängen.

Obwohl – oder gerade weil – die Kommunistische Bewegung durch die Vereinigung mit der mehr als dreimal so großen linken USPD ungemein an Mitgliedern und Einfluß gewonnen hatte, blieben interne Streitereien nicht aus. Insbesondere die langfristig angelegte Politik des »Offenen Briefes« geriet Anfang 1921 immer mehr unter Beschuß. Ri-

---

386 Der Kommunistische Gewerkschafter, Nr. 10, 1921, S. 90 f.; Rainer Tosstorf: Profintern – Die Rote Gewerkschaftsinternationale, S. 216.
387 Reichskommissar für die Überwachung der öffentlichen Ordnung: Lagebericht vom 22.3.1921. BArch, R 1507/2007, S. 172 f. Ob der Ausschluß vollzogen wurde, ist nicht erwähnt.

chard Müllers Weggefährte Ernst Däumig hatte gemeinsam mit Paul Levi diese Linie maßgeblich geprägt. Doch trotz des vielversprechenden Starts übte er sein Amt als KPD-Vorsitzender nur elf Wochen aus und trat dann zurück. Der Grund waren Differenzen zwischen Parteiführung und der Kommunistischen Internationale (Komintern) – Vorboten einer Parteikrise, die das ganze nächste Jahr andauern sollte.[388]

Denn in der VKPD schwand langsam die Einigungseuphorie, grundsätzliche Konflikte zwischen den alten Räteaktivisten bzw. USPD-Linken sowie der sich langsam bolschewisierenden KPD wurden sichtbar. Aber auch ganz schlichte Rangeleien um Funktionärsposten belasteten das Klima. Als Ganzes wiederum stand die Partei unter Druck der Kommunistischen Internationale in Moskau, die einen offensiveren Kurs verlangte, dafür innerparteiliche Bündnispartner suchte und unter den von revolutionärer Ungeduld ergriffenen Mitgliedern auch fand.[389] Ein erstes Ergebnis der Krise war der Rücktritt Däumigs und Levis. Der Reichskommissar für die Überwachung der öffentlichen Ordnung kommentierte den Führungswechsel wie folgt: »Mit den aus der Zentrale ausgeschiedenen Genossen dürfte gewissermaßen die ›Intelligenz‹ der Zentrale genommen sein. Stoecker und Brandler, die neu gewählten Führer der VKPD, müssen als kleine Geister bezeichnet werden [...] Allerdings sind gerade diese Genossen, insbesondere Stoecker, unbedingte Anhänger der Tat [...] Zusammenfassend kann gesagt werden, daß die VKPD durch die stattgefundene Veränderung eine radikalere und brutalere Führung erhalten hat ...«[390]

Diese ahnungsvolle Einschätzung sollte sich innerhalb von kürzester Zeit bestätigen. Die neue Parteiführung unter Heinrich Brandler gab die Einheitsfront-Taktik des »Offenen Briefes« umgehend auf und schwenkte auf einen sogenannten Offensivkurs um. Brandler und seiner Unterstützer gingen von einer akut revolutionären Situation aus. Sie lehnten daher gemeinsame Aktionen mit den reformistischen Strömungen als opportunistisch ab.[391] Höhepunkt und Katastrophe dieses Offensivkurses war die sogenannte Märzaktion des Jahres 1921 – ein bewaffneter Aufstandsversuch, bei dem Hunderte von Menschen ums Leben kamen.

---

388 David W. Morgan: Ernst Däumig, S. 327, Hermann Weber: Die Wandlung des deutschen Kommunismus, S. 41.
389 Zur Stimmung vgl. Lagebericht des Reichskommissars für die Überwachung der öffentlichen Ordnung vom 11.1.1921, BArch R 1507/2004.
390 Lagebericht des Reichskommissars für die Überwachung der öffentlichen Ordnung vom 1.3.1921, BArch R 1507/2006.
391 Vgl. Hermann Weber: Die Wandlung des deutschen Kommunismus, S. 41.

Der Märzaktion vorausgegangen war eine monatelange revolutionäre Ungeduld in der USPD-Linken und später der KPD. Der Staatsschutz dokumentierte immer wieder Diskussionen über »Aktionen« und ein baldiges »Losschlagen«. Laut Informationen des Reichskommissars sollen auch Müller und Malzahn bereits im Oktober 1920 auf eine »Endaktion« zur Errichtung des Sozialismus gedrängt haben, notfalls auch durch »energische Anwendung des Terrors«.[392] Ähnlich wie die Einordnung Müllers als Sympathisant der linksradikal-syndikalistischen Kommunistischen Arbeiterpartei Deutschlands (KAPD) erscheinen diese Angaben jedoch als ausgesprochene Fehlinformation.[393] Überhastete »Endaktionen« und Putschphantasien waren Richard Müller stets fremd gewesen, auch im folgenden verteidigte er trotz erheblicher Widerstände die Politik des »Offenen Briefes«.

Auslöser für die Märzaktion war die Besetzung des Bezirkes Halle-Merseburg, einer Hochburg der VKPD, durch militärisch ausgerüstete Polizeitruppen. Diese Aktion bot einen willkommenen Ansatzpunkt für den neuen Offensivkurs der VKPD-Führung. Der Parteivorstand rief daher zum bewaffneten Widerstand gegen die Polizeitruppen auf. Die durch die Provokationen von Polizei und Unternehmern gereizte kommunistische Basis folgte dem Aufruf bereitwillig, es kam zu mehrtägigen blutigen Kämpfen. Jedoch blieben die Mitglieder der VKPD und der KAPD isoliert. Sie konnten weder ihre SPD-Kollegen und Kolleginnen zum Aufstand bewegen, noch die Kämpfe regional ausweiten. Die militärische Niederschlagung des Aufstandes war daher nur eine Frage der Zeit, die Provokation des Staatsapparates war geglückt, der Offensivkurs des Vorstandes schon im Ansatz gescheitert.[394]

---

392 Lagebericht des Reichskommissars für die Überwachung der öffentlichen Ordnung vom 2.11.1920, BArch R 1507/2003. Laut Bericht vom 15.3.1921 verlangten die Obleute der Berliner Großbetriebe, »daß es endlich an der Zeit sei, zu einer wirklichen Aktion überzugehen«, weil die Arbeiter ins Lager der KAPD zu wechseln drohten. Vgl. BArch R 1507/2007.
393 Im Lagebericht des Reichskommissars für die Überwachung der öffentlichen Ordnung vom 11.1.1921 heißt es: »Wie feststeht gehen zahlreiche Neukommunisten, von Levi und seiner Gefolgschaft wenig erbaut, mit der Begründung zur USPD zurück, daß ihnen der innere Streit der VKPD allmählich widerlich geworden sei. Andere Kreise wiederum, in denen der Wunsch laut wird, noch weiter nach links zu gehen, retten sich zur revolutionären KAPD. Die gegenwärtigen Führer dieser Richtung sind: Stöcker, Geyer und Richard Müller.« (BArch R 1507/2004). Tatsächlich lehnte Müller den Kurs der KAPD radikal ab, vgl. dazu Richard Müller: Auf dem Wege zur KAPD, in: Sowjet, Nr. 3/1921.
394 Zur Märzaktion vgl. Stefan Weber, Ein Kommunistischer Putsch? – Märzaktion 1921 in Mitteldeutschland, Berlin 1991 sowie Sigrid Koch-Baumgarten: Aufstand der Avantgarde – die Märzaktion der KPD 1921, Frankfurt–New York 1986.

Der Ex-Vorsitzende Paul Levi verurteilte daraufhin die Aktion in einer Broschüre mit dem Titel »Unser Weg. Wider den Putschismus«. Er griff die Parteiführung aufs schärfste an und beschuldigte die Exekutive der Komintern, die Märzaktion aus Gründen der sowjetischen Innenpolitik und in völliger Unkenntnis der deutschen Verhältnisse angezettelt zu haben.[395] Levi wurde umgehend aus der Partei ausgeschlossen.

Richard Müller hatte es trotz größter Bedenken während der Kämpfe abgelehnt, der Aktion »in den Arm zu fallen« und sich zunächst nicht öffentlich distanziert. Intern äußerte er aber am 30.3.1921 – zu einem Zeitpunkt, als die militärische Niederlage des Aufstandes und das Ausbleiben von Solidarisierungen offensichtlich war – heftige Kritik an der Parteiführung. Auf einer Sitzung der RGZ mit zwei Vertretern des Zentralkomitees wehrte er sich aufs Schärfste gegen die Pläne der Zentrale, die Offensive weiter fortzuführen. Mit eindringlichen Worten beschrieb er die Stimmung in der Berliner Arbeiterschaft: »Wir können nicht in die Betriebe hinein und würden wir das, dann würden wir rausgehauen. Wir Metallarbeiter waren auf dem besten Wege, die Verwaltung zu stürzen, aber jetzt haben wir einen sehr schweren Stand. In Berlin ist die Bewegung tot, die läßt sich nicht wieder aufrichten. Es ist bereits hier soweit, daß die Arbeiter selbst die Sipo [=Sicherheitspolizei, RH] zum Schutz gegen die Kommunisten verlangen. Hier haben wir den Kampf der Arbeiter gegen die Arbeiter. Unsere Kommunisten werden verhaftet und die anderen Arbeiter freuen sich darüber. Und wenn diese Parole weiter befolgt wird, werden hier in Berlin bald unsere aktiven Genossen hinter Schloß und Riegel sitzen.«[396]

Die Vertreter der Parteiführung weigerten sich jedoch, die Lage realistisch zu sehen. Sie machten »Miesmacher« vom Schlage Müllers für den Mißerfolg verantwortlich, verwiesen auf einige lokale Streiks und verlangten Streikaufrufe auch für Berlin. Müller verweigerte sich dieser Forderung und wehrte sich gegen die Angriffe: »Wenn man sagt, in unseren Reihen sind die Miesmacher – ich muß Euch offen gestehen, wenn ich draußen im Betrieb stände und ich sehe, meine Genossen folgen nicht der Parole trotz all meinen Mühen, was würde ich als Kommunist machen? Würde ich allein rausgehen? Und den Betrieb in Stich lassen? Das wäre Wahnsinn! Unsere Genossen sagen sich, wenn sie aus dem Betrieb gehen, haben sie den Einfluß unter der Arbeiterschaft verloren. Sie folgen deshalb nicht der Parole.«[397]

---

395 Paul Levi: Unser Weg, Berlin 1921.
396 Protokoll von der Sitzung der Reichsgewerkschaftszentrale mit den Beiräten und zwei Vertretern der Zentrale am 30.3.1921. SAPMO-BArch, RY 1/I 2/708/7.

Wie schon während des Krieges als Vorsitzender der Obleute lehnte Richard Müller auch jetzt vehement ab, Aktionen ohne Rückhalt in der Arbeiterschaft zu unterstützen. Damals freilich hatte er freie Hand innerhalb der USPD, keine Parteiführung redete ihm rein. Im Jahr 1921 hingegen sah er sich einer unnachgiebigen Zentrale gegenüber, deren Vertreter seine pragmatische Taktik ablehnten und ihre isolierte Avantgarde-Aktion glorifizierten, indem sie erklärten: Es werde »kein[en] Kampf geben, den die Kommunisten machen, den sie nicht führen müssen gegen einen großen Teil der Arbeiterschaft«.[398]

In Äußerungen wie diesen mußte Müller eine bis zur Arroganz gesteigerte Variante der »Revolutionären Gymnastik« Liebknechtscher Prägung erkennen, genau jener Form von Voluntarismus, die er stets abgelehnt hatte. Die Situation glich auch jener im Januar 1919, wo ebenfalls das Vorpreschen einer revolutionären Minderheit zum blutigen Fiasko geführt hatte. Auch beim Januaraufstand hatte Müller aus Solidarität keine öffentliche Distanzierung vorgenommen, sich aber dennoch geweigert, den in seinen Augen abenteuerlichen Kurs mitzutragen. Eine solche Haltung nahm er auch jetzt ein – unterstützt von der Mehrheit der Reichsgewerkschaftszentrale. In diesem Gremium waren viele der alten Obleute versammelt, sie sahen in der Haltung der Parteiführung »keinerlei politische Perspektiven«.[399]

Das Zentralkomitee der KPD reagierte auf die massive innerparteiliche Kritik mit administrativen und autoritären Maßnahmen im Stile einer Säuberung. Das sogenannte Fraktionsverbot und weitere Einschränkungen der innerparteilichen Demokratie, wie sie kurz zuvor aus Reaktion auf den Kronstadt-Aufstand in der KP Rußlands eingeführt worden waren, mögen Pate für diesen Kurs gestanden haben. Trotz des Fiaskos hielt man im deutschen Zentralkomitee die Aktion auch nachträglich noch für einen Erfolg, der die Partei belebt und »alles Versumpfte […] aufgescheucht oder weggescheucht« hätte.[400]

Im April wurde der Levi-Anhänger Max Sievers, ehemals Redakteur des »Arbeiter-Rat«, aus der Parteizentrale entfernt, gegen Richard Müller und F. Wolf aus der RGZ wurde ein Parteiausschlußverfahren ein-

---

397 Ebenda.
398 Ebenda.
399 Ebenda.
400 Vgl. Brief August Thalheimers an Karl Radek vom 14. April, in: Stefan Weber: Ein Kommunistischer Putsch? S. 298-300. Thalheimer war sich sicher, daß nur wenige Leute mit Levi »über Bord gehen« würden und forderte die rücksichtslose Entfernung der »paar Leute um ihn«. Über die Position von Däumig und Müller war er sich noch unklar.

geleitet.[401] Der Ausschluß wurde jedoch zunächst nicht vollstreckt, die Machtposition der Zentrale reichte dafür nicht aus.[402] Müller befand sich nun gemeinsam mit vielen anderen in Opposition gegen die Parteiführung, blieb aber in Distanz zu Levi und seinen Anhängern, welche die KPD von außen kritisierten. Seinen Posten als Leiter der RGZ hatte Müller infolge der Affäre ebenfalls verloren.[403]

Die Opposition ergab sich der Zentrale nicht ohne Gegenwehr, es wurden heftige Debatten geführt. Viele Funktionäre, unter anderem der Obmann Paul Eckert, Kollege Müllers in der RGZ, wandten sich in Briefen an Lenin und die Komintern, um Druck auf den deutschen Parteivorstand auszuüben.[404]

Letztlich erreichte die Opposition, daß gegen den Willen der KPD-Zentrale vier Vertreter und eine Vertreterin der innerparteilichen Opposition die deutsche Delegation auf den III. Weltkongreß der Komintern im Juni begleiten konnten, um ihren Standpunkt klarzumachen. Die Delegierten der Opposition waren Richard Müller, Paul Neumann, Heinrich Malzahn, Paul Franken und Clara Zetkin.[405]

Die Parteiführung versuchte nun bereits im Vorfeld, Lenin für ihren Offensivkurs zu gewinnen und die Opposition zu isolieren – scheiterte jedoch. Lenin verurteilte die Märzaktion als Reinfall auf eine Provokation und forderte die Partei auf, zu ihrer Einheitsfronttaktik vom Beginn des Jahres zurückzukehren. Dies schloß auch die Mitarbeit von Kommunisten innerhalb der mehrheitlich reformistischen Gewerkschaften ein, eine weitere entscheidende Streitfrage zwischen Führung und Opposition.[406]

Der Kominternkongreß selbst begann am 22. Juni in Moskau. Es muß für Richard Müller und seine Genossen ein einzigartiges Erlebnis

---

401 Sigrid Koch-Baumgarten: Aufstand der Avantgarde, S. 341. Zur Biographie Max Sievers vgl. auch Heiner Jestrabek: Max Sievers. Freidenker, Sozialist, Antifaschist (1887-1944), in: JahrBuch für Forschungen zur Geschichte der Arbeiterbewegung, Heft II, 2008, S. 107-125.
402 Vgl. Schreiben Paul Levis an das Präsidium des III. Kongresses der Komintern vom 31. Mai 1921, in: Stefan Weber: Ein Kommunistischer Putsch? S. 303-313, insb. S. 311.
403 Abgesetzt wurden auch die ehemaligen Revolutionären Obleute Paul Eckert, Heinrich Malzahn und Paul Neumann, vgl. Lagebericht des Reichskommissars für die Überwachung der öffentlichen Ordnung vom 2.5.1921, BArch R 1507/2009. Im Vorwort seines ersten Buches bestätigt Müller: er habe bis zum April 1921 an der Spitze der revolutionären Bewegung gestanden. Richard Müller: Kaiserreich, S. 45.
404 Sigrid Koch-Baumgarten: Aufstand der Avantgarde, S. 364.
405 Clara Zetkin: Erinnerungen an Lenin, Berlin 1957, S. 42; vgl. auch. Brief Clara Zetkins an Paul Levi vom 20.6.1921 in: Stefan Weber: Ein Kommunistischer Putsch? S. 313-318.
406 Ebenda, S. 225-227.

gewesen sein, jenes »leuchtende Rot im Osten Europas«[407] nun erstmals mit eigenen Augen zu sehen. Moskau war für sie nicht nur eine Allianz im innerparteilichen Streit. Moskau, das bedeutete im Jahr 1921 für Kommunisten und Kommunistinnen überall auf der Welt ein Wirklichkeit gewordener Traum, der Anfang vom weltweiten Sieg der Revolution. Eine Reise nach Moskau war eine Reise in die Zukunft. Für die fünf deutschen Oppositionellen verband sich diese Euphorie allerdings mit größter Sorge um den desolaten Zustand ihrer von Intrigen und Machtkämpfen zerrissenen Partei.

Auf dem Kongreß war die Märzaktion ebenfalls Thema, sie stand exemplarisch als Symptom einer größeren Krise. Die Kommunistische Bewegung insgesamt rang um eine Einschätzung der Lage: war die im Jahr 1917 losgetretene revolutionäre Welle noch im Gange und damit eine Offensivtaktik nötig, oder war die Weltlage eher ungünstig für die Revolution und erforderte eine Sammlung der Kräfte in einer Einheitsfront? Diese Differenz verlief mitten durch die deutsche Delegation, wo Clara Zetkin und Heinrich Malzahn für die Opposition sprachen und sich dabei auf Tatsachenberichte von Müller, Neumann und Franken stützen konnten.[408] Ernst Reuter, Fritz Heckert und Wilhelm Koenen verteidigten im Plenum die Offensivtheorie. Auch auf dem Kongreß ergriff Lenin das Wort. Er blieb bei seiner Position, rechnete mit der Linie des Vorstandes ab und erklärte sich für die Einheitsfront. Der Kongreß schloß sich seinem Urteil an.[409]

Nach dem Kongreß wurden am 9. Juli auf Vermittlung Clara Zetkins die fünf Oppositionsvertreter persönlich von Lenin empfangen. Dieser war von dem Treffen sehr angetan, bezeichnete die »deutschen Proletarier vom Schlage Malzahn und seiner Freunde« als »prächtige Kerle«, die zwar nie »auf einem radikalen Wortjahrmarkt als Feuerfresser auftreten« würden, allerdings die »tragende, durchhaltende Kraft in den Betrieben und den Gewerkschaften seien«. Sein zusammenfassendes Urteil lautete: »Solche Elemente müssen wir sammeln, sie verbinden uns mit den Massen.«[410]

---

407 So Richard Müller im Arbeiter-Rat Nr. 45/46 Jg. 1920.
408 Clara Zetkin schrieb am 20. Juni aus Moskau an Paul Levi: »Unser Fähnchen der beiden Aufrechten ist durch die Genossen Fr[anken] und R[ichard] M[üller] wertvoll verstärkt worden. Die Tatsachen, durch die die Gewerkschaftsführer uns stützen, sind von höchster Wichtigkeit und durchschlagender Kraft. Und alle halten nicht bloß tapfer, sondern auch klug.« Vgl. Brief Clara Zetkins an Paul Levi vom 20.6.1921, in: Stefan Weber: Ein Kommunistischer Putsch? S. 313-318.
409 Ebenda, S. 229-231.
410 Clara Zetkin: Erinnerungen, S. 42-44.

Durch Lenins und auch Trotzkis Schlichtungsbemühungen kam dann noch am selben Tage eine Einigung der deutschen Delegation zustande, zu deren Bekräftigung ein formeller »Friedensvertrag« unterzeichnet wurde. Der Vertrag verpflichtete die Unterzeichnenden auf die Beschlüsse des 3. Kongresses und forderte alle Parteimitglieder ungeachtet ihres früheren Standpunktes zur aktiven Mitarbeit auf. Gleichzeitig untersagte das Abkommen »Fraktionsbildungen und Sonderbestrebungen« in der Partei, verbot die Mitarbeit von Parteimitgliedern an parteifremden Presseorganen und unterstellte die Parlamentsfraktionen der »Kontrolle und Disziplin« der Partei.[411] Die Notwendigkeit einer Vermittlung durch die Bolschewiki beförderte somit noch einmal die bereits mit den 21 Bedingungen begonnene Übernahme autoritär-zentralistischer Parteivorstellungen innerhalb der KPD. Vor allem jedoch schuf die Schlichtung der Parteikrise durch Lenin einen Präzedenzfall für die sich herauskristallisierende »Weisungsbefugnis« der Bolschewiki gegenüber der deutschen Partei.

Im Anschluß an den dritten Weltkongreß fand in Moskau der lang erwartete Gründungskongreß der »Roten Gewerkschafts-Internationale« statt. Gründungsmitglieder waren syndikalistische, mit der Oktoberrevolution sympathisierende Gewerkschaften (wie etwa die spanische CNT), die kommunistischen russischen Gewerkschaften sowie die kommunistischen Gewerkschaftsfraktionen Westeuropas. Ziel war die Bildung einer gemeinsamen Plattform für die revolutionäre Gewerkschaftsarbeit.[412]

Die KPD-Delegierten des Weltkongresses und die nachgereisten deutschen Gewerkschafter tagten nun gemeinsam als deutsche Delegation. In den Sitzungen fand der Streit Offensivkurs versus Einheitsfront seinen Niederschlag in der Frage, ob man für die ausgeschlossenen kommunistischen Gewerkschaftsmitglieder in Deutschland eigene Organisationen schaffen sollte, oder ob dies als Spaltungstendenz vermieden werden müsse. Fritz Heckert bezeichnete eine schnelle Übernahme der Gewerkschaften als Illusion, die Bürokraten hätten dort weiterhin die Oberhand. Man müsse daher Organisationsangebote für die ausgeschlossenen Kommunisten und Kommunistinnen machen, damit diese nicht »den Syndikalisten und Anarchisten in die Hände fallen«, welche die Gewerkschaften an sich zerschlagen wollten. Als Kompromißangebot bot er an, die Ausgeschlossenen nur temporär zu organisieren, mit dem einzigen Ziel, ihre Wiederaufnahme in die Gewerkschaften zu er-

---

411 Stefan Weber: Ein Kommunistischer Putsch? S. 234.
412 Zum Gründungskongreß der RGI vgl. Rainer Tosstorf: Profintern – Die Rote Gewerkschaftsinternationale, S. 314-370.

zwingen. Richard Müller beharrte jedoch auf den Beschlüssen des Weltkongresses, diese ließen Sonderorganisationen nicht zu. Zudem würde auch eine solche temporäre Organisation von den Gewerkschaftsbürokraten als Spaltungsversuch diffamiert werden und somit dem Gegner nützen: »Der Bürokratie wird es durch unsere Haltung gelingen, über die schwere Krise, in der sie jetzt steht, hinwegzukommen.« Die Kommunisten hätten nicht jene Millionenauflagen von Zeitungen, mit denen die Gegenseite arbeite, und müßten sich daher jeder Provokation enthalten. Zudem hätten, einmal gestartet, Sonderorganisationen für Ausgeschlossene eine Eigenlogik, die nicht unterschätzt werden dürfe. Die Organisationen würden sich verselbständigen und zu Spaltungsfaktoren werden. Unter anderem Heinrich Malzahn und Paul Neumann unterstützten Müllers Argumente, zu einem Konsens kam es jedoch nicht. Zu verhärtet waren die Fronten, zudem gärte unter dem Dach des Friedensvertrages noch eine gehörige Portion Mißtrauen. Schließlich wurde die Debatte nach drei Sitzungen am 16. Juli abgebrochen und eine Abstimmung durchgeführt. Mit 28 zu 16 Stimmen wurde (bei zwei Enthaltungen) die Neugründung von Organisationen abgelehnt.[413]

Dennoch war das Thema am nächsten Tag wieder auf dem Tisch. Die Unterlegenen behaupteten, der deutsche Beschluß würde so von der Konferenz nicht unterstützt werden, Lenin selbst habe sich für eine Integration der Ausgeschlossenen in die syndikalistische »Freie Arbeiter Union Gelsenkirchen« ausgesprochen.[414] Auch eine Resolution Hekkerts zum Thema lag dem Kongreß noch vor und war anscheinend nicht zurückgezogen worden. Richard Müller wehrte sich nun dagegen, daß die ausländischen Delegationen sich überhaupt in die inneren Verhältnisse der deutschen Arbeiterbewegung einmischten, zudem schien es ihm, daß Lenin oftmals »sehr einseitig« orientiert worden sei.

---

413 Sitzungen der deutschen Delegation vom 10., 12. und 16. Juli, in: Materialien über die Entstehung der RGO, SAPMO-BArch, RY 23/45.
414 Die FAU Gelsenkirchen war eine der größten und schlagkräftigsten Unionen, sie hatte im Jahr 1921 laut Presseberichten etwa 110.000 Mitglieder, die keinesfalls nur auf Gelsenkirchen beschränkt waren. Der Ortsname diente vielmehr als Bezeichnung einer politischen Strömung in Abgrenzung zur anarchistischen FAUD (Freie Arbeiter-Union Deutschland). Entstanden aus der »Allgemeinen Bergarbeiter-Union« und Teilen der FAUD hatte sie sich allmählich vom Syndikalismus hin zum Marxismus entwickelt und stand 1920 der linken USPD nahe. 1921 verschmolz sie mit zwei weiteren Unionen zur »Union der Hand- und Kopfarbeiter«, die sich eng an die KPD anlehnte. 1924 wurde die Union der Hand- und Kopfarbeiter auf Drängen der KPD aufgelöst und ihre Mitglieder in die ADGB-Gewerkschaften überführt. Vgl. Die Freie Arbeiterunion Gelsenkirchen, in: Der Kommunistische Gewerkschafter, Nr. 3/1921, sowie Hermann Weber: Die Wandlung des deutschen Kommunismus, v. a. S. 68 f., S. 98 f. und S. 168.

Zur endgültigen Klärung der Streitfrage schrieben nun Richard Müller und Heinrich Malzahn einen Brief an Lenin und schilderten ihre Sicht des Konflikts. Die syndikalistischen Unionen bezeichneten sie als konterrevolutionär, in Berlin habe die Allgemeine Arbeiter Union sich sogar zu Streikbrecherdiensten hergegeben. Die Ausgeschlossenen hätten dies durch ihre Ungeschicklichkeit teilweise selbst verschuldet und seien im übrigen vielfach schon wieder aufgenommen worden. Ihr Fazit lautete: »Wenn in Deutschland Verbände für die Ausgeschlossenen gegründet werden, wäre das der Anfang zur Spaltung der Deutschen Gewerkschaften, was wiederum zur Folge hätte, daß den Kommunisten in Zukunft ein Mitwirken in der großen deutschen Gewerkschaftsbewegung unmöglich gemacht würde.«[415]

Lenins Antwort erfolgte zwei Tage später in sehr zurückhaltendem Tonfall. Er habe mit Heckert nur kurz über das Thema geredet, dessen Vorschläge schienen ihm zunächst sinnvoll, im übrigen sei er jedoch nicht derart detailliert über die Lage in Deutschland informiert. Er wisse nicht, »welche Taktlosigkeiten einzelne Kommunisten begangen haben (die den Sozialverrätern den Ausschluß erleichterten)«, fragte rhetorisch »Was sind Unionen?« und stellte damit klar, daß er sich im komplexen Dickicht der untereinander zerstrittenen syndikalistischen Gruppen und Linksgewerkschaften Deutschlands kaum genug auskannte, um einzelne Gruppen als Bündnispartner zu empfehlen. Er wolle sich weiter informieren und den Brief Bucharin und Sinowjew vorlegen.[416]

Trotz dieser eher ausweichenden Antwort scheint die Intervention Wirkung gezeigt zu haben. Richard Müller berichtet in einer späteren Erklärung zu den Vorgängen: »Zwei Tage später war die Resolution Heckert/Losowsky vom Kongreß verschwunden. Lenin hatte die Gründung neuer Gewerkschaften für Deutschland untersagt«.[417]

Dementsprechend tauchte das Thema auch nicht wieder auf. Der Konflikt über die Gewerkschaftsfrage blieb allerdings bestehen und sorgte innerhalb der Partei noch jahrelang für Streit. Erst 1924 gab die Partei die Unterstützung von Gegengewerkschaften gänzlich auf und ging sogar so weit, all ihre Mitglieder bei Androhung des Ausschlusses zur Mitarbeit in den ADGB-Gewerkschaften zu verpflichten. Kaum vier Jahre später folgte jedoch eine totale Kehrtwende: mit dem Aufbau der »Revolutionären Gewerkschafts-Opposition« (RGO) schuf sich die

---

415 Brief Heinrich Malzahns und Richard Müllers an Lenin vom 18. Juli 1921, in: Materialien über die Entstehung der RGO, SAPMO-BArch, RY 23/45.
416 Brief Lenins an Richard Müller vom 20. Juli 1921, ebenda.
417 Richard Müller: Kurze Ergänzungen zu den vorliegenden Protokollen und Briefen, September 1932, ebenda.

KPD ab 1928 eigene Parallelgewerkschaften. Begonnen wurde diese Politik mit der Organisation von ausgeschlossenen Mitgliedern – Müllers Kritik schien sich im nachhinein zu bestätigen.[418]

Beim Moskauer Kongreß 1921 tat sich nach vorläufiger Klärung der Gewerkschaftsfrage ein weiteres Konfliktfeld innerhalb der deutschen Delegation auf: wer sollte die deutschen Kommunisten im Vollzugsbüro der RGI vertreten? Den größeren Nationen standen jeweils zwei Delegierte zu, zumindest vorläufig mußten diese vor Kongreßende benannt werden. Neben der unstrittigen Kandidatur von Anton Maier aus Stuttgart bewarben sich sowohl Richard Müller als auch Fritz Heckert um den zweiten Sitz. In einer Kampfabstimmung wurde schließlich Müller mit 28 zu 23 Stimmen gewählt, ein knapper Sieg der Opposition.[419]

Aber auch diese Entscheidung war mit der Abstimmung nicht erledigt. Nach einigen Kontroversen über die Arbeitsweise und Beschickung des Deutschen Büros der RGI, bei der sich Müller als einziger gegen die Ernennung der Mitglieder durch die RGI und für eine Wahl derselben ausgesprochen hatte, tauchte eine weitere Unklarheit auf. Einige Delegationsteilnehmer waren irritiert, daß Müller schon bald nach Deutschland zurückkehren wollte – bedeutete seine Wahl nicht eine dauerhafte Tätigkeit in Moskau? Nach einiger Verwirrung wurde klar, daß nur ein Vertreter dauerhaft in Moskau bleiben solle, während das übrige Vollzugsbüro sich nach einer Eingangsphase auflösen würde. Erst als alle Teilnehmer dies begriffen hatten, wurde offen angesprochen, daß man Anton Maier aufgrund seiner Jugend und fehlenden Erfahrung die alleinige Vertretung der kommunistischen Gewerkschaftsfraktionen nicht zutraute. Richard Müller solle deshalb diese Aufgabe übernehmen. Der weigerte sich jedoch, in Moskau zu verbleiben. Er habe Maier schon als deutschen RGI-Sekretär eingeführt, eine Änderung würde ihn in Verlegenheit bringen. Dies war zugegebenermaßen kein besonders stichhaltiger Grund. Wahrscheinlicher ist, daß Müller die Trennung von seiner Familie nicht in Kauf nehmen wollte. Auch mochte es sein, daß er sein über 15 Jahre hinweg gewachsenes soziales Umfeld in der Berliner Gewerkschaftsbewegung nicht so ohne weiteres aufgeben wollte. Schließlich hatte er sich zwei Jahre zuvor als Redakteur der Metallarbeiter-Zeitung bereits geweigert, nach Stuttgart

---

418 Rosa Meyer-Leviné: Im inneren Kreis, S. 191. Die RGO-Politik war verbunden mit einer weiteren ultralinken Wende der KPD-Politik, inklusive der These von der »sozialfaschistischen« SPD. Sie diente gleichzeitig der Machtkonsolidierung Stalins.
419 Sitzung der deutschen Delegation vom 20.7.1921, ebenda. Vgl. auch Rainer Tosstorf: Profintern – Die Rote Gewerkschaftsinternationale, S. 364.

umzuziehen. Und Moskau war nun doch etwas weiter weg als Stuttgart. Ein dauerhafter Verbleib kam daher für ihn kaum in Frage.

Nun wurde in einer hitzigen Debatte die ganze Wahl wieder angezweifelt. Einige Teilnehmer beschwerten sich über Absprachen und »Vorkonferenzen«, andere wiesen die Vorwürfe zurück. Nach einigem Hin und Her einigte man sich schließlich auf die salomonische Formel: »Die Delegation beschließt, daß Müller solange in Moskau bleibt, als dies notwendig ist«. Damit war gemeint, daß Müller noch einige Wochen die Geschäfte in Moskau führen solle, bis auf einer Reichsgewerkschaftskonferenz in Deutschland neue Delegierte benannt würden.[420]

Trotz aller schwelenden Konflikte hatte damit die Delegation ihre Arbeit einigermaßen konstruktiv beendet. Es hatte Kampfabstimmungen und Interventionen gegeben, aber ein offener Bruch konnte vermieden werden – die Krise der KPD schien zunächst beigelegt.

Zurück in Deutschland hielt jedoch der Friede nicht lange. Die Kritik von außen existierte weiterhin, denn trotz des Schwenks innerhalb der Parteiführung und viel Unterstützung von Clara Zetkin war Paul Levi nicht rehabilitiert worden. Der harte Tonfall seiner Broschüre und die Veröffentlichung von Parteiinterna hatten dies verhindert.

Levis Kritik, aber auch die uneinsichtige Haltung der Zentrale gab in der Folge immer wieder neuen Kämpfen Nahrung. Das ZK hatte den Friedensvertrag nur widerstrebend akzeptiert und hoffte weiterhin, die »zentristischen Elemente«, die sich ihrer Ansicht nach in die kommunistische Internationale eingeschlichen hatten, aus der Partei zu drängen und zu »vernichten« – so jedenfalls drückte es Karl Radek aus.[421]

Die Partei war nun in drei Lager gespalten: eine am Offensivkurs festhaltende Linke um Ruth Fischer, Arkadi Maslow und Ernst Thälmann, die sogenannte rechte Opposition um Malzahn und Clara Zetkin, zu der auch Richard Müller zählte, und in der Mitte die Zentrale unter dem Vorsitz Heinrich Brandlers. Ein informelles Bündnis zwischen der von der Komintern unterstützten Zentrale und den »Rechten« auf der Grundlage des Friedensvertrages hielt die Partei in einem fragilen Gleichgewicht.[422]

Nachdem auf dem Jenaer Parteitag weitere Oppositionelle ausgeschlossen wurden und andere, unter ihnen auch Ernst Däumig und Adolph Hoffmann, ausgetreten waren, gründeten diese gemeinsam mit Paul Levi Ende September 1921 die »Kommunistische Arbeitsgemein-

---
420 Sitzung der deutschen Delegation vom 22.7.1921, in: ebenda.
421 Karl Radek: Glossen zum Dritten Weltkongreß, in: Die Internationale, 22.9.1921, zitiert nach: Sigrid Koch-Baumgarten: Aufstand der Avantgarde, S. 386.
422 Ebenda, S. 388-390.

schaft« KAG. Die KAG konstituierte sich nicht als neue Partei, sondern fühlte sich weiterhin als Teil der kommunistischen Bewegung. Sie wollte die VKPD zu einer Reform drängen, um sich dann wieder mit ihr zu vereinen.[423] Die Existenz dieser außerparteilichen kommunistischen Oppositionsgruppe setzte die VKPD zusätzlich unter Druck und vertiefte die Krise.

Obwohl sein langjähriger Weggefährte Ernst Däumig eine führende Rolle in der KAG spielte, schloß sich Richard Müller dieser Strömung nicht an, sondern verblieb in der Partei. Allerdings sympathisierte Richard Müller mit der KAG. Er veröffentlichte zwei Zeitschriftenartikel im »Sowjet«, dem von Paul Levi herausgegebenen Organ der kommunistischen Opposition. Müller positionierte sich damit öffentlich als Anhänger der Levi-Strömung. In den Artikeln kritisierte er die Märzaktion und die Gewerkschaftspolitik der VKPD.[424]

Die Märzaktion, so Müller, habe die Partei zurückgeworfen auf eine Linie, die jener nach dem gescheiterten Januaraufstand 1919 glich. Insbesondere die Gewerkschaftsarbeit der VKPD sah er durch die Aktion völlig ruiniert: »Die Partei muß in den Gewerkschaften ihre Arbeit von vorn anfangen, was um so schmerzlicher ist, da die kommunistische Tätigkeit in den Gewerkschaften vor der Aktion überraschende Erfolge gebracht hatte. Es wäre uns auch gelungen, [...] einen Teil der Gewerkschaftsmitglieder für den aktiven revolutionären Kampf zu gewinnen.«[425]

Nun jedoch seien die Kommunisten in den Gewerkschaften isoliert, die rechten Gewerkschaftsführungen hätten freie Hand, mit Ausschlüssen und Repressionen den Einfluß der Kommunisten weiter zurückzudrängen. Dies biete einen »trostlosen Ausblick« für die in Zukunft zu erwartenden revolutionären Kämpfe.

In einem weiteren Artikel mit dem Titel »Auf dem Wege zur KAPD« warnte Müller die Partei noch einmal eindeutig davor, sich nach dem Vorbild der Kommunistischen Arbeiterpartei (KAPD) auf die syndikalistischen Unionen hin zu orientieren. Diese Tendenz sei in der Partei und der Komintern einflußreich vertreten, sie werde jedoch den

---

423 Ebenda, S. 409 ff.
424 Richard Müller: Gewerkschaften und Revolution, in: Sowjet Nr. 2, Jg. 1921, S. 44-48; sowie Richard Müller: Auf dem Weg zur KAPD, in: Sowjet Nr. 3, Jg. 1921, S. 86-90. Der Kommunistische Gewerkschafter, der noch am 26. März in der Nr. 12. die Einrichtung von Werkpolizei kritisiert hatte, erschien während der »Märzaktion« nicht. Er kam erst am 9. April wieder heraus und gab die Gründung der »Roten Hilfe« für die Opfer der Kämpfe bekannt.
425 Richard Müller: Gewerkschaften und Revolution.

Einfluß der Kommunisten bei den Massen untergraben. Die VKPD würde »bald nur noch eine Sekte sein«, sollte sie diesem Kurs folgen. Unter Berufung auf den 3. Weltkongreß warnte er, die Krise nicht auf den »Fall Levi« oder Einzelheiten der gescheiterten Märzaktion zu reduzieren und hob statt dessen die Gewerkschaftsfrage als Kernfrage hervor. Er schloß seine Ausführungen mit einem klaren Appell gegen ultralinken Voluntarismus: »Die VKPD will die Führerin der Arbeiterklasse werden, dann darf sie nicht täglich ein Dutzend Parolen in die Welt werfen, die schließlich keiner mehr beachtet, sondern muß zeigen, daß sie ernsthaft und tatbereit die Interessen des Proletariats vertritt, nicht durch Putsche, sondern durch Aktionen der proletarischen Masse. Nur so wird sie das Vertrauen der Massen gewinnen und jene revolutionären Kämpfe führen können, die nicht kommen, wenn wir es wünschen, sondern wenn der von den Kommunisten gesteigerte revolutionäre Wille der Masse die Tat auslöst.«[426]

Die hier von Müller vertretene Position ist ganz klar eine Verteidigung der von seinem Freund Däumig formulierten Politik des Offenen Briefes. Gleichzeitig jedoch rechtfertigte er sich hiermit selbst. Es waren keine abstrakten Fortschritte innerhalb der Gewerkschaften, die durch die Märzaktion zerstört wurden, sondern es war Müllers eigenes Werk, seine persönliche Aufbauarbeit als Leiter der Reichsgewerkschaftszentrale, die komplett in Frage gestellt wurde. Müller glich in diesen Jahren wahrhaft einem kommunistischen Sisyphos. Nachdem der Betriebsrätekongreß im Oktober 1920 den gesamten Aufbau der Betriebsrätezentrale hinfällig gemacht hatte, ruinierte ein halbes Jahr später die Märzaktion sämtliche Erfolge ihrer Nachfolgeorganisation. Der Leidtragende war in beiden Fällen Müller, dessen revolutionäre Aufbauarbeit im Nichts verpuffte.

Dennoch gab sich Müller kämpferisch. Seine Artikel waren eine klare Absage an den Voluntarismus, an die abstrakt richtigen Parolen, eine Absage an jene revolutionäre Ungeduld, die letztlich die revolutionäre Geste zum Dogma erstarren läßt. Mit einer Kritik an diese Politikformen, die er in der KPD längst überwunden glaubte, verteidigte er gleichzeitig seine eigene Politikform, das Modell des mit den Massen schwimmenden Revolutionärs, der Führung ausübt und vorantreibt, niemals aber gegen die Massen handelt. Die Orientierung an den realen Lebensinteressen der Arbeiter und Arbeiterinnen, die Müller hier einforderte, war nicht nur ein Rekurs auf den »Offenen Brief« vom Ja-

---

426 Richard Müller: Auf dem Weg zur KAPD.

nuar 1921, sondern ein Kernstück der politischen Identität des Betriebsobmannes Richard Müller, der schon ganz zu Beginn seiner politischen Karriere die alltägliche Kleinarbeit in der Fabrik mit dem Kampf für den Sozialismus verbinden wollte.

Die Bedrohung der KPD sah Richard Müller vor allem im Einschwenken auf einen linksradikalen Kurs. In bezug auf die Debatten um Gewerkschaften und Unionen prophezeite er: »wenn die Beschlüsse des Weltkongresses als vollzogene Tatsache vorliegen, wird mancher Genosse begreifen – vielleicht zu spät – um was es sich handelte.«[427] Der Weg in den Abgrund, auf dem er die KPD sah, führte in die linksradikale Bedeutungslosigkeit. Hierbei kritisierte er zwar die Einflußnahme der Komintern, seine Hauptsorge war jedoch nicht die zunehmende Abhängigkeit der KPD. Obwohl Levi in seiner Broschüre die (angebliche) Inszenierung der Märzaktion durch die Bolschewiki angeprangert hatte, war diese Entwicklungslinie in ihrer späteren Tragweite für ihn und die Mehrheit seiner Zeitgenossen noch nicht abzusehen.

Neben seiner Kritik im »Sowjet« stellte Richard Müller auch Kontakte zwischen den Berliner Obleuten und der KAG her. Seit dem Ende der Rätebewegung gab es kein eigenständiges linkes Netzwerk von Obleuten mehr. Die Revolutionären Obleute waren allerdings zu einem erheblichen Teil aufgegangen in der KPD-Betriebsratsarbeit bzw. der RGZ, die sich um kommunistische Vertrauensleute in allen Betrieben bemühte. Diese Berliner Betriebsvertrauensleute waren überwiegend Gegner der Märzaktion und standen in Opposition zur Berliner Bezirksleitung um Ruth Fischer und Arkadi Maslow, die Vertreter des Offensivkurses waren. Angesichts der zunehmenden Zentralisierungsbestrebungen innerhalb der KPD wurde nun versucht, die Obleute nach dem Vorbild von 1918 als autonome Gruppe wiederzubeleben. Eine Gründungssitzung mit 31 DMV-Vertrauensleuten aus KPD und USPD fand am 19.9.1921 in Berlin statt und wählte eine Organisationskommission. Ziel war es, durch Druck von der Basis die Einheitsfrontpolitik zu erzwingen.[428]

Das Zentralkomitee der KPD sah diese Entwicklung mehr als ungern, ZK-Mitglied Friesland (alias Ernst Reuter) bezeichnete die Situation auf einer Sitzung am 18. Oktober gar als »existenzbedrohend« für die Partei. Insbesondere fürchtete er eine Fusion von Obleuten und der KAG. Parteivertreter intervenierten nun auf Sitzungen der Obleute, wur-

---

427 Richard Müller: Auf dem Weg zur KAPD.
428 Sigrid Koch-Baumgarten: Aufstand der Avantgarde, S. 418 f.

den jedoch niedergestimmt.[429] Obwohl die Obleute die Zentrale als »doppelzüngig« bezeichneten und sich offen von der Partei bekämpft und kontrolliert fühlten, blieb es jedoch in ihrem Kreis zunächst bei bloßer Sympathie zur KAG.[430] Den formellen Bruch provozierte die Partei durch ihre aufgeregten Interventionen letztlich selbst: Als der Berliner Parteichef Arkadi Maslow am 15. November bei einem Treffen mit den Obleuten deren sofortige Unterordnung unter die 21 Bedingungen forderte, verließen die Obleute unter Protest die Sitzung und kündigten die Aufnahme von Verhandlungen mit USPD, SPD und KAG an.[431]

Richard Müller scheint an dieser Neuorganisation der Obleute nur indirekt beteiligt gewesen zu sein. Auch der Bruch seiner Berliner Genossen mit der KPD führte bei ihm zunächst nicht zu ähnlichen Schritten. Erst als die Debatte um die Märzaktion mit der sogenannten Enthüllungsaffäre ab Ende November 1921 erneut hochkochte, zog er weitere Konsequenzen. Der Vorwärts hatte in seiner Ausgabe vom 25. November interne Dokumente der KPD veröffentlicht, die die Märzaktion nicht als Ergebnis einer Polizeiprovokation, sondern als eine durch KPD und Komintern inszenierte Aktion erscheinen lassen mußten. Die KAG nutzte diese Enthüllung für eine neue Offensive und forderte eine Aufarbeitung der Aktion sowie stärkere Unabhängigkeit der Partei von der Komintern. Auch die innerparteiliche Opposition gegen die Offensivtheorie verfaßte nun eigene Forderungen und verlangte den Rücktritt der für die Märzaktion Verantwortlichen sowie einen Untersuchungsausschuß. 128 Funktionäre unterschrieben bis zum Heiligabend 1921 diese Forderungen, unter ihnen Richard Müller und viele der Berliner Obleute.[432]

Die Parteizentrale dachte jedoch nicht daran, diesem Ansinnen nachzugeben, sondern verschärfte den Kurs gegen KAG und parteiinterne Opposition. Dabei erhielt sie nun auch Unterstützung aus Moskau. Hatten sich die Verantwortlichen dort trotz der Distanzierung von Levi inhaltlich zunächst auf die Seite der Opposition gestellt, bemühten sie sich angesichts der immer dramatischeren Lage plötzlich, die Opposition in Grund und Boden zu stampfen, um die Partei zu stabilisieren. Sowohl das Exekutivkomitee der Komintern als auch Leo Trotzki persönlich schickten hitzige Briefe nach Berlin. Die KAG wurde als »Gruppe von politischen Quacksalbern« bezeichnet und die Erklärung

---

429 Ebenda.
430 Sitzung der revolutionären Obleute am 9. November 1921, SAPMO BArch RY I 2/708/120.
431 Sigrid Koch-Baumgarten: Aufstand der Avantgarde, S. 420.
432 Ebenda, S. 427.

der 128 verurteilt. Zusätzlich wurde ein drittes Rundschreiben von Lenin, Trotzki, Sinowjew und anderen direkt an die KPD-Zentrale verschickt, es bekundete dieser Unterstützung im Kampf gegen die KAG.[433] Alle Briefe wurden in der »Rote Fahne« veröffentlicht.

Diese Intervention mit dem Holzhammer verfehlte nicht nur ihre Wirkung, sondern empörte die Opposition zusätzlich. Richard Müller nahm die Veröffentlichungen zum Anlaß, am 19. Januar 1922 gemeinsam mit einigen Mitgliedern der Reichsjugendzentrale der KPD einen Brief an das Zentralkomitee zu richten, in dem er die Methoden der Führung verurteilte und sich mit der KAG solidarisierte.

Müller und die Unterzeichnenden bekräftigten, daß »die kommunistische Bewegung stark genug ist, alle ihre Fehler und Schwächen selbst zu korrigieren«. Weiter hieß es: »Wer glaubt, mit Gewaltmaßnahmen nachhelfen zu müssen, der beweist, daß er sehr wenig Vertrauen zur kommunistischen Bewegung hat.« Die Politik der Zentrale bestehe aktuell darin, »immer mehr revolutionäre Arbeiter aus der KPD hinauszupeitschen«, selbst solche, »von denen breite Massen des Proletariats wissen, daß es ehrliche Revolutionäre sind«.[434]

Angesichts einer Führung, die mit Moskauer Unterstützung Machtpolitik durch Säuberungen betrieb und unter dem Vorwand der Einheit selbst zur Spaltung der Bewegung beitrug, sah Richard Müller sich trotz aller verinnerlichten Parteidisziplin gezwungen, immer direkter gegen das Zentralkomitee zu protestieren.

Der Brief stieß nicht nur auf taube Ohren, sondern brachte Müller selbst auf die Abschußliste des Zentralkomitees. Drei Tage später wurde er gemeinsam mit einer ganzen Reihe von Oppositionellen aus der KPD ausgeschlossen. Die Zentrale hatte sich im Machtkampf durchgesetzt, der Preis dafür war eine massive Schwächung der Partei und eine zunehmende Unterordnung unter die Komintern. Genau jene Kräfte, von denen Lenin noch im Sommer gesagt hatte, sie seien die Verbindung zu den Massen, waren nun aus der Partei hinausgesäubert worden.[435]

Auch die Perspektive der KAG, als Korrektiv auf die KPD einzuwirken, war damit gescheitert. Die bereits vorher erfolgte Annäherung an die Rest-USPD intensivierte sich, KAG und USPD fusionierten

---

433 Ebenda, S. 435.
434 Brief an den Zentral-Ausschuß der KPD, 19.1.1922, Nachlaß Paul Levi im AdSD Bonn, 1/PLAA000273.
435 Rainer Tosstorf: Profintern – Die Rote Gewerkschaftsinternationale, S. 392; Sigrid Koch-Baumgarten: Aufstand der Avantgarde, S. 436. Peter von Oertzen stellt fest, daß ein Großteil der ehemaligen Räteaktivisten Müllers Schicksal teilte und die Partei schon nach wenigen Monaten wieder verließ. Peter von Oertzen: Betriebsräte in der Novemberrevolution, S. 294 f.

schließlich. Im Oktober 1922 schloß sich dann die rechte USPD, abgesehen von einer kleinen Minderheit um Georg Ledebour, wieder der SPD an. Das deutsche Parteienspektrum war nun endgültig in Kommunisten und Sozialdemokraten gespalten, eine relevante Mittelkraft existierte weder als Bewegung noch als Partei.

Richard Müller allerdings hatte schon in seinem Brief vom 19. Januar die Annäherung der KAG an die USPD als eine falsche und zu bekämpfende Tendenz bezeichnet. Er konnte sich eine Zusammenarbeit mit den rechten Unabhängigen nicht vorstellen, zu schwach war dort das sozialrevolutionäre Element und zu stark der Einfluß der behäbiggemäßigten Kräfte, die nicht über eine linkssozialdemokratische Perspektive hinausdenken konnten und wollten. Die Konflikte mit dem USPD-Vorstand seit dem Kapp-Putsch und seine heftige Feindschaft mit Robert Dißmann trugen ebenfalls dazu bei, daß eine Verbindung von USPD und KAG keine politische Heimat für Richard Müller sein konnte. Aber auch mit Paul Levi, dem führenden Kopf der KAG, konnte er sich keine konstruktive Zusammenarbeit vorstellen. Obwohl beide als parteilose Dissidenten in einer ähnlichen Situation waren, fanden sie doch nicht recht zueinander. Nicht zuletzt persönliche Gründe mögen hier eine Rolle gespielt haben.

Müller charakterisierte Levi als »Mann mit universeller Bildung, mit großem rednerischem Talent, mit Neigungen zum Diktator und einer zur Schau getragenen Geringschätzung alles dessen, das nicht den intellektuellen Kreisen angehörte. Wechselvoll in seinen Ansichten und entschlossen, war Levi ein hervorragender Kritiker, der alles niederreißen konnte und allzu oft auch niederriß. Leider besaß er nicht die Gabe, auch nur einen Strohhalm aufzurichten.«[436] Der Metallarbeiter und Autodidakt Müller hatte offensichtlich wenig Neigung, sich von Levi, dem in Heidelberg und Grenoble studierten Dr. jur., den politischen Kurs vorgeben zu lassen. Während ihn mit Ernst Däumig trotz dessen intellektuellem Hintergrund eine enge Freundschaft verband, war Müllers Allianz mit Levi gegen den Parteivorstand kurzfristig und rein taktischer Natur.

Sowohl aus politischen wie aus persönlichen Gründen waren daher rechte USPD und KAG keine Alternative für Richard Müller. Er blieb nach seinem Ausschluß aus der KPD parteilos und zog sich für einige Jahre aus der Politik zurück.[437]

---

436 Richard Müller: Bürgerkrieg, S. 90. Rosa Meyer-Leviné urteilte in ihren Memoiren ähnlich über Paul Levi: »Seine arrogante Art, seine hochmütige Nichtachtung aller intellektuell Unterlegenen vergraulten eine Menge Leute, die verläßliche Säulen der Revolution hätten werden können ...« Rosa Meyer-Leviné: Im inneren Kreis – Erinnerungen einer Kommunistin in Deutschland 1920-1933, Frankfurt a. M. 1982, S. 22.

Richard Müller als Autor und Historiker der Novemberrevolution: 1923-1925

Etwa ein Jahr lang wurde es nun still um Richard Müller. Schließlich meldete der »Vorwärts« im April 1923, daß der »fast schon verschollene« Richard Müller ein Buch über die Novemberrevolution veröffentlichen werde.[438] Es stellte sich nun heraus, daß Richard Müller die einzig verbliebenen Protokolle des Vollzugsrates in seiner Privatsammlung aufbewahrt hatte. Müller hatte mit der Revolution eine emsige Sammel- und Archivtätigkeit begonnen, um es einer späteren Zeit zu ermöglichen, »das Vergangene richtig zu würdigen«.[439] Seine Veröffentlichungen zeugen vom Besitz eines umfangreichen Archivs von Flugblättern, Protokollen, Aufrufen und anderen Dokumenten zur Geschichte der Novemberrevolution, die in den Anhängen seiner drei Bücher teilweise nachgedruckt wurden. Viele dieser Materialien, vor allem aber die über 3000 Seiten umfassenden Mitschriften der Vollzugsratssitzungen, wären ohne Müllers Eingreifen auf immer für die historische Forschung verloren gewesen.

Die SPD sah sich jedoch als rechtmäßige Besitzerin dieser Dokumente und verlangte in einem weiteren Vorwärts-Artikel die Herausgabe der Vollzugsratsprotokolle – unter Verweis auf Abmachungen aus dem Jahre 1918, die USPD und SPD jeweils ein Exemplar der Unterlagen zugesprochen hatten.[440]

Richard Müller bestätigte in einem Antwortbrief an den Vorwärts die Abmachungen, es sei auch vereinbart worden, daß keine Partei ohne Zustimmung der jeweils anderen das Material veröffentlichen dürfe. Allerdings handle es sich bei den vorhandenen Protokollen um seine privaten Durchschläge, nicht die den Parteien zugesprochenen Kopien – diese seien im August 1919 von Gustav Noske bei der gewaltsamen Auflösung des Vollzugsrates vernichtet worden. Die Sozialdemokratie habe daher »kein moralisches Anrecht« auf die Protokolle. Müller er-

---

437 In vielen Veröffentlichungen ist, zurückgehend wohl auf Wilhelm Heinz Schröders Lexikon »Sozialdemokratische Reichstagsabgeordnete und Reichstagskandidaten 1898 – 1918« (Düsseldorf 1986) eine Mitarbeit Müllers in der KAG vermerkt. Hierzu gibt es allerdings außer den Artikeln im von Paul Levi herausgegebenen »Sowjet« keine direkten Hinweise. Diese Artikel erschienen allerdings Ende 1921, als Müller nachweislich noch Mitglied der KPD war. Es ist daher mit Sigrid Koch-Baumgarten davon auszugehen, daß Richard Müller sich nie der KAG angeschlossen hat – vgl. Sigrid Koch-Baumgarten: Aufstand der Avantgarde, S. 438.
438 »Leichen-Müller als Historiker«, in: Vorwärts, Nr. 159 vom 5. April 1923.
439 Richard Müller: Novemberrevolution, S. 8.
440 »Die Protokolle des Vollzugsrats«, in: Vorwärts, Nr. 161 vom 7. April 1923.

klärte weiter: »Wenn es damals einigen Genossen gelang, das Wertvollste vor der Zerstörungswut Noskes in Sicherheit zu bringen, so haben sie damit der Geschichte einen wertvollen Dienst erwiesen. Warum wollte Noske alle Akten des Vollzugsrats vernichten? Warum sorgen Sie sich, nachdem Ihnen mitgeteilt wird, daß noch Protokolle vorhanden sein könnten, um deren Verbleib? Haben Sie etwa Angst vor dem Urteil der Geschichte?«[441]

Der Vorwärts zog es daraufhin vor, die Sache nicht weiter zu verfolgen. Zwar gab er Müller in einer spöttischen Kurzmeldung noch zu verstehen, er solle doch überlegen, ob nicht über ihn schon das Urteil der Geschichte gesprochen sei.[442] Man gab allerdings die Forderung auf, denn es gab keine reale Möglichkeit, Müller zur Herausgabe der Protokolle zu zwingen. Er konnte daher ungestört weiterarbeiten und hatte im Herbst 1924 sein zweibändiges Werk »Vom Kaiserreich zur Republik« vollendet.[443] Der erste Band erschien bereits 1924 unter diesem Titel, der zweite folgte mit dem Untertitel »Die Novemberrevolution« im Jahr darauf.[444]

Richard Müllers Anliegen war eine Aufarbeitung der gescheiterten Revolution als Beitrag zur Selbstbefreiung der Arbeiterklasse, die leider »jede Erkenntnis ihres historischen Berufes teuer erkaufen« müsse. Müller hatte nicht den Anspruch, eine abschließende Revolutionsgeschichte zu schreiben, er wollte vielmehr einen Beitrag zur Selbstreflexion der revolutionären Bewegung leisten – eine Bewegung, die er keineswegs als abgeschlossen ansah.

---

441 Brief Richard Müllers vom 9.4.1923, in: Aktennotiz und Berichte Richard Müllers zum Kaufangebot der Protokolle des Vollzugsrates, SAPMO-BArch, Arbeiter- und Soldatenräte, R 201/46.
442 »Das Urteil der Geschichte«, Vorwärts, Nr. 163 vom 12. April 1923.
443 Laut »Biographischem Staatshandbuch« von Wilhelm Kosch, Bern-München 1963, ist Müllers Verfasserschaft umstritten. Allerdings findet sich bei Kosch keine Quellenangabe, und auch sonst taucht dieser Zweifel nirgendwo in der Literatur auf. Stil und detailliertes Wissen um die Vorgänge im inneren Kreis der Obleute lassen meines Erachtens keine Zweifel an Müllers Autorenschaft zu. Auch bestätigten die überlebenden Obleute und andere Zeitgenossen in ihren späteren Erinnerungsberichten viele Details von Müllers Schilderungen.
444 Beide Vorworte sind auf den Herbst 1924 datiert, daher ist das Werk nicht nur als Einheit konzipiert, sondern wohl auch in einem Arbeitsgang zwischen 1922 und 1924 verfaßt worden. Kurz nach der Veröffentlichung des ersten Bandes kam es im Magdeburger Ebert-Prozeß, in dem es um die Beteiligung Friedrich Eberts am Januarstreik ging, zu einem etwas absurden Schlagabtausch zwischen Müller und Eberts Anwalt Heine. Heine behauptete im Gerichtssaal, Müller habe ihm seine Zeugenaussage gegen Ebert quasi aufgedrängt. Müller hingegen wollte Heine nur unverbindlich auf sein in Kürze erscheinendes Buch hingewiesen haben. Ob der Streit den Absatz des Buches befördert hat, ist nicht festzustellen. Vgl. Karl Brammer (Bearb.): Der Prozeß des Reichspräsidenten, S. 38-43.

Sein Ansatz wandte sich gegen eine personalisierte Form der Geschichtsschreibung und die Tendenz, »die revolutionäre Bewegung [...] nur als das Ergebnis einer bestimmten und zielbewußten Tätigkeit einzelner Führer oder einiger politischer Gruppen hinzustellen«, so Müller im Vorwort. Ergebnis dieser Form von Geschichtsschreibung sei unter anderem die Dolchstoßlegende, sowie allerhand andere Geschichtsfälschungen, ausgedacht »von Leuten, die alle Veranlassung haben, die eigene Schuld vor dem Volke und vor der Geschichte zu verbergen«. Heftig kritisierte er hier auch seinen ehemaligen Genossen Emil Barth, dessen Schrift »Aus der Werkstatt der deutschen Revolution« von eben jenen Geschichtsfälschern »mit einer wahren Wollust« ausgeschlachtet werde. Müller urteilte vernichtend über Barths Buch. Es sei »nichts anderes als eine eitle phantastische Renomisterei«. In der Tat hatten Barths Ausführungen, in denen die Obleute und insbesondere er selbst als quasi einzige Urheber der Revolution dargestellt wurden, den Erfindern der Dolchstoßlegende Nahrung gegeben. Hier hatten sie scheinbar die gesuchten Beweise für ihre spartakistische Verschwörung, welche das beinahe schon siegreiche deutsche Heer heimtückisch zu Fall gebracht habe.

Müller wollte weg von einer personenzentrierten Geschichtsschreibung und machte es sich zur Aufgabe, auch die »sozialen, politischen, militärischen und psychologischen Auswirkungen des Weltkrieges« zu berücksichtigen.[445] Er stützte sich dabei auf Karl Marx, insbesondere auf dessen frühe Geschichts- und Staatstheorie wie sie im Kommunistischen Manifest und in der Schrift »Die Klassenkämpfe in Frankreich« entwickelt worden war.[446] Es fällt auf, daß Müller, der vorher in seinen Schriften und Reden immer als reiner Praktiker aufgetreten war und nur selten einmal irgendwo Marx zitierte, seinem ersten Buch nun ein eigenes Kapitel zu den »Ideen der Proletarischen Revolution« voranstellte. In diesem kleinen aber lesenswerten historisch-theoretischen Abriß betonte er die Kontinuitäten von bürgerlicher und proletarischer Revolution und ordnete damit die Novemberrevolution in einen übergreifenden historischen Zusammenhang ein. Es ist wahrscheinlich, daß Müller sich in den Jahren 1922 und 1923 erstmals umfassend und

---

445 Vgl. das Vorwort des ersten Bandes, Richard Müller: Kaiserreich, S. 45-47.
446 In: Karl Marx, Friedrich Engels: Werke, Berlin (DDR) 1956 ff., Band 4, S. 459 ff. und Band 7, S. 9 ff. Zusätzlich bezieht sich Müller auf Marx' Beschreibung der Pariser Kommune, die jedoch nicht in der Schrift »Die Klassenkämpfe in Frankreich« von 1850, sondern im Werk »Der Bürgerkrieg in Frankreich« von 1871 (MEW 17, S. 313 ff.) enthalten ist. Eine aufgrund der Titelähnlichkeit naheliegende Verwechslung, evtl. auch zurückzuführen auf die in den 20ern noch recht lückenhaften und in verschiedenen Versionen vorliegenden Ausgaben der Marxschen Texte.

in Ruhe mit der marxistischen Theorie und Geschichte auseinandergesetzt hat.[447] Im Gegensatz zu Liebknecht, Luxemburg, Hilferding und anderen, die in dieser Hinsicht vorgebildet waren und sogar akademische Grade und Doktortitel führten, hatte Müller sich in seiner wenigen freien Zeit neben Lohnarbeit und Gewerkschaftsengagement nur grundsätzliche, auf das unmittelbare Handeln gerichtete Kenntnisse der sozialistischen Theorie aneignen können. Statt dessen hatte er sich mit den Schriften Taylors und der Betriebswirtschaftslehre auseinandergesetzt. Dennoch besaß er ein solides politisches Gespür auch für übergreifende Zusammenhänge, was ihm eine Synthese von eigenen Erfahrungen und eher analytisch-historisch ausgerichteten Erklärungsmustern erlaubte. So vermied er es etwa, sich in der Beschreibung der Kriegspolitik der Gewerkschaften auf allzu einfache Verratsvorwürfe zu beschränken. Er erklärte vielmehr die Politik der Gewerkschaftsspitzen als Konsequenz einer allgemeinen Bürokratisierungstendenz, die sich aus dem ständigen Anstieg der Mitgliederzahl, dem damit verbundenen Wachstum der Apparate und Verwaltungen, vor allem aber aus dem Unterstützungswesen ergeben hatte. Eine so entstandene »Kassenmentalität«, letztlich ein Ergebnis des eigenen Erfolges, habe die Gewerkschaftsbürokratie 1914 unfähig zum Widerstand gemacht.[448]

Dieses kleine Beispiel eines soziologisch-strukturellen Erklärungsmusters verdeutlicht Müllers Anspruch als Historiker. Im Gegensatz zu Emil Barth, Gustav Noske, aber auch späteren Autoren wie Philipp Scheidemann und Hermann Müller-Franken, schrieb Richard Müller bewußt keine Memoiren. Er wollte weg vom anekdotenhaften Stil derartiger Werke und lieferte statt dessen eine auf zahllose Originalquellen gestützte historische Analyse der Revolution und ihres Scheiterns. Von sich selbst sprach er dabei nur in der dritten Person und bemühte sich generell um eine objektivierende Darstellung. Natürlich ist das Werk dennoch ein Stück Rechtfertigungsliteratur. Er verteidigte damit durchaus seine eigene Politik und die der Revolutionären Obleute, die Parteinahme für die revolutionäre Arbeiterklasse war ihm sowieso eine

---

447 Als Vorläufer ist vielleicht die Schrift »Das Rätesystem in Deutschland« zu lesen, in der Müller sich ebenfalls mit der marxistischen Geschichtstheorie beschäftigte. Sie erschien im Sammelband »Die Befreiung der Menschheit«, Leipzig 1921.
448 Diese Ausführungen ergänzen Müllers Gewerkschaftskritik aus dem Jahr 1920. Auch hier wandte er sich explizit gegen »die [Politik] der Gewerkschaftsführer, nicht gegen sie als Personen« (Hervorhebung im Original) und kritisierte vor allem deren ideologische Fixiertheit auf Sozialreformen im parlamentarischen Rahmen. Vgl. Richard Müller: Kaiserreich, S. 72-77 sowie Richard Müller: Die Tagesfragen der Gewerkschaftsbewegung, in: Arbeiter-Rat, Nr. 45/46, Jg. 1920.

Selbstverständlichkeit.[449] Gerade wegen seiner Parteilichkeit bemühte er sich allerdings um Konkordanz mit den wissenschaftlichen Standards. Neben einem ausführlichen Anmerkungsapparat enthalten die Werke Anhänge mit zahlreichen Originalquellen in Form von Aufrufen, Flugblättern und Protokollen, die vielfach hier zum ersten Mal veröffentlicht wurden. Durch dieses Material stützte er nicht nur seine Positionen, sondern erlaubte auch den Lesern und Leserinnen, sich ein eigenes Bild von den geschilderten Vorgängen zu machen. Vor allem diese wissenschaftliche Arbeitsweise zeichnete Müllers Werk gegenüber der erwähnten Memoirenliteratur aus, welche überwiegend auf Quellenangaben völlig verzichtete und vorwiegend aus der Erinnerung schöpfte. Bis heute sind seine drei Bücher Standardwerke, die in jeder ernsthaften Darstellung zur Novemberrevolution zitiert werden – meist jedoch nur wegen ihres Faktenreichtums. Müllers Schlußfolgerungen hingegen rührten in unbequemer Weise an vermeintliche Gewißheiten der Historiker und Historikerinnen sowohl in der BRD als auch in der DDR. Sie wurden daher nur allzu oft übergangen.[450]

Die beiden ersten Werke erschienen im Malik-Verlag von Wieland Herzfelde. Das Titelbild der Bücher wurde gestaltet vom bekannten Künstler John Heartfield, dem Bruder des Verlegers. Heartfield, der sich seinen englischen Künstlernamen aus Protest gegen den deutschen Kriegsnationalismus zugelegt hatte, war Maler und Graphiker. Er gilt als Erfinder der politischen Photomontage und machte sich einen Namen als Mitbegründer der DaDa-Bewegung. Heartfields Werke revolutionierten die graphische Kunst, seine satirischen Collagen sind bis heute unerreicht.

In diesem Umfeld schienen Müllers Werke gut aufgehoben. Die Herzfeldes sympathisierten mit dem Kommunismus, waren jedoch trotz gelegentlicher Krisen finanziell unabhängig von der KPD und mußten sich keinerlei Parteidisziplin unterwerfen. Sie konnten daher sowohl Dissidenten wie Müller als auch parteinahe Publikationen wie die Zeitschrift »Sowjet-Rußland im Bild« verlegen. Das Verlagsprogramm von Malik las sich insgesamt wie ein »Who is Who« der politisch-künstlerischen Avantgarde jener Zeit. Neben historisch-politischen

---

449 Auslassungen, die seine eigene Rolle betreffen, finden sich vor allem in der Beschreibung des Widerstands gegen den Burgfrieden von 1914-1916 sowie in der Beschreibung des Vollzugsrates, vgl. dazu im einzelnen die entsprechenden Kapitel dieser Arbeit.
450 Zur Historiographie und Wirkung von Müllers Schriften vgl. den Exkurs am Schluß dieses Kapitels.

Werken von Karl August Wittfogel, Leo Trotzki und Gregori Sinowjew verlegte Malik auch Lyrik von Wladimir Majakowski, Prosa von Upton Sinclair, Maxim Gorki und Ilja Ehrenburg sowie die Zeichnungen von George Grosz.[451] Stets im Kampf mit der Zensur, der Inflation und der mangelnden Zahlungskraft des proletarischen Zielpublikums behauptete sich der 1916 gegründete Verlag immer wieder und stellte Mitte der 20er Jahre eine feste Größe auf dem Buchmarkt der Weimarer Republik dar. Mittels intensiver Werbetätigkeit im gesamten deutschsprachigen Raum, aber auch durch die Herausgabe der Titel in unterschiedlichen Ausstattungen mit verschiedenen Preisstufen, erreichte der Verlag sowohl bildungsbürgerliche Schichten als auch das proletarische Publikum. Er hatte somit eine weit größere Verbreitung als die KPD-eigenen Verlage.[452]

Trotz dieser insgesamt beeindruckenden Bilanz war Richard Müller jedoch nicht zufrieden mit der Zusammenarbeit. In einem Gespräch mit einem Mitarbeiter des Reichsarchivs im Juni 1925 kündigte er an, die Herausgabe eines geplanten dritten Buches im Selbstverlag vornehmen zu wollen, da die Verlagsfirmen in Deutschland wegen seiner Parteilosigkeit nichts für seine Werke täten.[453] Scheinbar schätzte er Malik doch als KPD-abhängiges Verlagshaus ein, die genaue Ursache des Konfliktes bleibt jedoch unklar.[454]

Das Gespräch mit dem Archivar kam zustande, weil Richard Müller nach Beendigung seiner ersten zwei Bücher die Abgabe der Vollzugsratsprotokolle an ein Archiv plante. Er hatte sich, wie er selbst mitteilte, zunächst mit einem Verkauf des Materials an die Sowjetunion getragen, aber davon wieder Abstand genommen »in der Erkenntnis, daß die Russen doch nur einen ganz tendenziösen Gebrauch davon machen würden«.[455] Um die Verwendung des Materials zu »einwandfreien wis-

---

451 Eine Auflistung aller bei Malik erschienenen Titel bietet Frank Hermann: Der Malik-Verlag 1916-1947 – eine Bibliographie, Kiel 1989.
452 Vgl. Germaine Stucki-Volz: Der Malik-Verlag und der Buchmarkt der Weimarer Republik, Bern 1993, S. 188-190, passim.
453 Bericht des Archivrates Karl Demeter vom 22. Juni über Besuch bei Müller am 19. Juni 1925, SAPMO-BArch, Arbeiter- und Soldatenräte, R 201/46. Evtl. unterlag Müller der irrigen Annahme, Malik sei ein direkt der KPD verbundener und von ihr abhängiger Verlag, eine Unklarheit, die aufgrund der eindeutigen Tendenz des Verlages auch anderen unterlief. Tatsächlich war Malik sowohl finanziell als auch politisch von der KPD unabhängig, auch wenn diese sich immer wieder direkt in die geschäftlichen Angelegenheiten von Herzfelde einzumischen suchte. Vgl. Germaine Stucki-Volz: Der Malik-Verlag, S. 177 ff.
454 Im Wieland-Herzfelde-Archiv der Akademie der Künste Berlin ist leider kein Schriftverkehr zwischen Müller und Herzfelde überliefert. Ein Teil der Autorenkorrespondenz wurde laut Auskunft des Archivs in den dreißiger Jahren von der Gestapo beschlagnahmt und gilt seither als verschollen.

senschaftlichen Zwecken« sicherzustellen, entschloß er sich daher zum Verkauf an das staatliche Reichsarchiv, damals ansässig in Potsdam. Aus dem vom Archivrat Demeter verfaßten Gesprächsprotokoll erfahren wir auch einige Hinweise auf seine Tätigkeit zwischen 1922 und 1925. Müller berichtet, er habe es im Gegensatz zu vielen Sozialdemokraten abgelehnt, »eine gutbezahlte Staatsstellung anzunehmen, obwohl sie ihm angeboten worden sei.« Einen lukrativen Posten im russischen Außenhandelsdienst in Berlin habe er wieder aufgegeben, »nachdem er den dortigen Betrieb kennen gelernt habe«.

Auf welche »Staatsstellung« Richard Müller hier anspielte, ist nicht mehr auszumachen. Der Außenhandelsdienst ist jedoch aller Wahrscheinlichkeit nach identisch mit der im Mai 1921 eingerichteten Handelsvertretung der Sowjetunion, die in der Berliner Lindenstraße 22-25 residierte und der sowjetischen Botschaft angegliedert war.[456] Die Handelsvertretung unterstand direkt dem Volkskommissariat für Außenhandel und koordinierte die deutsch-sowjetischen Wirtschaftsbeziehungen.

Scheinbar hatten Richard Müllers verbliebene Verbindungen zu kommunistischen Kreisen ausgereicht, um diese Stelle zu erhalten. In diesem Zusammenhang interessant ist die Dissertation von Regine Heubaum zur sowjetischen Handelspolitik, die von einem starken Mangel an geeigneten Fachkräften in diesem Bereich berichtet. Das führte in der ersten Hälfte der zwanziger Jahre zu einer in politischer Hinsicht eher lockeren Einstellungspolitik in den ausländischen Handelsvertretungen der Sowjetunion, welche erst später revidiert wurde.[457]

---

455 Bericht des Archivrates Karl Demeter vom 22. Juni über Besuch bei Müller am 19. Juni 1925, SAPMO-BArch, Arbeiter- und Soldatenräte, R 201/46.
456 Mit Abkommen vom 6.2.1921 wurden die beiderseitigen Delegationen für Kriegsgefangenenfürsorge des deutschen Reiches und der RSFSR zu diplomatischen Vertretungen aufgewertet und die Einrichtung von Handelsvertretungen beschlossen. Vgl. RGBl. 1921 II, S. 929, online findet sich das Abkommen unter http://untreaty.un.org/unts/60001_120000/20/11/00038548.pdf (Zugriff 22.5.08).
457 »Der Personalbestand der lokalen Außenhandelsorgane war der Kontrolle des Staates teilweise entzogen: Im Herbst 1923 konnte man im NKVT (=Volkskommissariat für Außenhandel, RH) für über 50 in den Handelsvertretungen beschäftigte Personen keine Angaben zur Berufsausbildung oder zum Datum des Dienstantrittes machen. Eine Kommission des Rates der Volkskommissare, die im Dezember 1922 einige Handelsvertretungen des NKVT im Ausland inspizierte, kritisierte in ihrem Schlußbericht insbesondere die personelle Besetzung in diesen Außenhandelsorganen. Der Bericht verwies in diesem Zusammenhang auf die mangelnde politische Zuverlässigkeit der Mitarbeiter und den geringen Anteil von Parteimitgliedern am Personalbestand.« Aus: Regine Heubaum, Das Volkskommissariat für Außenhandel und seine Nachfolgeorganisationen 1920-1930 – Der Außenhandel als zentrale Frage der sowjetischen Wirtschaftspolitik, Dissertation HU Berlin 2001, S. 18-19, Online unter: http://edoc.hu-berlin.de/dissertationen/heubaum-regine-2001-07-31/HTML/front.html (Zugriff 22.5.2008).

Auch diese Konstellation mag einem abtrünnigen Kommunisten wie Richard Müller zu seinem Posten verholfen haben. Dennoch war es für ihn wohl kaum ein angenehmes Dasein, als ausgeschlossenes Ex-Parteimitglied in einem kommunistischen Tendenzbetrieb zu arbeiten. Ein Betrieb, der mehr oder weniger direkt jener sowjetischen Staatsführung unterstand, die zuvor den KPD-Vorstand beim Ausschluß seiner Fraktion unterstützt hatte. Es ist unklar, ob er wirklich selbst kündigte oder doch im Zuge eines Abgleichs von Parteilinie und Personalstruktur entlassen wurde.

Trotz all dieser Negativerfahrungen mit dem Parteikommunismus blieb Müller stets ein Verehrer Lenins. So verwies er im Vorwort seines ersten Buches ausdrücklich auf die theoretischen Leistungen des im Januar 1924 gestorbenen Revolutionärs. Daß Lenin trotz seiner ersten Intervention für Müller, Malzahn und die Oppositionellen im Juli 1921 ein halbes Jahr später umgeschwenkt war und deren Ausschluß akzeptierte, hatte Richard Müller anscheinend aus seiner Erinnerung verdrängt.[458] Er beschränkte seine Abneigung auf die deutsche KPD-Spitze und die aktuelle Sowjetführung, von denen er mittlerweile gleichermaßen strikten Abstand hielt.[459]

Diese Distanz war ein weiterer Grund für seine geplante Verlagsgründung. Gegenüber Archivrat Demeter nannte Müller explizit die Absicherung seiner schriftstellerischen Unabhängigkeit »nach allen Seiten« als Motiv seines Handelns. Zur Gründung jedoch brauche er ein gewisses Startkapital.

Im Gespräch verlor Richard Müller dennoch kein Wort über einen möglichen Verkaufspreis für die Vollzugsratsprotokolle. Erst als Demeter ihm schließlich 2000 Reichsmark anbot, »erklärte er lachend und unter berechtigtem Hinweis auf den bedeutenden Quellenwert des Materials: Das wäre ganz ausgeschlossen; das mindeste, was er dafür bekommen müsse, sei 15000 M.« Zudem ließ er durchblicken, man habe ihm aus Moskau schon das Dreifache geboten.

Diese Verhandlungstaktik war durchaus gewieft, und auch die Tatsache, daß Müller erst nach dem Ende der Hyperinflation von 1923 und

---

458 Zu Lenins Billigung der KPD-Politik 1921 vgl. Sigrid Koch-Baumgarten: Aufstand der Avantgarde, S. 435.
459 Als der Vorwärts im April 1924 behauptete, Müller hätte auf einer Wahlversammlung in Osnabrück gesprochen und dort einem Redner mit völkischen Positionen zugestimmt, ließ Müller nicht nur diese Tatsache durch eine Gegendarstellung dementieren, sondern vermerkte auch ausdrücklich, daß er »im diesjährigen Wahlkampf […] nicht sprechen werde«. Vorwärts, Nr. 162 vom 11. April 1924.

der Stabilisierung der Reichsmark im folgenden Jahr zum Verkauf schritt, zeugt von einem gewissen ökonomischen Gespür.

Sein geschicktes Verhandeln war schließlich von Erfolg gekrönt. Nach Rücksprache mit einem Vorgesetzten wurde der Preisvorschlag vom Reichsarchiv anstandslos akzeptiert. Interner Schriftverkehr belegt, daß das Archiv den Ankauf geradezu im Eilverfahren genehmigte und die Papiere »unter allen Umständen« erwerben wollte. In der Tat waren zu diesem Zeitpunkt Abgesandte der Sowjetregierung in Deutschland unterwegs, die laut Einschätzung des Archivs »alles auf die Revolution sich beziehende Quellenmaterial für die russischen Archive oder für wissenschaftliche Institute der Sowjet-Regierung aufkaufen« sollten.

Somit wurde der Vertrag schnell besiegelt und die ca. 3.000 Folioseiten im Juli aus Richard Müllers Wohnung in der Werderstraße abgeholt. Er ließ sich allerdings das Recht reservieren, die Protokolle weiterhin ungehindert für zukünftige Recherchen einzusehen.[460]

Dem Vorwort von Müllers drittem Buch zufolge war dessen Manuskript jedoch schon im Mai 1925 fertiggestellt, also noch vor dem Verkauf. Durch den Erlös von 15.000 RM sah Müller sich nun in der Lage, das Werk im gemeinsam mit seinen alten Genossen Paul Eckert und Heinrich Malzahn gegründeten »Phöbus-Verlag« selbst herauszugeben.[461] Laut »Reichs-Adreßbuch« von 1927 betätigten sich die drei auch als Buchhändler: Der Phöbus-Verlag unterhielt einen Buchladen in der Brandenburgstraße (heute Lobeckstraße) in Berlin-Kreuzberg.[462]

Phöbus oder Phoibus war einer der Beinamen des griechischen Hauptgottes Apollon, seines Zeichens Vorsteher der Musen und Beschützer der Künste. Diese Namenswahl war sicherlich ein Ausdruck von Müllers neuem Selbstentwurf als freischaffender Schriftsteller und Publizist. Jedoch war Apoll auch Gott der Rache und Vergeltung. Im Trojanischen Krieg sandte er die Pest ins Lager der Griechen, um die Gefangennahme eines seiner Priester zu sühnen. Der Inhalt von Richard Müllers drittem Buch korrespondiert mit diesen düsteren Mo-

---

460 Der gesamte Vorgang ist dargestellt bei Gerhard Engel u. a. (Hg.): Groß-Berliner Arbeiter- und Soldatenräte, Bd. 1, S. XLVI ff.
461 Im Handelsregister Berlin wurde 1926 eine »Phöbus Verlag, Eckert und Malzahn G.m.b.H.« erstmals ausgewiesen, die Gründung für 1925 angegeben. Geschäftsführer war Richard Müller. Handelsregister Berlin, 2. Abteilung, Jahrgang 1926, siehe Online-Ressource Handelsregister im Landesarchiv Berlin.
462 Laut »Deutsches Reichs Adreßbuch für Industrie, Gewerbe, Handel, Landwirtschaft«, Verlag Rudolf Mosse, Jahrgang 1927 Band V, befand sich die Buchhandlung in der Brandenburgstraße 26 im Postleitzahlenbereich Berlin, S. 42. Zur Umbenennung in Lobeckstraße vgl. http://www.luise-berlin.de/strassen/Bez06h/B823.htm (Zugriff 27.7.07).

tiven. Es trug den Titel »Der Bürgerkrieg in Deutschland« und schilderte die Niederschlagung des Januaraufstandes, den Mord an Rosa Luxemburg und Karl Liebknecht sowie das Ende der bayrischen Räterepublik, beschrieb also nichts anderes als die endgültige Niederlage der Revolution. Diese interpretierte Müller als Ergebnis eines Bürgerkrieges ohne Kriegserklärung. Die These des Bürgerkrieges hatte er schon Ende 1920 in einem Artikel vertreten, Sebastian Haffner übernahm die These in seinem bekannten Werk »Die verratene Revolution«.[463] Der Begriff des Bürgerkrieges diente Richard Müller nicht allein dazu, die Verbrechen Noskes und der Freikorps moralisch zu verurteilen. Er kritisierte damit auch den fehlenden Willen der Arbeiterklasse zur Führung eines entschiedenen Machtkampfes. Bereits 1920 hatte Müller gefordert, das Proletariat solle »endlich begreifen, daß es die Bourgeoisie mit denselben Waffen bekämpfen muß, mit denen die Bourgeoisie gegen das Proletariat kämpft«.[464] Es waren jedoch stets nur Teile des Proletariats gewillt, den revolutionären Kampf notfalls auch bewaffnet durchzuführen. Die Mehrheit der Arbeiter und Arbeiterinnen war kriegsmüde und der Gewalt abgeneigt, sie konnte oder wollte die ständigen Angriffe von Freikorps und Konterrevolution nicht mit gleicher Härte parieren. Erst wenn die Situation bereits völlig eskaliert war, griff das Proletariat zu den Waffen – dies jedoch stets lokal und vereinzelt, teilweise auch in voreiligen Aktionen, wie etwa dem Januaraufstand. Der Bürgerkrieg wurde also einseitig geführt, in Form wiederholter Blutbäder und Gewaltexzesse seitens der Freikorps und Regierungstruppen.

Das Proletariat war nicht fähig, auf nationaler Ebene koordiniert zurückzuschlagen und die Revolution zu vollenden. Müllers Analyse zufolge fehlte ihm »eine politische Partei mit klarem Programm, mit revolutionären Erfahrungen« und dem Willen zur Macht.[465] Hier spielte er vor allen Dingen auf die Unentschlossenheit der USPD an, als Schablone seiner Kritik dienten ihm unverkennbar Lenin und die Bolschewiki, die sich in Rußland bereits lange vor der Revolution eigenständig organisiert hatten. Die Bewunderung Lenins stand in seinem Bewußtsein recht unverbunden neben der offenen Kritik an den Säuberungen und der Beschränkung der parteiinternen Debatte, die er in seinem Brief vom Januar 1922 geäußert hatte. Leninistische Disziplin

---

463 Das 1969 erstmals erschienene Werk wird heute vertrieben unter dem Titel »Die deutsche Revolution 1918/1919«. Zum Bürgerkrieg vgl. Sebastian Haffner: Die Deutsche Revolution, S. 183-197.
464 Tagesfragen zur Gewerkschaftsfrage, in: Arbeiter-Rat, Nr. 45/46 Jg. 1920.
465 Richard Müller: Bürgerkrieg, S. 205.

und Entschlossenheit, verbunden mit der Basisnähe und direkten Demokratie der Obleute, das entsprach dem politischen Ideal Richard Müllers. Am nächsten lag seine Konzeption der politischen Linie Rosa Luxemburgs, die Müller als »klarsten und kühnsten Kopf« der Revolution lobte und auf deren Revolutionstheorie er sich schon in seinem ersten Buch positiv bezogen hatte. Müller hatte Rosa Luxemburg schon 1916 persönlich kennengelernt, als sie nach dem Liebknechtstreit an einer Sitzung der Obleute teilnahm. Zu einer engeren Zusammenarbeit kam es damals wegen der Opposition Georg Ledebours nicht. Kurz darauf wurde Luxemburg verhaftet und Müller zum Militär eingezogen. Auf dem Gründungsparteitag der KPD Ende 1918 war eine Zusammenarbeit erneut gescheitert – wiederum nicht an Differenzen zwischen Luxemburg und Müller, sondern am Mißtrauen der Obleute gegenüber den Parteitagsdelegierten. Den Tod Rosa Luxemburgs empfand Müller als entscheidenden Verlust in den Reihen der Revolutionäre.[466] In einer KPD unter ihrer Führung hätte er wahrscheinlich länger als nur einige Monate wirken können.

Nicht nur wegen des Todes von Rosa Luxemburg maß er dem Januaraufstand insgesamt eine Schlüsselrolle für die Niederlage der Revolution zu. Als Abwehrkampf hätte Müller zufolge der Berliner Januaraufstand die Revolution vorantreiben können. In der Offensive habe sich die Aktion jedoch in einen Putsch verwandelt, von den Massen nicht verstanden, blutig niedergeschlagen und Berlin als revolutionäres Zentrum führerlos und für Monate aktionsunfähig hinterlassend.[467] Diese Niederlage machte Müller direkt für das Scheitern der Märzstreiks verantwortlich, der letzten Gelegenheit, bei der die Nationalversammlung noch einmal entscheidend herausgefordert wurde.

Auch die aktuelle politische Lage des Jahres 1925 schätzte Richard Müller im Vorwort seines dritten Buches auffallend negativ ein. Insbesondere die Wahl des ehemaligen militärischen Oberbefehlshabers Hindenburg zum Reichspräsidenten war ein Schock für ihn. Die Prä-

---

466 Richard Müller: Kaiserreich, S. 104, Fußnote, S. 111, S. 177 f. sowie Richard Müller: Bürgerkrieg, S. 206.
467 Ebenda.
468 Ebenda, S. 5. Die Passagen zu politischem Mord und Klassenjustiz beziehen sich zweifellos auf Julian Gumbels Buch »Vier Jahre politischer Mord« von 1922, das anhand von klaren Zahlen die quasi-Straflosigkeit politischer Morde von Rechts nachwies, während ähnliche Taten von linker Seite stets auf Schärfste geahndet wurden. Das Werk war 1924 im Malik-Verlag gemeinsam mit einer Antwort des Reichsjustizministeriums (welches die Vorwürfe im wesentlichen bestätigte) neu aufgelegt und massiv beworben worden.

sidentschaft des Monarchisten Hindenburg bedeutete den Sieg der Konterrevolution nicht nur über den Sozialismus, sondern auch über die republikanischen Errungenschaften der Novemberbewegung: »Hindenburg als Präsident des schwarz-weiß-roten Deutschland, völkische Mörderbanden, Klassenjustiz in unverhüllter Form, das sind die heranreifenden Früchte jener Saat, die von den Vätern dieser Republik bei ihrer Geburt in überreichem Maße ausgestreut wurde, das ist die Blamage der Revolution.«[468]

Jene Saat der Gewalt waren die Freikorps, die »völkischen Mörderbanden«, welche schon 1919 mit dem Hakenkreuz am Stahlhelm gegen die Revolutionäre gekämpft hatten.[469] Bereits im Herbst 1924 hatte Müller geschrieben, die letzte Epoche der Revolution sei erreicht gewesen, »als das Triumvirat Kapp-Lüttwitz-Ludendorff das Hakenkreuz und die zu politischen Monolithen vereinigten Stinnes-Ebert, Stinnes-Legien die Lasten des Weltkrieges auf den Rücken des Proletariats legten.«[470] Jedoch sprach er gleichzeitig von der »proletarischen Revolution der kommenden Zeit« und gab damit seiner Hoffnung auf eine neue Wendung der Dinge Ausdruck.

1925 fehlte dieser positive Einschlag. Im ungestraften Agieren der völkischen Kräfte, die in ihrem Terror sogar noch auf den Schutz des Staates vertrauen konnten, ahnte Müller bereits den Anfang vom Ende der Weimarer Republik. Von der geschichtlichen Aufgabe des Proletariats, von jenen »höheren Menschheitszielen«, denen er im Jahr zuvor noch das Anfangskapitel seines ersten Buches gewidmet hatte, sprach er nun nicht mehr. Ein düsterer, vorher nicht vorhandener Pessimismus durchzog sein Denken.

---

469 Hakenkreuz am Stahlhelm war die erste Zeile des Erkennungsliedes der »Brigade Ehrhardt«, auch andere Freikorps trugen die Swastika als Zeichen völkischer Gesinnung.
470 Richard Müller: Novemberrevolution, S. 7.

Fußnoten und Verdrängungen –
Ein Exkurs zur Wirkungsgeschichte
des Historikers Richard Müller

Trotz des düsteren Endes muß Richard Müllers Geschichte der Novemberrevolution als sein Hauptwerk gelten, weshalb ein skizzenhafter Exkurs zur Wirkungsgeschichte angebracht erscheint.[471] Diese Wirkung ist paradox: Einerseits waren Müllers Bücher ein wichtiger Grund dafür, daß sein Name einem historisch interessierten Fachpublikum im Gedächtnis blieb. Andererseits sorgten gerade sie durch ihre politische Stoßrichtung dafür, daß Richard Müller aus dem Bewußtsein breiterer Kreise verdrängt wurde.

Bereits in der Weimarer Republik war der politische Diskurs so vorstrukturiert, daß Müllers Interpretationen in einer relativen Nische verbleiben mußten. Vom Standpunkt des bürgerlichen Lagers und der Sozialdemokratie fielen sie in die Rubrik »Bolschewismus«, in die alle links von der SPD stehenden Strömungen ohne Unterschied einsortiert wurden. Diese pauschale Distanzierung war programmatisch für die bürgerliche und sozialdemokratische Memoirenliteratur jener Zeit. Undifferenzierter Antikommunismus und Patriotismus waren Konsens im Bürgertum und der SPD, aber auch in der antidemokratischen Rechten. Deshalb galt vor allem der Antikriegswiderstand nicht nur unter Reaktionären und Kaisertreuen als Vaterlandsverrat. Auch Reichspräsident Friedrich Ebert distanzierte sich im aufsehenerregenden Magdeburger Prozeß des Jahres 1924 ausdrücklich von den pazifistischen Forderun-

---

471 Skizzenhaft deshalb, weil eine solche Rezeptionsgeschichte nicht von einer umfassenden Historiographie der Novemberrevolution bzw. der Arbeiterbewegung insgesamt zu trennen ist, was jedoch ein ganz eigenes Forschungsfeld darstellt. Vollständigkeit ist daher an dieser Stelle weder möglich noch angestrebt, einzelne Werke sollen statt dessen pars pro toto die übergreifenden Diskurse veranschaulichen. Für weitergehende bibliographische Angaben und Forschungsberichte vgl. u. a. Mario Keßler: Die Novemberrevolution und ihre Räte – Die DDR-Debatten des Jahres 1958 und die internationale Forschung, Hefte zur DDR-Geschichte, Nr. 112, Berlin 2008; Klaus Tenfelde: Massenbewegungen und Revolution in Deutschland 1917-1923. Ein Forschungsüberblick, in: Helmut Konrad, Karin M. Schmidlechner: Revolutionäres Potential in Europa am Ende des Ersten Weltkrieges, Wien-Köln 1991; Manfred Weißbecker: Die Weimarer Republik und ihr Platz in der Bilanz des Jahrhunderts: ein Versuch, in: Klaus Kinner (Hg.): Reform – Revolution – Parlamentarismus; Heinrich August Winkler (Hg.): Weimar im Widerstreit. Deutungen der ersten deutschen Republik im geteilten Deutschland, München 2002. Zu übergreifenden Kontroversen in der Arbeiterbewegungsgeschichte vgl. Dieter Dowe: Bibliographie zur Geschichte der deutschen Arbeiterbewegung, sozialistischen und kommunistischen Bewegung von den Anfängen bis 1863, Bonn 1981; Klaus Tenfelde, Gerhard A. Ritter: Bibliographie zur Geschichte der deutschen Arbeiterbewegung 1863-1914, Bonn 1981.

gen des Januarstreiks und übernahm damit die Stigmatisierung des Streiks als »Landesverrat«. Müllers Schriften als die entscheidende Darstellung und Würdigung der Massenstreiks gegen den Krieg lagen somit quer zum restaurativen Zeitgeist und wurden als Extremismus ausgegrenzt.

In der außerhalb dieses patriotischen Konsens stehenden Kommunistischen Partei waren Müllers Werke jedoch ebenso unwillkommen. Sie kratzten zu entschieden an der schon früh aufkommenden Liebknecht-Legende und erschwerten die Konstruktion einer »heroischen« Parteigeschichte. Wenn Richard Müller sich beklagte, daß der Malik-Verlag wegen seiner Parteilosigkeit nichts für seine Bücher tue, so weist dies nicht wirklich auf einen Fehler des Verlages hin. Es läßt vielmehr darauf schließen, daß die breite kommunistische Gegenkultur und Publizistik Müllers Werke ignorierte, weil sie nicht in ihr Geschichtsbild paßten.

Eine Zusammenfassung dieser parteikommunistischen Sicht auf die Novemberrevolution bietet die 1929 erschienene »Illustrierte Geschichte der deutschen Revolution«.[472] Diese von einem KPD-Autorenkollektiv verfaßte Darstellung war ein Meilenstein in der marxistischen Geschichtswissenschaft. Sie lieferte unter Einbezug umfangreichen Materials erstmals eine detailgenaue Gesamtdarstellung der Kriegs- und Revolutionszeit bis einschließlich des Kapp-Putsches. Im Rückgriff auf die marxistische Theorie bot sie eine gleichermaßen nüchterne wie erschreckende Bilanz des Weltkrieges, benannte dessen ökonomische Ursachen und Profiteure und bot damit ein aufklärerisches Gegenbild zur herrschenden revanchistischen Kriegsromantik. Durchgängige Illustrationen auf jeder Seite und Reproduktionen zeitgenössischen Quellenmaterials verstärkten die Wirkung des Textes, sie stellen eine bis heute einzigartige Sammlung von Bildquellen zur Novemberrevolution dar.[473]

---

472 Internationaler Arbeiter Verlag (Hg.): Illustrierte Geschichte der deutschen Revolution, Berlin 1929.

473 Vergleichbar sind nur Diethard Kerbs (Hg.): Revolution und Fotografie – Berlin 1918/19, Berlin 1989 sowie Günter Hortschansky (Hg.): Illustrierte Geschichte der Novemberrevolution. Im Band von Günter Hortschansky findet sich das einzige bekannte Porträtfoto von Richard Müller, die Darstellung greift seine Thesen jedoch nicht auf. Anders Diethard Kerbs, der sich durchaus an Müllers Fragestellungen orientiert und ihm sogar einen kurzen biographischen Exkurs widmet. In »Revolution und Fotografie« findet sich auf S. 43 nur ein verschwommenes Foto von Richard Müller, bessere Aufnahmen sind dokumentiert in zwei anderen von Kerbs herausgegebenen Sammlungen: Diethard Kerbs (Hg.): Gebrüder Haeckel – Die Revolution in Berlin, November Dezember 1918, Edition Phototek XXIV, Berlin 1989, S. 19, sowie: Diethard Kerbs (Hg.): Novemberrevolution Berlin 1918/1919 in Zeitgenössi-

Obwohl die KPD nicht als Herausgeberin des Werkes auftrat, verriet es dennoch seine Herkunft durch diverse Auslassungen und Einengungen. So wurde etwa die Rolle des Spartakusbundes im Anti-Kriegswiderstand deutlich überhöht und ihre relative Schwäche gegenüber der gemäßigten USPD mit der verschärften Repression wegerklärt, ohne auch nur nach anderen Ursachen zu suchen.[474] Die Obleute treten in der Darstellung erst zum Januarstreik auf und werden als wesentlich vom Spartakus beeinflußt dargestellt, ihre tragende Rolle bei der Vorbereitung der Revolution in Berlin wird nur unabsichtlich offenbart – bezeichnenderweise in einem Zitat Karl Liebknechts.[475] Als wesentliches Ergebnis der Novemberrevolution wird vor allem die Gründung der KPD herausgestellt – auch wenn die Herausgeber hier noch zugeben, daß um die Jahreswende 1919 erst »der Rahmen einer Partei« und noch keinesfalls eine straff disziplinierte Kaderpartei entstand.[476] Von späteren marxistisch-leninistischen Historikern und Historikerinnen wurde auch diese Aussage revidiert, die KPD-Gründung galt ihnen als das eigentliche Ergebnis der Novemberrevolution.[477]

Wesentliche Informationen der Müllerschen Darstellung, etwa zu Arbeitsweise und Struktur der Obleute, zum Gewerkschaftswiderstand, zu den Konflikten innerhalb der Opposition etc. wurden in der »Illustrierten Geschichte« ignoriert. Das Werk bemühte sich, die radikale Opposition auf den Spartakusbund zu reduzieren – etwa indem im Zusammenhang mit dem Aprilstreik ein Spartakusflugblatt herausgestellt, die Vorarbeit der Obleute jedoch mit keinem Wort erwähnt wurde.[478]

Auch für die Zeit nach dem 9. November fällt eine Zentrierung auf Partei-Geschichte auf, der autonome und überparteiliche Anspruch der Rätebewegung wird nicht ernstgenommen, was die Vernachlässigung des Vollzugsrates und des Kampfes um die Betriebsräte zur Folge hat.

---

schen Photo-Postkarten, Edition Phototek IV, Berlin 1983, Abbildung, Nr. 25. Beide Bilder zeigen Müller auf der Beerdigung der Opfer der Novemberrevolution am 20.11.1918.

474 Illustrierte Geschichte, S. 202.

475 Es handelt sich um eine Tagebuchaufzeichnung Liebknechts, welche die zögernde Haltung der Obleute Anfang November 1918 behandelt. Trotz seiner Verärgerung zieht er einen revolutionären Alleingang des Spartakusbundes nicht einmal in Erwägung – ein deutliches Zeugnis für die führende Rolle der Obleute bei der Vorbereitung der Revolution in Berlin. Vgl. Illustrierte Geschichte, S. 203.

476 Ebenda, S. 267.

477 Zu Unterschieden und Kontinuitäten zwischen der »Illustrierten Geschichte« und den Paradigmen der späteren marxistisch-leninistischen Historiographie vgl. Klaus Kinner: Marxistische deutsche Geschichtswissenschaft 1917-1933, Berlin (DDR), 1982, S. 261 ff.

478 Illustrierte Geschichte, S. 154. Zur Fortschreibung dieser Version vgl. Heinrich Scheel: Der Aprilstreik 1917 in Berlin, S. 1-140, vgl. insbes. S. 22-24.

Zwei Dichotomien prägen die Darstellung: einerseits die Trennung zwischen Partei und Masse, innerhalb der Parteien dann die Trennung zwischen bürgerlichen bzw. linksopportunistischen Kräften und entschiedenen Revolutionären, wobei sich nach Meinung des Autorenkollektivs nur die Vorläufer der KPD für letztere Würdigung qualifizieren.

Trotz ihrer zahlreichen Stärken wurde die »Illustrierte Geschichte« damit zum Pfeiler eines polarisierend-verzerrenden Geschichtsverständnisses, das die deutschsprachige Geschichtsschreibung der Novemberrevolution auf Jahrzehnte prägen sollte. Den einen Pol dieser Konstellation bildete eine durch Parteiräson eingeengte marxistisch-leninistische Forschung, den anderen eine Koalition aus bürgerlicher und sozialdemokratischer Historiographie. Beide hatten bevorzugt eine Geschichte der Parteien im Blick, beide betrieben Legitimationsarbeit, jedoch mit sehr unterschiedlichen Intentionen und Freiheitsgraden.

Grund für die Langlebigkeit dieser Polarisierung war ihre Verstaatlichung im Zuge der deutschen Teilung nach 1945. In der DDR wurde der anhand der »Illustrierten Geschichte« dargestellte parteigeschichtliche Rahmen im wesentlichen übernommen und an vielen Stellen noch zusätzlich eingeengt. In Westdeutschland hingegen dominierte eine teleologisch auf den bundesrepublikanischen Parlamentarismus orientierte Geschichte, welche den zeitgenössischen sozialdemokratischen Diskurs aufgriff. Alternative Sozialismusvorstellungen, wie sie Richard Müller vertrat, fielen hier dem konstruierten Gegensatzpaar Demokratie vs. Kommunismus zum Opfer.

Dabei hatte es durchaus Alternativen gegeben. Der kommunistische, später linkssozialdemokratische Reichstagsabgeordnete und Historiker Arthur Rosenberg legte mit der 1928 erschienenen »Entstehung der deutschen Republik« und der 1935 im Exil erschienenen Fortsetzung »Geschichte der deutschen Republik« zwei Standardwerke vor, die eine unabhängige marxistische Analyse der Novemberrevolution und ihrer Folgen lieferten. Obwohl auch er die politischen Parteien und vor allem das Geschehen im Reichstag in den Vordergrund stellte, fiel es ihm nicht schwer, etwa die Revolutionären Obleute als autonome Kraft anzuerkennen, wesentliche Informationen aus Müllers Darstellung zu übernehmen und ein nüchternes Bild der Spannungen zwischen Spartakus und Obleuten zu zeichnen.[479] Auch Ossip K. Flechtheims im Exil verfaßte und 1948 in Offenbach erschienene Darstellung »Die KPD in der Weimarer Republik« setzte eigene Akzente.

---

[479] Vgl. etwa Arthur Rosenberg: Die Entstehung der Weimarer Republik, S. 181 ff. sowie Arthur Rosenberg: Geschichte der Weimarer Republik, S. 52 ff.

Er betonte die Gemeinsamkeiten zwischen der Gründungsgeneration der KPD, worunter er auch die Revolutionären Obleute faßte, und den demokratischen Kräften der Weimarer Republik. Die Antithese zur Weimarer Demokratie war für ihn nicht ein abstrakt definierter »Bolschewismus« oder »Totalitarismus«, sondern die antidemokratische Rechte der Gegenrevolution.[480]

Durchsetzen konnten sich diese Stimmen aus dem Exil jedoch nicht. Der sich in den fünfziger Jahren wieder etablierende historische Forschungsbetrieb blieb in beiden deutschen Staaten den Schemata des Kalten Krieges verhaftet.

In der DDR wurde die Auseinandersetzung mit der Vergangenheit zusätzlich durch das Erbe des Stalinismus belastet. Auch für die deutsche Geschichte bindend war hier der von Stalin verfaßte »Kurze Lehrgang« über die Geschichte der Bolschewiki. Dort hieß es in einem Exkurs zur Novemberrevolution: »Allerdings war die Revolution in Deutschland eine bürgerliche Revolution und keine sozialistische, waren die Räte das gefügige Werkzeug des bürgerlichen Parlaments, denn in den Räten herrschten die Sozialdemokraten, Paktierer vom Schlage der russischen Menschewiki, und daraus eben erklärt sich die Schwäche der Revolution«.[481] Die Verleugnung des sozialistischen Anspruchs der Novemberrevolution und die Abqualifizierung der Räte als konterrevolutionär waren schematisch aus den russischen Ereignissen abgeleitete Dogmen, die im Verlauf der marxistisch-leninistischen Geschichtswissenschaft zwar relativiert, aber nie wirklich überwunden werden konnten.[482] Gänzlich unangefochten blieben diese Paradigmen jedoch nicht. Alternative Wege zeigte etwa eine intensive Debatte zum Thema, die in den Jahren 1957-1958 geführt wurde.[483] Ausgelöst wurde diese weniger durch den anstehenden 40. Jahrestag der Novemberrevolution, sondern vor allem durch Chruschtschows »Geheimrede« auf dem 20. Parteitag der KPdSU ein Jahr zuvor, mit der in Osteuropa die Entstalinisierung eingeleitet wurde.[484] Verschiedene Stimmen betonten nun die sozialistische Natur der Revolution und stellten damit

---

480 Ossip K. Flechtheim: Die KPD in der Weimarer Republik, Offenbach 1948.
481 J. W. Stalin: Geschichte der Kommunistischen Partei der Sowjetunion (Bolschewiki). Kurzer Lehrgang, Berlin 1946, S. 279.
482 Zum Problem des Revolutionsvergleichs (nicht nur) in der DDR-Geschichtswissenschaft vgl. Wolfgang Ruge: Russischer und deutscher November – Überlegungen zum Revolutionsvergleich, in: Klaus Kinner (Hg.): Revolution – Reform – Parlamentarismus.
483 Zu dieser Debatte vgl. den historiographischen Aufsatz von Mario Keßler »Die Novemberrevolution und ihre Räte – Die DDR-Debatten des Jahres 1958 und die internationale Forschung«, Hefte zur DDR-Geschichte, Nr. 112, Berlin 2008.
484 Obwohl ihr Inhalt in westlichen Zeitungen längst veröffentlicht war, erschien die Re-

das herrschende Geschichtsbild in Frage.[485] Der Historiker Albert Schreiner, der bereits 1929 an der »Illustrierten Geschichte« mitgearbeitet hatte, stellte insbesondere die Leistungen der Revolutionären Obleute in der Opposition gegen die Burgfriedenspolitik heraus: die Obleute und ihr Einfluß in den Räten seien Beleg für die sozialistischen Ziele der Novemberrevolution.[486] Angeregt durch Schreiner begann zeitgleich eine verdienstvolle Sammlung von Erinnerungsberichten ehemaliger Obleute, mit denen im großen Maßstab Quellenmaterial gesichert wurde, das sonst unwiederbringlich verloren gegangen wäre.[487]

Obwohl die Kritiken von Schreiner und anderen lediglich die stalinistische Verengung der marxistisch-leninistischen Geschichtswissenschaften absprengen wollten, den bereits in der »Illustrierten Geschichte« vorhandenen Rahmen jedoch nicht antasteten, waren sie zu weit gegangen. Im Juni 1958 intervenierte Walter Ulbricht persönlich und erzwang einen Abbruch der Debatte. Seine »Thesen über die Novemberrevolution« bekräftigten das Dogma der bürgerlichen Revolution, gestanden jedoch zu, daß diese »in gewissem Umfang mit proletarischen Mitteln und Methoden durchgeführt« worden sei.[488] Weder auf

---

de in der DDR erst 1990 als Broschüre. Die Geheimrede Chruschtschows – Über den Personenkult und seine Folgen, Berlin (DDR) 1990.

485 Robert Leibbrand etwa bezeichnete die Novemberrevolution als sozialistische Revolution, die ihr Ziel nicht erreicht habe. Auch Roland Bauer betonte, es gebe auch bei Lenin »keine Stelle, die ernsthaft so ausgelegt werden könnte, also ob die deutsche Revolution 1918 erst eine Etappe der bürgerlich-demokratischen Revolution hätte durchlaufen müssen.« Vgl. Robert Leibbrand: Zur Diskussion über den Charakter der Novemberrevolution, in: Einheit, 11, 1957, S. 107 f., Roland Bauer: Über den Charakter der deutschen Novemberrevolution, in: ebenda, S. 153.

486 Albert Schreiner, Günther Schmidt: Die Rätebewegung in Deutschland bis zur Novemberrevolution, in: Albert Schreiner (Hg.): Revolutionäre Ereignisse und Probleme in Deutschland während der Periode der Großen Sozialistischen Oktoberrevolution 1917/1918, Berlin (DDR) 1957. Zur Biographie Albert Schreiners vgl. Mario Keßler: Hitler treibt zum Krieg – Albert Schreiner als Militärwissenschaftler im Exil, in: Jahrbuch für Forschungen zur Geschichte der Arbeiterbewegung, Nr. II 2008, S. 126-142.

487 Vgl. die umfangreiche Sammlung in: Arbeitskreis verdienter Gewerkschaftsveteranen beim Bundesvorstand des FDGB (Hg.): Erinnerungen von Veteranen der deutschen Gewerkschaftsbewegung an die Novemberrevolution (1914-1920), 2. Auflage Berlin (DDR) 1960; sowie eine jeweils kleinere Auswahl von Erinnerungsberichten in: Berlin 1917-1918 – Parteiveteranen berichten; Heinz Schmidt, Alfred Loesdau: Die Januarkämpfe 1919 in Berlin, Berlin (DDR) 1960; Günter Schmidt: Der Kampf für die Rätemacht in Berlin, Berlin 1958; Joachim Petzold: Der 9. November 1918 in Berlin, Berlin (DDR) 1958. Das den Veröffentlichungen zugrundeliegende Material befindet sich heute im Bundesarchiv Berlin (BArch SAPMO, SG Y 30) und im Landesarchiv Berlin (LArch Berlin, C Rep 902-02-04).

488 Walter Ulbricht: Über den Charakter der Novemberrevolution. Rede in der Kommission zur Vorbereitung der Thesen über die Novemberrevolution, in: Neues Deutschland vom 18.6.1958.

dem Gebiet der Geschichtswissenschaft noch insgesamt hatte Ulbricht Interesse an einer allzu weitgehenden Entstalinisierung, die eine Krise seiner Machtposition hätte auslösen können.[489] Für die Historiker und Historikerinnen kam der Eingriff überraschend, jedoch mußten sie sich fügen, wenn sie weiter zum Thema publizieren wollten. Die in der DDR maßgebende »Zeitschrift für Geschichtswissenschaft« (ZfG) lieferte zum ersten und einzigen Mal in ihrer Geschichte einen Sonderdruck aus, in dem Walter Nimz Aufsatz »Über den Charakter der Novemberrevolution« die Ulbrichtschen Thesen im wesentlichen bestätigte.[490] Die von einem Kollektiv unter der Leitung von Walter Ulbricht verfaßte und 1966 erschienene »Geschichte der deutschen Arbeiterbewegung« hielt an den Thesen des Jahres 1958 im wesentlichen fest. Das wegen seines Umfangs auch »Achtbänder« genannte Werk blieb bis zum Zusammenbruch Standardwerk in der DDR, eine Neuauflage der Debatten von 1958 fand nicht statt. Zwar gab es seit den 60er Jahren durchaus Veränderungen, diese waren jedoch eher graduell und übten keine offene Kritik an früheren Auffassungen.[491]

Zu nennen sind etwa Erwin Winklers Dissertation über die Revolutionären Obleute von 1964 und Ingo Maternas Pionierstudie über den Berliner Vollzugsrat.[492] Winkler setzte sich intensiv mit Richard Müllers Schriften auseinander, sowohl mit dessen Gewerkschaftsbroschüren als auch mit den historischen Schriften. Einerseits bedeutete diese umfangreiche Forschungstätigkeit eine Würdigung, dennoch lief sie in weiten Teilen auf eine Widerlegung Richard Müllers hinaus. Denn der Zeitrahmen der Arbeit erstreckte sich, orientiert an der Oktoberrevolution, nur

---

489 Klaus Kinner spricht treffend von einer »Rettung des Stalinismus im Gewande des Poststalinismus«, vgl. Klaus Kinner: Der Deutsche Kommunismus – Selbstverständnis und Realität, Bd. 1: Die Weimarer Zeit, Berlin 1999, S. 15.
490 Walter Nimz: Über den Charakter der Novemberrevolution von 1918-1919 in Deutschland, in: ZfG, 7, 1958.
491 Kaum Veränderung in den Darstellungen der DDR-Historiker und Historikerinnen zur Novemberrevolution konstatierte deshalb Klaus Tenfelde 1991: Massenbewegungen und Revolution in Deutschland 1917-1923 – Ein Forschungsüberblick, Werner Bramke widersprach dem in seinem Aufsatz »Zeitgemäße Betrachtungen über eine unzeitgemäße Revolution«, in: Klaus Kinner (Hg.): Revolution – Reform – Parlamentarismus. Zu den vorhandenen, aber subtilen Veränderungen vgl. auch Mario Keßler: Die Novemberrevolution und ihre Räte, S. 28 f.
Für eine komplette Bibliographie der in der DDR erschienenen Forschung zur Novemberrevolution vgl. die entsprechenden Kapitel der Sonderbände der ZfG »Historische Forschungen in der DDR – Analysen und Berichte«, erschienen im Zehnjahresabstand 1960 (Helmut Kolbe, S. 325-343), 1970 (Hans-Joachim Fieber, Heinz Wohlgemuth, S. 508-514) und 1980 (Siegfried Ittershagen, Kurt Wrobel, S. 230-240).
492 Erwin Winkler: Die Bewegung der revolutionären Obleute.

bis ins Jahr 1917 und blendete somit den Januarstreik und die Vorbereitung des 9. November als größte Leistungen der Obleutebewegung aus. Statt dessen rückten die Jahre 1914-1916 in den Vordergrund, in denen Müller und sein Kreis eine unentschiedene und oft widersprüchliche Haltung eingenommen hatten. Winkler gebührt das Verdienst, durch die ausführliche Darstellung dieser Phase entscheidende blinde Flecke in Müllers Darstellung offengelegt zu haben. Indem diese korrigiert wurden, jedoch durch weit größere Auslassungen nach 1917 die Auseinandersetzung mit Müllers kritischen Stellungnahmen zur Spartakusgruppe vermieden wurde, ist die Arbeit jedoch auf ihre Art wesentlich einseitiger als Müllers eigene Darstellung. Der Einfluß der Spartakusgruppe wird von Winkler wiederum überhöht, der Einfluß der Revolutionären Obleute heruntergespielt, obgleich doch gerade sie Gegenstand der Dissertation waren.

Einflußreicher als Winklers ungedruckte Dissertation war Ingo Maternas Studie zum Vollzugsrat.[493] Nachdem sich die bisherige Literatur zur Novemberrevolution auf den Rat der Volksbeauftragten konzentriert hatte, widmete sich hier erstmals ein Autor dem höherrangigen Revolutionsorgan und der Frage, wie dieses so schnell seine Macht verlieren konnte.

Auch Materna korrigierte entscheidende Auslassungen in Müllers Darstellung, indem er dessen Rolle als Vorsitzender des Vollzugsrates kritisch untersuchte. Zu Recht kritisierte er Müllers unentschlossene und moderierende Haltung, berichtete, wie dieser im Interesse eines guten Miteinander Probleme lieber in Ausschüsse abschob, anstatt zumindest in Grundsatzfragen auf Diskussion und Konfrontation zu bestehen. Entscheidungen kamen so nicht zustande, und dies war in der Tat eine der Ursachen der Lähmung des Rates. Allerdings bleiben auch bei Maternas Untersuchung Müllers Leistungen gegenüber seinen Schwächen unterbelichtet, und als Modell für ein »entschlossenes« Angehen der Anforderungen der Revolution durfte auch er nur die Politik der Spartakusgruppe gelten lassen.[494] Die Tür zu einer ergebnisoffenen Analyse des Scheiterns der Novemberrevolution war damit zugeschlagen, wenn auch die einst als »konterrevolutionär« gebrandmarkte Rätebewegung durch die Studie eine Aufwertung erfuhr. Erst die in den 1990er Jahren unter Maternas Mitwirkung erschienene Dokumentation

---

493 Ingo Materna: Der Vollzugsrat der Berliner Arbeiter- und Soldatenräte 1918/19, Berlin (DDR) 1978.
494 Obwohl Materna an dieser und anderen Stellen seines Werkes den marxistisch-leninistischen Bezugsrahmen stützte, hatte er Mühe, sein Werk durch die als Gutachtertätigkeit verschleierte Zensur zu bekommen, da anscheinend kein Interesse an einer Aufwertung oder näheren Beleuchtung der Rätebewegung bestand.

der Vollzugsratsprotokolle bot diesem Gelegenheit für eine Neueinschätzung der Rolle des Vollzugsrates und seiner Akteure – eine trotz ihrer Kürze sehr treffende Darstellung, die bis heute den Forschungsstand widerspiegelt.[495]

Dieser kurze Abriß zeigt, daß auch und gerade da, wo die DDR-Literatur Müllers Darstellung hätte aufgreifen müssen, sie durch den vorgegebenen Ergebnisrahmen daran gehindert wurde. Klaus Kinner, der in seinem 1982 erschienenen Standardwerk zur Herausbildung des KPD-Geschichtsbildes zwischen 1917 und 1933 diese Engführungen noch als Errungenschaft dargestellt hatte,[496] zog später selbstkritisch Bilanz über die Paradigmen der DDR-Geschichtswissenschaft: »Die Bündelung der KPD-Traditionslinie im Obsiegen der Leninisten im ›Thälmannschen Zentralkomitee‹ reduzierte die Geschichte der KPD und des deutschen Kommunismus auf ein Zerrbild. Die Vielfalt und der Reichtum der Strömungen im Deutschen Kommunismus gingen in dieser Sicht nicht nur verloren, sondern sie wurden zudem als gefährliche Abweichungen stigmatisiert«.[497] Das Thälmann-ZK war es, unter dem bereits das Redaktionskollektiv der »Illustrierten Geschichte« 1928/29 seine Darstellung entworfen hatte, auch die Stalinisierung der KPD gilt im wesentlichen als Ergebnis dieser Zeit.[498] Der Stalinkult wurde in der DDR zwar überwunden, der Thälmannkult jedoch blieb ein entscheidendes Hindernis für kritische Forschungen zur Arbeiterbewegung.[499]

Ähnlich kritische Urteile zur DDR-Geschichtswissenschaft sind im nachhinein auch von anderen ostdeutschen HistorikerInnen geäußert worden, diese Selbstzeugnisse geben einen detaillierten Einblick in die

---

495 Gerhard Engel u. a. (Hg.): Groß-Berliner Arbeiter- und Soldatenräte, Einleitungen Bd. I, Bd. II, Bd. III.
496 Klaus Kinner: Marxistische deutsche Geschichtswissenschaft 1917-1933 – Geschichte und Politik im Kampf der KPD, Berlin (DDR) 1982. Da Kinner sich hier auf die Geschichtspolitik der KPD konzentriert, geht er auf Richard Müllers Schriften nicht ein. Aber auch bei der Analyse der KPD-internen Debatte erscheinen Richtungskämpfe lediglich als Abweichungen von einer »leninistischen« Version der Parteigeschichte. Insbesondere Kinners Darstellung der »Auseinandersetzung mit trotzkistischen und ultralinken Elementen« zeigt, wie die in der Phase der Stalinisierung der KPD ab 1924 entstandenen Deutungsmuster in der DDR-Historiographie dauerhaft fortwirkten, vgl. S. 291-298.
497 Klaus Kinner: Der Deutsche Kommunismus – Selbstverständnis und Realität, Bd. 1: Die Weimarer Zeit, S. 15. Zur früheren, positiven Bewertung des unter Thälmann entworfenen Geschichtsbildes vgl. Klaus Kinner: Marxistische deutsche Geschichtswissenschaft 1917-1933, Teil II, S. 191-403.
498 Vgl. Hermann Weber: Die Wandlung des deutschen Kommunismus; für Vorstufen dieses Prozesses ab 1921 vgl. Sigrid Koch-Baumgarten: Aufstand der Avantgarde – die Märzaktion der KPD 1921, Frankfurt-New York 1986.
499 Für eine Kritik der Thälmannschen Politik aus Zeitzeugensicht vgl. Rosa Meyer-Leviné: Im inneren Kreis.

realen Einschränkungen geschichtswissenschaftlichen Arbeitens in der DDR.[500] Diese Umstände machen klar, warum eine ergebnisoffene Rezeption der Müllerschen Werke in der DDR nicht stattfinden konnte.

Aber auch in der BRD fand diese nur eingeschränkt statt. Stimmen kritischer Exilanten wie Rosenberg und Flechtheim bekamen wenig Gehör, statt dessen wurde der antikommunistische Diskurs der Weimarer Republik unhinterfragt fortgeschrieben. Titel wie Walter Tormins »Zwischen Rätediktatur und sozialer Demokratie« oder Karl Dietrich Erdmanns rhetorische Frage »Rätestaat oder parlamentarische Demokratie?« gaben die Richtung vor.[501] Die Räte erschienen hier nicht als Radikalisierung von Demokratie, sondern als ihr Gegenteil. Die von Müller dokumentierte Eigendynamik der Räte, ihre Unabhängigkeit vom »Bolschewismus« russischer Prägung und die in der Novemberrevolution zeitweise präsente Forderung nach einer Verbindung von Rätesystem und Parlamentarismus blieben unbeachtet.

In Bewegung gerieten die Dinge auch in der BRD erst durch die Entstalinisierung ab 1956, die eine differenziertere Sicht auf den Staatssozialismus und seine Geschichte erforderte. Ebenso, wenn nicht noch stimulierender für eine neue Sicht auf die Geschichte war die Herausforderung durch die ab Mitte der 60er Jahre entstehende außerparlamentarische Opposition (APO).

Die ersten Arbeiten zur Rätebewegung kamen jedoch nicht aus der APO, sondern aus dem linkssozialdemokratischen und gewerkschaftlichen Spektrum. Zu nennen ist etwa Fritz Opels 1957 erschienene Studie über den Deutschen Metallarbeiterverband im Ersten Weltkrieg,[502] eine Pionierarbeit. die erstmals das Verhältnis von Burgfriedenspolitikern und Opposition im DMV untersuchte und die Leistungen der Oppositionellen würdigte. Es folgten Anfang der 60er Jahre die Standardwerke zur Rätebewegung von Eberhard Kolb und Peter von Oertzen.[503]

---

500 An ausführlichen Memoiren erschienen: Fritz Klein: Drinnen und draußen – Ein Historiker in der DDR, Frankfurt a.M. 2000; Helmut Bock: Wir haben erst den Anfang gesehen – Selbstdokumentation eines DDR-Historikers 1983 bis 2000, Berlin 2002; Kurt Pätzold: Die Geschichte kennt kein Pardon – Erinnerungen eines deutschen Historikers, Berlin 2008. Kürzere Anmerkungen finden sich auch bei: Annelies Laschitza: Die Liebknechts, S. 11, Mario Keßler: Die Novemberrevolution und ihre Räte sowie in den Beiträgen von Wolfgang Ruge und Werner Bramke in: Klaus Kinner (Hg.): Revolution – Reform – Parlamentarismus.
501 Walter Tormin: Zwischen Rätediktatur und sozialer Demokratie. Die Geschichte der Rätebewegung in der deutschen Revolution 1918/1919, Düsseldorf 1954; Karl Dietrich Erdmann: Die Zeit der Weltkriege, Handbuch der deutschen Geschichte, Bd. 4, Stuttgart 1959, S. 185.
502 Fritz Opel: Der Deutsche Metallarbeiter-Verband.
503 Peter von Oertzen: Betriebsräte in der Novemberrevolution.

Hier wurde der konstruierte Gegensatz Demokratie vs. Räte endgültig aufgegeben und der zeitgenössische Anspruch einer »Räte-Demokratie« genauer untersucht. Während Kolb dabei das Handeln der SPD-Führung in der Revolution noch eher vorsichtig kritisierte und sich »Spekulationen« über alternative Abläufe verweigerte, arbeitete von Oertzen die schon vor dem Ersten Weltkrieg vorhandenen Verbürgerlichungstendenzen in der Sozialdemokratie heraus und analysierte die Rätebewegung als Ausdruck eines Repräsentationsdefizits. Insbesondere die Obleute sah er als die »Vertretung der Arbeitermassen selbst«,[504] die sich eigene Organe schufen, da die Partei von ihren eigentlichen Interessen abgerückt und insgesamt bürokratisch erstarrt war. Laut von Oertzen waren die Arbeiter »als solche« für SPD und Gewerkschaften »keine handlungsfähigen Subjekte. Handlungsfähig, und damit auch handlungsberechtigt, waren in ihren Augen einzig und allein Partei- und Gewerkschaftsorganisation.«[505] Diese Kritik der Bürokratisierungstendenzen innerhalb von Partei und Gewerkschaften zeigt, daß von Oertzen Müller nicht nur wegen dessen faktenreicher Darstellungen heranzog, sondern auch dessen Interpretationen rezipierte, sie teils übernahm, ohne dabei auf eine kritische Analyse von Richard Müllers Rolle im politischen Handeln zu verzichten. Von Oertzen, selbst Sozialdemokrat und einige Jahre nach Erscheinen seines Werkes sogar Mitglied des SPD-Parteivorstandes, setzte mit dieser pointierten Kritik Maßstäbe. Sein außerordentlich faktenreiches Werk stimulierte andere, sich intensiver mit den Räten auseinanderzusetzen.

Ein weiterer westdeutscher Publizist, der nicht nur Teile der Müllerschen Darstellung, sondern auch dessen Thesen weiterführte, war Sebastian Haffner. Sein Werk »Die Verratene Revolution« ging mit einer schonungslosen Kritik der Beteiligung der SPD an der Niederschlagung der Novemberrevolution in die Offensive und ist bis heute eins der meistgelesenen Werke zum Thema.[506] Haffner übernahm Müllers These des Bürgerkrieges und machte erstmals ein größeres Publikum mit der Existenz der Revolutionären Obleute bekannt. In der Geschichtswissenschaft wurde Haffners Darstellung jedoch wenig zur Kenntnis genommen. Als Nichthistoriker hatte er auf einen Anmerkungsapparat verzichtet und sich statt dessen um eine populäre Darstellung bemüht, damit stand er außerhalb des wissenschaftlichen Diskurses. Vordergründig wegen fehlender Quellenangaben, unausgesprochen

---

504 Ebenda, S. 73. Zur Kritik von Oertzens an Kolb vgl. S. 21 f.
505 Ebenda, S. 76.
506 Sebastian Haffner: Die Verratene Revolution – Deutschland 1918/19, Hamburg 1969 spätere Neuauflagen 1979 ff. unter dem Titel »Die Deutsche Revolution«.

auch wegen der entschiedenen Kritik an gängigen Interpretationen, gilt Haffners Darstellung als »nicht zitierfähig«. Dennoch sorgte sie wie kaum eine andere für anhaltendes Interesse am Thema und wird bis heute neu aufgelegt.

Auch in den achtziger Jahren war die Rätebewegung Thema größerer Monographien. Dirk H. Müller etwa entdeckte am Beispiel der Revolutionären Obleute die versammlungsdemokratischen Traditionen in den Gewerkschaften als Vorläufer der Räte, während Volker Arnold eine umfassende vergleichende Darstellung der im Verlauf der Novemberrevolution entwickelten Rätekonzeptionen darlegte.[507] Beide Werke beschäftigten sich intensiv mit Müllers historischen und theoretischen Schriften, ab 1974 mußten sie dazu nicht mehr auf Raubdrucke zurückgreifen, sondern konnten die in West-Berlin erschienene Neuauflage zunächst des ersten Bandes, ab 1979 auch des zweiten und dritten Bandes konsultieren.

Festzuhalten bleibt allerdings, daß diese durchaus intensive Rätediskussion und Forschung ein Nischenphänomen der westdeutschen Geschichtswissenschaft blieb. Ausdruck der Mehrheitsströmung waren eher Untersuchungen wie jene von Ingeborg Koza, die ihren Memoirenvergleich zur Weimarer Republik ausdrücklich auf die »staatsbejahenden« Parteien beschränkte und nur bürgerliche und sozialdemokratische Stimmen zur Kenntnis nahm.[508] Deutlicher konnte das Desinteresse an historischen Alternativen und zeitgenössischen Kämpfen um den Inhalt des Weimarer Staates kaum formuliert werden.

Das etwa gleichzeitig mit Volker Arnold und Dirk H. Müller erschienene Standardwerk von Heinrich August Winkler zur Novemberrevolution bediente sich keiner derart simplen Ausblendung.[509] Obwohl Winklers Werk sich durch eine ausführliche Darstellung und besonders intensive Quellenstudien auszeichnete, dabei ausdrücklich auch Müllers und Barths Darstellungen rezipierte und sich nicht auf die reine Partei-Geschichte beschränkte, teilte es dennoch mit den äl-

---

507 Dirk. H. Müller: Gewerkschaftliche Versammlungsdemokratie und Arbeiterdelegierte vor 1918, Berlin 1985; Volker Arnold: Rätebewegung und Rätetheorien in der Novemberrevolution. Vgl. zur westdeutschen Rätediskussion auch Günter Hottmann: Die Rätekonzeptionen der Revolutionären Obleute und der Links- (bzw. Räte-)Kommunisten in der Novemberrevolution: Ein Vergleich (unter Einschluß der Genese der Rätekonzeptionen), Staatsexamensarbeit Göttingen 1980 sowie Dieter Schneider, Rudolf Kuda (Hg.): Arbeiterräte in der Novemberrevolution.
508 Ingeborg Koza: Die erste deutsche Republik im Spiegel des politischen Memoirenschrifttums – Untersuchungen zum Selbstverständnis und zur Selbstkritik bei den politisch Handelnden aus den Reihen der staatsbejahenden Parteien z. Zt. der ersten deutschen Republik, Ratingen – Wuppertal – Kastellaun 1971.
509 Heinrich August Winkler: Von der Revolution zur Stabilisierung.

teren Darstellungen die Tendenz, die Geschichte der Novemberrevolution vom Ergebnis her zu schreiben. Als Leitfrage formulierte Winkler: »Welche vorsorglichen gesellschaftlichen Veränderungen wären sowohl möglich als auch notwendig gewesen, um dem erstrebten parlamentarischen System ein festeres Fundament zu geben?«.[510] Das »erstrebte« parlamentarische System stand somit von vornherein als Ergebnis und »wichtigste Errungenschaft der Revolution« fest, mit Blick auf das Jahr 1933 war ihre »Stabilisierung« das eigentliche Ziel. Daß jedoch gerade die gewaltsame »Stabilisierung« der Demokratie gegen ihre Ausweitung auf die Wirtschaft der eigentliche Geburtsfehler der Weimarer Republik war – diese zentrale These aus Richard Müllers »Bürgerkrieg in Deutschland« konnte in einem solchen Bezugsrahmen nicht diskutiert werden. Ähnliche Einschränkungen finden sich auch bei Eberhard Kolb und in Susanne Millers Standardwerk »Die Bürde der Macht«.[511] Allen drei Darstellungen ist zusätzlich gemein, daß sie die Rolle der Obleute, aber auch der Spartakusgruppe bei der Vorbereitung der Revolution als marginal darstellen und die Sozialdemokratie als Akteur hervorheben.[512] Auch dies ist vom Ergebnis her gedacht, denn die SPD hatte sich zwar im Laufe des 9. November an die Spitze der Bewegung gestellt, vorbereitet wurde diese jedoch gerade am zentralen Schauplatz Berlin durch die Revolutionären Obleute im Bund mit der Spartakusgruppe.[513]

Trotz oder gerade wegen dieser Einschränkungen dominierte der dargestellte Interpretationsrahmen den westdeutschen Diskurs nicht nur in der Historiographie, sondern vor allem in Schulbüchern und Erinnerungspolitik.[514] Er weckte Verständnis nicht unbedingt für die Gewaltexzesse eines Gustav Noske, wohl aber für die Ignoranz der sozialdemokratischen Führung gegenüber den Forderungen nach Soziali-

---

510 Ebenda, S. 11.
511 Susanne Miller: Die Bürde der Macht, Düsseldorf 1978.
512 Bei Susanne Miller etwa heißt es: »Die Aktivitäten von Gruppen wie Revolutionäre Obleute, Spartakus, Linksradikale haben also auf den Ausbruch der Revolution einen höchstens mittelbaren Einfluß ausgeübt, und das auch nur an einzelnen Orten.« Susanne Miller: Bürde der Macht, S. 43. Vgl. ähnlich Eberhard Kolb: Die Arbeiterräte in der deutschen Innenpolitik, S. 62, S. 115.
513 Vgl. zur Darstellung des 9. November und seiner Vorbereitungen bei Eberhard Kolb, Susanne Miller und Heinrich August Winkler die detaillierte Kritik von Ottokar Luban in: Die deutsche Novemberrevolution 1918 – Versuch eines differenziert revidierten Geschichtsbildes, Manuskript, vorgesehen zur Veröffentlichung im Jahrbuch für Forschungen zur Geschichte der Arbeiterbewegung, Heft I/2009.
514 Zur Schulbuchforschung vgl. Matthias Steinbach, Andrea Mohring: »Entweder regiert Ebert oder Liebknecht« – Zum Umgang mit der Revolution von 1918/1919 in Schulbuch und Unterricht. Skizze eines deutsch-deutschen Vergleichs, in: Geschichte, Politik und ihre Didaktik, Nr. 28, Jg. 2000, S. 184-200.

sierung und Rätedemokratie, die angeblich im Interesse der gesellschaftlichen Stabilität zurücktreten mußten. Diese Sichtweise fixierte die politische Verfaßtheit der BRD als einzig möglichen Endpunkt, nicht ganz unähnlich der Sicht der DDR-Historiker und Historikerinnen, die ebenfalls ihren Staat als verwirklichtes Ziel einer historischen Entwicklung präsentierten. Beide Traditionen waren auf ihre Weise unfähig oder unwillig, die von Müllers Darstellung aufgeworfenen Fragen nach einer alternativen Entwicklung für sich produktiv zu diskutieren. Daß dies in Westdeutschland dennoch teilweise geschah, verweist auf die grundsätzlich anderen Freiheitsgrade im dortigen Wissenschaftsbetrieb, die in keiner Weise mit den durch direkte Zensur eingeschränkten Arbeitsbedingungen der DDR-Geschichtswissenschaft vergleichbar waren. Festzuhalten ist dennoch, daß die westdeutsche Rätediskussion vor allem im Rahmen einer oppositionellen Gegenkultur stattfand, die etwa in der Studierendenbewegung sowie in gewerkschaftlichen und linkssozialdemokratischen Kreisen zeitweise beachtliche Verbreitung erreichte, jedoch niemals zum Mainstream wurde.

Wenn daher Frank Dingel 1979 in seinem Vorwort zur Neuausgabe des Werkes »Vom Kaiserreich zur Republik« bemerkt, die bürgerliche Geschichtswissenschaft habe 50 Jahre gebraucht, um zu den Fragestellungen vorzustoßen, die Richard Müller aufgeworfen habe, ist festzustellen, daß sie mit ihrem Vorstoß nicht weit gekommen ist.[515] In der Regel wurde Müller für seine Faktendarstellung in beiden deutschen Staaten gerne zitiert, seine Interpretationen jedoch ignoriert. Er inspirierte viele Fußnoten, jedoch kaum Debatten.

Obwohl nach 1989 alte Positionierungszwänge wegfielen, führte dies bisher nicht zu einer unbefangenen Diskussion des Themas. Statt dessen geriet neben dem Untergang der marxistisch-leninistischen Geschichtswissenschaft auch die westdeutsche Geschichtsschreibung zur Arbeiterbewegung an einen relativen Tiefpunkt und trat im öffentlichen Bewußtsein zurück. Die Renaissance der Totalitarismustheorie und ihr Diskurs über die vermeintlichen Gemeinsamkeiten der »zwei deutschen Diktaturen« waren das neue Feld, auf dem konservative Geschichtsbilder einen Rollback erlebten. Der viel naheliegendere Vergleich zwischen den Ansprüchen der sozialistischen Bewegung und der Realität des Staatssozialismus wird dagegen kaum gezogen.[516]

---

515 Vgl. Frank Dingel: Einleitung, S. 42, in: Richard Müller: Kaiserreich, S. 9-45.
516 Eine interessante Ausnahme stellt das Werk eines US-Historikers dar: Eric D. Weitz: Creating German Communism 1890-1990 – From Popular Protests to Socialist State, Princeton 1997.

Um so spannender ist heute die Auseinandersetzung mit Richard Müller und seinen historischen Werken, die nicht nur ein Beleg für die Offenheit vergangener sozialistischer Entwürfe sind, sondern auch deren eindeutiges Insistieren auf Emanzipation und Demokratie belegen. Ansätze zu einer Neu-Rezeption von Novemberrevolution und Rätebewegung seit 1990 gibt es durchaus. Viele ostdeutsche Historiker und Historikerinnen haben sich mit kritischen und selbstkritischen Beiträgen in die Diskussion eingeschaltet, aber auch von anderer Seite gibt es Neuveröffentlichungen zum Thema.[517] Insgesamt dominiert jedoch die Debatte über das Erbe der DDR den öffentlichen Diskurs zur Geschichte der sozialistischen und kommunistischen Bewegung in Deutschland, überwiegend ohne Bezug auf frühe Kritiker des Parteikommunismus wie Richard Müller, Karl Korsch oder Paul Levi.

Am Ende dieser skizzenhaften Wirkungsgeschichte der Schriften Richard Müllers ist also festzustellen, daß eigentlich eine Verdrängungsgeschichte entstanden ist. Gleichzeitig wird klar, daß es neben der Arbeit von Historikern und Historikerinnen meist äußerer Anlässe bedarf, um eine breitere Diskussion in Gang zu bringen und diese ins öffentliche Bewußtsein zu tragen.

---

517 Für kritische Beiträge ostdeutscher Autoren und Autorinnen vgl. u. a. den Aufsatzband der Rosa-Luxemburg-Stiftung Sachsen: Revolution – Reform – Parlamentarismus, sowie Klaus Kinner: Der deutsche Kommunismus – Selbstverständnis und Realität, Band 1: Die Weimarer Zeit,; Gerhard Engel u. a., Groß-Berliner Arbeiter- und Soldatenräte; Annelies Laschitza: Die Liebknechts, Berlin 2007.
An neueren Werken und Neuauflagen zur Rätebewegung sind außerdem zu nennen der Tagungsband von Chaja Böbel u. Lothar Wentzel (Hg.): Streiken gegen den Krieg – die Bedeutung der Massenstreiks in der Metallindustrie im Januar 1918, Hamburg 2008 sowie Neuausgaben von Werken der Rätekommunisten Anton Pannekoek und Cajo Brendel: Andreas Hollender: Christian Frings und Claire Merkord (Hg.): Cajo Brendel: Die Revolution ist keine Parteisache – Ausgewählte Texte, Münster 2008 und Wolfgang Braunschädel (Hg.): Anton Pannekoek: Arbeiterräte – Texte zur sozialen Revolution, Fernwald 2008. Zu nennen ist in diesem Zusammenhang auch Teo Panther (Hg.): Alle Macht den Räten! – Texte zur Rätebewegung in Deutschland 1918/19, Band 2., Münster 2007, in dem auch ein Text von Richard Müller enthalten ist.

Bruch mit der Politik und Rückzug ins Private: 1925-1943

Obwohl Richard Müller als Historiker aus dem Stand Großes geleistet hatte und sich mit den Ereignissen der Jahre 1920-1921 noch einiges an Stoff geboten hätte, setzte er seine schriftstellerische Karriere nicht fort. Die Gründe hierfür sind unklar, auch insgesamt liegen über Müllers Lebensweg nach 1925 nur vereinzelte Hinweise vor.

Nicht nur die Schriftstellerei, auch das Verlagsgeschäft gab Richard Müller auf: bereits im Jahre 1928 tauchte der Phöbus-Verlag nicht mehr als Verlag, sondern als »Phöbus-Treuhand-Baugesellschaft m.b.H« im Handelsregister auf, die Partner Eckert und Malzahn verließen die Firma. Es ist zu vermuten, daß sowohl Verlag als auch Buchhandlung nicht besonders gut liefen und daher schon bald eingestellt werden mußten. Unklar ist, ob der Phöbus-Verlag in seiner kurzen Geschichte jemals mehr als ein Buch publizierte.

Zum Baugeschäft kam Richard Müller wahrscheinlich über die Verbindung mit Paul Weyer, einem alten Genossen aus den Reihen der Revolutionären Obleute. Weyer war nach der Krise des Jahres 1921 in der KPD verblieben, wurde jedoch im September 1924 nach Konflikten mit der Parteiführung in der Gewerkschaftsfrage ausgeschlossen. Er hatte stets die Gegenposition zu Müller propagiert und für den Austritt der Kommunisten aus den reformistischen Gewerkschaften plädiert. Weyer war zunächst aktiv in der Metallarbeiter-Sektion der »Union der Hand und Kopfarbeiter«, einer aus der FAU Gelsenkirchen und zwei weiteren Unionen entstandenen kommunistischen Gewerkschaft.[518] Als die KPD sich im Laufe des Jahres 1924 auf den Kurs der Einheitsgewerkschaft festlegte, verlangte sie von ihren Mitgliedern jedoch auch das Engagement in den freien Gewerkschaften und erzwang die Auflösung der Union. Eine Reihe von Arbeitern, unter ihnen Weyer, machte diese Wende nicht mit. Sie wurden aus der KPD ausgeschlossen und organisierten sich weiterhin in linkskommunistischen Gewerkschaften. Paul Weyer trat in dieser Zeit als Gründer und Leiter des »Deutschen Industrie-Verbandes« (DIV) auf, der im März 1924 ins Leben gerufen wurde. Der DIV war einer von mehreren verschiedenen »Revolutionären Industrieverbänden«, die einen undogmatischen Marxismus vertraten und in diversen Branchen tätig waren.[519]

---

518 Zumindest in der Anfangsphase wurde er unterstützt von Cläre Casper, vgl. Cläre Derfert-Casper: Erinnerungen, LArch Berlin, C Rep 902-02-04, Nr. 1.

Spätestens ab 1928 ist belegt, daß auch Richard Müller sich im Deutschen Industrie-Verband engagierte. Auf dem Reichskongreß 1928 nahm er als Vertreter der Zentrale teil, angeblich leitete er sogar gemeinsam mit Weyer den Verband.[520] Müller und Weyer wandelten im November 1927 mit einer Kapitalerhöhung auf 20.000 Reichsmark den ehemaligen Verlag in eine Baugesellschaft um, die als Treuhänder im Auftrag des DIV Wohnungen für die Verbandsmitglieder errichten sollte – ein Vorgang, der später noch zu größeren Konflikten führte.[521]

Die dominierende Figur im DIV war allerdings nicht Müller, sondern Weyer als Reichsleiter des Verbandes. Er führte von Berlin aus die Geschäfte, prägte den Kurs des DIV und auch die Richtung der Verbandszeitung »Kampf-Front«.

Der DIV verstand sich einerseits als Einheitsorganisation, andererseits als Kampfgewerkschaft. Kampfgewerkschaft bedeutete vor allem eine Abgrenzung vom Kurs der ADGB-Gewerkschaften. An diesen kritisierte der DIV insbesondere eine langsame Verwandlung in Unterstützungsvereine ähnlich privaten Versicherungsgesellschaften. Nur noch im Ausnahmefall würde zum Streik, dem eigentlichen proletarischen Kampfmittel gegriffen. Einheitsorganisation meinte, daß der DIV sich als eine Einheit verschiedener Industrieverbände für die jeweiligen Produktionsfelder sah. Es galt also nicht das überkommene und auch noch in der Weimarer Republik weit verbreitete berufsständische Prinzip, sondern die Organisierung erfolgte nach der Losung »Ein Betrieb – Ein Industriezweig – Eine Gewerkschaft«. Sowohl das Industrieverbandsprinzip als auch die revolutionäre Ausrichtung hatte auch Richard Müller stets vertreten. Er wollte beides allerdings stets innerhalb der bestehenden Verbände realisieren und hatte sich in der Vergangenheit aufs heftigste gegen jede Form der Neugründung von Gewerkschaften gewehrt.[522] Müllers harter Standpunkt in dieser Frage schien mittlerweile

---

519 Otto Langels: Die Revolutionären Industrieverbände, in: Archiv für die Geschichte des Widerstandes und der Arbeit, Heft 10 Jg. 1989, S. 41-61 sowie Hermann Weber: Die Wandlung des deutschen Kommunismus, Bd. 1, S. 68 f., S. 98 f. und S. 168, zur Biographie Weyers auch Bd. 2, S. 342.
520 Verhandlungen des 2. ordentlichen Reichskongresses des Deutschen Industrie-Verbandes, in: Kampf-Front, Nr. 48 vom 17.12.1928, sowie »Leichen-Müller als Häuserbesitzer«, in: Die Rote Fahne vom 17.4.1930.
521 Die Rote Fahne berichtet von einer Gesellschafterversammlung am 1.11.1927, in der Weyer und Müller die Phöbus Bau mit 20.000 RM Kapital als Treuhandgesellschaft für den DIV gründeten. Da Firmenname und Handelsregisternummer gleich blieben, handelte es sich allerdings wohl um eine Umwidmung, keine neue Gründung. Vgl. Artikel »Mieterschutz gibt's bei Müller nicht«, in: Die Rote Fahne 18.4.1930 sowie Handelsregister Berlin, 2. Abteilung, Jg. 1928.
522 Vgl. Richard Müller: Hie Gewerkschaft! Hie Betriebs-Organisation! : Zwei Reden

aufgeweicht durch die anhaltende Erfolglosigkeit der Kommunisten und Räteaktivisten in den Gewerkschaften, die es in den gesamten zehn Jahren seit 1918 nicht geschafft hatten, irgendeine größere Gewerkschaft für länger als einige Monate zu einer revolutionären Politik zu bewegen. Obwohl faktisch eine Splittergewerkschaft mit nur 20.000 Mitgliedern, bot der DIV dennoch politisch einige Anknüpfungspunkte für Richard Müller.[523] Es handelte sich hier um eine marxistische Organisation, die jedoch gleichzeitig eine grundsätzliche Kritik an der Politik sowohl der KPD als auch der Sowjetunion übte. So war etwa die Verbandszeitschrift des DIV, die »Kampf-Front«, eines der wenigen Blätter, das die Politik des Stalinismus von links kritisierte. Eine solche Auseinandersetzung fand anderswo in der Weimarer Republik kaum jemals statt. Während die bürgerliche Presse einschließlich des »Vorwärts« innerhalb des »Bolschewismus« nicht inhaltlich zu differenzieren vermochte, trug das KPD-Organ »Rote Fahne« den stalinistischen Kurs kritiklos mit und verschwieg oder verteidigte die Verfolgungen der linken Opposition in der Sowjetunion. In der Kampf-Front hingegen wurden die Leser und Leserinnen ausführlich über die Beschneidung der Gewerkschaftsrechte und die Beseitigung der Räte in der Sowjetunion unterrichtet.[524] Angesichts der Verbannung Trotzkis nach Sibirien urteilte die Kampf-Front im Januar 1928: »So hat sich denn damit die ›Kommunistische Partei‹ und der ›Arbeiterstaat‹ Sowjetrußland heute endgültig umgewandelt in eine Partei und einen Staat, in dem die alten Revolutionäre als Konterrevolutionäre verfolgt, verschickt und eingekerkert werden«.[525] Die Kampf-Front sah die Sowjetunion als eine Form des Staatskapitalismus, in dem eine bürokratische Kaste mit dem Diktator Stalin an der Spitze eine Politik der Akkumulation auf Kosten des Proletariats und der Bauernschaft betrieb.[526] Vor allem jedoch kritisierte das Organ des DIV auch die Taktik der Komintern, in der Stalin mittlerweile seine uneingeschränkte Herrschaft durchgesetzt und die nichtrussischen Parteien zu außenpolitischen Werkzeugen degradiert hatte. Die Kampf-Front war eine der wenigen marxistischen Stimmen, welche die aus der stalinistischen Bevormun-

---

zum heutigen Streit um die Gewerkschaften, Berlin 1919. Das Prinzip des Industrieverbands war auch integraler Teil von Müllers Resolution auf dem DMV-Kongreß im Oktober 1919. Vgl. Fritz Opel: Der deutsche Metallarbeiter-Verband, S. 104 f.
523 Zur Mitgliederzahl Otto Langels: Die Revolutionären Industrieverbände, S. 44.
524 Vgl. etwa die Artikelserie »Der Kampf der Opposition und die Lage der russischen Arbeiterklasse« in Kampf-Front, Nr. 3-10 vom Januar bis März 1928.
525 »Trotzki auf dem Wege nach Sibirien«, in: Kampf-Front, Nr. 1 vom 16.1.1928.
526 Vgl. das Referat »Über die Rußlandfrage« auf dem 2. Reichskongreß des DIV, in: Kampf-Front, Nr. 47 vom 10. Dezember 1928.

Titelseite der Kampf-Front

dung herrührende, unauthentische und von willkürlichen Kurswechseln geprägte Politik der KPD kritisierten.[527]

Diese politische Ausrichtung machte den DIV nicht nur für aus der KPD ausgeschlossene Arbeiter und Arbeiterinnen, sondern auch für

[527] Ein weiteres Blatt, das diese Linie vertrat, war Karl Korschs Zeitschrift »Kommunistische Politik«.

kritische Intellektuelle und ehemalige KPD-Funktionäre interessant. Neben Richard Müller war z. B. auch Karl Korsch nach seinem Parteiausschluß im DIV aktiv. Korsch war seinerzeit der bekannteste und theoretisch einflußreichste unter den Dissidenten des Kommunismus, er stand rätedemokratischen Ideen nahe und hatte schon zehn Jahre zuvor im von Däumig und Müller herausgegebenen »Arbeiter-Rat« als Gastautor mitgewirkt. Korsch schloß sich um 1927 mit seiner Gruppe »Kommunistische Politik« dem DIV an und veröffentlichte in der Kampf-Front zu Arbeitsrecht, Tarifrecht und anderen Themen.[528]

Aber nicht nur propagandistisch, sondern auch praktisch war der DIV eine kämpferische Organisation. Er war teilweise recht erfolgreich bei Betriebsratswahlen, führte Arbeitskämpfe und bemühte sich aktiv um eine Vereinigung der verschiedenen linksgewerkschaftlichen Zusammenhänge, wobei letzteres allerdings nicht von Erfolg gekrönt war. Im Gegenteil: ab 1929 kam es zu einer weiteren Spaltungswelle.[529]

Richard Müller war zwar in der Zentrale des DIV aktiv, seine genaue Rolle ist jedoch schwer zu klären, da in der Öffentlichkeit stets Weyer als Sprachrohr des Verbandes auftrat.[530]
Müller hingegen tauchte in der Verbandszeitung nur sporadisch auf und scheint mehr als Organisator im Hintergrund gestanden zu haben. Er nahm allerdings an den Berliner Beiratskonferenzen teil und hatte für den zweiten Reichskongreß des Verbandes, der vom 2.-5. Dezember 1928 im Berliner Lehrervereinshaus am Alexanderplatz tagte, ein Referat mit dem Titel »Arbeitskämpfe – Das Tarif und Schlichtungswesen« vorbereitet.[531]

---

528 Vgl. Otto Langels: Die Revolutionären Industrieverbände, S. 44 sowie Kampf-Front, Nr. 8, 13, 15, 17, Jg. 1928. Korsch veröffentlichte unter seinem Namen oder dem Kürzel K. K. Vgl. auch Michael Buckmiller (Hg): Karl Korsch: Gesamtausgabe Band 5 – Krise des Marxismus, Amsterdam 1996.
529 Vgl. Otto Langels: Die Revolutionären Industrieverbände, sowie Kampf-Front, Nr. 16, 29.4.1929
530 Leider standen mir zudem nur eine Auswahl von Ausgaben der Kampf-Front aus den Jahren 1928/1929 zur Verfügung und nicht die komplette Zeitschrift. Daher gestalteten sich die Recherchen etwas schwierig. Ich bin aber gerade deswegen Herrn Otto Langels zu Dank verpflichtet für die Bereitstellung der Exemplare, ohne die ich dieses Kapitel gar nicht hätte fertigstellen können.
531 Das Referat erschien in der Kampf-Front, Nr. 1, 7.1.1929 und war auf der Tagesordnung des ursprünglich für Pfingsten 1928 einberufenen Kongresses angekündigt worden. (vgl. Kampf-Front, Nr. 11 vom 26.3.1928). In den Berichten über den Kongreß taucht es jedoch nicht auf, entweder weil es aus Zeitgründen doch zu einem anderen Termin gehalten wurde, oder aber weil lediglich der Abdruck wegen der Länge des Referates gesondert erfolgte. Zur Beiratskonferenz vgl. Nr. 16, 29.4.1929.

Müller trug in diesem Referat eine kurze Geschichte der Arbeitskämpfe seit dem Ende des 19. Jahrhunderts vor, um dann zur Gegenwartsanalyse überzugehen. Die aktuelle Phase der Zusammenarbeit von Gewerkschaften und Unternehmern im Rahmen von Arbeitsgemeinschaft und dem seit 1923 institutionalisierten staatlichen Schlichtungswesen sah er in der Krise. Seit 1927 fänden sich vermehrte Arbeitskämpfe mit Merkmalen, »wie sie ähnlich bei den großen Arbeitskämpfen während des letzten Jahrzehnts der Vorkriegszeit zu finden waren«. Als Ursache machte er vor allem eine verstärkte Offensive der Arbeitnehmer aus. Diese hätten während der Revolution die Arbeitsgemeinschaft und in der Inflationskrise von 1923 das Schlichtungswesen lediglich akzeptiert, um sich vor ausufernden Klassenkämpfen zu schützen. Nun würden die Schlichtungssprüche zunehmend boykottiert, und die Unternehmer setzten durch Massenaussperrungen immer wieder einseitige Lohnsenkungen durch. Müller sah darin angesichts der großen Gewinne vor allem der Schwerindustrie nicht nur eine reine Lohnbewegung, sondern eine politische Offensive des Kapitals zur Veränderung der wirtschaftlichen Rahmenbedingungen insgesamt. Die Unternehmer beabsichtigten, »die organisierte Kraft des Proletariats [zu] brechen, um den Weg zu einer noch weit schlimmeren Ausbeutung und Knechtung freizumachen, um damit zu der ersehnten Geltung auf dem Weltmarkt zu gelangen ...«

Die Klassenkollaboration der Gewerkschaften während des letzten Jahrzehnts sah er im Scheitern begriffen, denn das Unternehmertum fühle sich nun stark genug, die in der Vergangenheit eingegangenen Verpflichtungen abzulegen. Die Arbeiterklasse sei daher gezwungen, vom reinen Verteidigungskampf in die Offensive zu kommen. Unter der Losung »Zurück zu Karl Marx« verlangte er eine Umwandlung von rein wirtschaftlichen in politische Kämpfe und ein Ende der »Ideologie der Harmonie der Klassen«. Berufener Akteur dieser Kämpfe waren für ihn natürlich die Gewerkschaften, von denen er sagte: »waren sie in der Vergangenheit die Brutstätten des Reformismus, so werden sie künftig sein müssen der Kraftquell der Revolution«.

Interessant ist, daß er trotz seiner Verbindung mit dem DIV die Hoffnung auf eine Veränderung der ADGB-Gewerkschaften nicht aufgegeben hatte. Eine solche Position war innerhalb des DIV durchaus toleriert. Trotz des Anspruches, als Industrieverband möglichst alle Arbeiter und Arbeiterinnen eines Gewerbes zu vertreten, waren sich DIV und andere revolutionäre Verbände durchaus der Begrenztheit ihres Einflusses bewußt. Arbeitskämpfe wurden daher vom DIV gemeinsam mit den freien Gewerkschaften geführt. Einerseits weil es nicht anders ging, andererseits, weil diese durch die kämpferische Haltung der revolutionären Verbände zu einer offensiveren Haltung gezwungen werden sollten.[532]

Richard Müller analysierte in seinem Referat ziemlich scharfsinnig die beginnende Krise der Weimarer Republik, die nach einer Stabilisierungsphase zwischen 1924 und 1929 von immer schärferen gesellschaftlichen Kämpfen geprägt wurde. Die Torpedierung des Schlichtungswesens Ende der 20er Jahre ist durchaus als Vorläufer der Notstandsregierung unter Reichskanzler Brüning zu sehen, der unter Bruch der Verfassung und Mißbrauch des Ausnahmeparagraphen § 48 ab 1930 eine einseitige Wirtschaftspolitik zugunsten des Kapitals diktierte. Spätestens hier wäre die von Müller beschworene Offensive der großen Gewerkschaften nötig gewesen, um den Übergang von der Notstandsregierung zur Nationalsozialistischen Diktatur zu verhindern. Leider geschah nichts dergleichen.

Ein weiteres Referat auf dem Kongreß beschäftigte sich mit ähnlichen Fragen wie Müller, der Referent kam jedoch zu dem Schluß, daß die notwendige revolutionäre Offensive nicht aus den »Zerfallsprodukten der alten Sozialdemokratie«, sondern aus den Revolutionären Gewerkschaften erfolgen werde.[533]

Neben weiteren politischen Referaten gab es auf dem Reichskongreß eine Reihe organisatorischer Punkte und im Anschluß einen gemütlichen Abend gemeinsam mit Delegierten von Partnergewerkschaften aus dem Ausland. Hier erfahren wir, daß auch Müllers Sohn Arno im DIV aktiv war. Auf dem Begrüßungsabend trat er mit Gesangseinlagen hervor und unterhielt die internationale Gesellschaft durch humoristische Vorträge. Arno Müllers offizieller Posten war jedoch nicht der eines Entertainers – er war Sekretär der Reichszentrale und amtierte seit Mai 1929 im Bezirk Berlin als Industriegruppenvertreter für »Gemischtes«.[534]

Unter den organisatorischen Tagesordnungspunkten des Kongresses befand sich auch eine sogenannte Bausache. Für deren Klärung wurde auf dem Kongreß sogar eine eigene Kommission gewählt. In seinem Geschäftsbericht erwähnte Weyer, daß es in Zusammenhang mit dieser »Bausache« mit einem kleinen Bezirk Störungen gegeben habe.

---

532 Otto Langels: Die Revolutionären Industrieverbände, S. 48.
533 Kampf-Front, Nr. 47 vom 10. 12.1928.
534 Kampf-Front, Nr. 47 vom 10. 12. 1928, sowie Berichte über die Beiratskonferenz Berlin in Nr. 17 und Nr. 18 vom 6. bzw. 13. 5. 1929.

Die von den Gegnern des DIV prophezeiten schweren Auseinandersetzungen in dieser Frage seien jedoch bisher ausgeblieben, »weil auch diese Angelegenheit in ihrem Kern sich zum Wohle der wohnungslosen Mitglieder des Verbandes auswirken wird«. Anscheinend hatte es im Vorfeld des Kongresses Auseinandersetzungen über die Errichtung von Wohnungen für Verbandsmitglieder durch die von Müller und Weyer geführte Phöbus-Bau GmbH gegeben. Eine solche Vermischung von Geschäft und revolutionärer Politik schien den Mitgliedern unangemessen, erinnerte sie doch allzu sehr an das bürokratische Versorgungs- und Versicherungswesen der freien Gewerkschaften, das in dieser Form vom DIV wegen seiner korrumpierenden Wirkungen strikt abgelehnt wurde.

Der Bericht der »Bau-Kommission« oder eine Diskussion ist im Kongreßbericht nicht abgedruckt, lediglich eine einstimmig beschlossene Resolution zum Thema ist notiert: »Der Reichskongreß hält den Bau von Wohnungen für wohnungslose Mitglieder des DIV für notwendig. Er stellt aber ausdrücklich fest, daß der Verband als solcher mit der Phoebus-Gesellschaft nichts zu tun hat.«[535]

Die Tatsache, daß Weyer als Verantwortlicher für die Zeitschrift nur die allernotwendigsten Worte über die Affäre verliert, ist auffällig. Offensichtlich wollte er den zahlreichen Gegnern des DIV keine Munition liefern, wahrscheinlich war ihm und Müller die Angelegenheit auch schlichtweg peinlich.

Es wurden nun die Verbindungen von Phöbus-Bau und dem Verband gelöst, ferner wies Richard Müller im April 1929 auf einer Beiratskonferenz durch notarielle Unterlagen nach, daß weder direkt noch indirekt Verbandsgelder in die Kassen der GmbH geflossen waren.[536] Auch der Name der Firma wurde geändert, der Begriff »Treuhandgesellschaft« verschwand aus dem Namen. Das Unternehmen wurde zu einem Privatbetrieb, der nun anscheinend von Müller allein geführt wurde.[537]

Nachdem diese Affäre scheinbar gütlich aus der Welt geschafft worden war, kam es in derselben Beiratskonferenz jedoch zu weiteren Streitigkeiten, die den Verband fatal schwächen sollten. Es gab Kon-

---

535 Verhandlungen des 2. ordentlichen Reichskongresses des Deutschen Industrie-Verbandes, in: Kampf-Front, Nr. 47 und Nr. 48 vom 10. bzw. 17.12.1928.
536 Kampf-Front, Nr. 16 vom 29. April 1929.
537 Geschäftsadresse war nun Müllers Privatwohnung in der Werderstraße 31. Vgl. den Handelsregister-Eintrag von 1929 sowie im »Reichs-Adreßbuch« des Verlags Rudolf Mosse von 1930. Die Kontinuität der Firma über alle Namensänderungen hinweg ist erwiesen durch die gleiche Handelsregisternummer (Nr. 37081), Handelsregister Berlin, 2. Abteilung, Jahrgang 1926 bis 1931, Online-Ressource im Landesarchiv Berlin.

flikte über die knapper werdenden Finanzen des Verbandes, aus dem Bezirk Sachsen kamen Anträge zum Ausschluß Paul Weyers und scharfe Geschäftsordnungsdebatten, die laut Weyer »in einem Ton geführt wurden, der einer Spelunke alle Ehre gemacht hätte«. Auf einer weiteren Sitzung am 3. Mai eskalierte der Konflikt. Weyer warf einigen Funktionären aus Sachsen vor, mittels Inseraten in der Lokalausgabe der »Kampf-Front« ein munteres Privatgeschäft gestartet zu haben und darüber die Verbandsarbeit völlig zu vernachlässigen. Nachdem die Leitung nun dieses Treiben unterbinden wollte, würden die Betreffenden durch Spaltung des Verbandes versuchen, sich das Geschäft und die eigenen Posten als bezahlte Funktionäre zu sichern. Zusätzlich zum Korruptionsstreit klagten die verschiedenen Fraktionen sich gegenseitig an, hinter dem Rücken der jeweils anderen mit dem Deutschen Metallarbeiterverband über eine Eingliederung des DIV in die Freien Gewerkschaften verhandelt zu haben. Karl Korsch etwa warf Richard Müller und Paul Weyer einen »Übertritt zu den Reformisten« vor, Paul Weyer wollte deswegen gar wegen Verleumdung vor Gericht ziehen.[538] Die Spannungen waren nicht mehr zu überbrücken und der Verband brach auseinander.

Zwar gelang es der Strömung um Weyer, die Führung im Restverband zu behaupten und sich die Vertretungsrechte sowie die Verfügung über das gesamte Arbeitsmaterial des DIV zu sichern. Zweckoptimistisch wurde in der Kampf-Front konstatiert, die Spaltung habe reinigend auf den Verband gewirkt und man weine den Ausgeschiedenen keine Träne nach. Faktisch jedoch erholte sich der DIV nie wieder von dieser Krise. Die Mitgliederzahl sank und ganze Ortsgruppen wechselten in andere Industrieverbände.[539] Unter diesen Umständen konnten Weyer und Richard Müller mit dem geschwächten Rest-DIV, der nun seine Leitung nach Mannheim verlegte, das Ziel einer Konsolidierung und Einigung der verschiedenen revolutionären Industrieverbände nicht erreichen. Statt dessen zersplitterten die verschiedenen linksgewerkschaftlichen Strömungen immer weiter. Als dann ab 1928 auch die KPD mit dem Aufbau einer eigenen »Revolutionären Gewerkschafts-Opposition« (RGO) begann und diese 1929 zu Parallelgewerkschaften außerhalb des ADGB umformte, waren die linkskommunistischen Verbände grundsätzlich in ihrer Existenz bedroht. Gezielte und oft erfolgreiche

---

538 Kampf-Front, Nr. 17 vom 6. Mai 1929. Weyer forderte seine Gegner auf, Verleumdungsklage einzureichen um die Sache gerichtlich zu klären, der DMV-Bevollmächtigte Urich werde vor Gericht unter Eid wahrheitsgemäß berichten müssen, mit wem er nun verhandelt habe.
539 Otto Langels: Die Revolutionären Industrieverbände, S. 44.

Spaltungsversuche der RGO zielten auf die Ausschaltung aller weiteren linksradikalen Verbände, da diese in ihren Augen nur unnötige Konkurrenz darstellten. Eine solche Politik schwächte das gesamte Spektrum der Linksgewerkschaften gerade in dem historischen Zeitraum, wo eine gemeinsam agierende marxistische Gewerkschaftslinke nötig gewesen wäre. Eine derartige Kraft hätte es vielleicht vermocht, die Freien Gewerkschaften zu einer offensiveren Politik zu nötigen, um gemeinsam sowohl den zunehmenden Angriffen der Unternehmer als auch dem erstarkenden Faschismus Widerstand zu leisten. Die RGO allerdings war mit ihrer These vom »sozialfaschistischen« Charakter des ADGB dazu nicht in der Lage, sie trieb die sozialdemokratischen Gewerkschaften mit derartigen Denunziationen nur noch weiter ins bürgerliche Lager.[540]

Kurze Zeit nach dieser Spaltung muß Richard Müller den DIV verlassen haben. Die Differenz zwischen seinem Anspruch an Gewerkschaftsarbeit, wie sie im Referat über Arbeitskämpfe formuliert wurde, und dem traurigen Bild der sich auflösenden DIV-Strukturen hatte ihn wahrscheinlich frustriert, vielleicht sogar seine politischen Ideale vollends zerrüttet. Es ist auch nicht ganz ausgeschlossen, daß die Bau-Affäre mit zur Spaltung des DIV beigetragen hatte, denn die von Weyer redigierte Kampf-Front schwieg sich größtenteils aus über die Konflikte in dieser Sache. Laut der KPD-Zeitung »Rote Fahne« trat Müller ein Jahr nach der Spaltung des DIV sogar wieder in die SPD ein.[541] Diese Meldung ist allerdings unbestätigt. Richard Müllers Hauptaktivität um 1930 scheint eher die Rolle als Geschäftsführer der Phöbus-Bau GmbH gewesen zu sein, über die in der Presse dieses Jahres einige eher unschöne Details zu lesen waren.

Zwei Artikel aus der »Rote Fahne« vom 17. und 18. April 1930 berichten, Richard Müller als Geschäftsführer der Phöbus-Bau sei mittlerweile Besitzer von 25 Häusern mit etwa 300 Wohnungen in Berlin-Pankow. Die Häuser wären Ende 1929 errichtet worden und hätten einen Marktwert von 1,75 Millionen Reichsmark. Gestützt auf Briefe von Mietern berichtete das Blatt weiter, Richard Müller verlange von den Bewohnern nicht nur überhöhte Mieten und ein »Auskunftsgeld« von 60 Reichsmark pro Mietbewerbung, sondern zusätzlich die Ge-

---

540 Die Mehrzahl der revolutionären Industrieverbände lehnte die Sozialfaschismusthese scharf ab und verlangte eine Politik der Einheitsfront gegen den Faschismus. Langels, Die Revolutionären Industrieverbände, S. 49-61.
541 »Leichen-Müller als Hausbesitzer«, in: Rote Fahne, 17.4.1930. Auch Paul Weyer soll Ende der 20er Jahre wieder in die SPD eingetreten sein. Vgl. Hermann Weber: Die Wandlung des deutschen Kommunismus, Bd. 2, S. 342.

währung eines zinsfreien Darlehens von 500 Reichsmark bei Einzug. Dies war ein enormer Betrag, der dem Gegenwert von fünf Monatsmieten entsprach.

Müllers zweifelhafte Praktiken als Vermieter wurden den zitierten Zeitungsberichten zufolge auch noch durch Hauszinssteuer-Hypotheken staatlich subventioniert. Diese Hypotheken waren günstige Kredite für den sozialen Wohnungsbau. Das Geld stammte aus der kommunalen Hauszinssteuer und wurde von der städtischen Wohnungsfürsorgegesellschaft Berlin an Baugesellschaften und Genossenschaften verliehen.

Den Berichten zufolge hatte die Wohnungsfürsorgegesellschaft Müller die Erhebung von Mieterdarlehen ausdrücklich verboten, durch gute Kontakte zu dieser Gesellschaft habe er jedoch die Genehmigung erhalten, die Mieterdarlehen in eine Kaution von drei Monatsmieten umzuwandeln. Er behielte daher weiterhin 300 Reichsmark von jedem Mieter ein. Den von den Bewohnern gewählten Mieterausschuß erkenne Müller nicht an, er kommuniziere nur per Rechtsanwalt und habe schon 150 Räumungsklagen angestrengt.[542] Dieser Skandal war auch der äußersten Rechten einen Artikel wert. Unter der Überschrift »Ein Marxist als Hausbesitzer. Angewandter ›Sozialismus‹ – ein Beruf der etwas einbringt« brachte die von Joseph Goebbels herausgegebene Berliner NSDAP-Gauzeitschrift »Der Angriff« am 25. April dieselben Vorwürfe noch einmal.[543]

Beide Zeitungen hatten ihr ganz eigenes Interesse, Müller bloßzustellen. Der KPD stand er schon seit seinem Ausschluß 1922 fern, seine Bücher kratzten an diversen Legendenbildungen der Partei und der von ihm unterstützte DIV war stets ein schonungsloser Gegner der stalinisierten KPD gewesen. Der NSDAP hingegen waren die Revolutionäre von 1918 grundsätzlich als »Novemberverbrecher« und Saboteure des deutschen Weltkriegs-Heeres verhaßt. Zudem bemühten sich die Nazis immer wieder zu beweisen, daß gegenüber den korrupten Sozialdemokraten und der »jüdisch-bolschewistischen« KPD einzig sie den wahren Sozialismus repräsentierten.

Trotz der Voreingenommenheit beider Quellen decken sich jedoch insbesondere die Angaben der »Rote Fahne« ziemlich genau mit den Angaben im Handelsregister zu Namensänderungen und Kapitalerhöhungen der Phöbus-Bau, auch die Andeutungen in der »Kampf-Front«

---

542 »Leichen-Müller als Hausbesitzer«, in: Rote Fahne, 17.4.1930, »Mieterschutz gibt's bei Müller nicht, in: Rote Fahne, 18.4.1930. Über die Kontakte zur Wohnungsfürsorgegesellschaft berichtet ein dritter Artikel vom 25.5.1930 mit dem Titel »Eine Niederlage Leichen-Müllers«.
543 Der Angriff, 25. April 1930.

zur »Bausache« bestätigen die Angaben der »Roten Fahne« zur Firmengeschichte. Die letzte Kapitalerhöhung war laut »Rote Fahne« im Juli 1928 erfolgt, als Müller und Weyer jeweils 60.000 bzw. 40.000 Reichsmark einzahlten, angeblich in bar. Um 1930 soll Müller jedoch die Firma allein geführt haben. In der Tat war er zu dieser Zeit im Handelsregister als alleiniger Geschäftsführer ausgewiesen und auch die Firmenadresse deckte sich mit seiner Wohnung in Tempelhof.[544] Die Tatsache, daß Weyer nach 1933 als einfacher Arbeiter seinen Lebensunterhalt verdiente, spricht zusätzlich dagegen, daß er als stiller Teilhaber an Müllers Geschäften beteiligt war.[545]

Zweifelhafte Praktiken im sozialen Wohnungsbau, insbesondere die Verwendung von Hauszinssteuerhypotheken waren um 1930 ein immer wiederkehrendes Thema der Berliner Lokalpolitik. In der Stadtverordnetenversammlung wurde die sozialdemokratische Wohnungspolitik von den Kommunisten grundsätzlich abgelehnt. Die mit den Steuermitteln geförderten Wohnungen seien fast ausnahmslos zu groß und zu teuer für die wirklich bedürftigen Arbeiterfamilien, die geförderten Baugesellschaften und Genossenschaften daher alles andere als gemeinnützig. Eine vorgeschlagene Aufnahme zusätzlicher Kredite für den sozialen Wohnungsbau im Haushaltsjahr 1930 wurde unter diesen Umständen von der Kommunistischen Fraktion abgelehnt. Zur Begründung faßte der KPD-Stadtverordnete Schwenk zusammen: »Alle diese Mittel sind aufgewendet worden, nicht um die Anzahl der Wohnungen, die errichtet werden, zu vermehren, oder um die Mieten für die hergestellten Wohnungen zu senken, sondern um die Profite der Baulöwen, der Bauspekulanten ins Ungemessene zu steigern.«[546]

Auch die Nazis kritisierten das System der Wohnungsbauförderung, wetterten gegen »kapitalistische Ausbeuter«, beklagten die »Zinsknechtschaft« und übten sich in sozialistischer Rhetorik.[547] Konkrete, sozial ausgerichtete Vorschläge machten sie allerdings nicht. Forderungen wie etwa die Bindung der Vergabe von Subventionen an mehr Mitspracherechte von Mietern kamen allein aus der KPD-Fraktion. Der konkrete Fall Phöbus-Bau wurde allerdings in der Stadtverordnetenver-

---

544 Handelsregister Berlin, 2. Abteilung Jg. 1930. Im Adreßbuch des Jahres 1930 ist die Phöbus-Bau GmbH mit Sitz in der Werderstr. 31, für 1932 in der Prinz-Heinrich Str. 21 nachgewiesen. Vgl. Deutsches Reichs Adreßbuch für Industrie, Gewerbe, Handel, Landwirtschaft; Verlag Rudolf Mosse, Jahrgang 1930 Band IV sowie Jahrgang 1932 Band IV.
545 Hermann Weber: Die Wandlung des deutschen Kommunismus, Bd. 2, S. 342
546 Stenographisches Protokoll der Stadtverordnetenversammlung Berlin vom 22. Mai 1930, LArch Berlin, A Rep 000-02-01, Nr. 298-301.
547 Ebenda.

sammlung Berlin bei den Debatten zur Hauszinssteuer des Jahres 1930 nicht erwähnt. Weder die Kommunistische Fraktion brachte den in ihrem Parteiorgan aufgedeckten Skandal in die Debatte ein, noch tat es die NSDAP. Und dies, obwohl mit Joseph Goebbels und Julius Lippert sowohl der Herausgeber als auch der führende Leitartikler des »Angriff« als Stadtverordnete in der Versammlung vertreten waren.[548]

An anderer Stelle wurde der Fall allerdings thematisiert. Die deutschnationalen Abgeordneten Howe und Ziemann reichten im Preußischen Landtag eine kleine Anfrage zum Fall Phöbus-Bau ein, die auf den Zeitungsartikel im »Angriff« Bezug nahm.[549] Leider ist in den entsprechenden Beständen des Geheimen Preußischen Staatsarchivs keine Antwort überliefert.[550]

Für die weitere Verfolgung der Affäre sind wir daher auf einen weiteren Artikel der »Rote Fahne« verwiesen, in dem am 25. Mai 1930 über einen von den Mietern angestrengten Betrugsprozeß gegen Müller vor dem Amtsgericht Pankow berichtet wurde. Hier heißt es, daß Müller im Prozeß eine Niederlage auf ganzer Linie erlitten hätte und verpflichtet wurde, Mieterdarlehen, Kautionen und Auskunftsgebühr verzinst an die Mietparteien zurückzuzahlen und zudem die Kosten des Verfahrens zu tragen.[551] Angesichts der auch vorher sehr akkuraten Informationen der »Rote Fahne« ist mit dieser Nachricht davon auszugehen, daß die Vorwürfe gegenüber Richard Müller den Tatsachen entsprechen.

Vom Revolutionär zum Baulöwen – wie war es zu einer solchen Wandlung Müllers gekommen? Eine Mischung aus geschäftlichem Mißerfolg als Verleger, vielleicht gepaart mit Enttäuschung über den Absatz seiner Bücher und Selbstzweifeln an seiner Leistung als Schriftsteller, zusätzlich die bereits 1925 anklingende pessimistische Beurteilung der politischen Lage, die Spaltung des DIV und der Zerfall des Verbands – all diese Faktoren scheinen Richard Müllers politischen Idealismus zerstört zu haben. Irgendwo in dieser Kette von Niederlagen und Mißerfolgen muß ihm sein Glaube an die über kurz oder lang unvermeidlich

---

548 Goebbels trat zwar mit Anträgen zum Thema Wohnungsbau hervor, beteiligte sich aber nicht an den Debatten. Laut Sprechregister meldete er sich im Jahr 1930 nicht ein einziges Mal zu Wort, die Funktion des Sprechers der NS-Fraktion übernahm überwiegend Lippert.
549 Vgl. Pressearchiv Reichslandbund, Artikelsammlung zu Richard Müller 1919-1930, BArch R/8034/III 320.
550 In die gedruckten Protokolle des Landtags wurden kleine Anfragen generell nicht aufgenommen.
551 »Eine Niederlage Leichen-Müllers«, Rote Fahne 25.5.1930. Der »Angriff« berichtete nicht mehr zu diesem Thema.

bevorstehende Weltrevolution, der ihn immer wieder aufgerichtet hatte, abhanden gekommen sein.

Gleichzeitig war mit dem Zerfall von Richard Müllers politischen Netzwerken mit großer Wahrscheinlichkeit auch eine soziale Vereinsamung eingetreten. Die alten Obleute und Vollzugsratskollegen, die er immer wieder auch öffentlich als »seine Freunde« bezeichnet hatte,[552] waren mittlerweile längst zerstreut. Das Verlagsprojekt mit Eckert und Malzahn hatte sich ebenfalls zerschlagen. Und da bekanntlich beim Geld die Freundschaft aufhört, ist es wahrscheinlich, daß zwischen den drei Freunden kein Kontakt mehr bestand. Auch spätere Äußerungen Eckerts bestätigen eine gewisse Abneigung gegen Müller.[553] Ähnlich

Rote Fahne vom 18. April 1930

unangenehm mag die Trennung von Paul Weyer verlaufen sein, denn auch hier spielten Auseinandersetzungen ums Geschäft mit hinein.

Auch Georg Ledebour vom USPD-Vorstand war nicht nur ein Genosse, sondern ein persönlicher Freund Müllers gewesen.[554] Er war je-

---

552 Etwa in einem Zeitungsartikel von 1920, wo er das Rätesystem als »von mir und meinen Freunden bisher verbreitete Lehre« bezeichnete. Partei, Gewerkschaften und Räte in der 3. Internationale«, Freiheit, 15.9.1920.
553 In einem Interview von 1956 sagte Eckert bezeichnenderweise, man müsse »Barth viel höher einschätzen als Müller«. Da Barth seit Ende 1918 bei den Obleuten insgesamt eine Persona non grata war, ist dieser Sinneswandel interessant. Er deutet stark darauf hin, daß Müller und Eckert sich heftig gestritten hatten. Erinnerungsmappe Paul Eckert, SAPMO-BArch, SG Y30/0180, S. 15 sowie S. 11 für eine ähnliche Aussage aus dem Jahr 1951.
554 Vgl. Minna Ledebour (Hg.): Georg Ledebour, S. 61 f.

doch mit der Spaltung der Partei zu den USPD-Rechten gegangen, was angesichts der allgemeinen Heftigkeit des Streits und der Emotionen in dieser Sache wohl auch den persönlichen Bruch bedeutet hatte. Richard Müllers engster Weggefährte Ernst Däumig, mit dem er ab 1918 durch dick und dünn ging, war bereits im Juli 1922 verstorben.

Viele seiner alten Freundschaften hatten sich also aufgelöst. Auch die Tatsache, daß diese Freundschaften sich stets im politischen Milieu gebildet hatten, dem Richard Müller sich ebenfalls entfremdet hatte, deutet auf eine Vereinsamung hin. Wahrscheinlich ist, daß sich seine sozialen Beziehungen mehr und mehr auf den Kreis seiner Familie konzentrierten. Dieser Rückzug ins Private sowie das Verlangen nach materieller Sicherheit und einer Zukunft für seine gerade erwachsen gewordenen Kinder mögen den Ausschlag für Richard Müllers Wandlung zum Geschäftsmann gegeben haben.[555]

Im Gegensatz zum Mißerfolg im Verlagswesen hatte Müller in der Baubranche einen beträchtliches Vermögen angehäuft. Dies belegt die Vermehrung des Stammkapitals seiner GmbH von 20.000 auf 100.000 Reichsmark zwischen 1927 und 1929. Der tatsächliche Wert des Unternehmens kann dabei durchaus weit höher gewesen sein. Bereits während der Phase als »Treuhandgesellschaft« des DIV scheint der Wohnungsbau sich also gelohnt zu haben, um 1930 hatte er Müller bereits zum Millionär gemacht. Seine alten politischen Ideen blieben dabei irgendwann auf der Strecke. Auch ein Richard Müller war nicht gefeit gegen die korrumpierende Wirkung guter Geschäfte.

Der neue Wohlstand ist wahrscheinlich auch ein Grund dafür, daß Richard Müller um 1932 seine angestammte Tempelhofer Wohnung, in der er immerhin seit 1918 gelebt hatte, verließ und sich ein Seegrundstück im Berliner Umland zulegte.[556] Das neue Haus im Grünen bei Königs Wusterhausen markierte auch äußerlich den Beginn eines neuen Lebensstils.

Die letzte bekannte schriftliche Äußerung von Richard Müller ist ein Brief vom September 1932. Er hatte wieder einmal Archivalien aus seinem Bestand zum Verkauf angeboten, diesmal an das Archiv des ADGB. Es handelte sich um Protokolle des RGI-Kongresses vom Juli

---

555 Für Richard Müllers Sohn Arno Hugo ist in der Einwohnermeldekartei als Beruf ebenfalls »Kaufmann« vermerkt, eventuell fungierte er als Partner seines Vaters, vgl. LArch EMK.
556 Die neue Adresse taucht auf in Korrespondenz aus dem Jahr 1932. Vgl. Materialien über die Entstehung der RGO, SAPMO-BArch,RY 23/45. Im Handelsregister war für 1930 noch Werderstr. 31 als Firmensitz angegeben.

1921, inklusive des von Lenin während des Kongresses erhaltenen Briefes zur Gewerkschaftsfrage. Müller bot dem ADGB-Archiv die Dokumente unter dem Titel »Materialien zur Entstehung der RGO« an. Im Begleitbrief, der den Inhalt der Unterlagen zusammenfaßte und einordnete, wiederholte er engagiert seine Positionen aus dem Jahr 1921, betonte vor allem sein Beharren auf einem Verbleib der Kommunisten in den Freien Gewerkschaften. Lobend erwähnte er Lenins Intervention zugunsten dieser Haltung und kritisierte Fritz Heckerts Opposition als Vorbereitung einer Gewerkschaftsspaltung.[557]

Es fehlt in dem Schreiben leider jeder direkte Hinweis auf die aktuelle Politik, Müller verteidigt lediglich seine damaligen Ansichten. Einerseits könnte der Verkauf der Dokumente einen Abschluß mit der revolutionären Vergangenheit darstellen, insbesondere die Abgabe des ihm sicher auch persönlich wichtigen Lenin-Briefes spräche dafür. Andererseits trieb ihn vielleicht die Sorge des Historikers, der diese einmaligen Dokumente sicher verwahrt sehen wollte.[558] Daß er die Protokolle gerade den ADGB-Gewerkschaften anbot, deren Führung er in der Vergangenheit stets bekämpft hatte, ist bemerkenswert. Dieser Zug schien sich vor allem gegen die aktuelle RGO-Politik der KPD zu richten, die deutliche Parallelen zu den Vorstellungen Heckerts und der Ultralinken aus dem Jahr 1921 aufwies.

Trotz seines zwischenzeitlichen Engagements im DIV schien er also wieder seine alte Linie zu vertreten, oder aber er näherte sich dem ADGB trotz dessen wirtschaftsfriedlicher Politik an. Vielleicht hatte die Spaltungspolitik der RGO Müllers Abneigung gegenüber der KPD zusätzlich erhöht, während er gleichzeitig vom Scheitern des Konzeptes der Revolutionären Industrieverbände überzeugt war. Auch die den Dokumenten zusätzlich beigelegten internen Anweisungen des Mitteleuropäischen Büros der RGI über die Bildung und Arbeitsweise von Betriebszellen weisen auf eine inhaltliche Annäherung an den ADGB hin. Obwohl die Dokumente damals bereits elf Jahre alt waren, verrieten sie doch viele grundsätzliche Details über die gewerkschaftlichen Strategien der KPD. Trotz ihres Alters eigneten sie sich zumindest als Propagandamaterial für die sozialdemokratische Presse. Weder ein parteitreuer noch ein abtrünniger Kommunist hätte diese Dokumente ohne weiteres sozialdemokratischen Kreisen zugänglich gemacht. Obwohl

---

557 Materialien über die Entstehung der RGO, SAPMO-BArch,RY 23/45.
558 Geldsorgen schienen ihn diesmal aufgrund seiner guten finanziellen Verhältnisse nicht zu treiben, auch bot ihm das ADGB-Archiv zunächst nur 75 Reichsmark (der endgültige Kaufpreis ist allerdings unbekannt), vgl. Materialien über die Entstehung der RGO, SAPMO-BArch,RY 23/45.

Müller im Begleitbrief recht kämpferisch seine alten Ansichten verteidigte und sich wieder einmal positiv auf Lenin bezog, schien er also dennoch seinen Frieden mit dem sozialdemokratischen Gewerkschaftsapparat gemacht zu haben – vielleicht eine Folge seiner Kontakte zur Wohnungsfürsorgegesellschaft, ebenfalls eine sozialdemokratisch dominierte Bürokratie. Ob er allerdings um 1930 wirklich wieder in die SPD eintrat, bleibt unbestätigt.

Nach 1932 verlieren sich die Spuren Richard Müllers fast vollständig. Aus der Politik hatte er sich zurückgezogen und auch seine Firma tauchte nicht mehr in den Berliner Adreßbüchern auf – wahrscheinlich hatte er sie schon vor 1932 verkauft, um sich zur Ruhe zu setzen.[559]

Erst fünf Jahre später findet sich wieder eine Nachricht über Müller. Im Jahr 1937 wurde im Standesamt Nr. 6 von Berlin eine zweite Ehe Richard Müllers registriert. Ob die erste Ehe geschieden wurde oder seine Frau gestorben war, ist unbekannt – ebenso wie der Name der neuen Ehefrau.[560]

Während der nationalsozialistischen Herrschaft scheint Richard Müller keinen offenen Widerstand geleistet zu haben. In den entsprechenden Archiven sind keine gerichtlichen oder polizeilichen Verfolgungen gegen ihn überliefert, auch stellten seine Angehörigen nach 1945 keinen Antrag auf Entschädigung und Anerkennung als Opfer des Faschismus. Trotz des Hasses der Nazis auf die »Novemberverbrecher« von 1918 blieb er unbehelligt – vielleicht, weil er bereits seit Jahren der aktiven Politik fernstand. Richard Müller war niemand, von dem für das Regime eine akute Gefahr ausging, wahrscheinlich hatte ihn selbst der Autor des Artikels im »Angriff« nach drei Jahren längst vergessen. Richard Müllers Bücher allerdings verfielen der Zensur, sie sollen sogar bei den Bücherverbrennungen des 10. Mai 1933 auf dem Scheiterhaufen gelandet sein.[561] Andere ehemalige Mitglieder der Revolutionären Obleute und Freunde Müllers, wie etwa Paul Eckert oder Heinrich Malzahn, wurden von den Nazis verfolgt – jedoch geschah

---

559 Laut Angaben des Amtsgerichts Charlottenburg wurde die Firma erst 1937 aus dem Handelsregister gelöscht, das Ende der Geschäftsaktivitäten kann jedoch schon Jahre vorher erfolgt sein. Dazu würde passen, daß die Firma in Adreßbüchern nicht mehr auftaucht. Weder das Branchenverzeichnis des »Berliner Adreßbuch«, Verlag August Scherl, Jahrgang 1934, noch das »Deutsche Reichs-Adreßbuch für Industrie, Gewerbe, Handel« von 1937 (mittlerweile wegen Arisierung nicht mehr im Mosse Verlag) verzeichnen eine Phöbus-Bau GmbH.

560 Die Ehe wurde laut Nachforschungen von Andreas Herbst unter der Nr. 578/1937 beim Standesamt Berlin 6, heute Berlin Mitte, registriert.

561 Angeblich fiel das gesamte Malik-Verlagsprogramm der Bücherverbrennung zum Opfer. Vgl. Jo Hauberg u. a. (Hg.): Der Malik Verlag 1916-1947, Kiel 1986.

dies nicht wegen ihrer Vergangenheit, sondern aufgrund ihrer aktuellen Tätigkeit im Widerstand. Dennoch überlebten beide die Herrschaft des Nationalsozialismus. Ebenso wie Müllers DIV-Kollege Paul Weyer, der sich nach 1933 wieder als Arbeiter durchschlug.[562] Der ehemalige Obmann Paul Wegmann hingegen geriet in die Fänge des Regimes. Er verbrachte die letzten zehn Jahre seines Lebens in verschiedenen Konzentrationslagern und kam 1945 im KZ Bergen Belsen ums Leben.[563]

Leicht wird es auch für die vom Terror Verschonten nicht gewesen sein, ihre Ohnmacht zu ertragen und all die eigenen Träume und politischen Ideale buchstäblich in Schutt und Asche liegen zu sehen. Wie Richard Müller selbst den Faschismus erlebte, darüber können wir jedoch nur spekulieren. Trotz seiner düsteren Vorahnungen, in denen er bereits 1925 das Hakenkreuz marschieren sah, wird ihn die tatsächliche Gewalt und Vernichtungskraft des Nationalsozialismus erschreckt und erschüttert haben. Mit einer derartig totalen Niederlage hatte niemand aus den Reihen der Arbeiterbewegung gerechnet.

Ins Exil getrieben haben ihn die Nazis allerdings nicht. Eine Emigration Müllers, wie sie etwa in den Nachschlagewerken von Wilhelm Heinz Schröder oder Sabine Roß vermutet wird, ist durch die Informationen über die zweite Ehe widerlegt.[564] Wahrscheinlich ist, daß er nach dem Ende des Engagements im DIV die Politik und den Kontakt zu seinen alten Genossen größtenteils aufgegeben hatte, mit seiner neuen Frau zurückgezogen lebte und deshalb auch nicht in Konflikt mit dem Regime kam.

Richard Müller starb am 11. Mai 1943, die Todesursache ist unbekannt.[565] Es existiert eine Aussage seiner langjährigen Mitstreiterin Cläre Casper über die Beerdigung Müllers.[566] Sie war selbst nicht anwesend, es soll jedoch eine kleine Trauerfeier gewesen sein. Der Ort der Grabstelle ist bis heute unbekannt.

---

562 Malzahn war im Widerstand aktiv und wurde 1940 zu sechs Monaten Gefängnis verurteilt, vgl. Hermann Weber/Andreas Herbst, Deutsche Kommunisten, Biographisches Handbuch 1918-1945, Berlin 2004, S. 408 f. Paul Eckert war ebenfalls im Widerstand aktiv, wurde von der Gestapo überwacht, aber nie überführt. Vgl. Claudia Schneider »Paul Eckert 1883-1964«, Diplomarbeit am Otto-Suhr-Institut der FU Berlin, unveröffentlicht. Zu Weyer vgl. Weber, Wandlung, Bd. 2, S. 342.
563 Hans Rainer Sandvoß, Widerstand in einem Arbeiterbezirk, Berlin 1983, S. 57.
564 Vgl. Wilhelm Heinz Schröder: Sozialdemokratische Reichstagsabgeordnete und Reichstagskandidaten 1898-1918 sowie Sabine Roß: Biographisches Handbuch der Reichsrätekongresse 1918/1919.
565 Sterbebuch Nr.1463 / 43. Standesamt Berlin-Tiergarten, vielen Dank für diesen Hinweis an Andreas Herbst von der Gedenkstätte deutscher Widerstand.
566 Persönliche Mitteilung Prof. Ingo Materna.

Schluß – das Dunkel der Geschichte

Was bleibt also von Richard Müller? Politisch war er zweifellos zwischen 1916 und 1921 eine der einflußreichsten Persönlichkeiten der Arbeiterbewegung. Daß er dennoch außerhalb von Expertenkreisen völlig in Vergessenheit geriet, liegt an Art und Umständen seines Scheiterns. Im Gegensatz zu Karl Liebknecht wurde Müller nie zu einer Legende der Bewegung. Liebknecht war ein Mann der großen Gesten, ein Draufgänger, Voluntarist und Revolutionsromantiker. Für ihn gab es immer nur das Vorwärts, den Frontalangriff, nie den Rückzug. Er starb, wie er gelebt hatte, inmitten der Bewegung, an der Spitze eines Aufstandes, unter den Kugeln der Konterrevolution. Hunderttausende begleiteten seinen Trauerzug, sein Grab ist noch heute Wallfahrtsort für die politische Linke.

Kein Gewehrfeuer, keine revolutionäre Erregung, keine Demonstrationen begleiteten dagegen Richard Müllers Abgang von der politischen Bühne. Sein Abschied vollzog sich als langsamer Verlust von politischem Einfluß, eine Entwicklung, die im Grunde schon mit der Schwächung des Vollzugsrates Ende 1918 einsetzte. Er war nie ein Draufgänger gewesen, eine große Geste wagte er nur einmal. Das Ergebnis war der wenig schmeichelhafte Spitzname »Leichenmüller« – ein Spott, der ihn bis ans Ende seiner Tage verfolgte. Irgendwann verschwand Richard Müller einfach, und nur mit viel Mühe ließ sich sein weiterer Lebensweg rekonstruieren. Er kam aus dem Nichts und verschwand im Dunkeln.

Genau wie Liebknecht ging Müller wie er gelebt hatte. Er verrannte sich in Organisationsarbeit, die durch den Gang der Ereignisse immer wieder zunichte gemacht wurde – sein Pragmatismus versandete. Liebknecht wie Müller scheiterten gemeinsam mit der Revolution, die einerseits mit Gewalt erstickt wurde, andererseits an ihrer eigenen Schwäche und Inkonsequenz zugrunde ging. Beide hatten sich als entschiedene Revolutionäre mit all ihrer Kraft gegen diesen Gang der Ereignisse gestemmt. Sie beide scheiterten auf ihre Art – der eine als Märtyrer, der andere in der Vergessenheit.

Richard Müller hatte seine politische Karriere ganz unten begonnen. Er begann als Waise und mittelloser Lehrling, stieg auf zum Vertrauensmann, Vorsitzenden der DMV-Agitationskommission, Branchenleiter aller Berliner Dreher. Die gewerkschaftliche Kleinarbeit prägte seinen Werdegang und seine politische Arbeitsweise. Alles mußte organisiert sein, und darin war Richard Müller gut, dieser Eigenschaft verdankte er seinen Aufstieg. Auch die Revolutionären Obleute waren ein Ergebnis seines Organisationstalentes, ein Musterbeispiel für die Verbindung von Geheimhaltung und Masseneinfluß. Ihr politischer Kurs war trotz aller Radikalität pragmatisch. Wie ihr Anführer lehnten sie es ab, sich unnötig in Gefahr zu begeben, aber wenn die Zeit reif war und es ums Ganze ging, dann schlugen sie ohne Angst vor persönlichen Konsequenzen zu. Und diese Konsequenzen waren nicht zu verachten.

Viele der gegen den Krieg aktiven Arbeiter erlebten die Novemberrevolution nicht mehr, wurden zum Heer eingezogen und verloren ihr Leben zwischen Stacheldraht und Maschinengewehrfeuer, irgendwo in einem grauen Niemandsland in Flandern oder vor Verdun. Auch Richard Müller drohte dieses Schicksal gleich mehrfach, nicht zuletzt die bedingungslose Unterstützung seiner Genossen und Genossinnen sorgte dafür, daß er dem Militärdienst wieder entkommen konnte.

Obwohl er kein Draufgänger war, zeigte Richard Müller einiges an Mut, wenn es darauf ankam. Es war nicht leicht für ihn, sich während des Krieges aus den gewerkschaftlichen Bahnen zu lösen, mit jener Organisation zu brechen, die bisher seine politische Heimat gewesen war. Viele zogen es vor, gute Miene zum bösen Spiel zu machen, schließlich waren linientreue Gewerkschafter seit 1916 vom Militärdienst befreit. Auch für Müller war der Bruch mit der eingefahrenen Praxis nicht einfach. Immer wieder zögerte und schwankte er. Dahinter stand jedoch nicht die Angst, sondern vor allem die Loyalität zur Organisation. Den Metallarbeiterverband, in den er so viel seiner Lebenszeit gesteckt hatte, wollte er weder verraten noch verlassen. Die Gewerkschaft war seine Heimat, sein Freundeskreis, seine politische Identität. Trotz oder gerade wegen dieser überaus starken Bindung entschied er sich nicht für die Form, die organisatorische Hülle der Gewerkschaften. Richard Müller verteidigte statt dessen die Inhalte, die politischen Prinzipien einer sozialistischen Gewerkschaftsbewegung.

Dieser Widerspruch zwischen Formen und Inhalten, Anspruch und Wirklichkeit wurde für viele erst durch den Krieg deutlich sichtbar – er ließ Müller schließlich zum Revolutionär werden. Spätestens seit 1917 stellte er all seine Energie und Organisationskraft in den Dienst der Revolution, deren Notwendigkeit er später trotz einer kaum enden wollenden Serie von Niederlagen immer wieder verteidigte. Waren auch Müller und die Revolutionäre in vielen Situationen einsam und isoliert, kaum mehr als »eine kleine Minorität in dem grauen Sumpf der stumpf geblieben ist«, wie Däumig sich einmal ausdrückte,[567] so ließen sie

---

567 Sitzung der USPD Arbeiterräte am 9. Januar 1919, SAPMO BArch, RY 19/II/143/2.

doch nicht nach. Erst gegen Ende seines Lebens, zermürbt durch weitere Fehlschläge, zerbrach auch Richard Müller an diesem hohen Anspruch. Wurde er zynisch oder altersmilde? Legte er sich eine Doppelmoral zu, um seine Vergangenheit als Revolutionär ruhen zu lassen und sich in der Gegenwart als Bauunternehmer einzurichten? Wir wissen es nicht.

Verschiedentlich wurde Richard Müller vorgeworfen, er habe nicht genug Format für seine Aufgabe. Sein Pragmatismus sei nichts anderes als Zögerlichkeit. Auch wurde ihm eine »Neigung zum Schematismus« vorgehalten und man verspottete das »Kästchenschema« seines Rätesystems als Schrulle, die er dogmatisch vertrat, als ihre politische Umsetzung längst illusionär war.

Auch wenn diese Urteile ausschließlich von Spartakusanhängern, Sozialdemokratie und marxistisch-leninistischer Geschichtsschreibung stammen, also Kreisen, die Müller niemals wohlgesonnen waren, steckt ein Körnchen Wahrheit darin. In der Tat neigte Müller immer wieder zur Kleinlichkeit, verrannte sich in organisatorische Details und schien den Gang der Ereignisse nicht nachvollziehen zu wollen. Zweifellos war es Zögerlichkeit, den Arbeiterräten im November 1918 keine weitergehenden Kompetenzen zuzugestehen, mit verfehlter Gründlichkeit wollte Müller erst Richtlinien entwerfen, wo vielleicht revolutionäre Spontaneität einfach Fakten geschaffen hätte. Auch hielt er lange an einem Vollzugsrat fest, der längst kein Motor der Revolution mehr war. Doch tat er letzteres nicht aus Borniertheit, sondern aus Pflichtgefühl. Er konnte und wollte nicht den Posten verlassen, den ihm die Revolution zugewiesen hatte. Mit aller Kraft bemühte er sich statt dessen, dem Meer von Sonderwünschen, Anträgen, Petitionen, Beschwerden und Belanglosigkeiten Herr zu werden und im Vollzugsrat sinnvolle Arbeit zu leisten, auch wenn dies wenig Früchte und erst recht keinen Ruhm brachte. Er sah die Machtlosigkeit des Gremiums sehr wohl, hoffte aber stets auf eine neue Offensive der Revolution. Eine Mehrheit der Linken bei den Arbeiterrätewahlen hätte dem Vollzugsrat wieder mehr Gewicht verliehen, würde die mühsam erarbeiteten Räterichtlinien und Wahlreglements endlich umsetzen. Doch als diese Entwicklung schließlich eintrat, war es bereits zu spät.

Im Grunde hatte Müllers Beharrlichkeit auch etwas Bewundernswertes. Viermal baute er eine Organisation im Dienste der Revolution auf, band sie in das bestehende Kräfteverhältnis ein und versuchte, die Entwicklung voranzutreiben. Erst den Vollzugsrat, dann die Betriebsrätezentrale und schließlich die Reichsgewerkschaftszentrale. Jedes Mal wurde seine Aufbauarbeit zerstört und zunichte gemacht. Erst durch Noskes Truppen, dann durch Dißmanns Resolutionen und zu guter Letzt durch den Autoritarismus des ZK der KPD. Ein viertes Mal wiederholte er diesen Anlauf im DIV und scheiterte wiederum. Leider ist nur sehr wenig über seine Tätigkeit dort bekannt.

Die sehr unterschiedliche Natur der verschiedenen Organisationen zeigt, daß Müller nicht wirklich so dogmatisch war, wie seine Kritiker ihn haben wollen. Einmal angefangen, hielt er zwar stur an seinem Kurs fest, aber sobald er wirklich in eine Sackgasse gelangte, konnte er sehr schnell eine andere Organisationsform improvisieren und sich mit gleicher Energie an den Neuaufbau machen. Seinen Prinzipien blieb Richard Müller trotz dieser Kurswechsel jedoch stets treu, auch wenn es gegen den Strom ging.

Sich im Interesse der Revolution notfalls auch gegen die eigene Bewegung zu stellen, zeigte eine besondere Form von Stärke. Es erforderte viel Mut, am Abend des 6. Januar 1919 »Nein« zu sagen, als nahezu geschlossen der Aufstand für Berlin beschlossen wurde und Euphorie und Gruppendruck jede Abweichung als Schwäche erscheinen lassen mußten. Auch seine trotz übergroßem Druck standhafte Weigerung, die völlig verfehlte Märzaktion von 1921 zu unterstützen, bewies Courage. Sie kostete ihn letztlich Posten und Parteimitgliedschaft. Richard Müller war stets ein kollektiv orientierter Mensch, geprägt durch Gemeinschaft und Solidarität – sei es in der Großfamilie seiner Kindheit, im Arbeitskollektiv der Dreherei oder als Vertrauensmann in der Gewerkschaftsbewegung. Doch wenn es darauf ankam, konnte er aus der Masse heraustreten und sehr einsame Entscheidungen treffen. Der von den Kommunisten seiner Zeit und den Marxisten-Leninisten späterer Tage als zögerlich und unentschlossen charakterisierte Richard Müller bewies somit mehr Standfestigkeit als manch ein altgedienter Kommunist. Waren diese doch oftmals Helden nach Außen, nach Innen jedoch Untertanen. Einerseits bereit, alles zu riskieren und in faschistischen Folterkellern ihr Leben zu lassen, andererseits nicht gewillt, auch nur mit einer Zeile gegen die Weisungen der eigenen, zunehmend diktatorischen Parteibürokratie zu protestieren.[568]

Mit seinem Willen zur Unabhängigkeit stand Müller jedoch nicht allein. Er war nur der herausragende Vertreter einer ganzen Reihe von solchen »Arbeitern der Revolution«, die stets pragmatisch ihren Teil taten, diszipliniert und geschlossen zu handeln vermochten, ihre Unabhängigkeit jedoch nie aufgaben. Diese Eigenschaften charakterisierten

---

568 Diesen Hinweis verdanke ich Dr. Ulla Plener.

die Obleute, die es überwiegend in der KPD nicht weit brachten, weil sie ihren Räteaktivismus ernst nahmen und sich auch im Namen des Kommunismus nicht zu Untertanen und Verfügungsmasse degradieren ließen.

Die Vergessenheit, in die Richard Müller schon vor seinem Tode geriet, hat auch damit zu tun, daß seine politische Strömung gegen Ende der Weimarer Republik vollends unter die Räder der Geschichte geriet. Zwar boten der DIV und verschiedene ähnliche Organisationen weiterhin Plattformen für eine unabhängig-sozialistische Politik, jedoch konnten sich diese Ansätze nie gegen die Macht der sozialdemokratischen und kommunistischen Apparate durchsetzen. Noch für Jahrzehnte beherrschte der Gegensatz Kommunismus-Sozialdemokratie die politische Bühne vor allem im geteilten Deutschland. Auch die Gedenk- und Erinnerungspolitik verdrängte die Räte und ihre Träger daher nur allzu gerne. Es gibt dutzende Straßen in Deutschland, die nach Karl Liebknecht oder Friedrich Ebert benannt wurden. Die Richard-Müller Straßen in Fulda, Breisach und Obermoschel jedoch sind alle nicht nach dem Räteaktivisten Müller, sondern nach verschiedenen seiner Namensvettern benannt.[569]

Erst im Gefolge der Studierendenbewegung brach der Gegensatz ein wenig auf, ein undogmatischer Marxismus wurde wieder interessant, und auch die Schriften Richard Müllers wurden neu aufgelegt. Mit diesen drei Bänden setzte Richard Müller sich letztlich selbst ein Denkmal, sind sie doch auch heute noch eine der fesselndsten Darstellungen zur Novemberrevolution überhaupt.

Aber auch hier verblaßte der Mensch hinter dem Werk. Zwar sind seine Bücher in Fachkreisen durchaus bekannt, über den Autor jedoch gab es bisher nur Fußnoten und kleinere Lexikoneinträge mit spärlichen, teils fehlerhaften Informationen.

Dies habe ich mit meiner Arbeit zu ändern versucht. Ich hoffe, daß es mir gelungen ist, nicht nur einige neue Details auszugraben, sondern die Persönlichkeit Müllers etwas näher zu beleuchten, und die Relevanz Müllers und seiner politischen Strömung mehr ins Bewußtsein zu rücken. Richard Müller eignet sich wohl nicht so sehr zum Helden. Er war kein Märtyrer wie Liebknecht und auch kein Staatenlenker von Leninschem Format. Dazu fehlte ihm nicht nur die Gelegenheit, sondern auch Entschlossenheit und die notwendige Brutalität.

---

569 In Obermoschel nach dem Pfälzer Mundartdichter Richard Müller (1861-1924), in Fulda nach dem Zentrumsabgeordneten Richard Müller (1851-1931), in Breisach ist es unklar.

Aber Ziel dieser Arbeit war es nicht, einen neuen Helden den alten hinzuzufügen. Gerade das Scheitern, Richard Müllers Dasein als Sisyphos der Revolution, der letztlich doch an seiner Aufgabe zerbrach und die Seiten wechselte, macht das Menschliche und Interessante dieser Persönlichkeit aus. Was nützt ein Vorbild auf einem Sockel, den doch niemand erreicht. Die Verwirklichung eines wie auch immer gearteten Rätesozialismus bräuchte keine Säulenheiligen. Nötig wäre die stetige und kontinuierliche Arbeit von vielen einzelnen, vielleicht eher durchschnittlichen, aber doch unabhängigen Persönlichkeiten.

Abkürzungen

ADGB = Allgemeiner Deutscher Gewerkschaftsbund
AdSD Bonn = Archiv der Sozialen Demokratie Bonn
BArch = Bundesarchiv Berlin
BzG = Beiträge zur Geschichte der Arbeiterbewegung, Zeitschrift, Berlin (DDR)
DMV = Deutscher Metallarbeiter-Verband
DIV = Deutscher Industrie-Verband
EMK = Historische Einwohnermeldekartei im Landesarchiv Berlin
FAU Gelsenkirchen = Freie Arbeiter-Union, Gelsenkirchener Richtung
Jg. = Jahrgang
IWK= Internationale Wissenschaftliche Korrespondenz zur Geschichte der deutschen Arbeiterbewegung
KPD = Kommunistische Partei Deutschlands
KAPD = Kommunistische Arbeiterpartei Deutschlands
KAG = Kommunistische Arbeitsgemeinschaft
Komintern = Kommunistische Internationale (III. Internationale)
KZ = Konzentrationslager
LArch Berlin = Landesarchiv Berlin
NSDAP = Nationalsozialistische Deutsche Arbeiterpartei
Profintern = Rote Gewerkschafts-Internationale (RGI), Abkürzung gebildet nach dem russ. Ausdruck.
RGI = Rote Gewerkschafts-Internationale
RGO = Revolutionäre Gewerkschafts-Opposition, Parallelgewerkschaften der KPD ab 1928
RGZ = Reichsgewerkschaftszentrale der KPD
RM = Reichsmark
SAPMO-BArch = Stiftung Archiv der Parteien und Massenorganisationen der DDR im Bundesarchiv Berlin
SED = Sozialistische Einheitspartei Deutschlands
SPD = Sozialdemokratische Partei Deutschlands
USPD = Unabhängige Sozialdemokratische Partei Deutschlands
VKPD = Vereinigte Kommunistische Partei Deutschlands (kurzzeitig geführte Bezeichnung der KPD nach Vereinigung mit der Links-USPD)
ZfG = Zeitschrift für Geschichtswissenschaft, Berlin (DDR)
ZK = Zentralkomitee

Verzeichnis der Quellen und Literatur

1. Gedruckte Quellen

a) Zeitungen

Der Angriff = 1927-1945 Gauzeitung der NSDAP Berlin, herausgegeben von Joseph Goebbels
Der Arbeiter-Rat = Berliner Rätezeitschrift 1919-1920, seit 1920 Organ der Betriebsrätezentrale Berlin
Die Rote Fahne = 1918-1933 Zentralorgan des Spartakusbundes bzw. der KPD
Die Freiheit = 1918-1922 Berliner Organ der USPD
Der Kommunistische Gewerkschafter = ab 1921 Gewerkschaftsblatt der KPD, Nachfolger des »Arbeiter-Rat«
Deutsche Metallarbeiter-Zeitung = gegr. 1883, 1890-1933 Zentralorgan des Deutschen Metallarbeiter-Verbandes
Kampf-Front – Proletarische Wochenschrift = seit 1924 Zentralorgan der Gewerkschaft »Deutscher Industrie-Verband«. Nach der Spaltung 1929 in einer Leipziger und einer Berliner Ausgabe erschienen.
Die Republik = 1918-1919, Chefredakteur Wilhelm Herzog, der USPD nahestehendes Blatt
Sowjet = Kommunistische Monatsschrift, ursprünglich Wien, seit 1921 Berliner Organ der Levi-Opposition im Umfeld der KPD
Vorwärts = gegr. 1876 als Zentralorgan der SPD, 1891 Neugründung als Tageszeitung.

b) Dokumente und Materialien

Allgemeiner Kongreß der Arbeiter- und Soldatenräte Deutschlands vom 16. bis 21. Dezember 1918 im Abgeordnetenhause zu Berlin – Stenographische Berichte, Zentralrat der deutschen sozialistischen Republik (Hg.), Berlin 1919.
Anonym: Broschüre »Nur über meine Leiche«, Vorwärts Verlag, Berlin 1918.
Lothar Berthold, Helmut Neef (Hg.): Militarismus und Opportunismus gegen die Novemberrevolution, Berlin (DDR) 1978.
Deutscher Metallarbeiter-Verband, Der DMV in Zahlen, Berlin 1932 (unveränderter Neudruck Berlin 1980).
Groß-Berliner Arbeiter und Soldatenräte in der Revolution 1918/1919, Dokumente der Vollversammlungen und des Vollzugsrates. Vom Ausbruch der Revolution bis zum 1. Reichsrätekongreß, Berlin 1993 (Band 1), Hg: Gerhard Engel, Bärbel Holtz, Ingo Materna; dies. Vom 1. Reichsrätekongreß bis zum Generalstreiksbeschluß am 3. März 1919, Berlin 1997 (Band 2); dies. Vom Generalstreikbeschluß am 3. März bis zur Spaltung der Räteorgane im Juli 1919, Berlin 2002 (Band 3),
Der Gründungsparteitag der KPD – Protokolle und Materialien, Hg: Hermann Weber, Frankfurt am Main 1969.
Dokumente und Materialien zur Geschichte der deutschen Arbeiterbewegung, R.II, Bd. 2, November 1917-1918, Hg: Institut für Marxismus-Leninismus beim ZK der SED, Berlin (DDR) 1958.
Handelsregister Berlin, 2. Abteilung, Jahrgänge 1926-1931, Online-Ressource im Landesarchiv Berlin.
Protokoll der 13. ordentlichen Generalversammlung des Deutschen Metallarbeiter-Verbandes 1917, Stuttgart 1917.
Protokolle der USPD, Glashütten im Taunus 1976. (unveränderter Nachdruck sämtlicher Parteitagsprotokolle der USPD von 1917-1922).

Protokoll der Verhandlungen des 1. Reichskongresses der Betriebsräte Deutschlands, abgehalten vom 5.-7. Oktober 1920 zu Berlin, Berlin 1920.

Protokolle des Vollzugsrates und der Vollversammlung der Groß-Berliner Arbeiter- und Soldatenräte, in: Engel Gerhard; Holtz, Bärbel; Materna, Ingo (Hg): Groß-Berliner Arbeiter- und Soldatenräte in der Revolution 1918/1919, 3 Bände.

Der Prozeß des Reichspräsidenten, bearbeitet von Karl Brammer, Berlin 1925.

Die Regierung der Volksbeauftragen 1918/1919, bearbeitet von: Miller, Susanne; Matthias, Erich; Potthoff, Heinrich, Düsseldorf 1969.

Reichstagshandbuch 1920, Hg: Deutscher Reichstag, Berlin 1920.

Ritter, Gerhard A.; Miller, Susanne: Die deutsche Revolution 1918-1919 – Dokumente, 2. Auflage Hamburg 1975.

Schneider, Dieter u. Kuda, Rudolf (Hg): Arbeiterräte in der Novemberrevolution, Frankfurt a. M. 1968.

Der Zentralrat der deutschen sozialistischen Republik 19.12.1918 – 8.4.1919 – vom ersten zum zweiten Rätekongreß, bearbeitet von Eberhard Kolb, Leiden 1968.

c) Memoiren, Erinnerungen und zeitgenössische Schriften

Berlin 1917-1918 – Parteiveteranen berichten über die Auswirkungen der Großen Sozialistischen Oktoberrevolution auf die Berliner Arbeiterbewegung, Bezirksleitung der SED Groß-Berlin (Hg), Berlin (DDR) 1957.

Barth, Emil: Aus der Werkstatt der deutschen Revolution, Berlin 1919.

Bernstein, Eduard: Die deutsche Revolution, Berlin 1921.

Dittmann, Wilhelm: Erinnerungen, Frankfurt a. M. 1995.

Erinnerungen von Veteranen der deutschen Gewerkschaftsbewegung an die Novemberrevolution (1914-1920), Herausgegeben vom Arbeitskreis verdienter Gewerkschaftsveteranen beim Bundesvorstand des FDGB, 2. Auflage Berlin (DDR) 1960.

Grünberg, Karl: Episoden, 4. Auflage (Werkausgabe), Berlin 1983.

Ledebour, Minna (Hg.): Georg Ledebour – Mensch und Kämpfer, Zürich 1954.

Levi, Paul: Unser Weg, Berlin 1921.

Meyer-Leviné, Rosa: Im inneren Kreis – Erinnerungen einer Kommunistin in Deutschland. 1920-1933, Frankfurt a. M. 1982.

Müller, Richard: Über die Agitation in der Dreherbranche, Berlin 1913.

Müller, Richard: Bericht der Agitationskommission der Eisen-, Metall- und Revolverdreher der Verwaltungsstelle Berlin des deutschen Metallarbeiter-Verbandes für das Geschäftsjahr 1914/1915.

Müller, Richard; Däumig, Ernst: Hie Gewerkschaft – Hie Betriebs-Organisation – zwei Reden zum heutigen Streit um die Gewerkschaften, Berlin 1919.

Müller, Richard: Auf dem Weg zur KAPD, in: Sowjet Nr. 2 Jg. 1921, S. 44-48.

Müller, Richard: Die Entstehung des Rätegedankens, in: Die Befreiung der Menschheit, Leipzig 1921.

Müller, Richard: Gewerkschaften und Revolution, in: Sowjet Nr. 3 Jg. 1921, S. 86-90.

Müller Richard: Hie Gewerkschaft! Hie Betriebs-Organisation!: Zwei Reden zum heutigen Streit um die Gewerkschaften, Berlin 1919.

Müller, Richard: Vom Kaiserreich zur Republik, Wien 1924. (Zitiert im Text nach der 2. Neuauflage Berlin 1979).

Müller, Richard: Vom Kaiserreich zur Republik, Bd. II – Die Novemberrevolution, Wien 1925.

Müller, Richard: Der Bürgerkrieg in Deutschland, Berlin 1925.

Müller-Franken, Hermann: Die Novemberrevolution – Erinnerungen, Berlin 1928.

von Ossietzky, Carl: 227 Tage im Gefängnis, Darmstadt 1988.

Petzold, Joachim: Der 9. November 1918 in Berlin, Berlin (DDR) 1958.

Plivier, Theodor: Der Kaiser ging, die Generäle blieben, Frankfurt a. M. 1981 (Original Berlin 1932).

Schäfer, Heinrich: Tagebuchblätter eines rheinischen Sozialisten, Bonn 1919.
Schmidt, Heinz u. Loesdau, Alfred: Die Januarkämpfe 1919 in Berlin, Berlin (DDR) 1960.
Schmidt, Günter: Der Kampf für die Rätemacht in Berlin, Berlin (DDR) 1958.
Vorwärts und nicht vergessen. Erlebnisberichte aktiver Teilnehmer der Novemberrevolution 1918/19, Hg: Institut für Marxismus Leninismus beim ZK der SED, Berlin (DDR) 1958.
Scheidemann, Philipp: Das historische Versagen der SPD – Schriften aus dem Exil. Herausgegeben von Frank Reitzle, Lüneburg 2002.

Zetkin

2. Literatur

Abendroth, Wolfgang: Sozialgeschichte der europäischen Arbeiterbewegung, Frankfurt a. M. 1965.
Anderson, Perry: Über den westlichen Marxismus. Frankfurt a. M. 1978.
Arbeitskreis verdienter Gewerkschaftsveteranen beim Bundesvorstand des FDGB (Hg): Erinnerungen von Veteranen der deutschen Gewerkschaftsbewegung an die Novemberrevolution (1914-1920), 2. Auflage Berlin (DDR) 1960.
Arnold, Volker: Rätebewegung und Rätetheorien in der Novemberrevolution, 2. überarbeitete Auflage Hamburg 1985.
Arrighi, Giovanni: The long twentieth Century: Money, Power and the Origins of our Times, London – New York 1994.
Bartel, Walter: Der Januarstreik 1918 in Berlin, in: Albert Schreiner (Hg), Revolutionäre Ereignisse und Probleme in Deutschland während der Periode der großen Sozialistischen Oktoberrevolution, Berlin (DDR) 1957, S. 140-183.
Barth, Emil: Aus der Werkstatt der deutschen Revolution, Berlin 1919.
Bauer, Roland: Über den Charakter der deutschen Novemberrevolution, in: Einheit, Nr. 11 Jg. 1957.
Bernstein, Eduard: Die deutsche Revolution, Berlin 1921.
Bermbach, Udo (Hg): Theorie und Praxis der direkten Demokratie. Texte und Materialien zur Räte-Diskussion, Opladen 1973.
Berthold, Lothar u. Neef, Helmut (Hg): Militarismus und Opportunismus gegen die Novemberrevolution, Berlin (DDR) 1978.
Bezirksleitung der SED Groß-Berlin (Hg): Berlin 1917-1918 – Parteiveteranen berichten über die Auswirkungen der Großen Sozialistischen Oktoberrevolution auf die Berliner Arbeiterbewegung, Berlin (DDR) 1957.
Bieber, Hans Joachim: Gewerkschaften in Krieg und Revolution, Hamburg 1981.
Böbel, Chaja und Wentzel, Lothar (Hg): Streiken gegen den Krieg – die Bedeutung der Massenstreiks in der Metallindustrie im Januar 1918, Hamburg 2008.
Bock, Hans Manfred: Syndikalismus und Linkskommunismus von 1918-1923. Zur Geschichte und Soziologie der Freien Arbeiter-Union Deutschlands (Syndikalisten), der Allgemeinen Arbeiter-Union Deutschlands und der Kommunistischen Arbeiter-Partei Deutschlands, Meisenheim/Glan 1969.
Bock, Helmut: Wir haben erst den Anfang gesehen – Selbstdokumentation eines DDR-Historikers 1983 bis 2000, Berlin 2002.
Brammer, Karl (Hg): Der Prozeß des Reichspräsidenten, Berlin 1925.
Bramke, Werner: Zeitgemäße Betrachtungen über eine unzeitgemäße Revolution, in: Revolution – Reform – Parlamentarismus, Klaus Kinner (Hg), Leipzig 1999.
Brendel, Cajo: Die Revolution ist keine Parteisache – Ausgewählte Texte, Herausgegeben von Andreas Hollender, Christian Frings und Claire Merkord, Münster 2008.
Buckmiller, Michael (Hg): Karl Korsch Gesamtausgabe Band 2 – Rätebewegung und Klassenkampf, Frankfurt a.M. 1980.
Chruschtschow, Nikita: Über den Personenkult und seine Folgen, in: Die Geheimrede Chruschtschows, Berlin (DDR) 1990.

Dowe, Dieter: Bibliographie zur Geschichte der deutschen Arbeiterbewegung, sozialistischen und kommunistischen Bewegung von den Anfängen bis 1863, Bonn 1981.
Dittmann, Wilhelm: Erinnerungen, Frankfurt a. M. 1995.
Drabkin, J.S.: Die Entstehung der Weimarer Republik, Köln 1983.
Drabkin, J.S.: Die Novemberrevolution 1918 in Deutschland, Berlin 1968.
Grünberg, Karl: Episoden, 4. Auflage (Werkausgabe), Berlin (DDR) 1983. Erger, Johannes: Der Kapp-Lüttwitz Putsch, Düsseldorf 1967.
Engelmann, Dieter; Naumann, Horst: Zwischen Spaltung und Vereinigung. Die Unabhängige Sozialdemokratische Partei Deutschlands in den Jahren 1917-1922, Berlin 1993.
Euchner, Walter: Ideengeschichte des Sozialismus in Deutschland, in: Helga Grebing (Hg), Geschichte der sozialen Ideen in Deutschland : Sozialismus – Katholische Soziallehre – protestantische Sozialethik, Essen 2000, S. 15-867.
Flechtheim, Ossip K.: Die KPD in der Weimarer Republik, Offenbach 1948.
Grebing, Helga: Frauen in der deutschen Revolution 1918/1919, Heidelberg 1994.
Haffner, Sebastian: Die deutsche Revolution 1918/1919, Hamburg 2004 (Original: Die verratene Revolution, Bern-München-Berlin 1969).
Hauberg, Jo (Hg): Der Malik Verlag 1916-1947, Kiel 1986.
Hermann, Frank: Der Malik-Verlag 1916-1947 – eine Bibliographie, Kiel 1989.
Heubaum Regine: Das Volkskommissariat für Außenhandel und seine Nachfolgeorganisationen 1920-1930 – Der Außenhandel als zentrale Frage der sowjetischen Wirtschaftspolitik, Dissertation HU Berlin 2001, online unter: http://edoc.hu-berlin.de/dissertationen/heubaum-regine-2001-07-31/HTML/front.html (Zugriff 22.5.2008).
Hortzschansky, Günter (Hg.): Illustrierte Geschichte der Novemberrevolution, 2. Auflage Berlin (DDR) 1978.
Hottmann, Günter: Die Rätekonzeptionen der Revolutionären Obleute und der Links- (bzw. Räte-) Kommunisten in der Novemberrevolution: Ein Vergleich (unter Einschluß der Genese der Rätekonzeptionen), Staatsexamensarbeit Göttingen 1980.
Internationaler Arbeiter-Verlag (Hg): Illustrierte Geschichte der Deutschen Revolution, Berlin 1929.
Institut für Marxismus Leninismus beim ZK der SED (Hg): Vorwärts und nicht vergessen. Erlebnisberichte aktiver Teilnehmer der Novemberrevolution 1918/19, Berlin (DDR) 1958.
Jestrabek, Heiner: Max Sievers. Freidenker, Sozialist, Antifaschist (1887-1944), in: Jahrbuch für Forschungen zur Geschichte der Arbeiterbewegung, Heft II 2008, S. 107-125.
Kerbs Diethard (Hg): Revolution und Fotografie, Berlin 1989.
Keßler, Mario: Hitler treibt zum Krieg – Albert Schreiner als Militärwissenschaftler im Exil, in: Jahrbuch für Forschungen zur Geschichte der Arbeiterbewegung, Nr. II 2008, S. 126-142.
Keßler, Mario: Die Novemberrevolution und ihre Räte – Die DDR-Debatten des Jahres 1958 und die internationale Forschung, Hefte zur DDR-Geschichte Nr. 112, Berlin 2008.
Kinner, Klaus, Die KPD im Widerstreit zwischen weltrevolutionärem Anspruch und Ankommen in der Weimarer Republik, in: Klaus Kinner (Hg), Revolution – Reform – Parlamentarismus, Leipzig 1999.
Kinner, Klaus: Marxistische deutsche Geschichtswissenschaft 1917-1933, Berlin (DDR), 1982.
Kinner, Klaus (Hg): Revolution – Reform – Parlamentarismus, Leipzig 1999.
Kinner, Klaus: Der Deutsche Kommunismus – Selbstverständnis und Realität, Bd. 1: Die Weimarer Zeit, Berlin 1999.
Klein, Fritz: Drinnen und draußen – Ein Historiker in der DDR, Frankfurt a.M. 2000
Klönne, Arno: Geschichte der deutschen Arbeiterbewegung, aktualisierte Ausgabe München 1989.
Kluge, Ulrich: Soldatenräte und Revolution, Göttingen 1975.

Knoll, Regina: Der Generalstreik und die Märzkämpfe in Berlin im Jahre 1919, in: Wissenschaftliche Zeitschrift der Karl-Marx-Universität Leipzig, 1957/58, Gesellschafts- und sprachwissenschaftliche Reihe, H. 4, S. 477-489.

Koch Baumgarten, Sigrid: Aufstand der Avantgarde – die Märzaktion der KPD 1921, Frankfurt-New York 1986.

Kolb, Eberhard: Arbeiterräte in der deutschen Innenpolitik, Würzburg 1978 (Original Düsseldorf 1962).

Kolb, Eberhard: Der Zentralrat der deutschen sozialistischen Republik, Leiden 1968.

Könnemann, Erwin; Schulze, Gerhard (Hg.): Der Kapp-Lüttwitz-Ludendorff-Putsch, München 2002.

Kosch, Wilhelm: Biographisches Staatshandbuch, Bern-München 1963.

Koza, Ingeborg: Die erste deutsche Republik im Spiegel des politischen Memoirenschrifttums – Untersuchungen zum Selbstverständnis und zur Selbstkritik bei den politisch Handelnden aus den Reihen der staatsbejahenden Parteien z. Zt. der ersten deutschen Republik, Ratingen–Wuppertal–Kastellaun 1971.

Krause, Hartfrid: USPD – zur Geschichte der Unabhängigen Sozialdemokratischen Partei Deutschlands, Frankfurt a. M. 1975.

Kerbs, Diethart: Revolution und Fotografie – Berlin 1918/19, Berlin 1989.

Laschitza, Annelies: Die Liebknechts. Karl und Sophie – Politik und Familie, Berlin 2007.

Langels, Otto: Die Revolutionären Industrieverbände, in: Archiv für die Geschichte des Widerstandes und der Arbeit, Nr. 10, Gießen 1989.

Ledebour, Minna (Hg.): Georg Ledebour – Mensch und Kämpfer, Zürich 1954.

Leibbrand Robert: Zur Diskussion über den Charakter der Novemberrevolution, in: Einheit, Nr. 11 Jg. 1957.

Lenin, Wladimir Iljitsch: Der Imperialismus als höchstes Stadium des Kapitalismus, in: Lenin, Werke. Herausgegeben vom Institut für Marxismus-Leninismus beim ZK der SED, Band 22, Berlin (DDR) 1960, S. 189-309.

Leonhard, Wolfgang: Völker hört die Signale – Die Gründerjahre des Weltkommunismus 1919-1924, München 1981.

Levi, Paul: Unser Weg, Berlin 1921.

Limmer, Hans: Die deutsche Gewerkschaftsbewegung, 11. Auflage München 1986.

Luban, Ottokar: Demokratische Sozialistin oder »blutige Rosa«? Rosa Luxemburg und die KPD-Führung im Berliner Januaraufstand 1919, in: IWK, Jg. 35 (1999), H.2, S. 176-207.

Luban, Ottokar: Spartakusgruppe, Revolutionäre Obleute und die politischen Massenstreiks während des Ersten Weltkrieges; Manuskript, Veröffentlichung vorgesehen im Heft 40 des Mitteilungsblattes des Instituts für soziale Bewegungen der Ruhr-Universität Bochum.

Luban Ottokar: Die Rolle der Spartakusgruppe bei der Entstehung und Entwicklung der USPD Januar 1916 bis März 1919, in: Jahrbuch für Forschungen zur Geschichte der Arbeiterbewegung, Heft II 2008, S. 69-75.

Luban, Ottokar: Die deutsche Novemberrevolution 1918 – Versuch eines differenziert revidierten Geschichtsbildes, Manuskript, vorgesehen zur Veröffentlichung im Jahrbuch für Forschungen zur Geschichte der Arbeiterbewegung, Heft I/2009.

Marx, Karl: Der Bürgerkrieg in Frankreich, Marx-Engels Werke, Berlin (DDR) 1956ff, Bd. 17.

Marx, Karl: Die Klassenkämpfe in Frankreich, Marx-Engels Werke, Berlin (DDR) 1956ff, Bd. 7.

Marx, Karl: Das Kommunistische Manifest, Marx-Engels Werke, Berlin (DDR) 1956ff, Bd. 4.

Materna, Ingo: Der Vollzugsrat der Berliner Arbeiter- und Soldatenräte 1918/1919, Berlin (DDR) 1978.

Meyer-Leviné, Rosa: Im inneren Kreis – Erinnerungen einer Kommunistin in Deutschland. 1920-1933, Frankfurt a. M. 1982.

Miller, Susanne: Die Bürde der Macht, Düsseldorf 1978.

Miller, Susanne; Matthias, Erich; Potthoff, Heinrich: Die Regierung der Volksbeauftragten 1918/1919, Düsseldorf 1969

Morgan, David W.: Ernst Däumig and the German Revolution of 1918, in: Central European History, 1983 Vol XV, No. 4, S. 303-331.

Morgan, David W.: The Socialist Left and the German Revolution – A History of the German Independent Social Democratic Party, 1917-1922, Ithaca-London 1975.

Müller, Dirk H. : Gewerkschaften, Arbeiterausschüsse und Arbeiterräte in der Berliner Kriegsindustrie 1914-1918, in: Gunther Mai, Arbeiterschaft in Deutschland 1918-1914, Düsseldorf 1985, S. 155-178.

Müller, Dirk H., Gewerkschaftliche Versammlungsdemokratie und Arbeiterdelegierte vor 1918, Berlin 1985.

Müller, Richard: Über die Agitation in der Dreherbranche, Berlin 1913.

Müller, Richard: Bericht der Agitationskommission der Eisen-, Metall- und Revolverdreher der Verwaltungsstelle Berlin des deutschen Metallarbeiter-Verbandes für das Geschäftsjahr 1914/1915.

Müller, Richard: Auf dem Weg zur KAPD, in: Sowjet Nr. 2 Jg. 1921, S. 44-48.

Müller, Richard: Das Rätesystem in Deutschland, in: Die Befreiung der Menschheit, Leipzig 1921.

Müller, Richard: Gewerkschaften und Revolution, in: Sowjet Nr. 3 Jg. 1921, S. 86-90.

Müller Richard: Hie Gewerkschaft! Hie Betriebs-Organisation!: Zwei Reden zum heutigen Streit um die Gewerkschaften, Berlin 1919.

Müller, Richard: Vom Kaiserreich zur Republik, Wien 1924. (Zitiert im Text nach der 2. Neuauflage Berlin 1979).

Müller, Richard: Vom Kaiserreich zur Republik, Bd. II – Die Novemberrevolution, Wien 1925.

Müller, Richard: Der Bürgerkrieg in Deutschland, Berlin 1925.

Müller-Franken, Hermann: Die Novemberrevolution – Erinnerungen, Berlin 1928.

von Oertzen, Peter: Betriebsräte in der Novemberrevolution, 2. Auflage Berlin–Bonn–Bad Godesberg 1976.

Naumann, Horst: Ein treuer Vorkämpfer des Proletariats. Ernst Däumig, in: BzG (Berlin, DDR) Nr. 28 Jg. 1986, Heft 6, S. 801-813.

Nimz, Walter: Über den Charakter der Novemberrevolution von 1918-1919 in Deutschland, in ZfG Nr. 7 Jg. 1958.

Opel, Fritz: Der deutsche Metallarbeiterverband während des Ersten Weltkrieges und der Revolution, Frankfurt a. M. 1957.

Pannekoek, Anton: Arbeiterräte – Texte zur sozialen Revolution, Herausgegeben von Wolfgang Braunschädel, Fernwald 2008.

Panther Teo, (Hg.): Alle Macht den Räten! – Texte zur Rätebewegung in Deutschland 1918/19, Band 2, Münster 2007.

Plener, Ulla: Gewerkschaftliche Positionen 1918/1919 zu Aktionen und Gewalt, Sozialisierung und Räten: Verrat oder reformorientiertes sozialistisches Denken?, in: Klaus Kinner (Hg), Revolution – Reform – Parlamentarismus, Leipzig 1999.

Petzold, Joachim: Der 9. November 1918 in Berlin, Berlin (DDR) 1958.

Pätzold, Kurt: Die Geschichte kennt kein Pardon – Erinnerungen eines deutschen Historikers, Berlin 2008.

Plivier, Theodor: Der Kaiser ging, die Generäle blieben, Frankfurt a. M. 1981 (Original Berlin 1932).

Ritter, Gerhard A.; Miller, Susanne: Die deutsche Revolution 1918-1919 – Dokumente, 2. Auflage Hamburg 1975.

Rosenberg, Arthur: Enstehung der Weimarer Republik, Hamburg 1991 (Original unter dem Titel »Entstehung der deutschen Republik«, Berlin 1928).

Rosenberg, Arthur: Geschichte der Weimarer Republik, Hamburg 1991 (Original unter dem Titel »Geschichte der deutschen Republik«, Karlsbad 1935).

Roß, Sabine: Biographisches Handbuch der Reichsrätekongresse 1918/1919, Düsseldorf 2000.

Ruge, Wolfgang: Russischer und deutscher November – Überlegungen zum Revolutionsvergleich, in: Revolution – Reform – Parlamentarismus, Klaus Kinner (Hg), Leipzig 1999.

Schäfer, Heinrich: Tagebuchblätter eines rheinischen Sozialisten, Bonn 1919.

Sandvoß, Hans Rainer: Widerstand in einem Arbeiterbezirk, Berlin 1983.

Scheel, Heinrich: Der Aprilstreik 1917 in Berlin, in: Albert Schreiner (Hg): Revolutionäre Ereignisse und Probleme in Deutschland während der Periode der großen Sozialistischen Oktoberrevolution, Berlin (DDR) 1957, S. 1-140.

Scheidemann, Philipp: Das historische Versagen der SPD – Schriften aus dem Exil. Herausgegeben von Frank Reitzle, Lüneburg 2002.

Schmidt, Heinz u. Loesdau, Alfred: Die Januarkämpfe 1919 in Berlin, Berlin (DDR) 1960.

Schmidt, Günter: Der Kampf für die Rätemacht in Berlin, Berlin (DDR) 1958.

Schneider, Claudia: Paul Eckert 1883-1964 (Arbeitstitel), Diplomarbeit in Entstehung am Otto-Suhr-Institut der FU Berlin, Berlin 2007.

Schneider, Dieter; Kuda, Rudolf (Hg): Arbeiterräte in der Novemberrevolution, Frankfurt a. M. 1968.

Schreiner Albert (Hg): Revolutionäre Ereignisse und Probleme in Deutschland während der Periode der großen Sozialistischen Oktoberrevolution, Berlin (DDR) 1957.

Schreiner, Albert u. Schmidt, Günther: Die Rätebewegung in Deutschland bis zur Novemberrevolution, in: Albert Schreiner (Hg): Revolutionäre Ereignisse und Probleme in Deutschland während der Periode der Großen Sozialistischen Oktoberrevolution 1917/1918, Berlin (DDR) 1957.

Schröder, Wilhelm Heinz: Sozialdemokratische Reichstagsabgeordnete und Reichstagskandidaten 1898-1918, Düsseldorf 1986.

SED Bezirksleitung Berlin (Hg.): Geschichte der revolutionären Berliner Arbeiterbewegung, Berlin (DDR) 1987.

Stalin, J. W.: Geschichte der Kommunistischen Partei der Sowjetunion (Bolschewiki). Kurzer Lehrgang, Berlin 1946.

Steinbach, Matthias u. Mohring, Andrea: »Entweder regiert Ebert oder Liebknecht« – Zum Umgang mit der Revolution von 1918/1919 in Schulbuch und Unterricht. Skizze eines deutsch-deutschen Vergleichs, in: Geschichte Politik und ihre Didaktik, Nr. 28 Jg. 2000, S. 184-200.

Stucki-Volz, Germaine: Der Malik-Verlag und der Buchmarkt der Weimarer Republik, Bern 1993.

Tenfelde, Klaus u. Ritter, Gerhard A.: Bibliographie zur Geschichte der deutschen Arbeiterbewegung 1863-1914, Bonn 1981.

Tenfelde, Klaus: Massenbewegungen und Revolution in Deutschland 1917-1923. Ein Forschungsüberblick, in: Helmut Konrad, Karin M. Schmidlechner, Revolutionäres Potential in Europa am Ende des Ersten Weltkrieges, Wien-Köln 1991.

Tosstorf, Rainer: Profintern – Die Rote Gewerkschaftsinternationale 1921-1937, Paderborn 2004.

Unabhängige Sozialdemokratische Partei Deutschlands: Protokolle der USPD, Glashütten im Taunus 1976. (enthält sämtliche Parteitagsprotokolle der USPD im Nachdruck).

Ulbricht, Walter: Über den Charakter der Novemberrevolution. Rede in der Kommission zur Vorbereitung der Thesen über die Novemberrevolution, in: »Neues Deutschland«, 18.6.1958.

Ullrich, Volker: Die nervöse Großmacht, Aufstieg und Untergang des deutschen Kaiserreichs, Frankfurt a. M. 1997.

Weber, Hermann: Die Wandlung des deutschen Kommunismus – Die Stalinisierung der KPD in der Weimarer Republik, Frankfurt am Main 1969.

Weber, Hermann (Hg): Der Gründungsparteitag der KPD – Protokolle und Materialien, Frankfurt a. M. 1969.

Weber, Hermann u. Herbst, Andreas: Deutsche Kommunisten – Biographisches Handbuch 1918-1945, Berlin 2004.

Weber, Stefan: Ein Kommunistischer Putsch – Märzaktion 1921 in Mitteldeutschland, Berlin 1991.

Weitz, Eric D.: Creating German Communism 1890-1990 – From Popular Protests to Socialist State, Princeton 1997.

Weißbecker Manfred: Die Weimarer Republik und ihr Platz in der Bilanz des Jahrhunderts: ein Versuch, in: Klaus Kinner (Hg), Reform – Revolution – Parlamentarismus, Leipzig 1999.

Winkler, Erwin: Die Bewegung der revolutionären Obleute im Ersten Weltkrieg. Entstehung und Entwicklung bis 1917, Dissertation bei der Akademie für Gesellschaftswissenschaften beim ZK der SED, Berlin (DDR) 1964.

Winkler, Gisela: Circus Busch – Geschichte einer Manege in Berlin, Berlin 1998.

Winkler, Heinrich August: Von der Revolution zur Stabilisierung, Berlin 1984.

Winkler, Heinrich August: Der lange Weg nach Westen – Deutsche Geschichte 1806-1933, Sonderausgabe der Bundeszentrale für politische Bildung, Bonn 2006.

Winkler, Heinrich August (Hg): Weimar im Widerstreit, Deutungen der ersten deutschen Republik im geteilten Deutschland, München 2002.

Zentralrat der deutschen sozialistischen Republik (Hg.): Allgemeiner Kongreß der Arbeiter- und Soldatenräte Deutschlands – Stenographische Berichte, Berlin 1919.

Zetkin, Clara: Erinnerungen an Lenin, Berlin (DDR) 1957.

Der Autor

Ralf Hoffrogge, geboren 1980 in Lingen (Ems). 2000-2008 Studium der Geschichte, Psychologie und Politikwissenschaft an der Freien Universität Berlin. 2005/2006 Auslandssemester an der Washington University in St. Louis (USA). Studienschwerpunkte Politische Theorie, Geschichte des NS und Geschichte der Arbeiterbewegung in Deutschland.

Während des Studiums aktiv in der Hochschulpolitik, unter anderem als Hochschulreferent des AStA FU sowie in der Fachschaftsinitiative Geschichte. Mitautor und Mitherausgeber verschiedener Veröffentlichungen zu den Themen Bildungs- und Hochschulpolitik sowie zur Geschichte der Studierendenbewegung in Deutschland: Universität im Umbruch, Berlin 2003; Zur Aktualität Herbert Marcuses, Berlin 2005; fu60: Gegendarstellungen einer Freien Universität, Berlin 2008.

Mitbegründer des Bildungsnetzwerkes reflect! (www.reflect-online.org), aktiv in der politischen Jugend- und Erwachsenenbildung.

1919 bis 1933

Die Darstellung versteht sich als Versuch, Konturen eines Bildes des deutschen Kommunismus zu umreißen, die geeignet sein mögen, jenseits von Hosianna und Verdammnis Maß zu finden für die Bewertung dieser epochalen Erscheinung, die das 20. Jahrhundert so maßgeblich beeinflußt hat und in deren Tradition – in Distanz und Nähe – die heutige entschiedene Linke steht. Klaus Kinner legt hier eine nüchterne Bilanz vor.

Klaus Kinner
**Der deutsche Kommunismus
Selbstverständnis und Realität
Band 1:
Die Weimarer Zeit**
239 Seiten, Hardcover
14,90 Euro
ISBN 978-3-320-01979-2

KARL DIETZ VERLAG BERLIN GMBH
Franz-Mehring-Platz 1 · 10243 Berlin
Tel.: 030 2978-4534 · Fax: Tel.: 030 2978-4536
info@dietzberlin.de · www.dietzberlin.de   **dietz berlin**

1933 bis 1939

Klaus Kinner, Elke Reuter
Der deutsche Kommunismus
Selbstverständnis und Realität
Band 2:
Gegen Faschismus und Krieg (1933-1939)
320 Seiten, Hardcover
19,90 Euro
ISBN 978-3-320-02062-0

Die Geschichte des deutschen Kommunismus in der Zeit der Hitler-Diktatur gehört zu den in vielerlei Hinsicht besonders kontaminierten Gegenständen linken historischen Selbstverständnisses. Mit Ernst Bloch ist zu fragen: Was bleibt, was ist unabgegolten vom Kampf der deutschen Kommunisten gegen den Faschismus? Was ist abgegolten, von welchen Mythen muß Abschied genommen werden? Dem Band ist die CD-ROM »Die ›Brüsseler Konferenz‹ der KPD von 1935« beigegeben.

KARL DIETZ VERLAG BERLIN GMBH
Franz-Mehring-Platz 1 · 10243 Berlin
Tel.: 030 2978-4534 · Fax: Tel.: 030 2978-4536   **dietz berlin**
info@dietzberlin.de · www.dietzberlin.de

1939 bis 1945

Klaus Kinner unter Mitarbeit
von Hans Coppi, Gerald Diesener,
Wladislaw Hedeler und Elke Reuter
**Der deutsche Kommunismus
Selbstverständnis und Realität
Band 3: Im Krieg (1939–1945)**
ca. 250 Seiten, Hardcover
19,90 Euro, ISBN 978-3-320-02149-8

Die Kommunistische Internationale und ihre Sektionen erwiesen sich bei Ausbruch des Zweiten Weltkrieges als merkwürdig unvorbereitet. Zudem desavouierte der scharfe Schwenk in der Außenpolitik Stalins die antifaschistische Orientierung von KPD und Komintern. Erst nach dem Überfall Hitler-Deutschlands auf die Sowjetunion und der Formierung der Anti-Hitler-Koalition eröffneten sich neue Perspektiven und Freiräume auch für kommunistische Politik.

Erscheint:
Januar 2009

KARL DIETZ VERLAG BERLIN GMBH
Franz-Mehring-Platz 1 · 10243 Berlin
Tel.: 030 2978-4534 · Fax: Tel.: 030 2978-4536
info@dietzberlin.de · www.dietzberlin.de

dietz berlin

1945/46

Günter Benser
Der deutsche Kommunismus
Selbstverständnis und Realität
Band 4:
Neubeginn ohne letzte Konsequenz
(1945/1946)
ca. 300 Seiten, Hardcover
19,90 Euro, ISBN 978-3-320-02150-4

Der 8. Mai 1945 steht als Symboldatum für Frieden in Europa, für Befreiung vom Faschismus, für antifaschistisch-demokratischen Neubeginn auch in Deutschland. Die deutschen Kommunisten hatten in der Nazizeit unterschiedliche Prägungen erfahren, die nachwirkten. Das mußte zu Reibungen und Differenzen führen. Dennoch hätte diese Vielfalt der Erfahrungen ein Reichtum der KPD werden können. Es kam jedoch anders.

Erscheint:
Januar 2009

KARL DIETZ VERLAG BERLIN GMBH
Franz-Mehring-Platz 1 · 10243 Berlin
Tel.: 030 2978-4534 · Fax: Tel.: 030 2978-4536 **dietz berlin**
info@dietzberlin.de · www.dietzberlin.de

Die russische Revolution

Wem hat heute die russische Revolution von ihrem demokratischen Aufbruch im Februar 1917 bis zur Auflösung der Konstituierenden Versammlung im Januar 1918 etwas zu sagen? Wird sie als historisches oder als epochales Ereignis reflektiert? Existieren Bezugspunkte für eine Rückbesinnung auf die sozialistische Perspektive, die außerhalb Europas zu beobachten ist? Autoren: Fritz Klein, Wolfgang Ruge, Helmut Bock und viele andere.

Wladislaw Hedeler, Klaus Kinner (Hrsg.)
»Die Wache ist müde«
Neue Sichten auf die russische Revolution
von 1917 und ihre Wirkungen
416 Seiten, mit 4 Abbildungen
24,90 Euro
ISBN 978-3-320-02140-5

KARL DIETZ VERLAG BERLIN GMBH
Franz-Mehring-Platz 1 · 10243 Berlin
Tel.: 030 2978-4534 · Fax: Tel.: 030 2978-4536 **dietz berlin**
info@dietzberlin.de · www.dietzberlin.de

Geheimdienstgeschichte

Siegfried Grundmann
**Der Geheimapparat der KPD
im Visier der Gestapo**
Das BB-Ressort –
Funktionäre, Beamte, Spitzel, Spione
496 Seiten
80 Abbildungen
29,90 Euro
ISBN 978-3-320-02113-9

Hans Magnus Enzensberger kommt in seinem Buch über Kurt von Hammerstein auch auf dessen kommunistisch eingestellte Töchter und deren Engagement für den Geheimdienst der KPD zu sprechen. Doch mehr als ein Schlaglicht kann Enzensberger nicht bieten. Die ganze Geschichte aus Aufopferung und Abenteuer, Idealen und Enttäuschungen, Stärke und Schwäche, Hoffnungen und Verrat, – eines der verschwiegendsten Dramen des 20. Jahrhunderts – erzählt dieser Band.

KARL DIETZ VERLAG BERLIN GMBH
Franz-Mehring-Platz 1 · 10243 Berlin
Tel.: 030 2978-4534 · Fax: Tel.: 030 2978-4536 **dietz berlin**
info@dietzberlin.de · www.dietzberlin.de